赣鄱文化研究丛书

赣鄱农耕文化研究

施由明 ◎ 著

江西人民出版社
Jiangxi People's Publishing House
全国百佳出版社

图书在版编目（CIP）数据

赣鄱农耕文化研究 / 施由明著 . -- 南昌 : 江西人民出版社，2024.12. --（赣鄱文化研究丛书）.

ISBN 978-7-210-16002-1

Ⅰ. F329.56

中国国家版本馆 CIP 数据核字第 202585TQ48 号

赣鄱农耕文化研究

GANPO NONGGENG WENHUA YANJIU

施由明　著

责 任 编 辑：李旭萍
封 面 设 计：同异文化传媒

 出版发行

地　　　址：江西省南昌市三经路 47 号附 1 号（邮编：330006）
网　　　址：www.jxpph.com
电 子 信 箱：jxpph@tom.com
编辑部电话：0791-86898612
发行部电话：0791-86898815
承 印 厂：北京虎彩文化传播有限公司
经　　　销：各地新华书店

开　　　本：787 毫米 × 1092 毫米　1/16
印　　　张：24.25
字　　　数：380 千字
版　　　次：2024 年 12 月第 1 版
印　　　次：2024 年 12 月第 1 次印刷
书　　　号：ISBN 978-7-210-16002-1
定　　　价：72.00 元
赣版权登字 -01-2024-925

【目录】

【绪论】

江西，位于长江中下游南岸，境内河湖密布，纵贯江西南北的赣江连通位于长江南岸的中国第一大淡水湖鄱阳湖。江西境内 2400 多条纵横河流组成了鄱阳湖和赣江两大流域，这两大流域基本覆盖了江西。

水是生命之源、万物之源，生活离不开水，农耕离不开水。江西人出于对水的眷恋和对鄱阳湖水系与赣江水系的深情，习惯于称自己生活和耕作的大地为"赣鄱"。

赣鄱地处亚热带季风气候区，光照时间长，热量充足，雨量丰沛，北部、中部和东部为地势平坦的平原，赣南、赣东北、赣西北及赣中两侧虽为多山之地，但山间分布着众多盆地。因而，赣鄱地域的平原与盆地宜于稻作耕种，山地与丘陵宜于种植经济林木和经济作物，这是"天赐"赣鄱地域人民的农耕环境。

正因为赣鄱地域发展农业的自然条件良好，所以赣鄱地域农耕历史悠久，农耕文化底蕴深厚，农耕文化内涵博大精深。

这里有世界稻作起源地万年仙人洞和吊桶环遗址，出土的植硅石告诉人们，在距今 12000 年左右，赣鄱大地上的人们正在驯化野生稻为栽培稻；出土的石器、蚌器、骨器等告诉人们，新石器时代早期赣鄱大地上的人们是如何劳作和生活的。

从距今 12000 年走来，漫步时光隧道，我们看到新石器时代中晚期赣鄱地域的人们发展着稻作农业。我们在新余拾年山遗址、修水山背跑马岭遗址、樟树樊城堆遗址、九江新合乡神墩遗址、湖口文昌洴遗址的红烧土块中都发现了稻谷壳、稻草及碳化稻米。从新干大洋洲商代遗址，我们看到了精美的青铜农具。出土的青铜犁铧显示，在距今3000年左右的赣中吉泰平原，赣鄱先民已懂得用犁耕地。我们还在新干县发现了战国时代的大粮仓，这是至今发现的战国时代中国最大的粮仓。由此可知，在距今2000多年的战国时代，赣鄱地域稻作水平极高。

正是基于上古时代形成的较高水平的农业文明，赣鄱地域的农耕文明伴随着中华文明的向前推进而不断发展，主要体现在耕作器具和耕作技术的不断改进，即从汉代铁制农器的推广到唐代江东犁的发明，再到宋元明清时代精湛的水田耕作技术的日臻提高，由此展开了一幅幅博大的赣鄱农耕画卷；从生态智慧到多彩农俗，从悠悠茶香到丰饶物产，再到美味饮食的智慧创造，展现了赣鄱地域人民的农耕伟业。

基于农业耕作，人们聚族而居。随着宗族人口的增多，村落不断扩大，人们不断开基建村，形成了迄今赣鄱地域仍保存着的众多古村落。这些古村落积淀着深厚的农耕文化，一栋栋充满历史感的古建筑，一件件具有岁月感的老物件，都在述说赣鄱地域厚重的农耕文化。

基于赣鄱地域宜于农耕的地理环境和悠久的农耕历史，赣鄱地域形成了显著的农耕文化特质：一是勤耕作，吃苦耐劳；二是重文化，耕读传家；三是保环境，维护生态。数千年来，赣鄱地域人民的农耕活动由此展开。赣鄱地域成为中国自古以来重要的粮食产地，对国家社会经济文化的发展作出了重要贡献。从而，赣鄱地域成为中国古代的文化名区，所谓"文章节义之邦"，如书院多、科举文化发达、文化名人辈出、佛道文化兴盛等。这一切都是基于有粮食保障基本的生活需求。

清代后期，赣鄱地域成为清政府与太平天国起义军拉锯战的主战场之一，战争摧残了赣鄱地域的农业农村。由于清政府的腐败无能，在西方侵略者的枪炮声中，中国被迫签订一系列不平等条约，国门被打开，洋货的涌入摧残了农业和农村社会经济。清代末年，由于铁路的修建、轮船的使用等，原本是中国南北黄金大通道的赣江—鄱阳湖水道失去了往日贯通南北的价值，赣鄱境内的转运贸易不再繁忙。诸多因素使赣鄱地域的农业和农村社会经济在清代后期和近代衰落了。赣鄱在向近代化转进的过程中落后于邻省。

新中国成立后，赣鄱地域的社会经济文化得到发展。特别是1978年改革开放以来，赣鄱地域的农业呈现出时代的特色，赣鄱地域仍然是中国重要的粮食产地，农业多业态发展取得喜人成绩，如有机农业、休闲农业、智慧农业等，科技兴农展现出美好的远景。

【第一章】

上古农业

水稻、玉米、小麦是人类主要的粮食作物。

世界一半以上的人口食用稻米。

水稻的种植遍布东亚、东南亚、美洲、欧洲南部和非洲部分地区。

稻作为人类文明的发展作出了巨大贡献，是人类文明的重要基石。

水稻栽培起源于哪里？中国，印度，还是其他地区？

自 20 世纪 50 年代末以来，学者们依据古代气候与生态环境及植物学的研究，提出了稻作起源于中国华南的观点，但这一说法缺乏考古学的证据。

进入 20 世纪 70 年代，稻作起源的云贵高原说异军突起。日本学者渡部忠世认为亚洲栽培稻起源于连接印度阿萨姆和中国云南的东南亚高纬度丘陵地带。[①] 中国学者柳子明认为栽培稻起源于云贵高原，然后，沿西江、长江顺流而下，流布其他流域及平原各处。[②] 这一论点曾得到国内外颇多学者认同。有些学者认为云南拥有热带、亚热带、温带植物种类 1500 余种，而现有稻种资源 3000 余种，从海拔 40～2600 米都有稻谷种植，更因气候、地理环境方面的优势，云南成为植物变异的中心，现代栽培稻又十分接近发现于该地的现代普通野生稻，因而，稻作起源于云南、贵州等地的可能性很大。然而，这一说法也缺乏考古学的证据，至今所发现的云贵稻作遗存最久远的也不过距今 4000 多年。

20 世纪 70 年代末，长江下游的浙江河姆渡遗址的两次发掘震惊了考古界、农学界、农史界。除连片干栏式建筑（如图 1-1）和众多原始艺术品令人惊叹不已外，还在遗址第四层 10 多个探方面积达 400 平方米范围内，发现了稻谷、谷壳、稻秆、稻叶等堆积物，堆积厚度一般为 10～40 厘米，最厚为 70～80 厘米，数量惊人。此外，遗址

图 1-1 河姆渡干栏式建筑遗址

① ［日］渡部忠世、徐朝龙：《亚洲栽培稻的起源和传播》，《农业考古》1986 年第 2 期。

② 柳子明：《中国栽培稻的起源及其发展》，《遗传学报》1975 年第 1 期。

还出土了一整套以骨耜（如图 1–2）为显著特征的稻作工具，仅骨耜就出土了 170 余把，还有骨镰、木杵等收割与加工工具。陶器是掺和大量谷壳有机物质的夹炭陶，陶釜是最主要的炊煮用具，陶釜内壁常常附着焦米锅巴。遗址第四层的年代距今约 7000 年，它的发掘表示长江流域同样有着悠久灿烂的古代文明，动摇了黄河流域是中华民族摇篮的一元论观点，人们认识到长江流域也是中华民族的摇篮之一。[①]

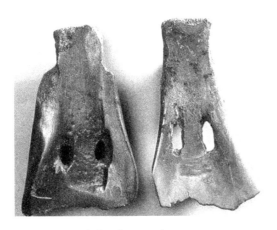

图 1–2　河姆渡遗址出土的骨耜

河姆渡这片干栏式建筑及丰富的稻作遗存的发现，表明长江下游的先民已进入发达的耜耕农业阶段，原始农业特别是稻作农业已经历了相当长的发展阶段。它以无可辩驳的事实证明了中国水稻起源于本土，非印度传入，且日本稻作源自中国。

1979 年底，考古人员在发掘桐乡罗家角马家浜文化早期遗址第四、三层时，又发现大批稻作文化遗存，经鉴定，出土的稻谷可区分为籼稻、粳稻，出土的农具有骨耜、骨钩，遗址第四层 H16 芦苇经 C14 测定距今 7100 年，这一发现表明长江下游 7000 年前栽培水稻不是孤立的个别现象。

1973 年，苏州草鞋山遗址出土了成块的炭化稻谷，年代为公元前 4293 ± 205

① 关于河姆渡的考古，参见郑云飞、游修龄、徐建民等：《河姆渡遗址稻的硅酸体分析》，《浙江大学学报》1994 年第 1 期；黄渭金：《浅析河姆渡遗址的原始农业生产》，《农业考古》1996 年第 3 期；赵晓波：《河姆渡遗址农业形态的探讨》，《农业考古》2002 年第 1 期。

图1-3 浙江余姚市河姆渡遗址出土的距今7000年的稻谷

图1-4 湖南八十垱遗址出土的距今约7500年的碳化米

年。[1] 早在20世纪60年代，上海青浦县崧泽遗址也发现稻谷和稻叶残片，年代为公元前3900—前3300年。

中国学者正是根据长江下游太湖地区、杭州湾地区出土稻谷特别密集（如图1-3），时间上又是最早具有连续性的，提出长江下游、杭州湾是中国稻作的起源中心。此说渐为许多学者接受。[2]

20世纪80年代，湖南澧县大坪乡彭头山遗址及八十垱遗址、湖南道县玉蟾岩遗址、湖北宜都城背溪遗址及枝江关山庙遗址等都出土了稻谷、稻壳，甚至有已脱壳的稻米（如图1-4）。

基于湖南、湖北长江中游距今9000—7000年稻作遗存的系列发现，有的学者提出长江中游是中国稻作起源地，并认为鄂西、湘北地区应当是中国栽培稻的最早发生地，也有学者提出长江中游和下游是一个统一的稻作起源区。

这些认识都是随着现代科学技术的发展和考古发现的不断增多而逐步深入的，表明人们的认识在不断接近真实的历史。

20世纪90年代，江西万年县仙人洞和吊桶环遗址的考古发现改写了史前稻作起源的历史，学者们认识到位于长江中下游的江西是中国稻作起源和稻文化起源的中心之一。

---

① 参见谷建祥、邹厚本、李民昌等：《对草鞋山遗址马家浜文化时期稻作农业的初步认识》，《东南文化》1998年第3期。

② 参见严文明：《中国稻作农业的起源》，《农业考古》1989年第1期。

一、发现稻作起源地

1961年10月26日，江西省文化局收到一封不寻常的来信。江西省委政法系统干部龙俊先生反映文物线索，他在信中写道：

> 省文化局负责同志：在看了《生命起源》电影之后，我想起一件事情，现在把情况反映给你们，供参考。万年县陈营区大源乡源头村附近有个很大的石头山，山根有个天然的大石洞。这个石洞进口处有两个房门那样大，洞内较宽，又平坦，可容纳四五百人……我本人原在该区工作，到过这个洞内，几次也没敢往里去，据群众说石壁上有猪等动物形象，我本人没细致看过。此洞内是否有供考古研究的东西，我还不敢讲。我认为天然洞这么大的很稀少，因此，把情况反映给你们，你处可否派人去了解一下。如果需要的话，我愿意协同你们去一趟。如果想了解此洞详情的话，可打电话来，我去你处，或你处来人到我们这里了解也可以。

这样一封不寻常的来信引起了江西省文化局文物处的高度重视，拉开了世界稻作起源地的考古序幕。

（一）仙人洞之谜试探

龙俊先生在信中所说的山洞后来被取名为"仙人洞"（如图1-5）。离仙人洞不远处的条形山岗上有一处似洞穴又不似洞穴、前后通透的崖棚，因形似水桶的吊环，乡民称之为"吊桶环"（如图1-6）。

图1-5 仙人洞外景

图1-6 吊桶环外景

稻作起源和距今1万多年的古代人类的生活图景就是在这两处遗址的考古发掘中层层展开的。

仙人洞和吊桶环洞穴位于万年县城东北13公里的大源镇内。大源镇的地理特点是四面高山环拱着一个葫芦形盆地，此盆地名"大源盆地"（如图1-7）。

图1-7　大源盆地近景

仙人洞位于大源盆地西北的小荷山脚，洞口面向东南，开阔向阳，洞口顶部海拔35米许，底部高出洞前稻田1米许。

吊桶环位于仙人洞西南条形山岗上，海拔96.2米，高出地面30余米。

仙人洞东南方向约70米处有一条宽约20米的大源河蜿蜒流淌，沿洞左小荷山脚由东南向西北流去。仙人洞前有一条无名小溪，从西而来流入大源河，小溪上有一座古石板桥，一派优美的田园风光。

大源盆地的山、水、湿地构成了适宜人类生存的天然生态环境，为远古人类生存提供了优越条件，可谓天赐人类的伊甸园。

江西省文化局的领导接到了龙俊先生的来信之后，指示省文物管理委员会派考古人员前往调查。考古专家到达现场后，发现洞口地表裸露着许多动物骨骼和轻度石化的螺壳等，初步判定此洞穴可能是一处原始人类活动的早期洞穴遗址。

1962年3月底，省文物管理委员会组织考古人员对仙人洞进行了首次发掘，开挖了 3 个探方，在其中一个小片发掘区就获得人工制品 300 余件，并发现烧火堆 12 处、人头骨 3 个、股骨 4 根以及大量哺乳动物骨骼等。另外 2 个探方出土了大量石器、骨器、蚌器、夹砂红陶、灰陶、泥质红陶以及兽骨和人骨等。

考古成果一经发布，即引起中国考古界的关注。大多数学者认为，这是华南地区最先发现的一处新石器时代早期遗址。

首次发掘使中国考古界对仙人洞的考古价值有了初步的认识，但重重历史迷雾仍没有拨开。

1964 年 4—5 月，江西省博物馆考古队再次对仙人洞遗址进行了考古发掘，在首次考古发掘的 3 个探方北侧重开了 3 个探方，从文化堆积的下层出土了各类文化遗物 600 余件，发现烧火堆 10 处、灰坑 3 个、人类头骨 1 个、动物骨骼 6000 余块。[①]

古人类学家对人骨进行了复原，发现仙人洞人的体质特征与现代人相似，其脑容量与现代人接近。

仙人洞遗址是华南地区发现的新石器时代早期洞穴遗存之一，这是学术界的共识。但对其具体年代，学者们持不同意见。正是学术界的不同意见使仙人洞遗址的学术重要性被忽略了 30 多年。直到 20 世纪 90 年代初，中美考古联手，才有了惊世发现。

（二）稻作起源的惊世发现

1991 年 8 月由江西省社会科学院主办，著名农业考古学家、《农业考古》杂志主编陈文华教授主持的"首届农业考古国际学术讨论会"在南昌召开，海内外百余名著名学者参加了这次盛会。其中有一位年逾古稀、风趣幽默的美国学者马尼士博士。他是国际著名农业史专家、美国资深考古学家、美国科学院院士、安德沃考古基金会主任，长期从事农业起源考古发掘与研究工作。

马尼士博士聆听了陈文华教授和江西省博物馆馆长彭适凡研究员对万年仙人洞遗址在 20 世纪 60 年代两次发掘情况的介绍后，精神振奋，表达出对万年仙人洞的极大兴趣，因为根据他的经验，洞穴是埋藏农作物标本及保留植物孢粉最

---

① 参见江西省政协文史和学习委员会、万年县政协：《人类陶冶与稻作文明起源地——世界级考古洞穴万年仙人洞与吊桶环》，江西美术出版社 2010 年版，第 18、21 页。

好最多的地方。他提出能否联手考古，对万年仙人洞展开稻作起源的探索，并表示来年一定再来江西考察万年仙人洞遗址（如图1-8）。

图1-8　马尼士博士（左）在南昌首届农业考古国际学术讨论会上演讲

1993年8月，中美农业合作考古项目获国家文化部及有关部门同意并报经国务院批准。中国方面确定了由著名考古学家、北京大学严文明教授任中方领队，江西省博物馆馆长、江西省文物考古研究所所长彭适凡研究员任中方副领队。美国方面由马尼士博士任领队。

从1993年10月初开始，至1995年11月20日，历时两年多，中美农业考古队完成了对万年仙人洞和吊桶环的考古发掘。中美农业考古队在结下了深厚友谊的同时，也获得了惊世发现。考古队在中国江西万年仙人洞与吊桶环的新石器时代早期即距今12000年的地层中，发现了人工栽培稻植硅石，这是迄今所知世界上年代最早的栽培稻遗存。

人工栽培稻植硅石的发现向全球传递出一个重要信息，即稻作农业起源可追溯到12000年前，地点就在中国的江西省万年县大源盆地。

考古成果公布之后，引起国际学术界的轰动。

这是一个堪称"惊世发现"的考古发现，稻作起源之谜终于破解！

结合长江中下游的其他考古发现，人类早期食用稻米与培植水稻的历程便清楚了：在更新世晚期（距今12000—10000年）人类已经开始采集野生稻及驯化野生稻为栽培稻，随后在距今10000—8000年人类同时进行野生稻采集和栽培稻收获，最后在距今7000年左右栽培稻成为人类的主要食物。

植硅石，又称植物蛋白石、蛋白石植石或植物硅酸体，是产生于植物且具有各种形状和大小的含水非晶质二氧化硅矿物颗粒，即土壤和砂石中主要成分之一的二氧化硅溶解于地下水后形成大量单硅酸，单硅酸被植物体吸收，植物体蒸发之后二氧化硅以蛋白石的形式在植物体组织和细胞中沉淀下来。当植物体死亡、腐烂后，植硅石可以在土壤中保留相当长一段时间。因而，植硅石成为研究栽培谷物最好的微体化石，已被成功应用于玉蜀黍、水稻、大麦、小麦及其他作物的农业考古中。

正是因为运用了植硅石分析法对仙人洞和吊桶环稻谷遗存进行鉴别，考古队发现了 12000 年前人类栽培水稻的证据，从而证明赣鄱地区是亚洲乃至世界稻作农业重要的发祥地之一。马尼士博士认为："这是中国对世界作出的伟大贡献！"

除植硅石分析法外，孢粉分析法也常被用于植物考古，可解决三个主要问题：确定考古遗址各文化层及地层的相对年代；了解古人类生活的自然环境及其变迁历史，以及人类社会发展与其周围自然环境的关系；了解古代社会的文化活动及其发展状况，如农作物起源及扩散等。

北京大学地质系王宪曾教授运用孢粉分析法，对吊桶环和仙人洞遗址各文化层土壤进行分析后，发现各相关文化层内有野生稻和经人干预的古栽培稻信息，在仙人洞遗址距今 12000 年地层中发现了 45 微米大小的禾本科花粉，该花粉可能属于人工栽培稻花粉，这同样表明万年县大源盆地是迄今所知世界上最早的稻作起源地。

（三）上古人类农耕与狩猎生活图景复原

20 世纪 60 年代和 90 年代，仙人洞遗址不仅出土了大量植硅石，还出土了大量石器、骨器、角器、蚌器、陶片（如图 1-9）等。这些出土器物使赣鄱大地一幅幅古人类生活图景重现在当代人们的面前。

图 1-9　仙人洞和吊桶环遗址出土的部分早期陶片

距今 18000 年，大源盆地的古人类生活在仙人洞中，过着采集和渔猎生活。

距今 17000 年，生活在仙人洞和吊桶环的古人类不但会使用火，而且懂得用泥土制成器物，器物外还用绳压纹美化，最后用火烧将其制成陶器。

人类对火的使用和控制是人类历史上的第一件大事，是人类的一项伟大创造。

恩格斯在《反杜林论》中说，就世界的解放作用而言，摩擦生火第一次使得人类支配了一种自然力，从而使人类与动物区分开。

火的使用使当时的人类吃到了熟的食物、摄入了更多的蛋白质，使当时人类的大脑得到了高速的发展，使当时的人类在较寒冷的气候下也能存活下来，还使当时的人类获得了防御的能力（大部分动物都是怕火的）。

人类在什么时候开始使用火？这是一个至今没有明确答案的谜题。

中国有燧人氏钻木取火的神话传说。

1965年，几位年轻的地质工作者在云南省北部元谋县发现了猿人化石和大量炭屑。由此可知原始人在使用火的时候，也逐渐学会了保存火种。

在北京猿人遗址，考古人员发现北京猿人已经具有保存火种的能力。

因此，在万年仙人洞和吊桶环遗址发现距今17000年的陶片似乎也就不奇怪了，但令人惊叹的是这是现今发现的世界上最早的陶片（图1-10是用此陶片复原的陶罐），人类早期文明在赣鄱大地的大源盆地拉开了序幕。

距今14000年，大源盆地的古人类已经发现野生稻去壳后可食用，他们过着采集果实和野生稻以及渔猎和制陶等的生活。

距今12000—10000年，大源盆地的古人类采集野生稻并将其驯化为栽培稻。随后在距今10000—8000年，人类采集野生稻和收获栽培稻，同时采集果实、渔猎、制陶等。

距今12000—8000年，大源盆地古人类的生活图景如下：

1. 将石头打制或磨制成各种可使用的工具（如图1-11）。最常

图1-10 用1962年仙人洞遗址出土的陶片复原出的中国最早的陶罐（被称为"中华第一罐"）

图 1-11　仙人洞和吊桶环遗址出土的磨制钻孔石器组合图

见的是砍伐工具，如斧、锛、凿，用于加工木材；其次是农耕工具，如铲、穿孔砺石、刀、镰和磨盘等；再次是狩猎工具，如镞、矛头、弹丸等；此外还有装饰品，如用石材制成的珠、管、坠、环、璜、玦等配饰。

2.将动物的骨、角加工成铲、锥、笄、针、钻、镞、鱼镖等（如图 1-12），骨锥为大宗。不同类型的骨器有着不同的功能，如骨锥，粗壮而锐利，易于对付较坚硬的对象，可戳穿兽皮等；骨铲，适于挖掘，可用于采集植物根茎等；骨刮削器，可用于切割和刮削。

图 1-12　仙人洞和吊桶环遗址出土的骨器组合

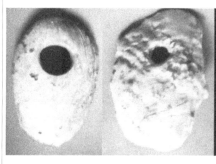
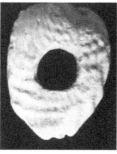
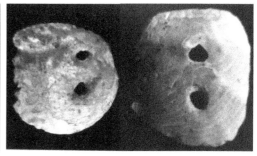

图 1-13　仙人洞和吊桶环遗址出土的单孔蚌器　　　　图 1-14　仙人洞和吊桶环遗址出土的双孔蚌器

图 1-15　仙人洞遗址出土的骨鱼镖

3.将蚌壳制成各种器具（如图 1-13、1-14），作为石具骨具的补充。蚌器可用于切割、刮削、掐取稻穗，还可作砍砸、挖掘之用。小型蚌器经磨制加工或穿孔后，还可用作装饰。

4.用石球、弓箭等狩猎。仙人洞与吊桶环遗址出土了大量石球，这是一种用于狩猎的投掷武器。仙人洞和吊桶环遗址还出土了数件骨镞和蚌镞，这表明山顶洞人已经懂得使用弓箭这种新式武器来狩猎。

这是人类文明的一大进步，表明人类的智力发展到了较为发达的水平。

1 万多年前的大源盆地的古人类创造发明了弓箭，这是对人类文明的贡献。

北京大学古动物研究专家对仙人洞遗址出土的大量动物骨骼进行了鉴定和研究，发现大源盆地古人类狩猎的动物有 30 余种，如鹿、野猪、野鸡等。

5.结网捕鱼和用骨鱼镖（如图 1-15）叉鱼。仙人洞遗址出土的梭形石网坠（如

图 1-16 1999 年仙人洞遗址东区出土的梭形石网坠

图 1-16），又称橄榄形石网坠，表明万余年前新石器时代早期大源盆地的古人类掌握了用绳结网捕鱼技术。由动物骨骼制成的叉鱼工具，可称为骨鱼叉或骨鱼镖，反映出万余年前大源盆地的古人类拥有了相当高的智力水平。

6. 用火烧烤食物。从山顶洞和吊桶环遗址发现的烧火堆来看，大源盆地的古人类已懂得用火烧烤食物。

7. 用鹿角锄（如图 1-17）和锥形石器掘土。

8. 用穿孔石器点播。原始农业的早期阶段是刀耕火种时期，人们在磨制的圆形石器（如图 1-18）中穿一孔，将木棒穿入孔中，木棒下端为尖状，用于点播种子（如图 1-19）。直到近代，云南独龙族仍用此法播种。

图 1-17　仙人洞遗址出土的鹿角锄

图 1-18　仙人洞遗址出土的穿孔石器

图 1-19　用穿孔石器点播的示意图

9. 用蚌镰、蚌刀（如图 1-20、1-21）收割。从仙人洞和吊桶环遗址出土的锋利蚌器可知，大源盆地的古人类已能有效地收割稻谷。

10. 用石磨盘（如图 1-22）与石磨棒组合脱粒（如图 1-23）。这种脱粒工具和脱粒方式普遍发现于中国各地的新石器遗址。

图 1-20　仙人洞遗址出土的蚌刀

图 1-22　仙人洞遗址出土的石磨盘

图1-21　单孔蚌刀使用示意图

图 1-23　石磨盘脱粒示意图

11. 在骨器上刻符号记事（如图 1-24）。仙人洞与吊桶环遗址出土的一些骨器和管状兽骨上有契刻符号，多为长短横线，有的刻成"米"字。这是一种原始的骨刻记事法。

骨刻记事与结绳记事、物件记事、图画记事等对文字的产生有直接作用，从原始的记事方式到文字的产生过程是一个比较漫长的过程。

通过对仙人洞与吊桶环遗址出土的有骨刻符号的骨器和兽骨的研究，专家发现，这些刻符产生的时代早于农业和陶器产生的时代，这些刻符是中国最早的骨刻符号，因而仙人洞与吊桶环遗址是中国最早的骨刻符号发现地。

12.审美和人体装饰艺术。人类诞生后，历经数百万年的漫长进化，智力缓慢发展，到旧石器时代晚期，人类已有初步的审美意识并创造了原始艺术。

仙人洞与吊桶环遗址出土的陶片内侧及一些蚌器和骨器上涂有朱砂，这表明万余年前大源盆地的古人类崇尚红色，这是其最初的审美意识。红色可能象征火，火能取暖，还能驱赶猛兽，所以，红色代表先民们对生活的憧憬。

仙人洞与吊桶环遗址出土的大量有孔骨针表明万余年前大源盆地的古人类已懂得用兽皮缝制衣服。兽皮是古人类用于防寒的衣料。

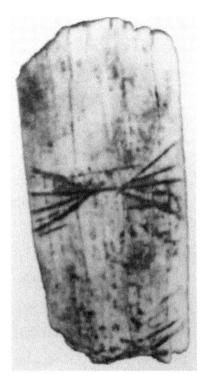

图 1-24　仙人洞与吊桶环遗址出土的刻符兽骨

大量出土的骨笄表明大源盆地的赣鄱先民很注重梳妆打扮。他们爱美，将头发盘起来，用骨笄拴住，骨笄上还刻有一道道浅凹槽以进行美化。出土的大量磨制光滑、有钻孔和刻纹的蚌壳和兽牙，可做成项链或链状胸饰，这都表明万余年前大源盆地的赣鄱先民对美的追求。[①]

二、寻踪原始农业

仙人洞和吊桶环遗址的考古出土物反映了新石器时代早期（距今 12000—7000 年）赣鄱大地古人类的生存状况和稻作文明状态。在新石器时代中晚期，赣鄱先民的生存状况和稻作文明状态又如何呢？从 20 世纪 60 年代至今有许

① 关于仙人洞和吊桶环遗址的考古发现及出土物图片，参考并转引自江西省政协文史和学习委员会、万年县政协：《人类陶冶与稻作文明起源地——世界级考古洞穴万年仙人洞与吊桶环》，江西美术出版社 2010 年版。

多发现，许多考古遗址出土了诸多器物，一些遗址的烧土块中遗有稻壳、稻秆的痕迹，这反映了距今6000—4000年这一新石器时代中晚期的赣鄱农业文明状况。

（一）稻谷遗迹

赣鄱大地有发展水稻种植的良好自然条件，并且至今发现有野生稻。上述仙人洞人在新石器时代早期就已经在驯化野生稻为栽培稻。从理论上推断，在新石器时代中晚期，赣鄱地域的先民们肯定仍然在发展稻作农业。自20世纪60年代以来，虽然在赣鄱地域内的考古遗址没有如前述河姆渡遗址等出土那么多稻谷、稻壳、炭化稻米等，但在一些烧土块中也有稻谷、稻秆、谷壳等，这反映了新石器时代中晚期的赣鄱先民仍在接续新石器时代早期赣鄱先民的稻作农业。

20世纪50年代初，修水县上奉镇山背村跑马岭周边的村民在山上的黄土地里发现了许多大小不等的三角形石块，后经当地文物人员送江西省文物管理委员会考古专家鉴定，这是新石器时代晚期的遗物。江西省文物管理委员会派出时任江西省文物考古研究所所长彭适凡带领几位考古人员，对修水县山背地区进行了3次考古调查，发现了43处遗址，在跑马岭遗址2座房子墙基的红烧土块中发现稻壳、稻秆和4粒炭化花生，这表明新石器时代晚期赣西北的先民们从事着稻作农业。从文献记载看，花生是隋唐以后在中国才有栽种，并被认为是从美洲引进的。但浙江钱山漾新石器时代遗址出土了炭化花生，所以，关于花生的种植时间仍需考古界关注。①

1979年，永丰县文物局在文物普查中发现县城恩江镇西北0.5公里许恩江河谷平原边缘的尹家坪有不少文物，确认其为一处古文化遗址。1983年，江西省文物考古队对该遗址进行了试掘，发现了大量陶片和一些石器，在探方地层第二层的烧土块中，发现稻草和谷壳的痕迹，这表明新石器时代晚期至商代，赣中平原地带的先民们从事着稻作农业。②

1975年，清江县博物馆考古人员在清江县三桥公社雎溪大队一带发现了文物古迹。1977年，清江县博物馆考古人员配合当地的水利建设，对一个高出地面1～3米、地处萧江水系边的山间小土墩进行了试掘，发掘出一些有纹饰的陶片和磨制

① 李科友：《试论江西的原始农业》，《农业考古》1993年1期。
② 刘林、李家和：《永丰县尹家坪遗址试掘简报》，《南方文物》1986年第2期。

石器。1978、1980年，考古人员对此遗址进行了两次正式的发掘，除了出土较多的陶片和石器外，在各探方均发现红烧土块，并在红烧土块中发现了稻草、谷壳之类的痕迹①，这表明新石器时代晚期赣中平原地带的先民们从事着稻作农业。

20世纪80年代初，九江县文物普查队在文物普查过程中发现了该县县城（沙河镇）西北16公里的新合乡境内有一处文物遗址，土墩形状，高出田面5～10米，规划中的大（湖北大冶）沙（江西沙河街）铁路正好从遗址北部穿过。于是，省与县考古工作者对此遗址（被称为神墩遗址）进行了抢救性发掘，出土了陶片、陶器、石器等，在探方中发现了厚度为10～20厘米的烧土层，在上层的烧土层中发现稻秆、谷壳的痕迹，在下层烧土层中发现掺有稻草、谷壳之类的植物。出土的石器等表明这是新石器时代晚期的遗址，表明新石器时代晚期赣北的先民们在赣北平原发展着稻作农业。②

九江湖口县文昌洑遗址是一处位于湖口县石钟山西南5公里的鄱阳湖东岸边水中的遗址，枯水季才露出水面。1985年，湖口县石钟山文管所的考古人员在考古调查时发现，湖滩斜坡有成片的红烧土露出地面，红烧土层中有磨制石器、陶片、鼎足和残墙遗迹，许多遗物散落于湖滩。后经考古发掘，考古人员在残墙的红烧土块中发现稻谷壳、稻秆的压痕，在个别烧黑的土墙残块中还发现炭化的谷粒。从出土的石器、陶片判断，这是一处距今5000—4000年的新石器时代晚期的遗址。由此可知，在新石器时代晚期赣北平原的赣鄱先民进行着稻作生产。③

1980年代，在新余市渝水区水北镇南陂村委拾年村东的山岗台地上，据附近村民报告，有文物出土（如图1-25）。此台地位于自北向南流淌的袁河支流蒙河边缘，从考古学的角度考察，此地确是一处适合人类居住的地方。1986—1987年，江西省考古人员与厦门大学人类学系学生进行了3次考古发掘，除发掘出大量陶片、石器外，还发现了房基、灰坑、水井等遗迹。经考古学考证，此遗址内的布局颇为讲究，北部为居住区，南部为氏族墓地，东部为祭祀场所。

遗址大部分居住区铺有一层厚约20厘米的草拌泥烧土层，考古专家认为这

① 李家和、刘诗中：《清江樊城堆遗址发掘简报》，《南方文物》1985年第2期。
② 李家和、刘诗中、曹柯平：《江西九江神墩遗址发掘简报》，《江汉考古》1987年第4期。
③ 杨赤宇：《江西湖口县文昌洑原始农业遗存》，《农业考古》1988年第1期。

图1-25　在新余拾年山遗址发现的木骨泥墙残件

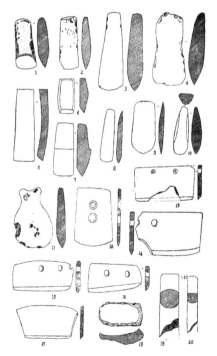

江西新余拾年山遗址出土的农业工具
1—4石斧，5—7石锛，8—10石锉，11石锄，12石铲，13—17石刀，18石磨盘、石磨棒

图1-26　此图转引自诗中、家和《江西新余拾年山遗址原始农业遗存》，《农业考古》1989年第2期

是由倒塌的木骨泥墙建筑及经火烤的居住面堆积而成的[①]，正是在这样的烧土中可以看见稻秆、谷壳的痕迹。由此可知，此遗址表明新石器时代中晚期（距今6000—4000年）赣西一带的先民从事着稻作农业。

（二）新石器时代中晚期赣鄱先民的农耕生活

上述遗址出土了大量陶片、石器以及柱洞、残墙土块等，由此可以复原新石器时代赣鄱先民的农耕生活。

以新余拾年山遗址的发现为例，通过3次发掘，考古人员发现了大量陶片、石器（500余件）以及房基、灰坑、水井等遗迹。其中石器大多数是农业和渔猎的工具。农业工具均为磨制的斧、锛、锉、锄、铲、刀、磨盘、磨棒等（如图1-26、1-27、1-28）。

这批磨制石器光滑平整，刃部锋利。钻孔石器孔径规整，即使厚达6.6厘米的坚硬石器上的双面钻孔也非常精准。由此可知，新石器时代赣西的先民们用磨制光滑的成套石器劳作，以斧、锛为砍伐器（以锛形器为主），用锉掘土（锉类器在农器中数量最多，占1/5），用锄、铲松土（以铲类器为主），用石刀收割稻子，用磨盘、磨棒

---

① 参见诗中、家和：《江西新余拾年山遗址原始农业遗存》，《农业考古》1989年第2期。

图 1-28　新余拾年山遗址出土的石锛

图 1-27　新余拾年山遗址出土的石刀、石镘　　图 1-29　新余拾年山遗址出土的石流星

加工谷物。

　　仅靠稻作，可能解决不了生活所需。渔猎在经济中占有重要地位。拾年山遗址出土的渔猎工具较齐全，既有用来刺杀野兽的戈、矛、锹，又有用于绊倒野兽的石流星（如图 1-29）、石球索、穿孔器，还有用作捕鱼的网坠等。[①]

　　从拾年山遗址的柱洞和红烧土块可知，距今 6000—4000 年的赣西先民们已不再居住在山洞，而是居住在简陋的土房子里。

　　赣鄱地域各地新石器遗址如前述修水跑马岭遗址、清江樊城堆遗址、永丰尹家坪遗址、九江神墩遗址等出土的遗物，从种类上说大体是陶片、陶器、磨制石器等，都是发现在平地土墩上。由此推测，这些先民都是居住在简易的土房中，其农耕生活大体类似拾年山人。

三、透视青铜时代的稻作文明

　　青铜时代，在考古学上指的是以使用青铜器为标志的时代，是铜石并用

---

① 参见诗中、家和：《江西新余拾年山遗址原始农业遗存》，《农业考古》1989 年第 2 期。

的时代，是距今 4000—2000 年的时代，也是中国历史上的夏商周时代。在这个时代，中原地带发现大量青铜器，但南方很少发现青铜器，所以学术界有"商文化不过长江"之说。但是，1989 年新干县出土了一大批带有地域特色的青铜器，这一发现使学术界的观点发生了改变。学者们非常震惊地看到，在一向被认为在夏商周时代仍是蛮荒之地的南方，竟然有如此高度发达的青铜文明。

在赣鄱地域境内，纵贯南北的大江是发源于赣鄱南部山区的赣江，这是中国古代北上南下的重要黄金水道。每逢春夏之交的梅雨时节，赣江浩荡，有时会发生水灾。维护好赣江大堤是赣江两岸的村民在农闲时节必须做的工作。

1989 年 9 月，赣江中部的新干县大洋洲镇程家村的村民为维护赣江大堤，在离赣江不远处的一处沙丘取土。忽然，一名村民一铲子下去，碰到硬物，并听到了清脆的撞击金属的声音，扒开沙子，一件斑驳的青铜圆腹鼎出现在沙土中，村民扒开更多的沙子，大量青铜器出现在眼前。

这处静静安卧了 3000 多年的沙丘，经考古人员发掘之后，共出土各类随葬器物 1900 余件——484 件青铜器、1072 件玉器、356 件陶器，其中 5 件文物被确定为国宝级文物。[1] 这座大墓出土的文物数量多、纹饰美、铸工精、造型巧，震惊了世界！

这些青铜器可与河南安阳殷墟、四川广汉三星堆的青铜器媲美！

新干由此被誉为"南方青铜王国"！

大洋洲墓的许多青铜器与中原商文化的器物相同或类似，但又有不少明显的地方特色。

即使是形制和中原类似的器物，不少也有特别的装饰或花纹，如器耳上多附加虎、鹿一类动物纹饰，纹饰间多有"燕尾"形的索纹、阔口的牛首纹等。

从大洋洲墓葬的规模和随葬器物的组合及特点分析可知，在 3000 多年前赣江流域有一支与中原商殷王朝并存发展的南方地域政权，有着与中原商周文化并行发展的土著青铜文化。从新干商墓的规模之大及出土文物数量之多来

---

① 参见彭适凡、刘林、詹开逊：《江西新干大洋洲商墓发掘简报》，《文物》1991 年第 10 期。

看，墓主人可能就是这一政权的最高统治者。

新干大洋洲商代大墓出土了484件青铜器，其中青铜农具有9种共33件，即犁2件、锸2件、耒1件、耡1件、铲12件、斨8件、镰5件、镬1件、铚1件。（如图1-30、1-31、1-32、1-33、1-34）

青铜时代的青铜农具出土非常少，所以特别珍稀。据有的学者统计，我国出土的青铜时代的青铜器以礼器、兵器等为主，出土的青铜农具大概有70件，而新干大洋洲商墓出土的就达33件，这反映了赣鄱地域早期农耕文明的发达。

新干大洋洲商墓出土的这批青铜农具，花纹装饰精美，不可能是用于实

图 1-30　青铜犁铧

图 1-31　青铜锸

图 1-32　青铜耒

图 1-33　青铜耡

图 1-34　青铜斨

际劳作的工具，许多农器出土时还残留炭化的丝织品，即这些农具是用丝织品包好随葬的，这说明这些农具是典礼器。

据《礼记》可知，每到春耕时，最高统治者要率领那些重要的官员们到田间行"躬耕礼"，即手执装饰华丽的农器，摆个劳动架势，象征性地劳动，以表达对春耕的重视。

这批青铜农具被裹上丝绢，随统治者下葬，这说明这批青铜农具是非常宝贵的。

实际上，在整个青铜时代，青铜都是珍贵之物，主要用于制作礼器和兵器，由青铜制作的农具只用于典礼，青铜不可能普遍用来制作实用工具。

从这批出土的青铜农具可知，大源盆地的古农耕文明及新石器时代中晚期赣鄱各地农耕文明，在赣北和赣中平原地区得到了很好的传承和发展，农业耕作技术已发展到较高水平。先民们能较普遍地使用木制、石制、骨制农具，他们懂得用犁（可能是人拉犁）翻地，用锸、耒、耜、铲、斫、镬整地，用镰、铚（小镰）收割稻子，在赣鄱地域创造了堪与中原媲美的商代文明。

四、管窥战国时代的稻作水平

从仙人洞和吊桶环遗址到赣鄱地域新石器时代中晚期遗址的诸多发现，再到新干商代大墓的考古发现，展现了从稻作起源到稻作文明高度发展时的情景，经历了八九千年的漫长岁月。

新干界埠战国大粮仓的发现则表明新干商代大墓时代之后四五百年的农业文明又取得了很大进步。

1975年6月，新干县城南3公里处的赣江西岸边的界埠镇袁家村村民在一个丘陵上挖土时，挖出了许多炭化稻米。村民意识到此处可能是古遗址，遂向当地政府报告，当地政府报告到江西省文物局。省文物局遂派考古人员前往袁家村考察。考古人员考察了出土炭化稻米处四周的环境。

这个位于赣江二级台地的丘陵区南北长2.5公里、东西宽1公里范围内，地面和丘陵上散布着大量几何印纹硬陶片和绳纹瓦片。

江边另一个村庄（逆口村）发现了一座同时代的土城，土城的东、北城墙保存较好，可看出夯筑痕迹。城中有两个大土堆，在土城西南角坡地上，有成堆的绳纹板瓦和印纹陶片，从土城到江边的两三公里长的丘陵上也出现很多绳纹瓦片，这无疑是古人类居住遗址。

考古人员在土城南面0.5公里处的袁家村山丘上发现了烧制绳纹瓦的窑址和小型墓葬，并且发掘出两座大型粮仓遗址（如图1-35、1-36），由此断定，这里是一处包括居住、粮食仓库、陶窑和墓葬的大型战国遗址。这对于研究江西封建社会初期的政治、经济、军事、农业、文化等方面都具有重要的科学价值。

1976年1月中旬，江西省博物馆考古队对粮仓遗址进行了发掘，查明了两座粮仓的结构和规模：粮仓平面呈长方形，长61.5米，宽11米，坐西朝东，土木结构，房顶铺有绳纹板瓦；仓内有4条平行的纵沟，宽、深均为0.5米，长61米，各沟之间相距1.4米，各纵沟之间有很多为防止谷物腐烂而设置的排水用的横沟（如图1-37、1-38）。

图1-35　新干界埠战国粮仓发现地

图1-36　新干界埠战国粮仓遗址

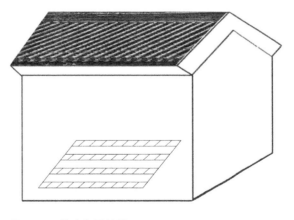

图1-37　粮仓复原绘图

 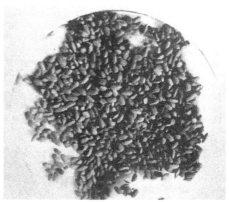

图 1-38　复原样图（摄于新干博物馆）　　图 1-39　新干县界埠战国粮仓出土的炭化稻米（摄于新干县博物馆）

考古队在仓内发现了大量炭化稻米（如图 1-39），堆积厚度为 0.3～1.2 米，经专家鉴定为粳米，储藏年代大约在春秋末期至战国初年，即距今约 2500 年。[①]

新干界埠战国大粮仓的发现让考古界大为兴奋，这是全国范围内至今所发现的最大的春秋战国时代粮仓，其储藏能力是惊人的。

粮仓建造技术很高，如开沟通风的储粮方法可以使仓内空气通畅，防止粮食久储之后霉化变质。特别是界埠粮仓地处赣江岸边，对防霉和防水的要求比北方的粮仓要高，因此其达到防霉要求的建造技术在中国农业科学技术史上有重要的研究价值。

新干界埠粮仓的发现表明春秋战国时期赣鄱地域稻作农业水平高，粮食产量大；粮食不仅足够自己食用，还有相当多的积余，而且很可能进入流通领域。

粮仓地处岸边，便于装船，转运他处，以供外销。

从新石器时期早期万年仙人洞的农业文明到商代农业基础上的青铜文明，再到春秋战国时期的粮食生产，稻作文明在赣鄱地域不断传续和发展。

---

① 陈文华、胡义慈：《新干县发现战国粮仓遗址》，《文物工作资料》1976 年第 2 期。

【第二章】

耕技发展

12000 年前的新石器时代早期，赣鄱先民在赣北的大源盆地驯化野生稻为栽培稻；到新石器时代中晚期，赣鄱先民在赣鄱许多平原地带种植水稻、发展稻作农业；再到铜石并用的青铜时代，赣鄱稻作农业有较高水平的发展。从使用打制石器到磨制石器、骨器、蚌器及木器，再到石器与青铜器并用，赣鄱先民的稻作技术一步步走向更高水平，到战国时期赣中地带的先民已有数量不少的稻米库存。

两汉时期，较青铜器硬度更高的铁器得到普遍推广，生产率大大提高，特别是铁器与牛耕的结合奠定了中国两千多年来土田耕作技术的基础。

从两汉三国经魏晋隋唐到宋代，赣鄱先民在千年来的农耕过程中创造了以犁耕为基础的精湛水田耕作技术。到北宋时期，赣鄱先民已掌握一套适合南方水田的非常完美的精耕细作技术。

元明清时期，赣鄱先民不断将水田耕作技术精细化，并在丘陵山地发展了水果等经济作物种植。

近代受国外的影响，农业耕作已开始使用化肥，但传统的生态施肥仍然占据主导地位。

新中国成立后，我国不断推广现代农业机械。到 21 世纪，虽然传统的农田耕作技术仍然被传承着，但农业机械已普遍用于土田耕作。

一、推广铁制农器

人类的生产生活用具及战争武器，从石器、木器、蚌器、骨器到青铜器的生产技术一步步地进步，人类对世界的认识也一步步地深入。最终人类发现铁矿石熔化后铸造出来的器具硬度最好，更适合于铸造生产生活用具和兵器等，于是人类进入使用铁器的时代。

据冶金科学史家和考古学家们对春秋战国及其之前的考古出土物的统计和研究，在距今 3000 多年的商代，中国及外国（如埃及）已有用陨铁制器的实例。此后，贵族墓葬中也有以块炼铁和陨铁为原料制作的铜、铁（或金、铁）复合兵器，如戈、短剑等。这反映出在春秋早中期，中原列国已开始使用冶铁术。但中国考古发现的少量真正铁器是距今 2400 多年的春秋末期的产品，其造型简单、形体薄小，这是铁器出现不久的征象，并且铁器可能是被当作珍贵的物品而随葬墓中。长江中游和汉江流域贵族墓出土的少量铁器表明春秋末期已出现生铁冶炼技术。经退火和脱碳处理的生铁，硬度较高且性脆，非常适合于生活用具、农具及兵器的制作。在战国中期，生铁冶炼技术已普遍被列国使用。[1]战国中后期在列国的广大地区都有铁器出土，这反映了铁器正逐步取代木器、石器、骨器、蚌器和青铜器，并在某些部门取得了支配地位。铁兵器后来被广泛用于全国的统一战争中。[2]

在春秋战国的数百年间，中国的冶铁技术取得了飞跃式的发展，并在此后很长一段历史时期处于世界冶金技术的前列。

战国时期铁农具的出土地点分布广泛，甚至在当时开发程度较低的南方百越地区也有发现。战国铁农具主要有犁铧、镢、铲、锸、锄、镰等。这些铁器的加工工艺技术，不论是锻、铸还是热处理，都达到了相当高的水平。这些铁农具已基本满足耕地、翻地、土壤加工、中耕、除草和收割等农业生产主要环节的需求。

铁农具的广泛应用对战国时期封建农业的发展具有巨大的促进作用。

恩格斯对铁器在人类文明史上的出现有很高的评价。恩格斯说："铁已在为人类服务，它是在历史上起过革命作用的各种原材料中最后的和最重要的一种原料。""铁使更大面积的农田耕作、开垦广阔的森林地区成为可能；它给手工业工人提供了一种坚固和锐利非石头或当时所知道的其他金属所能抵挡的工具。"[3]

赣鄱地域出土的最早的铁器是春秋末期和战国早期的铁器，如九江大王岭遗址出土的铁锸残器、武宁出土的铁斧等。这表明在春秋末期和战国早期，赣江下游一带已开始使用铁器。

到战国中晚期，赣鄱地域和全国其他许多地区一样，所发现的铁器数量增多，且分布的地域更广，这表明铁器的使用更加普遍。江西各地出土的战国中晚期铁制农器有铁斧（如图2-1）、铁锄、铁镰等。

铁器的使用大大提高了农业生产效率。由新干战国粮仓遗址可以判断，战国时期赣鄱地域的农业生产水平已达到相当高的水平，赣鄱地域已有很高的粮食生产能力；新干战国粮仓长61.5米、宽11米，面积达600平方米，可以储存数量比较大的稻米。但就江西整体而言，在战国时期，铁农器的使用尚未普及，农

① 参见林永昌、陈建立：《东周时期铁器技术与工业的地域性差异》，《南方文物》2017年第3期。
② 参见黄展岳：《关于中国开始冶铁和使用铁器的问题》，《文物》1976年第8期。
③ 恩格斯：《家庭、私有制和国家的起源》，《马克思恩格斯选集》第四卷，人民出版社1972年版，第159页。

图 2-1 新干界埠战国粮仓出土的铁斧

图 2-2 西汉铁铲（修水县出土）

业生产水平还是落后于中原地区。

两汉时期（前206—220）是中国古代科学技术史上的重要时期，科学体系逐步形成，生产技术渐趋成熟，就农业生产技术而言，生产力得到较大发展，生产技术有很大改进，特别是铁制农具的普遍制造和使用使生产效率大大提高。西汉武帝时及其后，盐铁官营，全国40余郡设置铁官，国家垄断冶铁业，铁器的使用普及更快。虽然东汉时期没有坚持铁官制度，但冶铁业仍快速发展，铁制工具更便宜，铁制农具的使用更加普遍。

两汉时期，铁制农具在赣鄱地域的农业生产中已较为广泛使用，赣鄱地域各地墓葬都出土了铁农具，有铲、斧、锄、锸、镢、耧、锤、刀等（如图2-2、2-3、2-4）；与战国时期出土的农具相比，增加了耧和锤两种新农具。

图 2-3 东汉铁斧（奉新县干洲出土）

图 2-4 西汉铁锄（修水县古市出土）

出土的两汉江西农具以锸、铲、斧、锄为主。其中"凹"字形铁锸，刃部宽且浅，器身较短，适用于土质松软的赣北平原地带。

随着农业生产能力的较大提高，两汉时期赣鄱地域的粮食积余较战国时更多了，所以，一些汉墓中出土了粮仓模型。如南昌市东郊东汉墓出土了一件圆形仓，直口平底，带盖，盖呈笠状，通体施绿釉（如图2-5）。①南昌市青云谱汉墓出土了2件绿釉红胎陶仓（如图2-6）和2件灰胎陶仓，盖呈笠状，上有一鸟形钮，球腹上开一方口，平底三足。②南昌东汉墓出土了陶仓1件，敛口、球腹、平底、三锥状实足，笠形仓盖，顶端立一鸟，作欲飞状，球腹上方开一仓口。③

这些陶仓的出土反映了汉代赣鄱地域稻作农业的发展水平，也反映了汉代赣鄱地域较高的粮仓建筑水平。陶仓仓底与地面有一定的距离，注意了通风，可以防潮，而且仓壁坚固厚实可防盗。

从汉墓出土的陶水井及附属设备可知，汉代赣鄱地域已建造了小型水利工程，既供生活用水也供水利灌溉。如南昌市东汉墓出土水井1件，直口、宽唇、平底，井口设梯形架，架顶装设滑轮（如图2-7）。南昌青云谱汉墓出土陶井6件，其

图2-5 东汉陶仓（江西省博物馆藏品）

图2-6 汉代绿釉陶仓（江西省博物馆藏品）

图2-7 汉代江西绿釉陶井（江西省博物馆藏品）

---

① 陈文华、陈柏泉：《南昌市郊东汉墓清理》，《考古》1965年第11期。
② 陈文华、陈柏泉：《南昌市郊东汉墓清理》，《考古》1965年第11期。
③ 江西省博物馆：《江西南昌东汉、东吴墓》，《考古》1978年第3期。

中 1 件有梯形井架，架顶装有滑轮，各井内均有铜制或陶制的小水桶。这些模型的出土说明东汉时期江西已有适应水井提水灌溉的农具——滑车。

二、发明江东犁

（一）牛的役使

牛的役使和牛肉的食用，在中国历史悠久。

在中国北方如黄河中游的仰韶文化考古中，就发现很多新石器时代晚期家养黄牛骨骼。这说明中国先民对牛的驯化和饲养很早，距今六七千年。

长江中下游地区距今七八千年至五六千年的河姆渡遗址、马家浜遗址、良渚遗址等都出土了水牛遗骨，河姆渡遗址出土了 16 个完整的水牛头骨及大批水牛肩骨耜（如图 2-8、2-9），这说明中国南方地区对水牛的利用也很早。[①]

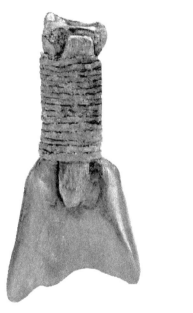

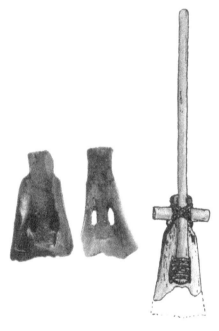

图 2-8　河姆渡遗址出土的距今 7000 多年的骨耜

图 2-9　河姆渡遗址出土的骨耜和装有木柄的骨耜复原图

---

① 参见邵九华：《河姆渡遗址主要考古成果》，《浙江学刊》1994 年第 4 期；肖凤娟、任瑞波：《河姆渡遗址稻作遗存的研究回顾、展望和思考》，《农业考古》2014 年第 6 期。

在距今大约 3000 年的商代，牛车已出现，即中国先民已开始驾驭和役使牛。1976 年，河南安阳殷墟妇好墓出土了一件墨绿玉雕卧牛（如图 2-10），两个鼻孔间有一个小孔，与后世牛鼻穿孔的位置相符，这表明商代中国先民已懂得役使牛。

图 2-10　明代玉雕卧牛

（二）犁的使用

早在距今七八千年至五六千年时的新石器时代中晚期，中国先民把石板打制成三角形犁铧（如图 2-11、2-12），上面钻圆孔，可装在木柄上使用，估计当时用人力牵引。

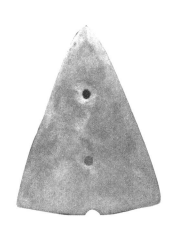

图 2-11　新石器时代石犁（良渚博物馆藏品）　　图 2-12　温州出土的新石器时代石犁

考古发掘显示，中国黄河中下游地区及东北、内蒙古和长江中下游流域的 30 多处新石器时代中晚期遗址都出土了石制犁铧，总计百余件，距今大约 5000 年。对于这些石犁是"犁"还是"铲"，尽管学者们有不同看法，但多倾向于"石犁"，只是由于各地考古发现的只有石犁铧，而木质犁架并未保存下来，原始耕犁的架子的材质也就搞不清楚了。

图 2-13　新干出土的商代青铜犁铧

距今 3000 多年的商代已出现了金属犁铧。1990 年，新干大洋洲商墓出土了两件青铜犁铧，呈三角形，犁面铸有精美纹饰（如图 2-13）。这虽然可能是珍贵的陪葬礼器，但可以说明商代赣鄱先民已用犁耕田。虽不清楚是否用牛拉犁，更不清楚是否有犁架，但这是中国农具史上的巨大进步，为后来铁犁铧的出现奠定了基础。

实际上，从形制上看，这件青铜犁铧与后来的铁犁铧类似。

（三）牛耕的产生与推广

牛耕是中华民族在长期的农业生产中逐步探索出来的。

将牛与铁制农具结合，即牛拉铁犁翻地和牛拉铁耙耙地等，是中华民族伟大的农耕智慧。铁制农具坚硬、锋利、耐磨，牛拉力大，铁制农具与牛的结合成了"天合之作"。两者的结合是中国农业发展史上农用动力的一次革命，对中国农业的生产和农村生活产生了巨大的影响。

牛耕起源于何时？目前学术界有三种观点，即殷商说、春秋说、战国说。

殷商说的依据有二：一是《山海经》的记载，二是甲骨文的释读。

中国上古时代的志怪古籍《山海经》中的《海内经》记载："后稷是播百谷，稷之孙曰叔均，是始作牛耕。"[1]后稷是周的始祖，叔均生活的时代应当是商代中晚期。这是中国古籍中关于牛耕的最早记载。至于甲骨文的释读，胡厚宣先生释读有关甲骨文，认为商代人已用牛耕田。

春秋说的依据有二：一是文献记载，二是据考古发现的推断。

春秋时期的文献《国语》中的《晋语》中说："夫范、中行氏不恤庶难，欲擅晋国，令其子孙将耕于齐，宗庙之牺为畎亩之勤。人之化也，何日之有！"[2]这段话谈到用祭祀的牲畜去耕田，可见春秋时期北方虽有牛耕，但也未普遍

---

① 袁珂：《山海经校注》卷十三《海内经》，北京联合出版公司 2014 年版，第 393 页。
② 陈桐生：《国语》之《晋语九》，中华书局 2013 年版，第 556 页。

使用。宋代文人周必大在其所写的《曾氏农器谱题辞》中对《山海经》《月令》《论语》等关于牛耕起源的记载进行了一番梳理，认为春秋时期已有牛耕。至于考古发现的推断，如陈文华先生认为，河南辉县和河北易县出土的铁犁铧（如图2-14、2-15）反映了牛耕在战国时得到了推广，在春秋时牛耕已得到应用。[①]

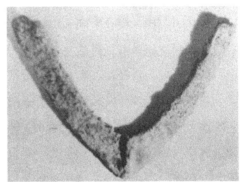

图2-14 河南辉县出土的战国铁犁铧　　图2-15 河北易县出土的铁犁铧

春秋时期（前770—前476），随着冶铁业的出现与发展，铁制农具产生后，铁犁与牛结合，牛耕作为一种新式耕作方式并未得到推广。因为在奴隶制生产条件下，对于奴隶主来说，使用牛耕不如驱使奴隶合算。

战国说的依据有文献记载和考古发现。从《诗经》可知，在春秋战国时期，养牛业很发达："谁谓尔无羊？三百维群。谁谓尔无牛？九十其犉（犉，指品种优良）。"西汉刘向编订的《战国策》中赵王与赵豹谈道："秦以牛田，水通粮，其死士皆列之于上地，令严政行，不可与战。王自图之！"[②] 这表明先秦时的秦国用牛耕田，已取得很好的成效。《庄子·秋水》和《吕氏春秋·重己》有穿牛鼻的记载。

战国时期（前475—前221）的冶铁业有较大发展，有些诸侯国设铁官经营铁，民间私营铁的也多，而且出现了不少冶铁大家，并且全国也出土了不少铁

① 陈文华：《光辉灿烂的中国古代农业科技》，《文物》1980年第8期。
② 缪文远、缪伟、罗永莲：《战国策》卷十八《赵策一》，中华书局2012年版，第518页。

制农具。但这一时期铁犁的发现很少，陕西曾出土两件秦朝的铁犁，这说明牛耕技术的推广仍然相当缓慢，直到秦始皇统一中国前，牛耕的使用范围未超出黄河下游。

秦末，战乱对社会经济破坏极大。西汉初年，朝廷不得不采取"轻徭薄赋""重农抑商"等发展经济的政策，经过"文景之治"之后，社会经济得到较好发展。《史记》卷三十《平准书第八》中说："汉兴七十余年之间，国家无事，非遇水旱之灾，民则人给家足，都鄙廪庾皆满，而府库余货财，京师之钱累巨万，贯朽而不可校。太仓之粟陈陈相因，充溢露积于外，至腐败不可食。众庶街巷有马，阡陌之间成群，而乘字牝者傧而不得聚会。守闾阎者食粱肉，为吏者长子孙，居官者以为姓号。"[1] 在这段汉前期社会经济得到发展的时期，冶铁业得到发展，朝廷放任冶铁业发展，社会上出现了很多以冶铁为生的人，并由此产生了一些冶铁大家。但是，铁犁和牛耕并没有得到推广，毕竟普通家庭承担不起置办一套牛耕器具的费用，所以，西汉前期铁犁的使用和牛耕仍局限于黄河中下游部分地区。在淮河以南，尤其是江南地区，未发现使用铁犁和牛耕。江南地方仍然延续原始的"水耕火耨"，即《汉书·地理志》所说"江南地广，或水耕火耨。民食鱼稻，以渔猎山伐为业"。应劭注曰："烧草下水种稻。草与稻并生，高七八寸，因悉芟去，复下水灌之，草死，独稻长，所谓水耕火耨。"[2] 这种耕作方式确实不需要牛耕，有铲、镬、锸等即可耕作。

西汉武帝时期（前141—前87），与匈奴的长期战争使国库空虚，百姓负担沉重，加上常有水旱之灾，百姓流离失所。在北方匈奴的威胁消除以后，汉武帝致力于发展经济，任用赵过为搜粟都尉，致力于发展农业生产。

赵过采取了三项有利于农业生产的措施，分别是推行代田法、推广牛耕、改进田器。其中关于牛耕，《汉书》卷二十四上《食货志第四》的记载是："率十二夫为田一井一屋，故亩五顷，用耦犁，二牛三人，一岁之收常过缦田亩一斛以上，善者倍之。"[3] 关于"用耦犁，二牛三人"是怎样的一种犁田方式，目前尚有不同看法。

① ［汉］司马迁：《史记》卷三十《平准书第八》，中华书局1999年版，第1205页。
② ［汉］班固：《汉书》卷二十八下《地理志第八下》，中华书局1999年版，第1321页。
③ ［汉］班固：《汉书》卷二十四上《食货志第四》，中华书局2012年版，第958页。

在官府的组织和领导下，铁犁和牛耕得到大规模推广，特别在西北屯边地，由政府出资推广，所以在发现的西汉铁犁中以北方的居多，如陕西、甘肃、山西、河南、辽宁、山东等6省出土了数十件铁犁，并且，在陕西渭南、西安、咸阳，河南中牟、鹤壁、渑池与山东安丘等出土的铁犁已加了犁壁（如图2-16、2-17），铁犁的构造更成熟、更科学。这种铁犁可把掘起的土翻转至旁边，不仅有利于碎土，而且提高了耕作的速度。然而，西汉时期，虽然在北方用牛拉铁犁耕作的方式得到推广，但是在南方仍然保持着"火耕水耨"的方式，并未采用牛耕。直到东汉时期，在南方一些地区铁犁和牛耕耕作技术得到推广，如四川、贵州、广东、福建等开始使用牛耕技术。

图2-16　咸阳出土的西汉铁犁

图2-17　河北满城刘胜墓出土的西汉铁犁铧

东汉（25—220）初期，由于战争，社会经济被严重破坏，民生凋敝，朝廷忙于稳定社会秩序和恢复社会活力，尚未找到发展经济的好办法。到东汉中期，朝廷任用一批勤于政事且清正廉洁的循吏，发展生产、兴修水利、大力推广牛耕，使牛耕得到很广泛推广，特别是在北方地区。从考古发现的铁犁和东汉画像砖可知，东汉时期，北方已基本普及牛耕和铁犁，如甘肃、新疆、内蒙古、辽宁、河北、河南都出土了铁犁。特别是东汉画像砖上的画像涉及牛耕的有13幅（如图2-18、2-19、2-20、2-21、2-22、2-23），分布在内蒙古（和林格尔2幅）、陕西（米脂、绥德王德元墓、绥德、西安碑林、陕北各1幅）、山西（平陆枣园1幅）、山东（滕县宏道院、滕县黄家

图 2-18　陕西绥德王德元墓出土的东汉　　图 2-19　陕西绥德出土的东汉牛耕画像
　　　　　牛耕画像

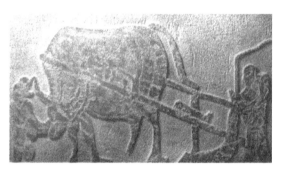

图 2-20　滕县宏道院东汉画像石"一牛二人"　　图 2-21　陕北东汉牛耕画像
　　　　　牛耕图

图 2-22　山西省平陆县枣园村东汉墓"二牛一　　图 2-23　徐州睢宁双沟东汉"二牛一人"牛耕图
　　　　　人"牛耕壁画（临摹本）

岭、邹城市面粉厂各 1 幅），还有 2 幅分布在南方的江苏境内（泗洪重岗、睢宁双沟镇）。由此可推测，此时牛耕不仅在北方较普及，而且已传到南方。除江苏有东汉画像砖出土之外，四川、贵州、广东、福建有铁犁出土；但江西、湖南、湖北、浙江、安徽等地没有铁犁出土，只有铁铲、铁镢、铁锸等适合于水田耕作的铁制农具出土。

（四）赣鄱牛耕的推广

江南地区的铁犁和牛耕使用经历了漫长的过程，因为上述画像砖上的各种长直辕犁只适合北方松散而阔大的土田，不适合南方黏性重又以小块为多的水田。但是铁犁和牛耕的结合确实能大大提高生产效率，所以，三国时期，南方的统治者们大力提倡和推广牛耕，如孙吴在其控制的长江中下游地区大力推广牛耕，诸葛亮在刘备控制的巴蜀地区大力推广牛耕；两晋时期，曹魏在南方推广牛耕；南北朝时期，割据江南的宋、齐、梁、陈等国继续推广牛耕，从而使牛耕在中国南方地区得到推广。在牛耕推广的过程中，为了适应南方的水田犁耕，劳动人民充分发挥了经验和智慧，改造了只适合于北方耕作的长直辕犁（如图2-24），将长直辕犁改造成曲辕犁（如图2-25）。

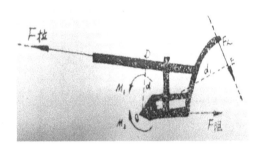

图 2-24　长直辕犁示意图[①]

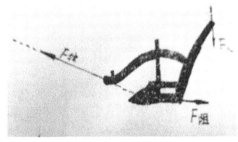

图 2-25　曲辕犁示意图[②]

从敦煌莫高窟的壁画看，盛唐时期北方也使用这种犁（如图2-26）。

图 2-26　莫高窟第 445 窟曲辕犁线描图[③]

第二章　耕技发展

---

① 转引自王星光：《试论犁耕的推广与曲辕犁的使用》，《郑州大学学报（哲学社会科学版）》1989年 4 期。
② 转引自王星光：《试论犁耕的推广与曲辕犁的使用》，《郑州大学学报（哲学社会科学版）》1989年 4 期。
③ 转引自郝二旭：《敦煌曲辕犁新考》，《敦煌研究》2010 年第 2 期。

赣鄱地区的牛耕技术直到唐代才得到推广，因为赣鄱地区长期以来盛行"水耕火耨"的耕作方式，即放火焚烧杂草后放水耕作。这是一种很原始的耕作方式，但有适用于南方耕作的特点。

赣鄱地区在唐代推广的犁，就是由长直辕犁发展成适合南方水田耕作的曲辕犁。这种犁的特点是在田边地角回转时灵活，且可较好地控制犁地的深浅，特别适合在南方狭小的水田耕作。包括赣鄱在内的南方地区，唐代盛行的就是这种曲辕犁，在南方又称江东犁（如图2-27）。据唐末陆龟蒙的《耒耜经》记载，这种曲辕犁由犁箭、犁铧、犁床等11个部件组成，结构完整，犁辕较短且弯曲，灵便省力，可由单牛牵引，适合于南方水田耕作。其原文如下：

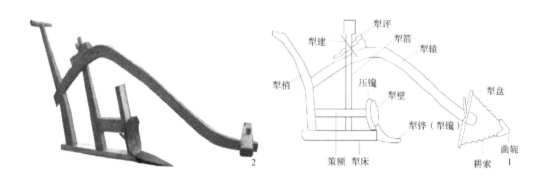

图2-27　江东犁及江东犁示意图[①]

经曰耒耜，农书之言也。民之习，通谓之犁。冶金而为之者，曰犁镜本作镵，曰犁壁，斫木而为之者，曰犁底，曰压镵，曰策额，曰犁箭，曰犁辕，曰犁梢，曰犁评，曰犁建，曰犁槃，木与金凡十有一事。[②]

江东犁的推广大大提高了耕作效率，对赣鄱地域成为粮食输出地起了重要作用。

从唐代至近现代，这种江东犁在包括赣鄱在内的整个中国农业耕作中起着重要作用。

① 转引自谢玮：《唐代曲辕犁形制演化与即时社会生产方式研究》，《装饰》2017年第2期。
② 何锡光：《陆龟蒙全集校注》卷十九《杂著·耒耜经》，凤凰出版社2015年版，第1036—1037页。

三、精进水田耕作技术

宋元明清时期，赣鄱地域与南方大多数地区一样，形成了适合于南方地理环境又非常成熟的精湛的耕作技术，集中表现在整地、育秧和田间管理三个方面。这三个方面相辅相成，形成了一套完整的水稻栽培技术。

（一）整地技术：耕耙耖、施肥、平整田面

土田的整治包括冬季和春季两个阶段。

冬闲田的整治方式有两种：一是干耕晒垡，主要用于土性阴冷的地区或山区，利用晒垡和熏土来提高土温；二是干耕冻垡，主要用于平川地区，通过深耕泡水、沤烂残根败叶来消灭杂草、培肥田土。宋应星《天工开物·稻工》载："凡稻田刈获不再种者，土宜本秋耕垦，使宿稿化烂，敌粪力一倍。或秋旱无水及怠农春耕，则收获损薄也。"[①]

在春季，首先要进行耕耙耖、施肥，其次平整田面，然后插秧苗。

耕地（如图2-28、2-29），就是在冬季或春季将收割稻谷后的田用犁翻耕，使稻茬埋在泥土中肥田。

用牛拉犁将土翻转过来是最省力的，效率亦高。但在古代及近代，并不是家家都有牛或买得起牛，在这种情况下，就只有靠人力了，否则，耕作没法进行。宋应星在《天工开物·稻工》中说："凡牛力穷者，

图2-28 《天工开物》中的耕地图

图2-29 当代农民耕地

---

① ［明］宋应星：《天工开物》，中国画报出版社2013年版，第7页。

图 2-30 《天工开物》中的耙地（碎土）图

图 2-31 当代农民耙田

两人以扛悬耙，项背相望而起土，两人竟日仅敌一牛之力。"[1]两人一前一后拉犁翻耕，狠劲干一整天，才能抵得上一头牛的劳动效率。

耙地（如图 2-30、2-31），就是将翻耕过来的土粉碎均匀，这样肥力也能均匀散开。

用畜力耙地肯定是最省力的。如果缺少畜力，也就只有用人力了。宋应星在《天工开物·稻工》中说："若耕后牛穷，制成磨耙，两人肩手磨轧，则一日敌三牛之力也。"[2]宋应星所说似乎让人费解，两人用肩和手拉耙，狠劲干一天，竟然敌三头牛之劳动效率。

耖地（如图 2-32、2-33），就是在插秧前将翻耕后的土粉碎均匀，同时平整田面，准备插秧。

图 2-32 清代耖地作业图

图 2-33 当代农民耖地图

① ［明］宋应星：《天工开物》，中国画报出版社 2013 年版，第 7 页。
② ［明］宋应星：《天工开物》，中国画报出版社 2013 年版，第 7 页。

（二）培育壮秧：整秧田、浸种、育秧、移秧（如图2-34、2-35、2-36）

培育好秧苗是保证丰收的关键。自古至今，中国的稻作者都非常重视培育壮秧。

整好秧田是培育壮秧的重要工作。

秧田的整治不同于一般稻田的整治，在秋冬时节就要再三深耕，经霜雪冻盖之后，将害虫冻死，并让稻茬腐烂；有的还在翻过的土上面烧稻草等，使土质疏松，到来年春天再次耕耙秒，并浇大粪入田或撒细碎的麻枯（榨油后的残渣）入田，使秧田肥沃。

浸种催芽是培育壮秧的重要步骤。

对于不同的稻种，浸种的时间点及时间长度也不同。赣鄱地域的浸种时间最早在春分以前，名为"社种"，最晚则在清明以后。浸种之法很简单，即将种子放入盛水的瓮缸浸泡数日，即用稻草或麦秆包好种子，放入水中浸泡数日，待种子发芽后播撒到秧田中，秧苗长到一寸时才叫"秧"，秧龄满30天即可拔起分插。秧苗过了育秧期就会变老且拔节，这时即使插到田里（如图2-37），

图2-34 浸种

图2-35 育秧

图2-36 移秧

结谷也很少。

通常一亩秧田所培育的秧苗可移插 25 亩田。[①]

（三）田间管理：耘田、耥田及烤田

耘田、耥田及烤田是稻田水浆管理中的主要步骤。

耘田，就是在水稻生长时除去稻田中的杂草，避免杂草吸收田中的肥力。

除杂草的方法有二：

一是用脚耘田，又叫耔田，俗称"挞禾"，即在插秧后数日新叶长出时，手拄木棍，用脚把泥培在稻根上，并将田中的小杂草踩入泥中，使其不能生长。

二是弯腰除草（如图 2-38），弯腰将稗草、苦菜、水蓼等不能用脚除去的杂草用手拔除。

明代宋应星《天工开物·稻工》中说：

> 凡稻分秧之后数日，旧叶萎黄而更生新叶。青叶既长，则耔可施焉（俗名挞禾）。植杖于手，以足扶泥壅根，并屈宿田水草，使不生也。凡宿田菵草之类，遇耔而屈折。而稊、稗与茶、蓼，非足力所可除者，则耘以继之。耘者苦在腰、手，辨在两眸，非类既去，

图 2-37　插秧

图 2-38　《天工开物》中的耘田图

---

① 参见［明］宋应星：《天工开物·稻》，中国画报出版社 2013 年版，第 4 页。

而嘉谷茂焉。从此泄以
防潦，溉以防旱，旬月
而"奋观铚刈"矣。①

稻田，也是稻田中除草
的一种方法，即用一种木板下
钉有铁钉、安有竹柄的工具，
在田间推荡，除去杂草。此工
具可代替手脚，工作效率高。
图 2-39、2-40 为稻田工具。

烤田（如图 2-41），指在
水稻分蘖（在地下或地面分
枝）末期，为控制无效分蘖并
改善稻田土壤通气和温度条
件而排干田面水进行晒田的过

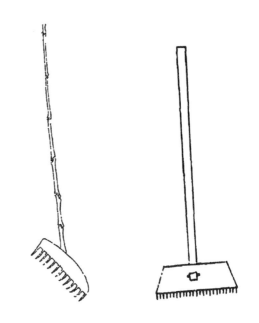

图 2-39　明代徐光启《农
政全书》中的稻田工具图

图 2-40　元代王祯《农
书》中的稻田工具图

程。在这一过程中，土壤水分减少，促使植物根向土壤深处生长有利于植物的生
长发育。

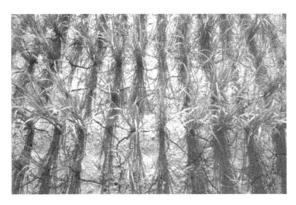

图 2-41　烤田

赣鄱农民往往将耘田、施肥（如图 2-42）和烤田结合起来，创造了一整套
肥水管理技术：在稻苗长得旺时，放干田中的水，用脚将杂草踏入泥中，将草灰

----

① ［明］宋应星：《天工开物》，中国画报出版社 2013 年版，第 7 页。

图 2-42 施肥

与粪肥及碎麻枯搅拌均匀，然后撒入田中，晒四五日；稻田干裂时，放水浅浸稻苗。在整个稻子生长过程中，做两次这样的操作即可。

（四）收割

当田野一片金黄，沉甸甸的稻穗压弯稻秆，稻子成熟了，就该及时收割了。水稻一年两季，早稻六七月份收割，晚稻九十月份收割。

大热天，农民在田间弯着腰，拿着镰刀，一把一把将稻秆割断，然后收集起来脱粒（如图 2-43、2-44）。此时是丰收的季节、喜悦的季节、辛苦的季节。

脱粒的方法古今不同。

明清时人手握稻秆在木桶上或石板上击打脱粒（如图 2-45、2-46），或在晒

赣鄱农耕文化研究

图 2-43 割稻

图 2-44 集拢割下的稻

图 2-45 《天工开物》中的击稻图

场上用牛拉石碾压稻穗脱粒（如图 2-47）。现当代人则用比较省力的机械（打谷机）脱粒（如图 2-48）。稻粒晒干后用风谷车去掉不饱满的秕谷，即可收储。

图 2-46 《天工开物》中的击稻图

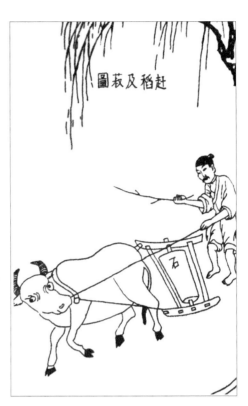

图 2-47 《天工开物》中的石碾压稻脱粒图

图 2-48 当代农民用打谷机脱粒

四、使用农用化学工业品

新中国成立之前的两千多年，中国农民都是使用传统生态的肥料和杀虫方式，如用人畜粪尿、豆、枯饼（榨花生油、麻油等的渣）等肥田，用烟梗水杀虫等；新中国成立后，随着国家化学工业的发展，开始使用农用化学工业品，主要包括化学肥料、化学农药、农用塑料薄膜。

（一）使用化学肥料

化学品的使用时间可以追溯到古代，如中国的火药，但我们所说的现代化学工业源起于欧洲的工业革命时期。

20 世纪上半叶，经历了工业革命的欧洲国家如德国、英国、法国等，开始用现代化学技术制作能使农作物快速、茂盛生长的肥料，即化学肥料，包括硫酸铵、硫酸钾、氯化钾等。当看到西方国家使用化学肥料取得很好的效果，近现代中国的知识界也提出要学习西方的现代农业科学技术。中国政府曾派出学生到西方国家、到日本去学习农业科学技术。中国政府还开设现代学堂以传授现代科学技术；国外一些国家则在中国开设销售处，倾销化学肥料如硫酸铵等。中国的企业曾试图与西方国家的企业合作，以学习它们的技术，生产化肥，但都没谈成。中国企业曾试着创办自己的企业生产氮肥硫酸铵，这就有了中国第一家化学肥料企业即上海的永利化学工业公司，主要生产硫酸铵。在使用现代化学肥料的过程中，中国的农民和科技人员都发现，化学肥料的使用有利有弊。化学氮肥硫酸铵易被土壤吸收，可使植物生长得很茂盛，但硫酸铵中的铵被植物吸收之后，硫酸则存留于土壤之中，如此长期积累会影响土壤的酸性。民国时期，中国针对化肥的使用出台了一系列控制、监督、管理措施。如 1935 年江苏省出台了《江苏省统制管理肥料办法》，其中明确提出了有效控制化学肥料的进口、生产、使用等一系列规章制度，积极倡导使用传统有机肥料，谨慎使用现代化学肥料。在 20 世纪上半叶，中国就形成了以传统有机肥料为主、现代化学肥料为辅的肥料使用法。[1] 直到 20 世纪 70 年代末，中国的农村仍然坚持以传统有机肥料为主；但 20 世纪 90 年代以后，化学肥料的使用逐渐增多，最终导致不用传统有机肥料而只

---

[1] 参见吴海霞、图力古日、胡日查：《从化学氮肥看中国近代肥料科技的发展》，《农业考古》2016 年第 6 期。

用化学肥料，这使得土地板结且被污染。

在 20 世纪上半叶，赣鄱地域基本上使用传统有机肥料，几乎不使用化学肥料；直到 20 世纪 50 年代初，开始少量使用化学肥料。1952 年全省平均每亩耕地使用化肥 0.22 斤；1959 年则增至 3.4 斤，仍然是以氮肥为主，氮肥占 84%。20世纪 60 年代，国家提倡以磷增氮、氮磷结合，磷肥的使用量逐年增多，全省平均每亩耕地的化肥使用量也就增多了，由 1960 年的平均每亩 3.6 斤至 1969 年平均每亩 40.2 斤，增长了 10.2 倍。其中，磷肥的使用量占化肥使用总量的 60%。

20 世纪 80 年代后，在农业耕作中，化肥的使用量猛增，1983 年每亩增加到了 106.4 斤，其中氮肥占 67%、磷肥占 27.8%、钾肥及复合肥占 5.2%，赣鄱的每亩化肥使用量已略高于全国水平了。[1]

（二）使用化学农药

如同化学肥料，赣鄱地域在 20 世纪 50 年代才开始使用化学农药（如图 2-49）。化学农药主要用于棉花、果树等经济作物种植中，后逐步用于水稻种植过程中。20 世纪 50 年代初期开始推广的化学农药品种主要有有机氯、铜、汞、硫制剂，为植物性药剂；

20 世纪 50 年代中期开始，赣鄱地域开始推广有机磷制剂；20 世纪 70 年代初开始推广有机氮、有机砷、生物农药、抗生素等。20 世纪 80 年代开始，国家决定停止使用高残留、公害严重的有机氯农药，全面推广有机磷、有机氮、甲脒类等高效、低残留农药，并积极发展高效、低毒、低残留的拟除

图 2-49 化学农药

---

① 参见《江西省情汇要（1949—1983）》，江西人民出版社 1985 年版，第 2—46 页。

虫菊酯类农药。[1]

从表 2-1 可知，20 世纪 80 年代赣鄱地域的农药使用量最高，进入 21 世纪后，虽然有减少，但仍在高位。

表 2-1　江西历年化学农药使用量[2]　　（单位：万吨）

年份	1952	1965	1978	1983	1990	2000	2013
用量	0.03	3.00	6.27	11.05	3.6482	5.1406	9.9922

农药中的重金属不仅对土壤、水源污染大，且对人体危害大。

（三）使用农用塑料薄膜

塑料薄膜具有透光、保温、不漏水等特性，在农业耕作中，常用于建育秧和种蔬菜的大棚，既透光又保温，能促进作物生长。但在传统的农业耕作中，人们是不使用塑料薄膜的。塑料薄膜的使用是随着化学工业的发展才出现的。

20 世纪 60 年代初期，赣鄱地域在早稻育秧、蔬菜育苗等方面开始推广使用塑料薄膜保温技术。1978 年改革开放后，塑料薄膜的使用量在农业种植中逐年增加，1978 年和 1979 年，每年使用的塑料薄膜均在 5000 吨左右。1980 年使用的塑料薄膜为 6000 余吨，主要用于建育秧棚（如图 2-50），育秧面积 11 万余亩，占当年早稻秧田的 4.5%。

图 2-50　育秧棚

---

① 参见《江西省情汇要（1949—1983）》，江西人民出版社 1985 年版，第 2—49 页。
② 数据来源于《江西省情汇要（1949—1893）》及中国统计出版社出版的《江西统计年鉴（2011—2014）》。

20 世纪 70 年代末和 80 年代初，赣鄱地域开始引进地膜。1982 年全省地膜覆盖面积达 6300 亩，1983 年则猛增到 87000 亩。[1]

使用塑料薄膜有利于提高作物产量、缩短作物生长期、提高生产率，但薄膜残留物同样影响土壤和人体健康，如影响土壤的物理性状、降低肥力、造成减产，制造薄膜的化学原料进入人体后会导致诸多疾病。即使近年推出的可生物降解的塑料地膜，也仅仅是其中的生物材料降解了，塑料部分（PE、PP、PVC 等）依然残留在土壤中，对土壤和农业生产安全更加有害。

五、使用现代农业机械

农业机械是指在作物种植业和畜牧业生产过程中，以及农、畜产品初加工和处理过程中所使用的各种机械，包括农用动力机械、农田建设机械、土壤耕作机械、种植和施肥机械、植物保护机械、农田排灌机械、作物收获机械、农产品加工机械、畜牧业机械、农业运输机械等。

在中国，农业机械的使用有悠久的历史，有以畜力为动力的机械，如犁等；有以人力为动力的机械，如石磨、水车等；有以水力为动力的机械，如筒车、水磨等。这些以畜力、人力、水力为动力的机械，我们称为传统机械。

现代机械指的是以燃料（如柴油、汽油）或电力为动力的机械，如拖拉机等。

在新中国成立前，赣鄱地域的现代农业机械很少。据 1950 年统计，此前遗留下来的农业机械，仅有拖拉机 44 台 /1056 马力、排灌动力机械 80 台 /960 马力。

新中国成立后，赣鄱地域现代农业机械的使用量越来越大，经历了下列几个发展阶段：

一是 20 世纪 50 年代中期到 20 世纪 60 年代中期，主要发展排灌机械和粮油加工机械，以国家投资经营为主。"全省排灌动力机械，1955 年有 163 台 /1919 马力，1965 年发展到 18691 台 /402036 马力，机电排灌面积由 5.8 万亩增加到 577 万亩（包括从水库渠道和引水工程提水灌溉面积）。""全省共建机电

---

① 参见《江西省情汇要（1949—1983）》，江西人民出版社 1985 年版，第 2—49 页。

排灌站 18081 个，除小马力由集体经营外，442 个大马力排灌站是由国家经营"，20 世纪 50 年代初期，赣鄱率先在全国突破拖拉机下水田耕作技术难关，1956 年全省"建立了第一批 8 个国营拖拉机站，加上国营农场拖拉机，共有 155 台/4481 马力。到 1965 年，全省国营拖拉机站发展到 82 个，共有拖拉机 2015 台"。[①]

二是 20 世纪 60 年代后期至 20 世纪 70 年代后期，重点发展以拖拉机为主的耕作机械和运输机械，以社队集体购置和经营为主。"到 1979 年，全省大中型拖拉机由 1965 年 2021 台/64387 马力发展到 18872 台/543584 马力，小型拖拉机（其中主要是手扶拖拉机，如图 2-51）由 1965 年的 86 台/430 马力发展到 48005 台/567186 马力。同时，农用汽车（如图 2-52）由 330 辆猛增到 4467 辆，手推胶轮车（如图 2-53、2-54）由 33438 辆猛增到 351882 辆，各种

图 2-52　农用汽车

图 2-51　手扶拖拉机耕田

---

① 《江西省情汇要（1949—1983）》，江西人民出版社 1985 年版，第 2—35 页。

图 2-53　双轮手推胶轮车

图 2-54　独轮手推胶轮车

农业机械，社队集体经营的占 80% 以上。其中各种拖拉机，社队集体经营的占 90% 以上。"[1]

　　三是改革开放之后，即 20 世纪 80 年代开始，我国进入多种农业机械发展的新时期。拖拉机特别是大型拖拉机发展速度减慢，耕作机械和脱粒、植保等机械发展速度加快。农机经营体制发生了重大变化，由原来集体经营为主、国家经营为辅，发展到国家、集体、独户、联户、联合体经营等多种形式并存。农民个人和联户购买的农业机械及各类机械的数量大增。

　　四是进入 21 世纪后，随着农业和农业经济的发展，农业机械的使用成为提高劳动生产率和增加农民收入的重要手段。农民在农业生产中普遍使用各种农业机械（如图 2-55、2-56、

图 2-55　喷药无人机

① 《江西省情汇要（1949—1983）》，江西人民出版社 1985 年版，第 2—35 页。

2-57），多层次、多形式的农机社会化服务体系形成，这对全面建成小康社会起了重要作用。

图 2-56　插秧机

图 2-57　收割机

【第三章】

生态智慧

在长期农耕劳作中，赣鄱地域的劳动人民懂得了在利用自然的同时，尊重自然，敬畏自然，总结自然规律，不断积累和挖掘农耕智慧，由此形成了富有赣鄱地域特色的农作生态智慧，如修筑水利工程以抗灾防灾、发明水力工具以巧用水力、科学施肥和多熟种植、开辟梯田以增加耕地、用乡规民约保护生态等展现了赣鄱地域劳动人民的智慧。

一、巧用水力

赣鄱地域因地处长江中下游地区，雨水充沛。境内河流纵横，春夏之交，雨量多则易成水灾；夏秋之际，雨量少则成旱灾。所以，赣鄱地区灾害以水旱为主，还有蝗、雪、雹、冻等。

赣鄱地域的劳动人民在长期的生产劳动和与自然灾害作斗争的过程中，创造了一系列抗灾减灾的方法，其中最为主要的是修筑水利工程和发明水力工具以巧用水力。

（一）修建水利工程

为抗灾减灾，赣鄱地域的人们不断地修建和维修水利工程。水利工程是一种生态智慧，其修建目的是利用好水利为农业生产服务，同时减少自然灾害。

从汉代开始，赣鄱的一些地方政府就开发水利、兴修水利工程。

唐代，赣鄱地域的地方政府已较多和较大规模地组织水利建设。

宋代，赣鄱地域已形成了一套适应自身环境且具有南方特色的水利修建技术，即堤、圳、渠、陂塘的修建和水沟的疏通。这套水利修筑技术到元代时更加成熟和更加被广泛应用。

元代，赣鄱地域的人们除修浚旧有的陂堤、圳、塘等外，还修筑了较大的水利工程，如丰城的官圳、新城的路堤、德安的敷林陂、南安的石陂等。

明代和清代，赣鄱地域的人们仍是大规模地修筑堤、圳。明代修建的较大堤圳工程有新城的蛇丝陂、九江的甘棠堤、南昌的章江堤和谯堤、清江的赵家园堤、泰和的破塘口矶、吉水的徐公堤、进贤的丰乐圩等。清代顺治、康熙、雍正、乾隆四朝，赣鄱地域的人们修建的较大堤圳工程有南昌西南的少宰堤、丰城的七熊坊圳、弋阳的松石港堤、弋阳与兴安交界的白石堤、清江的白公堤、丰城的曾子垱等。[1]

堤，一般用石头砌成，往往工程浩大。其作用一是保护城区和居民，二是保护农田。自汉代至清代，赣鄱地域的地方政府不断组织人力和物力筑堤捍江，以及修建河堤和湖堤，所起作用巨大，如清同治十二年《丰城县志·水利》载："（丰城）为赣吉下流也，地势洼甚，岁春夏水暴至，方县数十里汇为巨泽。"[2]自唐代至明代，地方政府组织修建了众多堤垱，才使水"不暴民田"。再如清同治十年《新建县志·水利》载南昌府的谯堤："障民居五千余家，田数万亩。"[3]

垱，是为了便于灌溉而修筑的小土堤。在赣鄱地域的农村，这种水利设施众多。

水渠，有大型和小型之分，是重要的农田水利工程。元代王祯《农书·农器图谱·灌溉门》载："浚渠，凡川泽之水，必开渠引用，可及于田。……所谓人能胜天，岂不信哉！"[4]江西古代开挖过一些大型水渠，如袁州西南的李渠，"其深阔使可通舟，邦人利之"，且"民田藉以荫灌者不可顷计"，[5]此渠唐代开挖，宋明两代多次疏浚，一直作用巨大。此外还有明代吉安的云亭阜济渠，"渠长六里，荫田万亩"[6]。

陂塘，王祯《农书·农器图谱·灌溉门》中说："《说文》曰：陂，野池也。塘，犹堰也，陂必有塘。"[7]（如图3-1）陂塘之间是相连的，这是南方陂塘的特色，这也是最能反映民间生态智慧的水利特点。中国南方分布着大量陂塘。陂塘对农田灌溉起着重要作用，既可蓄水，又可防止流水四溢造成水灾；此外，陂

第三章　生态智慧

---

① 参见施由明：《自唐至清南昌地区的水利》，《农业考古》1992年第3期。

② 同治《丰城县志》卷十一《水利》，《中国方志丛书·华中地方·950号》，成文出版社有限公司1975年版，第512页。

③ 同治《新建县志》卷十二《水利》，《中国方志丛书·华中地方·885号》，成文出版社有限公司1979年版，第599页。

④ ［元］王祯：《农书》卷十八《农器图谱·灌溉门》，《景印文渊阁四库全书》第730册，上海古籍出版社1987年版（后同，省略出版社），第554页。

⑤ 雍正《江西通志》卷十五《水利》及卷三十九《古迹》，《中国方志丛书·华中地方·782号》，第314、783页。

⑥ 雍正《江西通志》卷十五《水利》，《中国方志丛书·华中地方·782号》，第322页。

⑦ ［元］王祯：《农书》卷十八《农器图谱·灌溉门》，《景印文渊阁四库全书》第730册，第526页。

塘还可畜养鱼鳖，栽种菱藕之类。王祯《农书·农器图谱·灌溉门》中说："（陂塘）其利可胜言哉。诗云：陂水塘高复衰延，拒流宁使迅如川，斗门解泄三时旱，尺泽能添十倍田。"①

陂塘为江西发展农业生产提供了得天独厚的条件。因势利导，利用陂塘灌溉农田是江西人民重要的生态智慧。

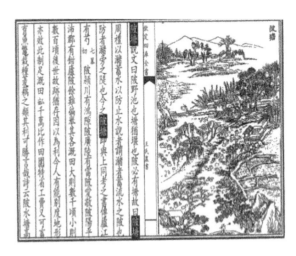

图 3-1　王祯《农书》关于陂塘的记载和陂塘图

（二）著名的水利工程

古代赣鄱地域最具代表性的大型水利工程有抚州的千金陂和泰和的槎滩陂。

1. 跨越千年的大型水利工程千金陂

发源于武夷山山麓、自南向北流入鄱阳湖的抚河是赣鄱地域第二大河流。

由于地处亚热带季风区，春夏雨量充沛，抚河水量大。而抚州城（原临川城）一带地势平坦低洼，每当春夏水涨，流经临川的抚河段往往易决堤，洪水四溢，冲毁农田；雨水过后，抚河主流的水不集中，又易使田地缺乏灌溉用水，影响农业生产。

1000 多年前的唐代中期，一次特大的洪水冲破临川城附近抚河大堤，形成决口，直泻狂奔，流出 10 千米后才回归抚河，由此形成了抚河临川中段的分洪港——干港。

干港，顾名思义，洪水期是港，洪水过后慢慢成为干港。洪水期，从上游冲入干港的洪水洗刷抚河与干港间的围洲，带走泥沙，淹没良田，使耕地面积缩小，破坏临川城外民众的生存环境。

如何解决水患？抚州的历代地方官为此想尽办法，耗费心思。

有关治水的文字记载最早见于距今 1300 余年唐高宗上元年间（674—676

---

① ［元］王祯：《农书》卷十八《农器图谱·灌溉门》，《景印文渊阁四库全书》第 730 册，第 527 页。

年），地方官员曾多次组织修河堤，拦水使之归入正道，但不久后河堤又被冲毁。

距今1200余年的唐肃宗上元元年（760），河水泛滥成灾，沙土淤积，良田荒芜，百姓颗粒无收，生活非常艰难。抚州知府率领百姓在干

图 3-2 "千金陂"俯瞰图

港与抚河交叉口修筑了一道陂（如图3-2），取名华陂，以期河水步入正常河道，这是千金陂的前身。

8年后即唐大历三年（768），著名诗人与书法家颜真卿任抚州刺史，修固华陂，并将其改名为土塍陂。唐贞元年间（785—805），著名诗人戴叔伦被贬到抚州任刺史，为除水患，加固土塍陂，并将其改名为冷泉陂；同时还修筑数十条堤岸以均水利，并制定"约水法"，使农田得到灌溉、百姓获得丰收。百姓感戴他，名近处一湖为"戴湖"。

20余年后，冷泉陂又被洪水冲毁，河水不能入田灌溉，附近农田大面积荒芜。

咸通九年（868）新任抚州刺史渤海李公，乘船逆流而上视察郊野，经过实地勘察，决意治理抚河，清除原河道淤泥，挖开冷泉陂故基，重新筑陂125丈。竣工后，抚河水归原道，流经四乡，千顷良田受益。

宋朝抚州地方官员又多次组织民众在此基础上修筑加固。历经数百年，到元朝时，冷泉陂决堤。直到明万历六年（1578），抚州知府古之贤认真总结了历史的经验，着重从工程技术方面思考修筑原有的冷泉陂，采用重力式干砌石江河制导技术，取得了历史性的重大突破。用

图 3-3 堤坝遗址

条石砌成的堤坝（如图3-3），长约1100米，顶宽10余米，像一条巨龙卧在水

中，抬高抚河水位，减缓流速，并将河水引入旁边的灌溉区；真正使抚河之水归入正道，绕廓而流，不再四处横溢、泛滥成灾。

此陂由于从唐代以来屡坏屡修，耗费大量资金，因此明万历六年（1578）的这次修筑后，被正式定名为"千金陂"。

明清时期许多墨客都题诗作文以赞美，如著名戏曲家汤显祖就写了《金堤赋》，清代著名画家八大山人写有《千金陂》。[①]

新中国成立后，地方政府对抚河水利建设非常重视，加筑了两岸堤坝，其工程量超过千金陂的数百倍，并修筑了数十里长的金临渠，使抚河东岸水旱无忧。

近年来，抚州市全力推进生态文明示范市建设，大力实施抚河生态修复工程，创建全国历史文化名城，古老的千金陂与文昌里、文昌桥、拟岘台等景点已连成一条抚河"珍珠项链"。千金陂畔橘林茂密，稻花飘香，郁郁葱葱的观赏树木已经连成一片，形成美丽的环保绿色带，成为抚州市一道绚丽的风景线。

2019 年 9 月 4 日，在印度尼西亚召开的第三届世界灌溉论坛上，江西抚州的古代水利设施千金陂（碑）被列入第六批世界灌溉工程遗产名录并被授牌。古老的水利工程得到世界认可，对助力抚州历史文化名城创建具有重要意义。

2. "江南都江堰" 槎滩陂

距今 1180 多年的后唐天成二年（927），32 岁的金陵（今南京）青年周矩（895—976）考中进士，进入仕途，累官至监察御史。虽然时事动荡，战乱不断，但是当时的赣鄱地域处于相当安定的状态。周矩的女婿正好在江西中部的吉州任刺史，于是，后唐清泰三年（936）周矩举家迁入泰和县万岁乡（今螺溪镇）定居。

正值大旱之年，乡民颗粒无收，生活艰困。面对这种状况，周矩思考解决民困的长久之计。通过深入群众考察民情，周矩得知乡民迫切需水灌田。周矩精心考察了地理环境之后，决定在赣江水系禾水支流的牛吼江上游的槎滩村畔筑坝拦水。周矩之所以选中此处筑坝，是因为此处水流较缓，河床较硬，便于施工，不易被冲垮；且此处的上游为井冈山脚下，森林茂密，植被好，泥沙少，

① 关于千金陂，参见胡振鹏：《人与自然顽强抗争的史诗——千金陂》，《江西水利科技》2019 年第 2 期；周波、李云鹏、谭徐明等：《千金陂灌溉工程遗产构成及特征研究》，《水利发展研究》2020 年第 12 期。

不需深淘泥沙。周矩和工匠们使用了非常科学的木桩压石法，用木桩、竹筱、土石压为大陂，即将若干根木桩打入河床，再编上长竹条阻遏水流，然后筑填黏土，形成陂坝。木桩上部露出水面，高矮不一。陂略高于水面，洪水期陂坝没入水下，故名槎滩陂（如图 3-4、3-5）。

　　史书记载：古陂长 100 余丈，横遏江水，开洪旁注，即将折往东北向的江水主泓引进渠道使之仍然往东流，让少量余水进入故道朝东北流去。水陂左侧还设置了供船只、竹排通行的水道（如图 3-6），保证了航运畅通。经今人测量，

图 3-4　槎滩陂俯瞰图

图 3-5　槎滩陂　　　　　　　　　　图 3-6　槎滩陂左侧供船只和木排通行的水道

槎滩陂主坝坝长 407 米，坝顶宽 1.88~7 米，平均高 4 米，开挖干渠总长为 35 千米。

在槎滩陂下方 7 千米处，有用条石筑成的用于减缓水流并可蓄水的小陂，名"碉石陂"，以便分水灌田。为引水灌田，周矩又率领乡民开挖了 36 条水渠，使得地势较高的田地也可得到灌溉。

槎滩、碉石二陂及开渠等系列水利工程，使当时 9000 多亩田地变成吉泰盆地的鱼米之乡。周矩生前还对水利工程制定了完善的管理措施：一是明确了隶属关系，规定槎滩、碉石二陂为两乡九都之公陂，不得专利于周氏，使广大民众都受益；二是订立了陂长负责制，各业大户轮流执管；三是置办了田产，获取谷物，以确保陂坝的日常维护经费。[①]

千余年以来，槎滩陂被后人小心呵护，被多次修复和完善。

新中国成立以后，槎滩陂新开了南干渠，增建了虹吸管，扩大了灌溉面积，渠水到达泰和县禾市、螺溪、石山及吉安永阳，灌溉面积最大时为 6.1 万余亩。这座经千年风雨的水利工程，仍发挥着显著的灌溉作用，被专家称为"江南都江堰"。

如今的槎滩陂不仅是水利工程，还是江西省内著名的风景区。漫步槎滩陂畔，听潺潺流水，赏山林青翠，清澈的河水、荡漾的水波、河对岸郁郁葱葱的层叠低岭、山脚下鸡犬相闻的数户人家，置身其中，恍若梦里桃源，美好得令人心醉。

2016 年 11 月 8 日，在泰国清迈召开的第二届世界灌溉论坛暨国际灌溉排水委员会 67 届国际执行理事会上，槎滩陂水利工程被授牌列入世界灌溉工程遗产名录。

3. 水力工具的发明与应用

中国古代江南水乡广泛应用的水力工具有水车（翻车）、筒车、水转翻车、水碓、水磨等。这些富有智慧的水力工具未必都是江西人发明的，但在赣鄱地域的广大农村被广泛应用，对农业生产起了重要作用，仍然反映了劳动人民的生态智慧。

翻车，又称龙骨车、踏车、人车，这是我国农村直至近现代仍被广泛使用

---

① 关于槎滩陂，参见萧用桁：《千年槎滩陂与周矩其人》，《农业考古》1998 年第 3 期。

的灌溉工具，汉代已有。据《后汉书·张让传》记载，汉代毕岚发明了翻车，三国时马钧对翻车加以改进，到唐代时已被广泛使用。元代农学家王祯在《农书·农器图谱·灌溉门》中对翻车描述道："上高旱之田，凡临水地段皆可置用。""水具中机械巧捷，惟此为最。"[①]宋代大文豪苏东坡对翻车曾有形象描述："翻翻联联衔尾鸦，荦荦确确蜕骨蛇；分畦翠浪走云阵，刺水绿秧抽稻芽。"元代王祯《农书·农器图谱·灌溉门》记载了翻车的形制；另外，还有一种牛力转盘翻车（如图3-7、3-8），功效高人力翻车一倍，"一人竟日之力，灌田五亩，而牛则倍之"[②]。

图3-7 《农书》中的牛力转盘翻车

图3-8 《天工开物》中的牛力转盘翻车

据明代宋应星《天工开物》可知，明代江西人对翻车又有创新。这就是拔车（如图3-9），一种小型手摇翻车，使用时双手一摇一推一拉，交互使用，可将水提上数尺的高度，"其浅池、小浍，不载长车者，则数尺之车，一人两

---

① ［元］王祯：《农书》卷十八《农器图谱·灌溉门》，《景印文渊阁四库全书》第730册，第521页。

② ［明］宋应星：《天工开物》，中国画报出版社2013年版，第12页。

手疾转，竟日之功可灌二亩而已"①。这种拔车结构简单且轻便灵活，人人即可掮走，近水低田，最为适应。这是江西人民为适应江西自然环境而富有智慧的创造。

在古代江西农村使用比较广泛的还有筒车，发明于唐代，直至近现代仍在使用，包括江西在内的我国广大山区使用的筒车都与元代王祯《农书·农器图谱·灌溉门》以及明代宋应星《天工开物·乃粒·水利》中所记的一样（如图3-10、3-11）。

图 3-9 《天工开物》中的拔车图

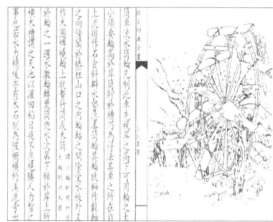

图 3-10 《农书》中的筒车图

图 3-11 《天工开物》中的筒车图

① ［明］宋应星：《天工开物》，中国画报出版社2013年，第12页。

除水利灌溉工具外，还有一些水力加工工具，也是劳动人民巧用水力而富有智慧的发明，如水碓、水磨（如图3-12）、水碾等。

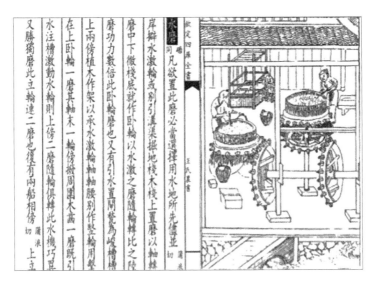

图3-12 《农书》中关于水磨的记载及水磨图

二、生态施肥

据明代江西奉新人宋应星的《天物开物》可知，明代赣鄱地域有些地方用绿豆粉和黄豆肥田，这是一种既生态又很有效果的肥田之法，"南方磨绿豆粉者，取溲浆灌田肥甚。豆贱之时，撒黄豆于田，一粒烂土方寸，得谷之息倍焉"[①]。延至清代，赣鄱地域有些地方仍然使用这种肥田法，清同治十三年《九江府志·物产》记载："山乡以豆其为老者肥田。"[②]至现代，赣南有些地方仍然沿用这种生态的绿豆粉和黄豆肥田法。

明末烟草传入江西，清前期已大量栽种。乡民发现，用烟梗可肥田及防治水稻虫害，这是清代赣鄱农业耕作技术的新发展。这种方法主要行之于赣南。清乾隆十六年《安远县志·物产》记载："每秋间番稻插田，值秋阳蒸郁，多生蟊贼，食根食节。农人以烟骨椿碎，或以烟梗断寸许，撮以根旁，虫杀而槁者立

---

① ［明］宋应星：《天工开物》，中国画报出版社2013年版，第6页。
② 同治《九江府志》卷九《物产》，《中国方志丛书·华中地方·267号》，第117页。

苏，兼能肥禾。"① 清道光十年《雩都县志·物产》记载："晚稻俗名翻粳，有赤白二种，小暑下种。农人于立秋前后登其前禾，而以此下蒔，十月点以烟梗，又十日壅以稻灰，信矣。"② 赣南其他一些县志也有类似的记载。

烟梗不仅能肥禾及防治水稻虫害，而且与薯芋同种时也能起到肥田和防治虫害的作用。清光绪元年《瑞金县志·物产》："（芋）二三月与烟同种，烟六月收，芋必八九月乃收，亦先后不妨。且烟田肥，故芋繁衍而味尤佳，松脆香滑。"③ 清道光四年《宁都直隶州志·土产志》："薯，俗呼为山薯，种出交趾，故又名番薯，山土田土皆可种。瑞金多于种烟隙地种之。"④

用黄豆和烟梗肥田及防虫害，既有效又生态，是一种生态智慧。

三、多熟种植

赣鄱地域有悠久的种植水稻历史。从万年仙人洞的考古发现可知，早在12000年前，江西先民就已经在驯化野生稻。唐代江西已是闻名全国的鱼米之乡，北宋王钦若、杨亿、孙奭等人奉皇命编撰的《册府元龟》卷四百七十四《台省部·奏议第五》记载唐代的赣鄱、湖南土地肥沃，出产的农产品比其他地方多，所谓"其江西、湖南，地称沃壤，所出常倍他州"⑤。宋代的赣鄱是朝廷粮食的主要供应地之一。明代中后期和清前期，闽粤人口大量移入赣鄱地域，赣鄱地域显得人多地少，解决吃饭问题成为社会发展的关键。赣鄱地域的人们总结了长期以来农业生态发展的智慧，创造出一系列提高土地利用率的生态办法，表现在以下两个方面：

（一）引种适于旱地种植的杂粮

明清时期江西人口大增，为解决粮食危机，农民开始引种适于旱地种植的粮食作物即番薯和玉米。这既生态又提高了土地的利用率。

明末清初，番薯传入了赣南。清康熙十一年《石城县志》卷五《物产》："番

---

① 乾隆《安远县志》卷二《物产》，《中国方志丛书·华中地方·774号》，第384页。
② 道光《雩都县志》卷二《物产》，《中国方志丛书·华中地方·858号》，第167页。
③ 光绪元年《瑞金县志》卷三《物产》，《中国方志丛书·华中地方·899号》，第391页。
④ 道光四年《宁都直隶州志》卷十二《土产志》，《中国方志丛书·华中地方·882号》，第777页。
⑤ ［宋］王钦若、杨亿、孙奭等：《册府元龟》卷四百七十四《台省部·奏议第五》，《景印文渊阁四库全书》第910册，第299页。

薯原出交趾得名……石邑向有不多，近下水种山者繁殖，以备二餔不足，虽多食不伤人，亦救荒一善物也。"①乾隆时的安远，"耕山者出最多。大者数斤，谷贵以此疗饥"②。瑞金，"向时此种尚少，近年比户皆种，用代杂粮，可充腹，鲜食尤脆爽"③。清前期，赣南各县山区都栽种番薯，并且番薯成为主要食粮。

明末清初，玉米在赣南的种植面积不如番薯大，仅是小面积的栽培。乾隆时的安远，"观音粟即包粟，有子白须，其梢竿可为帚"④。其他各县的情况大体类似，玉米的栽种仅在"山间隙地"。

清代前期，客家人将番薯等旱粮传入赣西北山区并大规模种植，乾隆初传入万载，道光二十九年《万载县土著志·物产》载："乾隆初来自闽广，土人种之以代饭。"⑤在义宁州（今武宁、修水一带），乾隆年间政府"广劝栽培以为救荒"⑥。在赣西北的幕阜山区，由于湖北流民大规模垦山，番薯的种植规模十分庞大。这充分利用了赣西北山区的土地，对解决因人口压力而带来的粮食紧缺问题有重要作用。

清代初年，福建移民将番薯和玉米传入赣东北，乾隆年间已在赣东北山区各县种植。乾隆四十八年《广信府志·物产》记载："有昔无而今盛者，番薯出西洋，闽粤人来此耕山者，携其泛海所得苗种之，日渐繁多，色黄、味甘，食之疗饥，可以备荒，历今三十余年矣。"此书同时还记载："近更有所谓苞粟者，又名珍珠果，蒸食可充饥，亦可为饼饵，土人于山上种之，获利甚丰。"⑦

番薯和玉米的种植对解决因人口增多而产生的粮食问题起了重要作用，同时又提高了土地的利用率，使农业耕作技术向精细化的方向发展。

（二）因地制宜推行多种形式的多熟制

从明清时期的方志记载可知，明代江西以一季稻为主，有些地方是稻麦、稻豆两熟制。如正德十一年《建昌府志·物产》记载："麦，十月种四月收。"⑧正

---

① 康熙《石城县志》卷五《物产》，国家图书馆藏本。
② 乾隆《安远县志》卷二《物产》，《中国方志丛书·华中地方·774号》，第385页。
③ 光绪《瑞金县志》卷三《物产》，《中国方志丛书·华中地方·899号》，第391页。
④ 乾隆《安远县志》卷二《物产》，《中国方志丛书·华中地方·774号》，第385页。
⑤ 道光《万载县土著志》卷三《物产》，江西省图书馆藏本。
⑥ 同治《义宁州志》卷二《物产》，《中国方志丛书·华中地方·906号》，第221页。
⑦ 乾隆《广信府志》卷二《物产》，《中国方志丛书·华中地方·919号》，第172页。
⑧ 正德《建昌府志》卷三《物产》，上海古籍书店1964年据宁波天一阁藏本影印。

德九年《袁州府志·物产》记载："有黄豆青皮豆……泥豆，秋刈稻涸田种之，十月刈。"[1]

清代江西多熟制的形式有水稻双季连作，稻麦、稻油、稻豆、稻荞复种制，水稻双季间作制及稻豆间作制。

对清代水稻双季连作制的推广，康熙、乾隆皇帝有着历史功绩。康熙和乾隆两位皇帝都很重视在长江流域推广双季稻。康熙皇帝在丰泽园水田中曾发现一个变异的早熟单株，并将其选拔培育成一个早熟品种，名为"御稻"，其特点是"一岁两种，亦能成熟"，"御稻"在江苏、浙江成功试验并推广。康熙五十七年（1718），江西巡抚白潢将"御稻"分发给南昌、瑞州、袁州、临江、吉安、抚州、建昌、广信、饶州、南康、九江、南安、赣州等13府，进行试验示范，共试验示范165亩田，总产458石。这次试验示范对推广双季稻起了一定的作用。[2]

至乾隆年间，江西各地已普遍栽种双季连作稻。乾隆十七年《南城县志·物产》记载："早稻收后两种。"[3]乾隆十八年《瑞金县志·物产》记载："六月早稻登场，晚禾布种。"[4]赣西北的袁州府也有类似的记载："膏腴之地再熟，俗名二禾；六月莳艺九月收获。"[5]在清代中后期，赣南和赣东北还盛行双季三熟制。"稻有早、中、晚三种。早稻，春种夏收；中稻，春种秋收；晚稻，于刈早稻后下种，十月始收。种虽有三，实二收而已。"[6]

一些山区或者热能、水源不足的地方，则普遍采用稻麦、稻油、稻荞两熟制。如上述乾隆年间的南城县和瑞金县即有"收晚稻种麦"或水稻收获后接种大麦、油菜的记载。乾隆二十五年《袁州府志·物产》记载："有黄豆、黑豆、青皮豆刈禾后种。"[7]同治十二年《广信府志·物产》记载："惟黄豆刈禾后种诸田间，春豆多取山地种之。"[8]同治十三年《九江府志·物产》记载："或于获稻

070

---

① 正德《袁州府志》卷二《物产》，上海古籍书店1964年宁波天一阁明嘉靖刻本。
② 参见李增高：《康熙御稻的育成与推广》，《古今农业》2005年第3期。
③ 乾隆《南城县志》卷二《物产》，江西省图书馆藏本。
④ 乾隆《瑞金县志》卷一《物产》，国家图书馆藏本。
⑤ 同治《广信府志》卷一之二《物产》，《中国方志丛书·华中地方·106号》，第113页。
⑥ 同治《赣州府志》卷二十一《物产》，《中国方志丛书·华中地方·100号》，第420页。
⑦ 乾隆《袁州府志》卷七《物产》，《中国方志丛书·华中地方·844号》，第336页。
⑧ 同治《广信府志》卷一之二《物产》，《中国方志丛书·华中地方·106号》，第114页。

后种荞麦、苦麦，不欲虚地力也。"[①] 同治十二年《赣州府志·物产》："其气候不齐之乡，再收不过菽芋之属，无晚稻也。"[②]

水稻除上述的双季连作之外，便是双季间作制，这主要是赣西北和赣中栽种丫禾的方法："四月间于早禾地内插，俟早稻收割耘之，九月始获。"[③]

稻豆间作制（如图3-13）则是清代江西各地盛行的、提高土地利用率的方法。同治十三年《九江府志·物产》载："诸豆诸瓜俱于田畔地沟及山麓硗瘠处种之，不以美壤。"[④] 乾隆二十五年《袁州府志·物产》载："其红豆、绛豆、绿豆、豌豆、泥豆、蛾眉豆皆取山间及隙地种之。"[⑤] 广信、赣州、抚州等府县志都有类似的记载。

图3-13　稻豆间作套种

这种引种旱地杂粮和多熟制种植也是农业的生态智慧，是劳动人民长期劳作取得的成功经验。

① 同治《九江府志》卷九《物产》，《中国方志丛书·华中地方·267号》，第116页。
② 同治《赣州府志》卷二十一《物产》，《中国方志丛书·华中地方·100号》，第420页。
③ 同治《广信府志》卷一之二《物产》，《中国方志丛书·华中地方·106号》，第113页。
④ 同治《九江府志》卷九《物产》，《中国方志丛书·华中地方·267号》，第117页。
⑤ 乾隆《袁州府志》卷七《物产》，《中国方志丛书·华中地方·844号》，第336页。

四、开辟梯田

赣鄱地域除了赣北、赣中、赣东有宜于稻作的平原及赣南、赣西北、赣东北等山间盆地宜于种稻外，有一半以上是山地丘陵。丘陵与山地宜于种植经济作物，这是毫无疑问的。但为了增加口粮，赣鄱地域居住在山区的劳动人民也尝试在一些可以从山上往下引水灌溉的低山地开辟稻田，这就是梯田。许怀林先生在《江西通史》"北宋卷""南宋卷"中根据一些宋代江西文人的诗文推断，北宋时期吉州、抚州、江州等地在一些丘陵与低山开辟了梯田，南宋时期吉州、信州、袁州等地开垦出了一些山间梯田。[①]这些梯田有少量传承下来了，如南宋著名文人范成大在《骖鸾录》中谈到游历仰山所见袁州仰山梯田，"至仰山，缘山腹乔松之磴甚危。岭阪上，皆禾田，层层而上至顶，名梯田"[②]。此描述虽然有梯田样式，但不成规模。

赣鄱地域至今成规模地传承下来且仍在种植水稻的梯田是赣南崇义县境内开创于元代、定型于清代的上堡梯田（如图3-14、3-15），迄今有700多年

图3-14　崇义上堡梯田春景

① 参见钟起煌主编，许怀林著：《江西通史·北宋卷》，江西人民出版社2008年版，第70-72页；钟起煌主编，许怀林著：《江西通史·南宋卷》，江西人民出版社2009年版，第179-181页。
② ［宋］范成大：《全宋笔记·第五编·七》，大象出版社2012年版，第40页。

图 3-15　上堡梯田谷子黄

历史。

上堡梯田与广西龙胜梯田、云南元阳梯田并称中国三大梯田，一年四季呈现不同的美景。赣南客家民谣这样唱道："上堡山中客家族，世代梯田耕耘夫；禾苗茁壮层层翠，直上天际群山铺；波光粼粼云中秀，漫漫稻香雾里酥；掩映层林村几寨？柳暗花明遇村姑。"这首民谣描述了梯田景观之美。每年5月末，插秧前，层层的水田如梦幻之镜，倒映着青山蓝天白云。插秧之后，层层青翠的禾田充满诗情画意。九十月份，金黄的稻浪随着山风起舞，美不胜收！

上述民谣还反映了梯田的形成史，即赣南的梯田是由客家人世代不断地开垦出来的。王阳明在500多年前的《立崇义县治疏》中谈到从广东迁入赣南山中的移民，在山中依山建房，开山凿田："界乎三县之中（上犹、大余、南康），东西南北相去三百余里，号令不及，人迹罕至。其初輋贼，原系广东流来，先年奉巡抚都御史金泽行令安插于此，不过砍山耕活，年深日久。"[①]明末清初从福建迁来的移民，同样"砍山耕活"，因为除了靠山吃山之外，没有别的活路，所以，崇义山中至今仍有成规模的梯田，总面积约4万亩，其中高山

---

① ［明］王阳明：《王文成全书》卷十《别录二·奏疏》，《景印文渊阁四库全书》第1265册，第279页。

群落奇观近万亩。

在长期农耕劳作过程中，赣南客家人总结、创造出了一套充满智慧与生态的耕作技巧。如肥料都是生态肥，用人畜粪尿、枯饼、草木灰等作肥料。再如稻鱼、稻鸭法，既种稻又养鱼和鸭。在插秧几天后放养草鱼、鲤鱼、泥鳅等，在割稻前捕捞，既可有效除害虫、杂草，保持土壤肥力，又可使田土疏松，促进肥料分解，还可收获鱼类；插秧后放养鸭子，在水稻孕穗末期及时收回鸭子，增加了收入。再如除虫法，秋收后在田间散养牛、鸭、鸡等禽畜，禽畜可吃掉田间昆虫，火烧田边杂草与禾茬及冬天将田土翻转或浇烟梗水、撒石灰、草木灰等，非常生态。此外，为防止水土流失，挖高补低，将多余田土堆垒于田埂，在梯田顶上修筑陂塘，将水往下灌等，巧用水利，智慧而生态。[①]

在长期的劳作过程中，赣南客家人还形成了一些特有的梯田文化，如舞狮、鞭春牛、田埂文化等。2014 年，崇义客家梯田被农业部批准为第二批中国重要农业文化遗产，客家梯田成为中国古代农耕文明的活化石，对其进行保护和旅游开发使客家梯田在新时代显现出时代价值。

---

① 参见马艳芹、钱晨晨、孙丹平等：《崇义客家梯田传统农耕知识、技术调查与研究》，《中国农学通报》2017 第 8 期。

【第四章】

农耕著作

在漫长的岁月里，赣鄱先民在农业耕作中一步步地探索、一点点地积累，从农具的制作和使用到水稻品种的培育和选择，从耕作技术的不断改进到天时地利的不断掌握。在距今八九百年的宋代，虽然文化士子们大多数醉心于科举仕进，但也有个别文化精英将目光投向了田野，聚焦农耕，他们知道农业于国计民生是多么重要！他们开始将赣鄱先民长期积累的农耕智慧述之于文字，以期有助于后代的农业生产并启迪后人。

于是，有了赣鄱文化精英们留下的几部不朽的农学著作。

一、曾安止与《禾谱》

在江西中部的吉泰平原，有一个在中国历史上文人士大夫辈出的重要县——泰和县，在县城附近有一个开基于唐代的古村——匡源村。曾姓是这个村庄的开基姓氏。曾姓祖先原为官，定居泰和，即曾姓以官宦起家，所以，科举仕进是其家族的价值追求，耕读传家是其家族传承的手段。

在北宋熙宁年间（1068—1077），匡源曾姓声名鹊起。这个家族中有一家四兄弟皆科举有名，出了两名进士，其中一名三次被荐参加解试（州考）并中第，一名被荐参加解试。其中老二名"安止"，在北宋熙宁九年（1076）中进士，走上了仕途，被朝廷任命为彭泽县令。

在彭泽县令任上10多年，曾安止勤于政事，关心民众疾苦，特别重视发展农业生产，获得当地民众好评，但由于年轻时读书太用功，日以继夜，用眼过度，落下了眼病，走上仕途之后，读书爱好不改，视力日渐衰弱，以致无法正常工作。北宋元祐五年（1090）曾安止只得辞官回老家休养，朝廷授予他宣德郎。回到家乡泰和县匡源村后，没有了政事的烦扰，他常漫步田野，与辛苦劳作的农民们交谈。他深感农业生产对国计民生的重要，在《禾谱》序中说：

> 近时士大夫之好事者，尝牡丹、荔枝与茶之品，为经为谱，以夸于世肆。予以为农者，政之所先，而稻之品亦不一，惜其未有能集之者。适清河公表臣持节江右，以是属予，表臣职在将明，而耻知物之不博。野人之事，为贱且劳，周爰咨访，不自倦逸，可谓善究其本哉。予爱其意，而为之书焉。①

---

① 转引自曹树基：《〈禾谱〉及其作者研究》，《中国农史》1981年第3期。

曾安止认为与其如其他文人朋友那样写什么牡丹谱、荔枝谱、茶谱之类的休闲玩好之作，不如将农业生产的智慧和经验好好总结，这可能会对农业生产有所帮助。当时的吉泰平原稻作水平很高，是国家的重要粮食基地，每年往朝廷输送大量的稻谷。

对稻作农业，曾安止是非常了解的，他知道，稻作品种对农业至关重要。当时其家乡的稻作品种很多，称谓不一，所以他决定从厘清稻作品种下手，先考辨历史文献的记载，再根据实地调查，告知人们什么是谷，谷与黍、粟、稷等的区别，稻的种类，一些稻品的别称及不同稻品的古今称呼等。

白天，曾安止深入乡村田野，走访老农，了解水稻品种和种植技术，并收集样品带回家研究。晚上，他坐在油灯下，在书堆中查阅前人记述，并记录当天走访老农的收获，常常工作至三更夜半。

曾安止抱着病体，经过数年的辛勤努力，终于完成了我国第一部水稻学专著《禾谱》。全书包括稻名篇、稻品篇、种植篇、耘稻篇、粪壤篇、祈报篇等内容，详细介绍了吉泰平原一带的40多个水稻品种的品名、特征和耕种技术。

北宋绍圣元年（1094），时年58岁的大文豪苏轼，仕途不顺，被贬至海南，从南康军（今庐山市）起程，经庐山脚下，过湖口，入鄱阳湖，溯赣江而上，经过泰和时，特地拜见了老朋友曾安止。

曾安止高兴地将自己的新作《禾谱》给苏轼看。苏轼读过《禾谱》之后，虽为老朋友如此接地气而高兴，但略带遗憾地评价道："《禾谱》文字流畅文雅，事实讲述翔实，但很可惜的是内容有所缺憾，没有讲述农具的内容。"

于是，苏东坡创作了《秧马歌》一诗附于曾安止《禾谱》末页，介绍了他熟知的拔秧辅助工具秧马（如图4-1、4-2）。这是人们在拔秧时所用的木制农具。人在田间劳作，可坐于其上，没有弯着腰拔秧那么劳累。苏轼《秧马歌》如下：

图4-1　近现代秧马实物

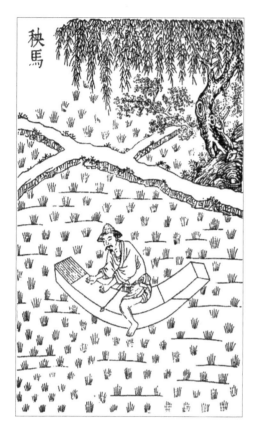

图 4-2 《农书》中的秧马图

春云蒙蒙雨凄凄，春秧欲老翠剡齐。
嗟我父子行水泥，朝分一坨暮千畦。
腰如箜篌首啄鸡，筋烦骨殆声酸嘶。
我有桐马手自提，头尻轩昂腹肋低。
背如覆瓦去角圭，以我两足为四蹄。
耸踊滑汰如兔鹜，纤纤束藁亦可贵；
何用繁缨与月题，揭从畦东走畦西。
山城欲闭闻鼓鼙，忽作的卢跃檀溪。
归来挂壁从高栖，了无刍秣饥不啼。
少壮骑汝逮老羸，何曾蹴轶防颠挤。
锦韂公子朝金闺，笑我一生踏牛犁，
不知自有木驳骒。①

据曾氏族谱记载，北宋元符元年（1098），曾安止"无疾而卒"，享年51岁，其生前所著《禾谱》一书未来得及刊行。

北宋政和四年（1114），曾安止的生前好友程祁到庐陵任郡守。

程祁曾在17年前路过泰和与安止相见时见过《禾谱》，当时未来得及读就匆匆而别了。

程祁到庐陵任郡守后，恰好他的四川阆中老乡朱元礼任其管辖的泰和县的县令。于是，程祁交代朱元礼在泰和县内寻找曾安止的《禾谱》。

朱元礼很快寻得手抄本送给程祁。程祁边读边潸然泪下，慨叹这么好的一本著作未能在作者生前付梓。于是，程祁读完手抄本《禾谱》后，便将其付印。

直到明代末年，曾安止《禾谱》一书在吉安一带仍广泛流传，到近代流传甚少，到现当代则根本找不到这本书了。直到1980年代，历史学者曹树基在吉安调研时，在匡源曾氏光绪末年编修的《匡源曾氏重修族谱》中发现了族谱中所

---

① ［元］王祯：《农书》卷十二《耒耜门》，《景印文渊阁四库全书》第730册，第437页。

载《禾谱》的内容（如图4-3），当代人才得见曾安止《禾谱》一书的内容。

对于曾安止《禾谱》一书的历史价值和当代学术价值，在《匡源曾氏重修族谱》中发现该书内容的当代学者曹树基先生认为：

图4-3 清光绪末年《匡源曾氏重修族谱》所载《禾谱》内容

> 《禾谱》一书不仅是一部北宋时期江西泰和水稻品种专志，而且是中国第一部水稻品种专志。它是北宋时期江西水稻农业高度发展的产物。书中所载数十个品种，不仅从时间上填补了中国历史上水稻品种资源记载上的一长段空白，而且从地域上把江西与江浙闽皖等几个水稻产区连成一个整体，这对中国水稻栽培史的研究具有重要的意义。[①]

二、曾之谨与《农器谱》

前述《禾谱》作者曾安止逝世76年后的南宋淳熙元年（1174），曾安止的侄孙曾之谨中进士，得到兵部尚书王镇的赏识，步入仕途，后调任耒阳县令（在今湖南），王镇将其丧夫之女王章嫁给了曾之谨。

一天，曾之谨读《苏轼诗集》时，读到苏轼拜访其叔祖曾安止的故事，知道了苏轼读过其叔祖曾安止《禾谱》后所发出的遗憾，他决心弥补苏东坡曾发出的遗憾，写一部《农器谱》。他的岳父和夫人都表示支持，这坚定了他写作的决心。

耒阳正好是一个稻作农业历史悠久、稻作技术成熟且水平高的地方。20世纪八九十年代在湖南道县玉蟾岩发现了10000多年前的野生驯化稻，在茶陵县发现了7000年前的稻作遗存，在澧县城头山发现6500年前的水稻田。由此可知，湖南如同江西，是中国古代农耕文明的重要发源地。

---

① 曹树基：《〈禾谱〉及其作者研究》，《中国农史》1981年第3期。

图 4-4 《农书》中的耒耜

位于湖南南部的耒阳还是传说中神农氏"斫木为耜，揉木为耒"①（发明耒耜）、教民耕作、播种五谷的地方。耒阳之名正是与神农发明耒耜的传说有关，说明此地农业历史悠久。此地农民在汉晋时代就掌握了温泉种稻、一岁三熟的稻作技术。

这样一个稻作农业历史悠久之地，为曾之谨写作《农器谱》提供了得天独厚的条件。他深入乡村、田野，走访农民，观察和了解农器与农耕技术，在掌握了充分素材之后，创作了图文并茂的《农器谱》。

这是中国历史上第一部农具专著，对农具作了介绍和分析，重点突出了耒耜（挖土器，如图4-4）、耨镈（除草器）、车戽、蓑笠（雨具和戴具）、铚刈（割禾刀和镰刀）、篠簧（盛谷器）、杵臼、斗斛、釜甑、仓庾等农具，这些农具可分为翻地工具、灌溉工具、收割工具、加工工具、储藏用具等。该书弥补了曾安止《禾谱》的缺憾，为农耕文化的传承作出了重要贡献。

书稿完成后，曾之谨请同乡周必大（1126—1204）作序。当看到曾之谨的《农器谱》并细细品读之后，周必大大为赞叹，欣然写下《泰和曾氏农器谱序》，文中写道：

> 绍圣初元，苏文忠公轼南迁过泰和，邑人宣德郎致仕，曾公安止献所著《禾谱》，文忠美其温雅详实，作《秧马歌》。又惜不谱农器。时曾公已丧，明不暇为也。后百余年，其侄孙耒阳令之谨始续成之。凡耜耒、耨镈、车戽、蓑笠、铚刈、篠簧、杵臼、斗斛、釜甑、仓庾，厥类惟十，附以杂记，勒成三卷，皆考之经传，参合古制，无不备，是可补伯祖之书，成苏

---

① 黄寿祺、张善文：《周易译注》卷九《系辞下传》，上海古籍出版社2018年版，第735页。

公之志矣！①

南宋嘉定元年（1208），曾之谨出任耒水流域附近的江华知县。他的泰和同乡且同为诸生的诗人刘过拜访曾之谨，在读过《农器谱》之后赠诗《谒江华曾百里》二首。其一写道：

> 抠衣三十年前事，曾似诸生傍绛纱。
> 一国所尊吾白下，双凫犹远令江华。
> 时来馆学总余事，老去衣冠怀故家。
> 共怪我门郊岛外，狂生尚有一刘叉。②

曾之谨又将《禾谱》《农器谱》一并寄给好友陆游，求其题诗。陆游高兴地写下了著名的《耒阳令曾君寄〈禾谱〉〈农器谱〉二书求诗》，对苏轼和二曾对农业文化的贡献给予了很高的评价：

> 欧阳公谱西都花，蔡公亦记北苑茶。
> 农功最大置不录，如弃六艺崇百家。
> 曾侯奋笔谱多稼，儋州读罢深咨嗟。
> 一篇《秧马》传海内，农器名数方萌芽。
> 令君继之笔何健，古今一一辨等差。
> 我今八十归抱耒，两编入手喜莫涯。
> 神农之学未可废，坐使末俗惭浮华。③

到了明代，《农器谱》就失传了。当代农业史学家王毓瑚考证后说："从明代末期起，书就失传了。"但史学界对之研究不辍，一些专家学者研究发现，元代农学家王祯的《农书》（也称《王祯农书》）中所说"曾氏农书"就是宋代曾之谨所撰的《农器谱》。

---

① 雍正《江西通志》卷一百三十六《艺文·序一》，《中国方志丛书·华中地方·782号》，第2636页。
② ［宋］刘过：《龙洲集》卷四《七言律诗·谒江华曾百里》，上海古籍出版社1978年版，第29页。
③ ［宋］陆游著，钱仲联点校：《剑南诗稿》卷六十七，岳麓书社1998年版，第1392页。

王祯《农书》中的《农器图谱》就沿用了曾之谨《农器谱》的名目，并且保留了曾氏《农器谱》的内容。[1]因此，虽然关于曾之谨的史料记载很少，但从元代王祯《农书》中，当代学者得以了解曾之谨《农器谱》的内容。图4-5、4-6、4-7、4-8、4-9、4-10、4-11为《农器谱》中部分农器图。

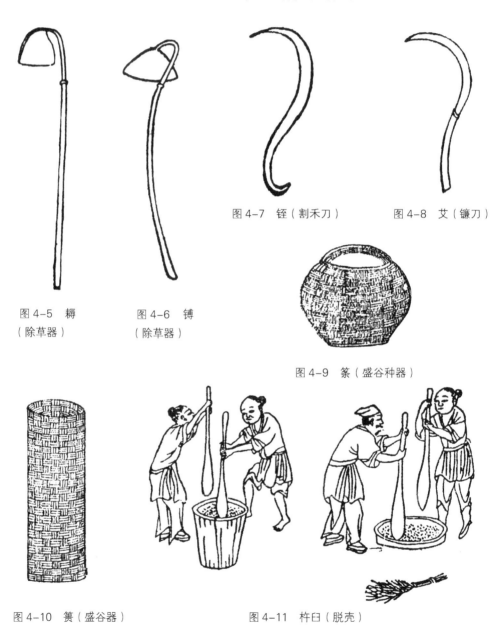

图 4-7 铚（割禾刀）　　　图 4-8 艾（镰刀）

图 4-5 耨　　　图 4-6 镈
（除草器）　　（除草器）

图 4-9 篆（盛谷种器）

图 4-10 篑（盛谷器）　　　图 4-11 杵臼（脱壳）

① 参见曾雄生：《〈农器图谱〉和〈农器谱〉关系试探》，《农业考古》2003 年第 1 期。

曾之谨的《农器谱》是中国历史上真正意义上的一部农具专著，对中国农具进行了科学分类，是中国古代劳动人民智慧的结晶。此后元代王祯《农书》、明代徐光启《农政全书》等在介绍农具时都较多地引用了该书内容。

三、宋应星与《天工开物》

赣鄱西北部有一个以山区为主的小县——奉新县，这是赣鄱建县较早、较古老的一个县。该县历史悠久，文化积淀深厚，曾产生了一些历史文化名人。明代的宋应星（如图4-12）就是其中堪称彪炳史册的重要历史人物，在中国科技史上占有重要地位。

图4-12　宋应星像

在奉新县宋埠乡雅溪排楼村，宋氏为村中大族，开基于元明之交。宋应星的曾祖宋景是明弘治十八年（1505）进士，初任山西副使，累官至吏、兵、工三部尚书，北京都察院左都御史。因而，家中颇为富有，置下了千亩以上的田产，并雇有大量长工劳动。

宋应星的祖父虽为县禀膳生，亦属乡绅，但无所作为，靠着田租过活，且26岁便去世了。

宋应星的父亲亦是县学生员，亦属乡绅，也是无所建树。其母魏氏嫁入宋家时，家道还算可以，有100多亩土地，全家靠着租金及魏氏勤劳操持，过得还是不错。但一场大火烧毁了他家的全部房屋，家道由此衰落。

宋应星兄弟四人，应星为老三，与老大应昇都有科举仕进、光大门楣之志，兄弟二人同在宋氏私塾上学。童年的宋应星表现出超强的记忆力。塾师规定每人每天早上要背7篇文章。一天，应星起床晚了，其兄应昇已背过。塾师责备他起床晚了，谁知应星脱口成诵，塾师惊问其故，应星跪告道："大哥应昇背诵文章的时候，我已经睡醒，听过一遍，便熟记了。"塾师由是十分器重他。

宋应星七八岁时即能通韵语，并写文章，许多长老看其文章后都为之惊服。稍长，其又着力攻读"十三经"，对于当时颇为深奥的关、闽、镰、洛以及农、兵等诸子百家学说，无不贯通。

明万历四十三年（1615）秋八月，应星与兄应昇赴省应乡试中第，应星排第三、应昇排第六，"奉新二宋"兄弟同榜，意气风发。中第举人就意味着有考进士的资格了。应星与兄应昇从赣西北的山区小县奉新县，六上京城参加会试，但让人惋惜的是次次都榜上无名。

正是在六上京城参加会试的过程中，宋应星不仅渐渐看淡了科举考试，而且每到一地总是饶有兴致地考察当地的农业、手工业及与民生有关的行业，不仅看，还细心地做笔记和绘图。

当时的中国社会经济一派繁荣。农业有较大发展，耕地面积不断扩大；经济作物日渐增多，如茶叶、棉花、烟草、甘蔗等；农作物品种也日益增多，如番薯、玉米等品种的引进；生产工具种类齐全，种植技术大幅度提高。手工业分工更细、技术更高、成就非凡，如纺织业成为主要的家庭副业。制瓷业驰名中外，冶矿业由官营向民营发展；造船业发达，居世界前列。商业资本更加活跃，白银成为主要的流通货币，一些有名的商帮涌现，沿海地区商贸中心和新兴市镇进一步发展。

宋应星在其母亲的影响下，对农业生产和农业劳动很有兴趣，从小就熟悉农作物种植。这些都为宋应星写作百科全书式的著作打下了基础。

明崇祯七年（1634），宋应星通过谒选走上仕途，出任分宜县教谕，即县官办学校的老师。

所谓谒选，是明代的一种选官制度，凡是乡试中第，但会试屡试不第者，可以赴吏部直接应选官职。

47 岁的宋应星出任分宜县官学的教师之后，便开始在教学之余将自己长期积累的关于农业和手工业生产等方面的知识述之于文字。他之所以要完成这么一项工作，是因为不同于一般的那些钻进八股文就出不来的读书人，有一种强烈的社会责任感，认为发展社会生产有益国计民生。

宋应星花了 3 年的时间完成了《天工开物》的写作，之所以取名"天工开物"，是因为这本著作讲述的是农业技术、手工业技艺等，所谓"巧夺天工""开物成务"。

明崇祯十年（1637），《天工开物》（如图 4-13）刊行于世。

宋应星在任分宜教谕之后，又出任过福建汀州府（今长汀县）推官、安徽亳州知州（州行政长官），皆以贤能著称。明灭（1644）后，他弃官回乡，隐居

未仕，以文学自娱，于
1667 年前后去世。

《天工开物》一书共
18 卷，系统介绍了中国古
代农业、手工业的生产技
术和经验。这些行业主要
包括作物栽培、养蚕、纺
织、染料、粮食加工、制
盐、制糖、舟车建造、金
属矿物的开采与冶炼、兵
器制作、酿酒、珠玉采琢
等，基本涵盖了当时农业
与手工业部门中所有重

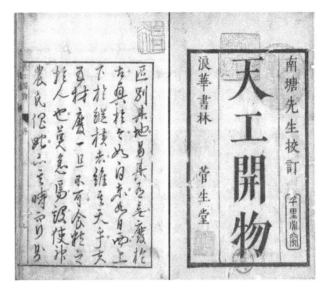

图 4-13　古本《天工开物》

要行业。全书有插图 120 多幅，清楚地再现了关键性的生产环节及重要的生产设
备，涉及生产设备 80 多种。书中还有许多珍贵的量化分析数据。

《天工开物》记录的中国科学技术处于巅峰状态。这些技术是当时中国乃至
世界的先进技术，如制陶、造纸、火药等技术。

宋应星在《天工开物》的分卷编排中，把农业卷放在首位，他的观念是
"贵五谷而贱金玉"，认为农业生产是最主要的，而其他金属、玉器等是次要的，
所以他阐述了稻、麦、黍、稷、粱、麻和菽等主要粮食作物的全部生产过程。其
中，稻的记载和论述最为详细，包括浸种、施肥、土壤改良、播种、育秧、耕
地、除草、灾害防治、水利灌溉以及农产品加工、贮藏和利用等。他还阐述了如
何巧用水力灌溉农田、如何加工油料作物以及如何种植甘蔗和制糖等。[①]

宋应星的《天工开物》是对中国农业科学技术和经验的总结，在中国农业
科技史上有着重要意义。

清道光十年（1830），《天工开物》由传教士译成法文，传入欧洲，后又被译

---

① 关于《天工开物》的农学成就，可参见游修龄：《〈天工开物〉的农学体系和技术特色》，《农业
考古》1987 年第 1 期；宗德生：《〈天工开物〉是研究我国古代农业的科技全书》，《农业考古》1987
年第 1 期。

成英文和德文在西方世界广为流传。在日本明治维新时期，《天工开物》成为日本科技和教育读本，对日本的明治维新和科学技术的发展产生重大影响。

当代英国著名科学史家李约瑟博士称《天工开物》是"中国 17 世纪的工艺百科全书"，《天工开物》至今在世界科技史上有着十分重要的影响。

四、刘应棠与《梭山农谱》

赣鄱地域是一个山地较多的地区，山地面积约占全省面积的 30%，分布在省境东南西三面。因而，赣鄱地域的耕作技术不仅具有江南水乡的特色，还具有一些独特的山区特色。

赣鄱西北部的奉新县是赣鄱典型的以山地丘陵为主的县，县境西北南三面环山，山地面积占全县土地面积的 65.15%。全县约 60 万亩耕地，分布在县内的中、东部地带。这样一个山区小县不仅是天然动植物资源宝库，还以盛产优质稻米闻名省内。

奉新县虽是山区小县，但有着深厚的文化底蕴：建县早（汉代）、文教兴盛、人才辈出，历代中进士者众多。正是这样一个县，产生了中国古代科学巨匠宋应星，其所著的《天工开物》总结了明代中国的科学技术；也正是这样一个县，历代有不少爱好舞文弄墨的人。其中，明末清初的刘应棠所写的《梭山农谱》，记录了明清奉新山区的一些农耕技术。再参照《天工开物》中有关农耕技术的总结，我们可以对明清赣西北山区的农耕技术有清楚的了解。因而，《梭山农谱》一书对研究我国明清时期南方山区的耕作技术有一定价值。

刘应棠，字又许，号啸民，奉新县人。据清道光四年（1824）刊本《奉新县志》卷九《人物三》记载，刘应棠约生活在 17 世纪中期至 18 世纪初期，"幼颖异，长习举子业，不屑时趋，好读周秦两汉书，其余泛滥而已。应童子试不遇，邑宰李芳辰奇其文，当岁试欲拔之寇军，案未发，会他有龋龁者，李怒，取卷数十火之；应棠文以误在焚中，不录，自是绝意进取，携妻子隐梭山，读书饮酒以文史自娱，学者称梭山先生"①。又据刘应棠的老师帅承发在《梭山农谱》序中的记述，刘氏在梭山时，一边办私学，"日与儿辈读古人书，论天下事，豪壮慷慨，

① 道光《奉新县志》卷九《人物三》，中国方志数据库扫描本。

赣鄱农耕文化研究

不屑作晋人清谈"①; 一边务农, 在农业生产的实践中掌握了农耕技术, 并且对农耕技术有较深的体会, "得道于耕者久, 固岁凶能自丰"②。勤于笔耕的刘应棠在清康熙十三年（1674）写了《梭山农谱》一书, 记述了他所居住的梭山地区的农业情况及生产经验。

《梭山农谱》一书, 篇幅不长, 字数不多, 只有 10100 字左右。全书分 3 卷——耕谱、耘谱、获谱, 每卷前有小序, 卷内各条还附有赞词。全书尽管字数不多, 但简明扼要地记述了奉新县山区的农耕技术和农具, 对了解和研究明清南方山区的农耕技术和农具有一定的价值, 因此,《四库全书总目提要》收录了该书。今新修《四库全书存目丛书》子部第 38 册及今新修《续修四库全书》第 976 册均收录了该书。1960 年农业出版社出版了王毓瑚校注本《梭山农谱》。

刘应棠《梭山农谱》一书, 由于篇幅过短过简, 对一些问题的记述不翔实和不明确, 文字也有些艰涩。因而, 对有些农耕技术的了解和研究, 还需参考宋应星《天工开物》一书的记述。尽管宋应星所记是全国性的情况, 但参照刘应棠所记, 又可看出宋氏所记有其家乡奉新的情况。

1. 耕田技术

水田稻作的第一步是犁田。刘应棠在《梭山农谱》中特别指出: "耕以起土, 须贵及时", "耕期一后, 害甚巨也"。③这说明山区对耕期的高度重视。据刘应棠所记, 在奉新, 只要是物力充足的农家, 秋收后即放水进田, 然后驱牛犁田, 如此, 来年的禾就易长得好。宋应星在《天工开物》中记载: "凡稻田刈获不再种者, 土宜本秋耕垦, 使宿稿化烂, 敌粪力一倍。或秋旱无水及怠农春耕, 则收获损薄也。"④刘应棠还作诗指出耕田的重要性, 并描述了奉新山区的耕田生活: "早起饲黄犊, 俾饱行耕速; 入土锋芒深, 蚓僵空草族; 土透田脚宽, 苗根裕长育; 嗟我农夫难, 尔牛亦孔瘁; 极力拯民艰, 气尽不敢贰。"

犁田过程中, 牛对农民来说, 非常重要, "牛之功苦, 大略详耕咏"。奉新山区, 有些农民由于没有牛, 秋收后无法犁田, 只好待来年春雨浸烂了田地后再用锄翻田。因而, 刘应棠在《梭山农谱》中再三提到如何养好牛: 对放牛, 要

---

① ［清］刘应棠著, 王毓瑚校注:《梭山农谱》, 农业出版社 1960 年版, 序言第 1 页。

② ［清］刘应棠著, 王毓瑚校注:《梭山农谱》, 农业出版社 1960 年版, 序言第 2 页。

③ 本节《梭山农谱》引文, 皆见清刘应棠著, 王毓瑚校注:《梭山农谱》, 农业出版社 1960 年版。

④ ［明］宋应星:《天工开物》, 中国画报出版社 2013 年版, 第 7 页。

"择善水草而牧之";天酷热时,要把牛牵到树下,"青草饲黄牛,绿荫当午睡";冬季寒冷时,要为牛筑栏棚;大风雪时,要"煮粥下营饲之";一旦牛发病,要及时摸清病情,用针刺和服药相结合的办法治疗。

犁田之后,还要锄田角、烧山畔、铲草根、培田塍。如此细致的农耕生活,宋应星《天工开物》没有记载,而刘应棠《梭山农谱》记录了赣西北山区独特的农耕生活。

锄田角,就是"山田若梯,硗确屈曲处多,牛所不能及者,锄以代之"。

烧山畔,就是放火烧山田附近的草,以灰肥田。

铲草根,就是烧草之后,根尚在,以铲铲其根,以免草再生。

培田塍,即修田间小路,利于农人往来,且"风雨骤至,兼可御暴,俾苗无溺害焉"。

以上是秋收后的农耕,来年春天第一件事是整秧田,然后是浸谷种、包谷种、散种、拔秧、分秧、插秧。这是江南水田的一般耕作过程。然而,在山区,这些过程又有山区特色。

整秧田一定要选择"雨不至潦,晴不至亢"的天气"加粪",然后"三耕、三耙",使得"土烂如面,水平于镜矣",从而"水土和融,种子浃洽易生"。

对于浸谷种,各地时间不同。宋应星《天工开物》中说:"湿种之期,最早者春分以前,名为社种(遇天寒有冻死不生者),最迟者后于清明。"[①]赣西北山区,由于天气暖得迟,一般在清明前后浸种,且用木具或瓦器浸种。

包谷种,即种子在水中浸润之后,以稻、麦稿包好再浸数日,待发芽后撒于田中。在赣西北山区,"种性急者,浸三日苞,缓者五日"。

散种,即种入包浸至发芽后,开包,"用两手细扬解入筐或入箕,负至种田分布焉,是曰散种"。

对于何时拔秧,刘应棠在《梭山农谱》中并未明确地述说,仅仅是说:"种之在田者,已郁郁葱葱,若有'各自成材、各奏尔功'气象,听蟋蟀之鸣,青青者宜趁时种野矣。"而宋应星《天工开物》则有更明确的记述:"秧生三十日即拔起分栽。"[②]对于拔秧的过程,《梭山农谱》作了详细的描述:定好拔秧的日子,寅

---

① [明]宋应星:《天工开物》,中国画报出版社2013年版,第4页。

② [明]宋应星:《天工开物》,中国画报出版社2013年版,第4页。

时（凌晨5—6时）起床，"食讫，齐至种田拔秧。秧盈把，沸（拂）水漉清，根草束之，再拔。计田亩广狭，用秧多少，累之箕焉"，一大清早将秧拔够之后，"再食，乃担至田间分种焉"。宋应星《天工开物》的记载："凡秧田一亩所生秧，供移栽二十五亩。"[1]

在拔秧和插秧的日子里，农民们都怀着喜悦的心情，抱着对生活的美好向往，辛苦却快乐地干农活，并且用酒肉慰劳自己，即使贫苦农家也会设法吃得好些。

刘应棠在《梭山农谱》中介绍完耕田技术之后，还介绍了奉新山区耕田常用的农器耒、耜、铲、铁钯、蓑、笠。这些都是一般农家常用的工具，并无特别的山区特色。

2. 耘田技术

耘田是插秧之后直到稻子成熟前的重要农耕活动。因而，刘应棠在《梭山农谱·耘谱》中指出，"耘承耕而起获"，"耘前有耕，耘后有获"。耘田关系到收成的丰歉，是江南水田稻作的重要环节。

耘田就是去除禾田中与禾苗并生的杂草，以防杂草消耗掉田中的肥料，妨碍禾苗的生长。这似乎是一件很简单的事，却是农民在农耕过程中的一件很辛苦的事。刘应棠在《梭山农谱·耘谱·耘纲》中对耘田的描述："耘以足用，草深者间用手焉。"而宋应星《天工开物》则有更详细的描述："青叶既长，则籽可施焉（俗名挞禾）。植杖于手，以足扶泥壅根，并屈宿田水草，使不生也。凡宿田茵草之类，遇籽而屈折。而稊、稗与茶、蓼，非足力所可除者，则耘以继之。耘者苦在腰、手，辨在两眸，非类既去，而嘉谷茂焉。"[2]

耘田需一而再再而三，才能达到去除与禾并生的杂草的目的，如刘应棠听说"禾历三耘草踪绝"。

初耘即宋应星所说"籽田"，是用脚将一般的杂草踩入泥土中使之无法再生，即刘应棠在《梭山农谱·耘谱·耘事》中说："田有土厚水肥者，草根安乐，遂盘入底不解"。

再耘就是拔稗，即除去田中恶草，如宋应星所说稊稗与茶蓼，如刘应棠所

---

① ［明］宋应星：《天工开物》，中国画报出版社2013年版，第4页。

② ［明］宋应星：《天工开物》，中国画报出版社2013年版，第7页。

说莠（狗尾草），都是要用手拔去的杂草。刘应棠描述农人拔稗："乃一眼扣定，从手痛为芟除，事之最快者也。"

三耘，即刘应棠所说的斡田。由于原书缺，已难知刘氏所述，仅知对田质要分寒燠，"燠者水盈禾自长"，而寒者水多禾易死，因而在拔稗前，对寒者要先开沟放水。

刘应棠在《梭山农谱·耘谱》中对农民耘田生活的描写："黎明下田先看云，老农看云知阴晴；愿天怜予耘辛勤，烈日曝背背有声。杀不尽者是此草，尔类得毋亦天道；梭山一语启先农，此辈即族天不恼。"

除上述对农田一而再再而三地除草外，在禾苗生长的过程中，还有一次重要的农耕活动，就是灭虫。在山区，虫害特别严重。据刘应棠在《梭山农谱》所述，山区的农作物（特别是水稻）有两大灾害，不是水、旱灾，而是比水、旱灾更严重的冻灾和虫灾。冻灾主要是中秋节前后，晚稻正扬花吐穗时，忽然连日暴寒，当地人称之为"斑秒，索索直上，神气消沮"，收成也就大减。而在三伏天，由于山区土地的湿润，热气逼地之后，水分蒸发，因此山区云多，也就是阵雨多，"雨之去来，随大南风，风来、雨来，风去、雨去，以故晴湿不常，不正之气，田禾感之而螣虫生，食叶竟，咥咥有声"。

为对付虫害，奉新山区的农民发明了一种虫梳："以竹为之，锯竹尺长，细破之成条，锐其两头成齿，用麻系而横编之，齿密比有如梳然。将长竹柄一根，上开竹口尺余，夹梳于中，亦用麻维之，持向田间，两边俱利用，不似发梳止得一半也。"如此，则"虫虽狠，犹有形可计；田家奋臂举梳行，累累就毙矣。虫当梳者，血肉俱糜梳齿上，稚子持以饲鸡"。

耘田的工具主要是杖，但农民主要是以足去踩杂草，"其运动全在身，农力欺者，恐运动过劳，或有颠蹶，故制为杖，以授右手，使身有所冯，手足相应，动无咎矣"。刘应棠还以诗描写了耘田时的农耕情景："斜阳倒影水粼粼，暑气微凉坐草茵，辜负农家鸡黍好，经年那有问师人？"

刘应棠在《梭山农谱·耘谱》中特别指出了小水车，即宋应星《天工开物》中所说的拔车，在山区农耕中的重要性。因为山区的农田苦潦不苦旱，所以不像平原旷野的农家备有大小水车抗旱，山区的农家很少备水车。然而，山区也有大旱之年，当大旱发生时，"往往流泉在左右望洋而叹耳"。因而小水车（拔车）在大旱之年就特别重要。宋应星在《天工开物·水利》中说："其浅池、小浍，不载长车者，则数尺之车，一人两手疾转，竟日之力可灌二亩而已。"①

3. 收获与庆丰收

刘应棠在《梭山农谱·获谱》中介绍了赣西北山区收割稻谷的农耕活动和收藏技术。收割稻谷前的农耕活动有薙草、放水、扶偃。

薙草就是稻谷成熟后将田边的草割掉。因为尽管春种前曾烧田边的草并铲草根，但经春夏之后田边仍会长草，群鸟"多喙伏其中。未获之先，农人痛为芟辟，安稼并远耗也，土人曰'著田畔'"。

放水，即"禾穗既黄，水力足矣；过于浸淫，恐坎气逗留，黄反不坚栗，故复放之，令土干速实，并以便刈事"。

扶偃，即在9月晚稻成熟之后，由于"西风数过，禾被之多偃者。粒粒皆辛苦，狼藉于途，殊不忍也，故用扶之"。

在收割稻子的过程中，最重要的农活是脱粒。宋应星在《天工开物》中对脱粒进行了描述："束稿于手而击取者半，聚稿于场而曳牛滚石以取者半。几束手而击者，受击之物或用木桶，或用石板。收获之时雨多霁少，田稻交湿不可登场者，以木桶就田击取。晴霁稻干，则用石板甚便也。"②而刘应棠在《梭山农谱·获谱》中描述获器谷房时介绍了奉新山区农民独特的脱粒方式："禾之刈于田者，仍累之于场，欲食则取穗下，暴于场，用石环转取谷。今吾县以东诸地，此风如故。山乡不然，家设木桶一口，长三尺许，大几数抱，刈禾时负至田以盛谷。桶上竖粗竹箬如箦，土人名之曰'打禾折'。围桶之半系以绳，其刈禾也，鳞次刈秉置田上，用两人相向倚桶面箬立，持所刈秉自上掷向桶内，木性坚，粒忤弱，弱与坚遇，粒罔不脱矣，粒间有飏者，又遇所竖竹折而返，以故谷皆聚桶中，桶量可容数石，土人曰'桶房'，言如房宽，受物多也。"

刘应棠介绍的藏种经验也具有山区特色："择田土肥润、其实光润厚足者，先收之。暴于日，致干，以洁器或木或瓦贮之。"

晚稻收割后，为表达对老天或神灵保佑而获得丰收的感谢，"或游神，或演梨园，各随土俗以祀"。这是一种独特的中国农业风俗文化，既表达农民们的感恩，也是对丰收的庆祝。但"梭山贫，未能办此，逢秋社，薄具壶觞豆肉出以

---

① ［明］宋应星：《天工开物》，中国画报出版社2013年版，第12页。

② ［明］宋应星：《天工开物》，中国画报出版社2013年版，第70页。

报。"所谓秋社即"霜降后收获毕，农家设办祭品祀神，名曰秋社"[1]。刘应棠为此还写作了迎神曲和送神曲。右迎神："袅袅青木香，瑟瑟黄花酒；田野无文素心久。鸣金伐鼓荐牲牢，髦士穿新土布袍。"右送神："古心古貌觐田祖，明德之馨神岂吐？不厌吾侪薄豆觞，神其醉饱如家常！于胥乐兮自今始，年年大有报天子。"

奉新山区的农民还保持了一种中国古老的习俗："稻、麦先荐寝庙"，"自天子下，皆得缘分以礼其先（人）"。这就是所谓的"尝新"。由于奉新山区籼种少、粳种多，因此"尝新"往往用稻种中最早熟的"救公饥"。救公饥是明清时期江西各地普遍栽种的一个稻种，成熟快，只需 60 余日即熟。

此外，刘应棠在《梭山农谱·获谱》中还介绍了一些收割用器，如薙刀、偃耙、风车、谷箕、箩、谷箕、斛等。

《梭山农谱》反映了明清时期江西山区的农业生产经验，对研究明清时期的南方农史有一定的学术价值，在中国农学史上也有一定的地位。

---

[1] 同治《瑞州府志》卷二《地理志·风俗》，《中国方志丛书·华中地方·第99号》，第54页。

【第五章】

物产丰饶

唐上元二年（675），大唐才子王勃路过南昌（当时的洪州），参加当时洪州的最高长官洪州都督的宴会，在大家的注目之下，一气呵成，写下千古名篇《滕王阁序》，文中称赞的洪州即今天的江西省南昌市。"物华天宝，人杰地灵"，虽是溢美之词，却是出自王勃肺腑的称赞。

回顾江西的历史和放眼当代的江西，不得不佩服王勃的神来之笔。赣鄱地域的物产之饶，堪称"物华天宝"；赣鄱地域的人才辈出，可称"人杰地灵"。赣鄱地域物产之饶，在古代表现为历代进贡朝廷的物品之多和商品贸易之繁荣。且不谈著名的景德镇瓷器，以农产品为例，有贡米、贡茶、贡橘等；以农业加工产品为例，有贡布、贡纸等；以当代农产品为例，名牌农产品多，如稻米、脐橙、茶叶等。

一、物产概说

丰饶的物产从大类上说，有以稻米为主要产品的粮食作物，以芥菜、小白菜、辣椒、冬瓜等为主的园地蔬菜，以柑橘、桃、李、柚等为主的水果，以茶叶、油茶、甘蔗、花生等为主的经济作物，以鸡、鸭、猪、淡水鱼等为主的畜牧水产，以蔬菜、水果及鸡鸭猪鱼肉等加工而成的农副产品和以纸、布等为主要材料的手工制品……

（一）粮食作物

粮食作物是赣鄱地域主要的物产，所谓"民以食为天"，或谓"手中有粮心中不慌"。赣鄱有种植水稻的自然条件，所以，水稻是赣鄱地域的主要物产。赣鄱地域在1万多年的水稻栽培历程中，形成了成熟而系统的农耕体系，培育和引进了较多适合本地栽种的水稻品种。

1. 多样化品种的水稻种植

明清时期的江西地方志中，有许多关于水稻品种的记载。结合明清江西地方志考察江西水稻品种的历史演变可知，到明代，江西水稻品种已基本形成，清代江西水稻品种的基本特色如下：

第一，以占城稻为主的籼型水稻是明清赣鄱栽种的主要水稻品种。占城稻亦称"早占""早米""早占城"。相传因此品种来自占城国（今属越南）而得名，宋大中祥符年间（1008—1016）从福建推广至江淮、两浙等路。占城稻有性早莳、早熟、耐旱、粒细等特点，宜种于高仰之田，对预防东南各地的旱害有一定效果，南宋时种植范围进一步扩大，江南东、西路和两浙路尤为盛行。占城稻与晚稻配合成为双季稻，使谷物产量大为增加。

从北宋传入，到南宋大面积推广，明代江西的占城稻已分化，发展形成了一系列适合于赣鄱地域自然环境而具有江西特色的占城稻系列。这些品种都具有耐旱、成熟期短的特点。明清时期在赣鄱地域比较普遍栽种的占城稻品种有：

救公饥，"三月种五月熟，他种青黄不接，而此种先可食，故可以救公饥也"[①]。因其成熟期仅五十天，又称为"五十日占"。这个品种产量不高，一般不大面积栽种。

六十日占，"种入地仅两月而熟，故名。米粒小而纯白"[②]。

八十日占，又名大谷早，"八十余日熟"[③]。

百日占，又名百日早，"九十余日熟，气足最益人"[④]。

此外，大谷占、细谷占、须占等品种的种植也较普遍。

有些品种还具有地域特色。如赣州早，仅在赣南和赣西北山区有栽种；宁州早，仅在宁都直隶州、赣东北和赣东有栽种。

第二，粳型水稻的品种不多。在占城稻传入赣鄱之前，赣鄱水稻品种主要是粳型（占城稻属籼型）水稻。粳型水稻的特点是播种期早、生育期长。占城稻传入赣鄱之后，粳型水稻的种植面积逐渐减少，品种也逐渐减少。至清代仅剩下一些优良的粳型品种，如至清后期江西各地仍在栽种的八月白，"晚稻，极早熟者，香白，尤可贵，又名银珠米"[⑤]。这种米在唐宋时期是贡米。

第三，糯稻的品种多，从类型上分为粳型糯和籼型糯，从播种或收获时间上分为早糯和晚糯。"早糯以七月熟，晚糯以十月熟。"[⑥]

明末清初，闽粤客家人大量迁入赣南和赣西北山区，将少数原种于闽粤义适合于赣鄱山区栽种的水稻品种传入赣鄱山区，对改进赣鄱山区的耕作制度、

---

① 正德《建昌府志》卷三《物产》，上海古籍书店 1964 年据宁波天一阁藏本影印。
② 正德《建昌府志》卷三《物产》，上海古籍书店 1964 年据宁波天一阁藏本影印。
③ 同治《赣州府志》卷二十一《物产》，《中国方志丛书·华中地方·100 号》，第 420 页。
④ 同治《赣州府志》卷二十一《物产》，《中国方志丛书·华中地方·100 号》，第 420 页。
⑤ 同治《赣州府志》卷二十一《物产》，《中国方志丛书·华中地方·100 号》，第 420 页。
⑥ 乾隆《袁州府志》卷七《物产》，《中国方志丛书·华中地方·844 号》，第 336 页。

提高土地利用率起了很好的作用。如清前期赣西北山区还是种一季稻，客家人传入丫禾之后，变成了双季间作稻，乾隆《萍乡县志》记载："午建之月……丫禾始莳。"① 即在早稻收割后的仲夏之时，插莳作为晚稻的丫禾。

综上所述，在清代前中期，赣鄱地域已形成了较稳定的、多样化的、适合赣鄱自然环境的水稻品种和多样化水稻品种种植的耕作制度，这是清代赣鄱农业的新成就。

2. 杂粮种植

赣鄱地域传统的杂粮有麦、粟、黍、豆等，这几种作物在宋代是赣鄱的主要杂粮，至清代，赣鄱各地仍然大量栽种。

麦的品种有大麦、小麦、荞麦及莜麦，这些是江西各地都有栽种的品种。另外，有些品种仅在某地区有栽种，如大冬麦、甘麦、苦麦三个品种仅在定南县有种植。

大麦又叫谷麦，小麦又叫米麦，"二种俱皮厚少面，不及北地之佳，或间种之，以作饼饵"②。这两种麦都是九月种与四月收。

荞麦和莜麦，"白花红茎，秋种冬收，可磨粉作汤饼"③。

麦子是清代赣鄱农民冬天和春天的重要粮食作物，同治《广信府志·物产》说："农家居冬谷也。"④

粟的品种有很多，有占粟、糯粟、黍子粟、草子粟、七叶粟等品种，但各地区较普遍栽种的品种有高粱粟、黄粟（又称狗尾粟）、鸭踏粟（又称龙爪粟）。

在玉米（苞粟）传入赣鄱之前，尽管粟的种植很广泛，在田头、地尾、河岸、山地等不适合其他作物种植的土地上都有种植，但产量不大。

清前期玉米传入赣鄱，玉米由于有耐旱的特点，适合于山地种植，因此在赣鄱被大面积推广与栽种，成为清代中后期赣鄱地域人口的主要食粮之一。同治《玉山县志》记载："种于山者曰苞粟，山民半年粮也。"⑤ 玉米的大面积栽种对解决清代江西由于人口的压力而产生的粮食不足问题起了重要作用。

---

① 乾隆《萍乡县志》卷三《物产》，江西省图书馆藏本。
② 同治《赣州府志》卷二十一《物产》，《中国方志丛书·华中地方·100号》，第420页。
③ 同治《赣州府志》卷二十一《物产》，《中国方志丛书·华中地方·100号》，第420页。
④ 同治《广信府志》卷一之二《物产》，《中国方志丛书·华中地方·106号》，第113页。
⑤ 同治《玉山县志》卷一下《地理·物产》，《中国方志丛书·华中地方·274号》，第328页。

除玉米的大量栽种之外，清代最主要的杂粮是番薯。这是一种从美洲传入、适合于旱地种植且高产又营养丰富的食物，于清乾隆年间传入赣鄱地域后，在山地、丘陵大量种植，对补充粮食不足和救荒起了重要作用。乾隆《瑞金县志》记载："薯，亦于烟行内同芋、姜齐种，每株大者重七八斤。又有一种番薯，以种出交趾得名，向时此种尚少，近年比户皆种，用代杂粮可充腹，鲜食尤脆爽。"[1]乾隆《安远县志》则记载："耕山者出最多，大者数斤，谷贵以此疗饥。"[2]道光《万载县土著志》则这样记载："（番薯）乾隆初来自闽广，土人种之以代饭。"[3]

与种于旱地的番薯相匹配的是种于水地的芋，也是重要的杂粮，往往薯、芋并称。其种植面积仅次于番薯，同治《九江府志》卷九《物产》记载："芋有水干、红白之别，薯有红白、尖团之别，芋之收倍于稻，薯之收倍于芋。"[4]即芋对于补充主食不足、帮助农家渡过饥荒，与番薯一样，起了重要作用。

清代，在北方大量种植的黍在赣鄱种植量少，而豆类种植量则较大。田间地头等隙地往往种豆，且品种多，有黄豆、绿豆、红豆、黑豆、泥豆、蚕豆等。

正是主粮和杂粮相配合，才缓解了清代赣鄱地域不断增长的人口所带来的粮食压力。

（二）蔬菜瓜果

1. 蔬菜

赣鄱地域蔬菜品种很多。清代江西地方志中的物产篇都有记载本地物产，虽然记载往往比较简略，但对于本地主要物产的记载还是比较清晰的。以民国《弋阳县志·物产》对蔬菜的记载为例，"蔬菜类：笋（凡竹皆有之，《埤雅》云：从竹、从旬，旬内为笋，旬外为竹）、萝卜（西乡洲地种，肥大多汁，味甜）、芥、莙达、菘（俗呼白菜）、苦荬（音买，苦苣也）、苋、马齿苋、葵菜（土名蕲菜）、菠棱（俗呼菠菜）、川芎菜（芹菜）、莴苣、菊花菜（茼蒿）、芫荽（音绥。香菜——作者注）、石耳（地衣类植物，固着于岩石）、瓮菜（山东

---

① 乾隆《瑞金县志》卷二《物产》，中国方志数据库扫描本。
② 乾隆《安远县志》卷二《物产》，《中国方志丛书·华中地方·774号》，第384页。
③ 道光《万载县土著志》卷三《物产》，江西省图书馆藏本。
④ 同治《九江府志》卷九《物产》，《中国方志丛书·华中地方·267号》，第117页。

夷，茎中空有节。即空心菜——作者注）、茭白（即茭笋）、菾薹、蒜、姜、葱、韭、藠（音轿）、辣椒、茄、藕（《尔雅》云：荷、芙渠；其根藕）、扁豆（蔓生，有紫白二色）、羊眼豆（短荚，白花而实大）、绢带豆（俗呼豆槁，细如槁，长尺余，有赤白二种）、刀豆（扁长，微弯似刀）、豇豆（蔓生，花红白二色，《本草纲目》中称豇豆为䜶䝁，音绛双，红色居多，荚必双生。《广雅》指为胡豆，误）。"[1]另外，一些瓜类可以作菜，如瓠、丝瓜、苦瓜、南瓜、冬瓜等。

清代和民国至今，江西各地的蔬菜与上述记载大同小异。

2. 瓜果

赣鄱地域种植水果的历史悠久，宋代赣鄱地域柑橘种植量已出现高峰，著名文人苏轼、欧阳修、曾巩、范成大等都有关于赣鄱柑橘的描述。

至清代，赣鄱地域的水果种植更加广泛，品种也更多，除广泛种植柑橘之外，还广种柚、桃、李、杨梅等水果。从清代赣鄱各府县志的记载看，清代赣鄱较普遍栽种的水果品种有柑、橘、橙、桃、李、梨、杨梅、枇杷、枣、柿、葡萄、石榴、香橼、柚、荸荠、西瓜等。

这些水果又有一些地方特色。如南丰蜜橘，是橘中珍品；抚州的朱橘在唐代是贡品，清代仍然栽种；遂川的金橘在宋代即名闻京师，欧阳修在《归田录》中写道，"金橘香清味美，置之樽俎间，光彩灼烁，如金弹丸，诚珍果也。都人初亦不甚贵，其后因温成皇后尤好食之，由是价重京师。余世家江西，见吉州人甚惜此果"[2]；佛手柑是清前期客家人自闽粤传入赣南和赣西北的。

赣鄱地域何时开始有西瓜种植还需考证，但从清代各府县志的记载可知，清代赣鄱各地已广种西瓜。

水果的广泛种植对商品经济的发展有一定促进作用，有些水果经过加工之后成为大量销售的商品，如清代中后期赣南的蜜饯枣子、蜜饯佛手片、柿饼、甘草梅子、橙片等行销江西各地及外省许多地方。尤其是赣南和吉安的红瓜子行销甚广，仅吉水一县在清后期年产瓜子二千石，行销广东等省[3]。

---

① 参见《江西地方志农产资料汇编》编辑委员会：《江西地方志农产资料汇编》，江西人民出版社1964年版，第373—374页。

② 雍正《江西通志》卷一百五十九《杂记一》，《中国方志丛书·华中地方·782号》，第3085页。

③ 参见[清]傅春官辑，吴启琳点校：《江西物产总汇》，江西人民出版社2018年版，第75页。

（三）经济作物

赣鄱地域种植经济作物的历史悠久。如苎麻，在唐代时，江西观察使所辖八州中，有七州的贡品是由苎麻制成的织布或白织布、葛布；如甘蔗，在《齐民要术》中有关于于都（1957年雩都改名为于都）县种甘蔗的记载。

明后期和清前期是赣鄱地域经济作物种植的大发展时期。这一时期闽粤客家人大规模倒迁入赣，数十万人涌入赣鄱山区，发展经济作物种植，开垦山区。其种植的主要经济作物有苎麻、蓝靛、烟草、甘蔗、花生、油茶、花卉、棉花等。

1. 苎麻

明代中后期，数十万由闽粤迁来的棚民（部分为客家人），在赣西北山区栽种具有商品性的苎麻和蓝靛。从清代赣鄱各府县志记载可知，到清代时，赣鄱各地更加广泛种植苎麻。如在赣南，"苎，山产者，《尔雅》所谓薛山麻也；园种者，枲麻也，今通谓之苎麻。园种，培灌凤根。岁可三刈，四五月刈者曰头水苎，次发，三发，以次而减。女绩为缕，别有机工织之造布，极精。"[1]如在上饶，"苎布，上饶居多……麻多郡产"[2]。如在赣西之瑞州，"货之属有苎麻科，生叶类芙蓉，刈之，绩其皮，治以为布。有苎布，本色曰苎布"[3]。

2. 蓝靛

明代中后期和清代，苎麻和蓝靛都是赣鄱重要的经济作物，其规模化种植都是由闽粤倒迁入赣的客家人发展起来的，这使赣南、赣西北、赣东北在明末成为我国南方重要的蓝靛产区。清代中前期，赣鄱仍有一些县区以种蓝靛获利。道光《兴国县志》："邑产除油烟外，蓝利颇饶。"[4]乾隆《怀玉山志》："山地旧皆不毛，近以种田余力，日加开垦，先用火耨，继惟耘锄，以故地成片段者栽蓝，其零星、畸衺者，各植杂豆、烟草、葡萄等物。"[5]

至清后期，由于洋靛的输入，赣鄱各地蓝靛种植规模大为缩小，只在一些

---

① 同治《赣州府志》卷二十一《物产》，《中国方志丛书·华中地方·100号》，第430页。
② 同治《广信府志》卷一之二《地理·物产》，《中国方志丛书·华中地方·106号》，第115页。
③ 同治《瑞州府志》卷二《地理·物产》，《中国方志丛书·华中地方·99号》，第58页。
④ 道光《兴国县志》卷十二《土产》，《中国方志丛书·华中地方·938号》，第352页。
⑤ 乾隆《怀玉山志》卷一《怀玉山·土产民风》，转见李国强、周榕芳、曾子鲁：《怀玉山志》，《江西名山志丛书》，江西人民出版社2002年版，第706页。

县小规模种植。

3. 烟草

烟草在明末传入赣鄱地域后，在赣南和赣东北广为种植。康熙五十三年刊本《赣州府志·物产》记载："烟草，种出自日本，明末启祯间始入中国，《本草》《广雅》诸书皆不录。今所称石马名烟者，漳浦地名也。金丝建烟者，建宁也。赣于闽错壤，效尤遂多，村闾娶妇有以烟若干担充聘者，亦槟榔为礼之遗矣。烟性最耗土膏，艺烟之地愈五年，犹未可植禾。"① 乾隆四十二年刊本《赣州府志》卷二《风土》则记载："近多闽广侨户栽烟牟利，颇夺南亩之膏。"② 雍正《江西通志》记载：赣州府，"烟草，（赣州）各县皆种，瑞金尤甚，邑人谢重拔作《禁烟议》"③。从史料记载看，瑞金是赣南的烟草种植中心，"连阡累陌，烟占其半"，"缘乡比户往往以种烟为务"。④ 由此可知，烟草经济在赣南经济中占有重要地位。

赣东北的烟草种植以广丰为中心。在清乾隆年间，"广丰与浦城接壤，浦（城）出名烟而叶实藉于（广）丰。他邑亦间有之，无如（广）丰盛。"⑤ 即福建浦城是产名烟的地方，但其烟叶来源于赣东北的广丰县，由广丰而推广到赣东北各县。如道光《上饶县志》载："烟，本名淡巴菰，向惟盛于广丰，今山农亦有种者。"⑥ 清道光年间，玉山县的烟厂规模已相当大，据道光《玉山县志》记载："夫淡芭菰之名著于永丰，其制之精妙，则色香臭味莫与玉比，日佣数千人以治其事，而声价驰大江南北。骡马络绎，日不绝。"⑦

清后期，烟叶种植传入赣西北分宜县以及赣东建昌府的南城、南丰、新城三县。南康府各县也种烟草，以都昌县较多，"四乡皆出""每斤数百文，销广信、饶州、九江等处""每年五六千石"。⑧ 同治《九江府志》记载："近有种烟取

---

① 康熙《赣州府志》卷十八《物产》，国家图书馆藏本。
② 乾隆《赣州府志》卷二《风土》，国家图书馆藏本。
③ 雍正《江西通志》卷二十七《物产》，《中国方志丛书·华中地方·782号》，第601页。
④ ［清］谢重拔：《禁烟议》，转见康熙五十三年刊本《赣州府志》卷十八《物产》，国家图书馆藏本。
⑤ 乾隆《广信府志》卷二《地理·物产》，国家图书馆藏本。
⑥ 道光《上饶县志》卷十二《土产志》，《中国方志丛书·华中地方·743号》，第404页。
⑦ 道光《玉山县志》卷十一《风俗》，《中国方志丛书·华中地方·763号》，第160页。
⑧ ［清］傅春官辑，吴启琳点校：《江西物产总汇》，江西人民出版社2018年版，第72页。

叶以沽钱者。"①九江府以瑞昌县种烟叶较多，"二月下种，夏秋间采取""每担钱八千文，销本地及省垣"。②南昌府的奉新、进贤两县有烟草栽种，赣中的临江、吉安两府各县不见烟草栽种的记载。

4. 甘蔗

如前所述，古农书《齐民要术》记载，魏晋时期于都县有甘蔗栽种。但甘蔗作为商品性农业作物被大面积栽种则是在清前期。康熙《雩都县志》记载："濒江数处，一望深青。"③而康熙《赣州府志》的记载则是："雩都甘蔗一节数十碎，名一节，储以献御，今问之无有，惟有制糖之小蔗耳。"④道光《宁都直隶州志》记载：宁都州，"竹蔗、荻蔗形似竹叶，俱获可作砂糖，亦可生嚼，州治下乡多种以熬糖，农家出糖多者可卖数百金。昆仑蔗俗呼甘蔗，多瑞金出"⑤。

由于气候的原因，直到清后期，赣北、赣中和赣东各县都不见有甘蔗栽种的记载，而赣西仅万载县有记载。

5. 花生

花生，从清代至今一直是我国重要的油料作物。花生油是我国重要的食用油。

对于花生源于本土还是外来作物，20世纪五六十年代之后，学术界有过数十年的争论。争论源于赣浙两地的新石器遗址中发现了疑似花生仁的物品。经学术界的争论和研究之后，学者大多认同花生是由南美洲传入中国的，至于何时传入，又有不同的看法，有"唐代引入说""元代引入说""明代中后期引入说"等观点。但学术界赞同"明代中后期引入说"的较多，因为现存的中文文献中对花生的系统性、连续性记载主要在16世纪及其以后的文献，与地理大发现后美洲作物向外传播的时间相吻合，从而有较高的学术可信度。

据曹树基先生考证，花生是从粤北经南康向赣南各地传入的。⑥据康熙《南康县志》记载："落花生，种宜瘠土……二物（包括蔗糖），行远而利薄。"⑦乾隆

---

① 同治《九江府志》卷九《物产》，《中国方志丛书·华中地方·267号》，第117页。

② ［清］傅春官辑，吴启琳点校：《江西物产总汇》，江西人民出版社2018年版，第14页。

③ 康熙《雩都县志》卷一《舆地志·物产》，《中国方志丛书·华中地方·856号》，第153页。

④ 康熙《赣州府志》卷十八《物产》，国家图书馆藏本。

⑤ 道光《宁都直隶州志》卷十二《土产志》，《中国方志丛书·华中地方·882号》，第795页。

⑥ 参见曹树基：《明清时期的流民和赣南山区的开发》，《中国农史》1985年第4期。

⑦ 康熙《南康县志》卷三《舆地志·土产》，中国方志数据库扫描本。

《瑞金县志》记载:"落花生,凡草木之子皆结于枝间,惟此种花落入土,子结土中,故名。向皆南雄与南安产也,近来瑞之浮四人多种之,生殖繁茂,一亩约收二三石不等,其苗可粪田,每年互相更代,且其田不粪而自肥饶,土人较之种烟,本少而利尤深云。"① 到清代中期,赣南各县皆有种植。如宁都,道光《宁都直隶州志》记载:"(落花生)州治近来种植者多。"② 如龙南,道光《龙南县志》记载:"落花生,一名长生果,邑境西沙土所种,胜于他处,贩运亦广。"③ 至清后期,赣鄱地域许多县区都栽种花生,花生成为重要的经济作物产品。

6. 油茶

油茶,又名茶子树、茶油树、白花茶,属茶科,常绿小乔木。因其种子可榨食用油(茶油)而得名。茶油色清味香,营养丰富,耐贮藏,是优质食用油,也可作为润滑油、防锈油用于工业。茶饼既是农药又是肥料,可提高农田蓄水能力和防治稻田害虫。果皮是提制栲胶的原料。

从明代府县志的记载看,明代赣鄱地域已有油茶种植并以茶籽榨油,如正德《袁州府志》记载:"物货:茶、茶油(茶籽捣之为油)、桐油……"④ 但从各府志县的记载看,明代赣鄱地域的油茶和油桐种植尚不广泛。

清前期,闽粤客家人大量进入赣南、赣西北和赣中山区,利用山麓土冈广种油茶、油桐等油料作物,使赣南、赣西北、赣中成为赣鄱地域三大油茶林区。

一是赣南油茶林区。乾隆《会昌县志》记载:"货之属有木油,或俗呼为茶油,以其木叶侣茶也,俗呼其树为木子,故名其油为木油,估客买至扬州,以香入之,妇人用于泽发,土人尽食此油,徽州与江西以上,间杂菜油食之。""山固有桐油、木油之利。"⑤ 上述所说"木油"即茶油,赣南客家人习惯称茶油为木油。乾隆《兴国县志》记载:"闽粤流民侨居,赁土遍种茶子,其树木坚而叶厚,青翠茂密,凌冬不凋,十一月开花,瓣白心黄,含包孕实,将一周期,始拾子剖仁榨油,色味香甘清洁,名曰清油,一曰木油,多入食馔,妇人膏发甚宜,吴中尤

① 乾隆《瑞金县志》卷二《物产》,中国方志数据库扫描本。
② 道光《宁都直隶州志》卷十二《土产志》,《中国方志丛书·华中地方·882号》,第795页。
③ 道光《龙南县志》卷二《地理志·物产》,《中国方志丛书·华中地方·941号》,第205页。
④ 正德《袁州府志》卷二《土产》,1963年上海古籍书店据宁波天一阁藏正德本影印。
⑤ 乾隆《会昌县志》卷十六《物产》,《中国方志丛书·华中地方·903号》,第503、518页。

争购焉。"①从各县志记载可知，清乾隆年间，油茶、油桐已遍布赣南各县，赣南成为颇具规模的油茶经济林区。乾隆《赣州府志》物产篇记载："茶油桐油各邑有之，赣之土性于茶桐二树最宜，茶子取于榨油，味香甘清洁……茶桐二油，惟赣产佳，每岁贾人贩之他省，不可胜计。故两关之舟载运者络绎不绝，土人一大出产。"②清后期赣南各县盛产茶油："茶油，拾其子剖仁榨油，色味香洁，名曰清油，以入食馔，诸油皆不及。此惟赣产最饶，故利行数省。"③

二是赣西北油茶林区。从有关府县志的记载看，赣西北油茶林区的形成是在清代中期，也是客家人对山区开发的成果。道光《义宁州志》记载："（桐油）利于茶子相埒，今种茶子者即种桐，桐子罢而茶子盛矣。"④道光《靖安县志》："邑人近争种茶子……榨其仁以取油，计一邑之所产，岁取值逾十万缗。"⑤至清后期，赣西北的油茶经济更繁盛，每年有大批茶油外销，油茶经济成为山区居民的主要经济来源。以袁州府为例，仅乡宜县东乡一地，"榨油，每石千八百文，销本处""每年约十余万斤"⑥。

三是赣中油茶林区。清前期，客家人迁入赣中两侧山地，山区最有特色的就是油茶经济，赣中成为颇具规模的油茶林区。以永丰县为例，其南部客家人聚居地，"油有茶油、桐油、菜油、棉油数种，惟茶油饶于永明，货于外商，岁入数十万缗"⑦。

7. 棉花

棉花，可织布、可织被，是普通民众生活所需的重要物品，原产于印度、阿拉伯地区和美洲，宋元之间从海陆两路传入中国，最初主要在边疆地区栽种，明初朱元璋强力在全国推广种植。

赣鄱地域的地形和气候特点并不适宜大规模地种植棉花，所以直到清代，赣鄱地域只有部分地区种植棉花，以九江、南康、瑞州、吉安种植较多。同治

---

① 乾隆《兴国县志》卷七《物产》，《中国方志丛书·华中地方·937 号》，第 229 页。

② 乾隆《赣州府志》卷二《地理志·物产》，《中国方志丛书·华中地方·961 号》，第 343 页。

③ 同治《赣州府志》卷二十一《物产》，《中国方志丛书·华中地方·100 号》，第 429 页。

④ 道光《义宁州志》卷八《土产》，国家图书馆藏本。

⑤ 道光《靖安县志》卷二《物产》，江西省图书馆藏本。

⑥ ［清］傅春官辑，吴启琳点校：《江西物产总汇》，江西人民出版社 2018 年版，第 60 页。

⑦ 同治《永丰县志》卷五《地理志·物产》，《中国方志丛书·华中地方·760 号》，第 304 页。

《九江府志》记载："近则木棉与杂种各半，一以杂粮同时并播，艰于人功；一以木棉价值收成胜于他产。""木棉实曰棉花，经矸弹纺织而为布，一郡尽然。"[1]同治《瑞州府志》记载："有棉花谓之木棉，宜燥地，黄葩成桃，入秋成花。有棉布碾弹木棉成絮，纺织为布，以资用。"[2]

由于棉花仅宜种植于干燥的沙土中，因此，尽管元代江西已推广种植，但直至清代，江西的棉花种植仍局限于少数地区。作为出棉花较多的九江府，也仅在封郭洲和桑落洲种植较多，且棉花质量较好，"核小而绒多"，而吉安府的棉花种植也仅局限于西南部。

清后期赣鄱的棉花种植有所发展，鄱阳、安仁、进贤、清江、临川有棉花种植。赣南的龙南、定南由外地运入棉花生产棉布，同治《赣州府志》记载："龙、定二邑多织木棉布。棉为本地所产不甚广。"该书风俗篇还记载："近颇有学纺织者以棉多取诸他郡，故未盛行。"[3]

8. 花卉

在宋代，闽粤两省的花卉种植是商品性农业的一部分，尤其是广东的园艺业在宋代已较有名。清前期闽粤两省的客家人迁入赣鄱后异军突起，利用赣南种植花卉的有利气候条件发展了花卉种植，并使其成为商品性农业的一部分。清前期，赣南的商品性花卉业已颇具规模，并获利颇大。乾隆《赣州府志》记载："兰花出闽中者为最，其次莫如赣，种类不一，四季皆花，为江淮所重，舟载下流者甚多，赣人以此获利。"除兰花外，茶花和茉莉花也是重要的商品性花卉。"茶花茉莉花皆产自粤，赣人与蕙兰并种，以资生计。"[4]

除以上物产外，自唐至清，赣鄱地域还有一样大重要物产——茶叶。赣鄱有宜于种茶的自然环境，自唐至今，赣鄱是中国的产茶重要省份。（待后述）

（四）畜牧水产

赣鄱地域的畜牧业和中国其他地域一样，起源很早，人们逐渐从以狩猎和采集为主的生活向农业种植和圈养某些动物（原始畜牧业）过渡。在前述赣鄱一

---

① 同治《九江府志》卷九《物产》，《中国方志丛书·华中地方·267号》，第117页。

② 同治《瑞州府志》卷二《地理·物产》，《中国方志丛书·华中地方·99号》，第58—59页。

③ 同治《赣州府志》卷二十一《物产》、卷二十《风俗》，《中国方志丛书·华中地方·第100号》，第430、418页。

④ 乾隆《赣州府志》卷二《地理志·物产》，《中国方志丛书·华中地方·961号》，第347—348页。

些新石器遗址中，万年仙人洞遗址出土了大量动物骨骼及骨制工具和骨制装饰品，这些动物可能主要是人们狩猎来的动物。在年代较晚些的新余拾年山遗址发现山羊的泥塑模型，在湖口县文昌洑遗址中发现牛的泥塑模型，均表明在新石器时代晚期赣鄱地域的原始人类已圈养某些动物。

学者们根据考古出土的物品判定，赣鄱畜牧业的大发展期是六朝时期（222—589，包括东吴、东晋、南朝宋、南朝齐、南朝梁、南朝陈），其依据是赣鄱地区在六朝以前的墓葬中极少出土与畜牧有关的文物[①]，即从新石器时代晚期到汉代末年，赣鄱地域的畜牧业都处于缓慢发展期。但在赣鄱六朝的考古中，发掘的70余座六朝墓，有近1/3的墓葬出土了与畜牧业有关的文物，包括陶塑的马、牛、羊、猪、狗、鸭、鸡、鹅及家禽家畜笼圈等，尤其以滑石猪为多，这反映了六朝时期赣鄱养猪业有较大发展。六朝时期的一些墓葬中还大量出土了新器型鸡首壶，这反映了六朝时期赣鄱地域养鸡业有较大发展。这些陶塑家畜家禽的大量发现表明六朝时期赣鄱地区畜牧业有很大发展。

六朝之后，隋唐至宋元明清并至今，赣鄱的畜牧业一直发展着，至清代已形成了稳定的畜牧业体系，主要饲养的动物有牛、羊、狗、猪、鸡、鸭、鹅、猫等。如光绪《抚州府志》物产篇记载："畜之属，曰牛、曰马、曰骡、曰驴、曰豕、曰犬、曰鸡、曰猫、曰鹅、曰鸭。"[②]

与畜牧业相连的是水产业。赣鄱境内有中国第一大淡水湖鄱阳湖，有2400多条大小河流连通众多溪流、水塘、水库，所以赣鄱有发展水产业的有利自然条件。全省可利用的水面积排全国第八位，可利用的水面积现已达462万亩。全省水产资源有湖泊定居性和小溪性鱼类，也有江河半洄游性和海河洄游性鱼类。据专家研究，鄱阳湖中有118种鱼，其中经济价值较高的有鲤、鲫、鳊、鲢、青、草、鳜等。全省较名贵的鱼种有兴国红鲤鱼、万安玻璃红鲤鱼、赣江鲥鱼、江西鲫鱼、鄱阳湖银鱼、靖安娃娃鱼、萍乡鱿鱼、庐山石鱼、江西鲟鱼、鄱阳湖甲鱼等。

清代，江西的水产业已有较稳定的系统，主要养殖的鱼类有光绪《抚州府志》物产篇记载的"鳞之属曰鲤、曰鳙、曰鲩、曰鳜、曰乌鱼、曰鲫、曰鲇、曰

① 参见袁进：《江西六朝畜牧业经济的发展及背景》，《农业考古》1990年第1期。

② 光绪《抚州府志》卷十三《地理志·物产》，《中国方志丛书·华中地方·253号》，第220页。

鲶、曰鳝、曰鲅鲤，于鱼族中最贵"[1]。

（五）农副产品

由于赣鄱地域农业作物众多，由农业产品加工而成的农副产品也就众多，最常见的有茶油、花生油、酒、蔗糖等。明代宋应星《天工开物》是以赣鄱为中心的对明代科学技术的总结，其中详细记载了蓝靛、蔗糖、蜂蜜、酒曲、麻油、菜油、蓖麻籽油、皮油等的加工制作方法。直到清代这些物品仍然是重要、常见的农副产品，如同治《饶州府志》物产篇记载的农副产品有柏油、茶油、菜油、桐油、麻油、乐平酒。[2] 乾隆《赣州府志》物产篇记载赣南的蔗糖："赣州各邑皆产，而赣县、雩都、信丰为最多……西北巨商舟载交易，其利数倍。"[3] 同治《赣州府志》物产篇中的"食货"记载清代的赣南有下列主要农副产品：

> 酒，赣俗不酿烧酒，止以糯米为酒，四时所酿，味薄者曰"时酒"。酿之冬月，为日久而水少、味极厚者曰"老酒"。老酒，雩都最胜。既滤之而封其糟，复下水而滤之者曰"陈糟酒"。冬至前后以曲下米，俟米尽化液，入以烧酒，不用水者曰"蜜酒"，甘香味醇。兴国好以水酒为水，加酿至三四酘，封至五六年，黏如胶，甘如饴，此得古人酘酒之法。会昌有竹叶春，以酒娘六升，烧酒四升，和而以火炼之，藏之一年，味醇而色清，又有琥珀薄，以冬糟入瓮，至春三月开瓮，取糟榨出液，名曰"瓮酒"。以瓮酒五升，烧酒五升，和而以火炼之，藏久愈佳，诸名酒不及也。烧酒，即以既滤之糟蒸之，置盎于甑，承取其气液之升而复下者，曰"米烧"。赣人酿酒，熟后亦为之。

> 茶油，茶子树木坚而叶厚，青翠茂密，凌冬不凋，与茗莽异种，十一月开花，瓣白心黄，花谢始结，含苞孕实将一周期，拾其子，剖仁榨油，色味香洁，名曰"清油"，以入食馔，诸油皆不及，此惟赣产最饶，故利行数省。

> 糖，以蔗汁熬成，白者如霜，其红者为紫砂糖。赣人向惟能为红者，

---

① 光绪《抚州府志》卷十三《地理志·物产》，《中国方志丛书·华中地方·253 号》，第 221 页。

② 同治《饶州府志》卷三《舆地志·物产》，《中国方志丛书·华中地方·255 号》，第 510 页。

③ 乾隆《赣州府志》卷二《地理志·物产》，《中国方志丛书·华中地方·961 号》，第 342-343 页。

今亦得造白糖之法，但视粤糖稍逊。

酱油，春末夏初用大黑豆蒸晒，再以盐水浸豆。久晒出味，然后去豆取汁，熬为油，制造如法，则色黑味甘，经久不坏，最为佐馔佳品，此惟雩都所出最上，诸邑不及。[1]

此外，赣鄱地域的农副产品还有红曲（用于酿酒）、珍珠粉（晚稻米，佳者可磨粉）、藕粉、腐乳、瓜子、桐油等。

由《江西物产总汇》可知，江西的农副产品主要还是菜籽油、花生油、芝麻油、柏油（制烛）、桐油、棉籽油、蔗糖、青靛、瓜子、酒等。

当代赣鄱的农产品以传统的农副产品为基础。赣鄱地域利用绿色生态的自然环境，着力于品牌打造和现代科技应用，正向着绿色有机和规模化方向发展，如茶油的生产、四特酒的生产等。

（六）手工制品

所谓手工制品，指的是农村家庭手工业产品。赣鄱地域自古代至近现代，最主要的家庭手工业是织布和造纸。因赣鄱地域山地丘陵多，适合于苎麻生长。用苎麻皮制成丝再织成的布就是麻布，又称夏布，这是赣鄱农村比较普遍的家庭手工制品。其次是用树皮、竹子、稻草等沤烂后造的纸，即土纸。

以赣南为例，同治《赣州府志》物产篇记载赣南的家庭手工业：

葛，各邑皆有葛布，惟会昌更佳。葛有采之野者，有家园种者，布用纯葛则韧而耐久，沾汗不污。安远以湖麻配入，称之丝葛，经纬最细，亦佳。或杂以蕉丝，谓之蕉葛，则脆薄不堪大要。大要人工辟绩，诸邑不如会昌之精。

茧丝，信、安、长诸邑有茧丝，茧蛾生树上，既成包，以灰水煮柔其性，缫丝织成匹。饲乌桕叶者色稍黑，饲桑树叶者色美，选其细紧精致，可与程乡茧匹。安远又出绵绸，丝来自湖州，非本地所有。

棉布，龙、安二邑多织木棉布。棉为本地所产，不甚广。[2]

---

① 同治《赣州府志》卷二十一《物产》，《中国方志丛书·华中地方·100号》，第429—430页。
② 同治《赣州府志》卷二十一《物产》，《中国方志丛书·华中地方·100号》，第430页。

乾隆《会昌县志》物产篇记载，会昌县"妇女岁织以换棉布，衣被其家人，葛之精者则以贸于市，其价亦甚高"，另外，会昌县还出产苎布。①

纺织业是最普遍的家庭手工业，几乎各府县皆产，或以葛、麻织之，或以棉织之。各府还产土纸，其中广信府所产最为有名，同治《广信府志》物产篇记载：

> 郡中出产多而行远者莫如纸，上饶、广丰、弋阳、贵溪皆产纸。其名则帘细、毛边、花笺、方高，俱不甚佳。向惟玉山玉版纸擅名，《通志》载东北乡出楮之所，糟户倩人治料、施工成纸，费难，不可殚述，虽隆冬炎夏，手足不离水火。谚云："片纸非容易，措手七十二。"相传明时与铅、丰同贡。②

再如赣东的抚州府，同治《抚州府志》物产篇记载：

> 货之属有绸、有苎布、有水棉布、有葛布、有清江纸、有火纸、有牛舌纸、有石炭。绸则闲民市绵抽丝以织，六县间有之。苎布绩苎麻为之，有扁生，有圆线，与清江纸俱出金溪。木棉布，纺木棉花为之，聚万石塘，出东乡。葛布与火纸、牛舌纸俱出崇、宜。③

纺织和造纸作为自唐代以来直至近现代农村重要的家庭副业，在新中国成立后的工业现代化进程中，逐步产业化。个别手工纺织技术和造纸技术如万载夏布、新余夏布、铅山连史纸的传统技术，在当代作为非物质文化遗产在传承着。

二、名牌物产

在历史的不断演进过程中，赣鄱地域的人们基于勤奋劳作和智慧创造了许多名牌物产，下列物产只是赣鄱名牌物产的代表。

① 乾隆《会昌县志》卷十六《物产》，《中国方志丛书·华中地方·903号》，第503页。
② 同治《广信府志》卷一之二《地理·物产》，《中国方志丛书·华中地方·106号》，第115页。
③ 光绪《抚州府志》卷十三《地理·物产》，《中国方志丛书·华中地方·253号》，第222页。

（一）万年贡米

世界稻作起源地之一的江西万年县不但稻作历史悠久，而且12000多年的人工栽培稻历史让万年县成为拥有目前考古发现的世界人工栽培稻历史最悠久的县。

历史的光环灿烂，现实的产品质量上乘。据史料记载，早在距今1500多年前的南北朝时期，那些锦衣玉食、对食品挑剔的皇室贵族们便发现了万年这个地方产的稻米不仅美观、米粒大、体长似梭、质白如玉，而且吃起来香软可口、似糯不腻。用之酿的酒香醇可口、浓而不烈，是宴饮和馈赠佳品。于是，万年稻米成了进贡朝廷的米，年年进贡朝廷。

也许人们会认为，万年有如此悠久的种稻历史，当然能种出好的稻米。我们不否认万年长久积累的稻作技术对种出优质稻米的作用，但万年的生态环境对种出优质稻米起了重要作用。

万年的稻田大多数处于山坳或山间盆地中（如图5-1），冷浆泉滋润着稻田，水土富含矿物质，日照条件也颇为独特，良好的自然条件使水稻生长时间长，因此一年只产一季稻。稻的品种也是由1万多年前的万年仙人洞人从野生稻驯化而来的本地稻种，当地人们称为芒谷、野禾、贡谷，其特点是稻谷芒长、稻珠比普通水稻长得多。万年之外的稻种往往适应不了万年的自然环境。

万年贡米（如图5-2）由于历史悠久、质量上乘，让当代专家赞誉颇多。已故世界著名农业考古学家、美国的马尼士博士赞誉万年为"上帝安

图5-1 万年山间稻田

图5-2 当代万年贡米

排生产稻米的地方"。

联合国教科文组织人类贡献奖获得者、国际著名民俗学者、印度6所大学的教授普兰卡先生在考察中国民俗和生态的过程中，对万年的水稻种植和稻作文化给予了很高的评价。普兰卡先生这样推介万年：

> 我到了中国江西万年，万年的民俗文化、自然生态、资源环境令我实在感到震撼和吃惊。这期间，我参观了万年仙人洞、吊桶环、神农宫，亲眼所见，亲耳所闻，万年让我感动。印度一直在国际上宣传稻米文化起源于印度，但是，到了万年我才知道，万年的考古发掘已经证实了万年稻米有着1万多年的历史，这是国际权威机构做出的结论。中国实在了不起，让我震撼。

图5-3 "万年稻作文化系统"碑

2012年6月，江西"万年稻作文化系统"被联合国粮农组织命名为全球重要农业文化遗产保护试点，图5-3为"万年稻作文化系统"碑。万年贡米不仅拥有国家地理标志，还是全国重要农业文化遗产。

当代万年拥有一批农业产业化龙头企业和特色农产品基地。其中万年贡米集团为全省十大农业龙头企业之一，旗下汇聚了近100家粮食加工企业，年大米加工量达300万吨，年销售收入达100亿元，粮食种植基地订单面积达100万亩。集团生产的"万年贡米"为国家地理标志保护产品、江西名牌产品，"万年贡""皇阳"为中国名商标。

（二）南丰蜜橘

南丰位于在江西东部，是建县历史有1700多年（三国吴太平二年建县）的古县。这个县的特点是红壤土的丘陵与山地广布。

图 5-4　南丰蜜橘

这种红壤土的土质以残积、坡积酸性结晶岩风化物、酸性结晶岩、石英砂岩和泥质岩为主，也有花岗岩、板岩、片麻岩、混合岩等，富含磷、钾等微量元素，土质疏松，特别适合种柑橘。柑橘树长出的柑橘金黄金黄，像个金色的小球，让人爱不释手。品尝起来，那嫩嫩的果肉、浓甜的风味、扑鼻的芳香让人沉醉不已。（如图 5-4）

因为南丰蜜橘品质独特，不但深受普通百姓喜爱，就连皇室贵族也年年期待品尝。据专家考证，早在唐代，江西进贡给朝廷的乳柑就是南丰的蜜橘。

遥想距今 1300 多年的唐代开元年间，风流倜傥的唐玄宗与绝世佳人杨贵妃在歌舞之间品尝南丰蜜橘，那是何等惬意！

从唐代起，南丰蜜橘历朝皆为贡品。南丰蜜橘品质如此好，引来历代文人的赞叹。唐宋八大家之一南丰人曾巩，曾写下著名的《橙子》一诗：

家林香橙有两树，根缠铁钮凌坡陀。

鲜明百数见秋实，错缀众叶倾霜柯。

翠羽流苏出天仗，黄金戏球相荡摩。

入苞岂数橘柚贱，荐鼎始足盐梅和。

江湖苦遭俗眼慢，禁御尚觉凡木多。

谁能出口献天子，一致大树凌沧波。[①]

诗中所说香橙即蜜橘，因为在古代，橙、橘和柑是常混用的。

在曾巩的笔下，家乡的蜜橘是如此美！

南丰蜜橘由于富含氨基酸、硒等40多种维生素和微量元素，色、香、味兼优，尤以肉质柔嫩、化渣、汁多爽口、营养丰富而享誉中外。

目前，南丰蜜橘是"国家地理标志产品""中国驰名商标""中国名牌农产品"和"绿色食品"，年均产量为30亿斤，畅销全国并远销40多个国家和地区，单一品种种植规模和产量均为世界之最，出口量和出口国家数均为全国第一，是江西省抚州市第一个"百亿"农业产业。

（三）万载夏布

图5-5 苎麻

在中国南方的丘陵与山地，甚至门前屋后的荒地上，常常可见一种生命力很强的绿色植物——苎麻（如图5-5）。

中国先民非常聪明，在上古时期就发现可以用这种苎麻皮和苎麻秆之间的纤维织布，用这些布可以制作衣服、蚊帐、袋子等。而且用这种苎麻纤维（如图5-6）织成的布制成的衣服，质地柔软舒服，易洗涤，不变形；特别是制作的夏服，通风透气，凉爽舒适，还吸汗。因此，这种布叫"夏布"。又因古代农家妇女非常勤劳，常常织布到天明，早晨鸡叫时，天亮了，布也织成了，所以，夏布又叫"鸡鸣布"。早在距今三四千年的夏商周时期，中国先民

---

① 陈杏珍、晁继周：《曾巩集》（上册）卷一《古诗·橙子》，中华书局1998年版，第7页。

就已用夏布制作丧服、深衣、朝服、冠冕、巾帽等。

赣鄱地域的地理环境和气候非常适合苎麻生长，赣鄱地域为中国四大苎麻主要产区之一。

赣鄱先民在很早的时候就已发现苎麻纤维可用于纺织，在距今2600年的春秋战国时期已形成非常成熟且先进的夏布纺织技术。

图5-6　制作夏布的苎麻纤维

1979—1980年，江西贵溪崖墓（如图5-7）出土了大量苎麻印花布，令纺织专家们惊叹不已！在那么古老的年代，赣鄱地域先民就能纺织出这么好的夏布，还制作了那么先进的纺织机件和相关工具。经中国纺织科学研究院专家测定，这些夏布是春秋晚期至战国早期纺织的，是我国迄今出土的最早的印花夏布。技术的成熟是要经过时间的打磨的，这充分说明赣鄱先民在距今2600年前就已种植苎麻和用苎麻纤维织布。

图5-7　贵溪崖墓

赣鄱地域种植苎麻和出产夏布的县很多。其中万载县出产的夏布无论在古代还是现代、无论在国内还是国外都是比较有名的，柔软润滑、色泽清秀、平如水镜、薄如蝉翼，唐朝时更被列为贡品，此后历代为贡品；明朝时就大量出口，每年销往朝鲜几万捆；清末时全县大中作坊有 1000 多家，每年产额为 1.8 万担，即 180 万斤，除销往国内市场外，还远销东亚的朝鲜、日本及东南亚各国。

夏布的纺织工序较为复杂，从种麻、割麻、刮麻、沤麻到初漂、晒干、分丝、绩麻、整经、上浆、纺织，成布匹后，还需数次漂洗、揉、挺、漂白、晒干、染色、印花等（如图 5-8、5-9、5-10）。

万载夏布之所以品质上乘，是因为其工序特殊，漂洗多用山泉水，自然化刚为柔，不添加任何药剂，从而纱质柔软，布面光洁，质地雅洁，愈洗愈白，

图 5-9　万载夏布制作工艺

图 5-8　纺夏布

图 5-10　晒布

经久耐用。由上等万载夏布制成的服装具有挺阔轻盈、凉爽清汗、久穿不变形、无异味等特点，深得国内外消费者喜爱。

2008 年，万载夏布织造技艺被列入第二批国家非物质文化遗产名录，每年产量稳定在 2 万匹左右。

（四）铅山连史纸

赣鄱地域气候温和，雨量充沛，河流纵横交错，特别适合竹木生长。

走在赣鄱大地，总能看到苍翠的山峦或青翠的丘陵，树木竹林随处可见。

自从东汉蔡伦发明用树皮、破布甚至破渔网一起沤烂造纸之后，中国的造纸术一直发展着，但一直主要用树皮、麻类、草类一起沤烂造纸。

9 世纪初的唐代后期出现用竹子造的信笺纸，但这种竹纸是如何造出来的和在何地造出来的，历史没有记载，估计这种竹纸的产量非常少，这种竹纸肯定非常珍贵。

到北宋前期，有史料明确记载，江浙一带的人用嫩竹子造纸。但这种纸易开裂，开裂后粘都粘不上。这说明当时的竹子造纸技术尚不成熟。

直到南宋时期，竹纸制造技术达到比较成熟的水平，人们已能造出较好的竹纸。赣鄱地域竹木多，无论用树皮、木料或竹子造纸，都有非常充足的原料。

从元代开始，赣鄱地域的造纸业逐渐发达，并逐渐成为中国产纸量最多的地区。

明清两代，赣鄱地域的造纸业跃居全国之首，全省产纸之地多且分布广，产纸量大、品种多且质量好，不仅行销国内大江南北，还远销海外。

在明清江西的纸品中，有用树皮、木料、稻草等造的纸，也有用竹子造的纸；有大众用的宣纸、草纸等，也有绘画、书法等用的高档纸。其中最为有名的是铅山的连史纸（如图 5-11），这是明清两代皇室使用的高档纸，以及文人墨客们写字、绘画、通信、出书等用的纸。明代，铅山的连史纸被列为贡品。

铅山在明代之所以能生产出这么高档的纸张，不仅是因为有充足的造纸所需的竹木，更因为其造纸技术底蕴深厚。

早在元代，铅山造的纸就被形容为"妍妙辉光"，即光泽非常美、非常好。

明清时期，铅山的造纸技术取得巨大进步。铅山的石塘、石垅、陈坊等地

图 5-11　铅山产的连史纸

制作的纸被称为连史纸，不仅纸表细腻光滑，质地精细、柔软、薄而均匀，颜色洁白如玉，经年不变色，有"寿纸千年"的美誉；还防虫耐热，着墨鲜明，吸水易干，纸面带有竹帘纹印，成为印刷书籍、写字绘画的高档文化用纸。

据明代宋应星《天工开物》的记载，铅山连史纸的制作工序（如图 5-13 至 5-17）非常复杂，

图 5-12　用铅山连史纸印刷的古籍

从到深山砍下当年生的嫩竹开始，到用山泉水浸泡、日晒、夜露，然后漂白，再经研料、蒸料、春料，再经捞纸、焙干等，要经过 72 道工序才能生产出连史纸。所以，要得到一张连史纸可是不容易的。

铅山的连史纸自明代产生后，因质量上乘，被列为贡品。

清代，图书事业的大发展、书籍的大量印刷促进了连史纸的生产。极盛时，当地人大半以种竹造纸为生，所生产出的纸被运到赣东北的水路交通枢

图 5-13 《天工开物》中的"砍竹、沤竹"图

图 5-14 《天工开物》中的"蒸煮"图

图 5-15 《天工开物》中的"荡帘抄纸"图

图 5-16 《天工开物》中的"覆帘压纸"图

图 5-17 《天工开物》
中的"焙纸"图

纽，即信江与铅山河交汇处的河口镇，装大船，沿信江入鄱阳湖后可北上南下，运销国内各大商埠，甚至远销海外。

但到清朝末年和民国初年，西洋的机器造纸大量进入中国后，铅山连史纸业衰落了，毕竟西洋纸既便宜又适合现代印刷术。曾经受到皇室、文人、图书印刷界、文化界推崇备至的铅山连史纸，在海外机器纸成为普遍用纸的冲击下，逐渐淡出了历史的舞台，曾经的辉煌如明日黄花。

20 世纪 90 年代之后，国家日益重视传统民族文化的保护，连史纸独特的价值被重新发现。这是因为在古籍整理、书法绘画、地方志编印等方面，连史纸有机器纸所不及的优良性能，更能显示出古色古香的中国传统文化特色。

2006 年铅山连史纸被列入中国第一批非物质文化遗产名录，铅山连史纸生产技术得以传承。

（五）南安板鸭

鸭子，是当今人们常食用的家禽。

从考古出土物来看，早在距今三四千年的商周时代，中国的先民已将野鸭驯化成了家鸭，并在水塘中养鸭。

赣鄱地域河溪遍布，水塘众多，稻田面积也大，有养鸭的有利条件，养鸭历史悠久，鸭的品种亦多。

新鲜的鸭子有多种吃法，如炖汤、红烧等。

在明代，赣鄱地域南部的大余县人发明了一种"泡淹"法，即将鸭子制作成腊味的吃法。此法包括选鸭、育肥鸭、宰杀、脱毛（扯毛）、割"外五件"（下腭、两翅、两爪）、剖腹掏"内五件"（肫、心、肝、食管、肺）、擦盐、入缸腌制、清洗、薄板定型、穿绳露晒（如图5-18）等11道工序。

图 5-18　露晒

此制作工艺精细考究，从宰杀到包装，若天气晴朗，放在室外晒架上日晒夜露，6—8天就能达到比较好的效果，干燥均匀，可达上乘品质。

大余县所产板鸭之所以被称为"南安板鸭"（如图5-19），是因为明清时期的大余县隶属南安府管辖，府治就在大余县城。

图 5-19　蒸熟可食的南安板鸭

500多年来，南安板鸭以皮酥、骨脆、肉嫩、咸淡适中、瘦肉酱色、肥肉不腻的独特风味，让人回味无穷，所以，不仅行销国内，在近代还远销海外。1911年，南安板鸭获得巴拿马世界博览会金奖，以外形美观、皮色奶白、瘦肉酱色、肉嫩骨脆、尾油丰满、味香可口而成为腊味中的上品，与福建建瓯板鸭、江苏南京板鸭、四川建昌板鸭并列为中国传统四大板鸭，并成为国家地理标志产品。

当代赣南各县皆产板鸭，板鸭成为赣南的重要产业。

（六）赣南脐橙

赣南，即江西南部，相较于江西中部和北部，是一个山地丘陵较多的地区，山地丘陵间分布着盆地，宜于种稻。

赣南的山地和丘陵以第四纪红壤为主，兼有少量紫色土和山地黄壤，土层深厚，土质偏酸，有机质含量较低。但因其土质为千枚岩风化母质红壤土，土层深厚，有1米多深，疏松透气，土中更含多种稀土元素。而稀土元素在果实色素的形成，提高糖分、维生素C和香气的含量，提高脆爽度和耐贮藏性等方面，起到了其他矿物质不能代替的作用。所以，赣南的丘陵山地特别适合种脐橙。

赣南典型的亚热带湿润季风气候适于柑、橘、橙、柚的种植。赣南春早、夏长、秋短、冬暖，四季分明，雨量充沛，光照充足，无霜期长，9月至11月昼夜温差大，雨热同季，特别适合种植脐橙。

实际上，赣南的先民们没有浪费这种水果种植的有利条件。从距今1500年南朝宋刘敬叔所写的记载奇闻逸事的《说苑》可知，赣南地区自古以来就有种植柑、橘、橙、柚的传统，只是无论古代还是近现代，赣南的百姓和官员都没有把水果种植当作一个产业，也没有进行规模化推广。

20世纪80年代，时任中共中央总书记胡耀邦到赣南考察之后，针对赣南山地丘陵多的特点，为了发展赣南的经济，指示中国科学院对赣南进行考察研究，并拿出发展经济的对策。

中国科学院南方山区综合考察队在赣南实地考察一年后得出结论：赣南发展柑橘的气候得天独厚，可成为我国柑橘商品生产重要基地。

胡耀邦专门为发展赣南柑橘产业作出批示。

于是，赣南从此走上了规模化种植脐橙之路，从华中农业大学引种了纽贺尔等8个脐橙品种，并试种成功。

得天独厚的自然条件使赣南所产脐橙果大形正、橙红鲜艳、光洁美观，可食率达 85%，肉质脆嫩、化渣、风味浓甜芳香，果汁含量达 55% 以上。赣南脐橙（如图 5-20）被列为全国十大优势农产品之一，荣获"中华名果"等称号，并作为江西省唯一产品，入围商务部、国家质检总局中欧地理标志协定谈判的地理标志产品清单。

图 5-20　赣南脐橙

2017 年，赣南脐橙被列入中欧"100+100"互认保护名单。

目前，赣南脐橙是中国国家地理标志产品，年产量达百万吨，远销东南亚、北美洲等 20 多个国家和地区。原产地江西省赣州市脐橙种植面积居世界第一，年产量居世界第三。

三、物产文化

物产是人间美味之源，人们将物产制作成美味，由此形成了丰富多彩的饮食文化。人们在享受美味的同时赞美美味，并将思想情感贯注于物产和美味中。人们还享受物产生产的过程，特别是文人们将思想情感乃至生活和人生情怀倾注在劳动过程中，形成了物产文化，最具代表性的是茶文化（待后述）。物产文化有下列特点：

（一）审美

很多物产的形态、色彩都是很美的，如金黄的橘子、黄中透白的犁、黄中带红的桃子等都是非常有观赏价值的，所以，很多物产都具有审美价值。文人们习惯将对物品的赞美述之文字，从而，物产的审美文化成为中国传统文化的一个重要组成部分。

赣南自古就是橘子多的地方，唐代著名诗人许浑（与杜甫齐名）在路过赣南时写下了《祗命岭外路逢表兄别后却寄》：

卢橘香花拂钓矶，美人犹舞越罗衣。
三洲水浅鱼来少，五岭山高雁到稀。

客路脱衣红树宿，乡门朝望白云归。

交亲不念征南吏，昨夜风帆去似飞。[1]

这首诗本是写赣南的路难走。诗人翻山越岭，岭高雁少，停宿树下，最后乘船走水路，描述的是一段在赣南的经历，而诗的开篇却称赞了赣南卢橘树的香和花的美。在某处钓鱼石四周，卢橘的香花随风飘舞着，犹如美人穿着越罗衣在起舞。此诗虽是写景，却以卢橘为描写对象，表达了诗人浪漫的情怀。

宋代大文豪苏轼一生曾两次路过赣南，南下或北上。他有两首诗谈到赣南的橘子，一首为《赠王子直秀才》，此诗是在惠州时作的：

万里云山一破裘，杖端闲挂百钱游。

五车书已留儿读，二顷田应为鹤谋。

水底笙歌蛙两部，山中奴婢橘千头。

幅巾我欲相随去，海上何人识故侯。

秀才王子直是赣县人，与苏轼父子交情深。这首诗主要称赞秀才王子直洒脱的生活态度、随意的田园生活，称赞其在山中种有大片的橘树，所谓"橘千头"虽非直接赞美橘子，但橘树成为其快乐生活的重要因素，所以，"橘千头"是美的。

苏轼从海南北归时途经南康，写下《舟次浮石》：

渺渺疏林集晚鸦，孤村烟火梵王家。

幽人自种千头橘，远客来寻百结花。

浮石已干霜后水，蕉坑闲试雨前茶。

不如一梦南归去，翠竹江村远白沙。[2]

这首诗描写南康乡村的自然美景，渺渺疏林，孤村烟火，翠竹、江村、白沙、成片的橘林、美丽的百结花，多美的景色！同时，诗人在南康逗留的生活颇为闲适快乐。诗人闲坐溪边，品着雨前茶。诗中没有直说橘子或橘林多么美，但

---

① 同治《南安府志》卷二十六《艺文》，《中国方志丛书·华中地方·258号》，第2251页。
② 同治《南安府志》卷二十六《艺文》，《中国方志丛书·华中地方·258号》，第2253—2254页。

那挂满橘子的"千头橘"与整个自然环境组成了一幅乡村美景，所以，那"千头橘"是美的。

以物产审美的诗大多都不是直接称赞此物品多美，而是将物品与整个环境、氛围和心情结合起来，让人感受到此物品的美。如苏轼的另一首诗《岭上红梅》：

> 梅花开尽杂花开，过尽行人君不来。
>
> 不趁青梅尝煮酒，要看细雨熟黄梅。①

诗中描写的梅花开、杂花开、青梅煮酒以及细雨中的熟黄梅都是美的，梅花、青梅、黄梅在苏轼这样的大文豪笔下都是美的。

（二）表达思想情感

物品或者天然农产品，不仅可以让人感受美的口味等，还可以通过物品与自然环境或描述生产物产的劳动过程来表达思想情感。晋代诗人陶渊明是一个有着田园情怀的诗人。在他的笔下，农产品是美的，生产劳动的田园生活是快乐的，没有官场的倾轧，平平静静，与大自然为伴，通过自己的生产劳动解决温饱，这是一种美好的生活。他在《归居田园居五首》之一写道：

> 种豆南山下，草盛豆苗稀。晨兴理荒秽，带月荷锄归。道狭草木长，夕露沾我衣。衣沾不足惜，但使愿无违。②

这首诗表达了诗人对种豆这种劳动的喜爱。一大早去田园锄草，晚上在月光下扛着锄头回家，露水打湿了衣服，这本是很平常的农村生活，但诗人感受到了远离官场的平静生活的快乐。

同样，陶渊明在《饮酒二十首》之一写道：

> 结庐在人境，而无车马喧。问君何能尔？心远地自偏。采菊东篱下，悠然见南山。山气日夕佳，飞鸟相与还。此还有真意，欲辨已忘言。③

---

① 同治《南安府志》卷二十六《艺文》，《中国方志丛书·华中地方·258号》，第2255页。
② 袁行霈：《陶渊明集笺注》，中华书局2011年版，第59页。
③ 袁行霈：《陶渊明集笺注》，中华书局2011年版，第173页。

这首诗同样表达了诗人对宁静的劳动生活的满足与喜爱,诗人在东篱下采菊花,看见悠然的南山,山气氤氲,夕阳西下,飞鸟相与还巢,很美、很恬静。这原本是很平常的田园生活场景,在诗人的笔下却是那么美!

陶渊明还写有《桃花源记》并诗,描写的是一种没有纷争、平静的劳动生活、田园生活!在他的想象中,这样的生活多美好!

> 相命肆农耕,日入从所憩。桑竹垂余荫,菽稷随时艺。春蚕收长丝,秋熟靡王税。荒路暧交通,鸡犬互鸣吠。俎豆犹古法,衣裳无新制。童孺纵行歌,班白欢游诣。草荣识节和,木衰知风厉。虽无纪历志,四时自成岁。怡然有余乐,于何劳智慧。[①]

描述生产农产品时的劳动生活常成为文人们笔下表达思想情感的一种方式。

---

① 袁行霈:《陶渊明集笺注》,中华书局 2011 年版,第 330 页。

【第六章】

悠悠茶香

中国是茶叶种植和饮用的起源地。

中国茶文化向世界的传播，对世界文明的发展作出了重要贡献，既贡献了健康的饮食习惯和良好的养生方式，又贡献了美好的精神享受和有益的娱乐方式；既贡献了表达敬意和善意的待客之道，又提供了发展经济与谋生之道。

中国的茶文化和世界各国的茶文化一起丰富了世界的文化。

赣鄱地域有种植茶叶的良好自然条件，有茶企业家深有感触地说："江西随便一个地方都能种出好茶。"恰如这位茶企业家所说，走在江西的丘陵山地，时而可见连片青翠的茶园。

正因为赣鄱地域有种植茶叶的优越自然条件，江西的茶叶种植历史悠久。

考古材料证明，早在距今近 2000 年的东汉时期，江西人已种茶饮茶。历经魏晋南北朝之后，到唐宋元明清及现当代，赣鄱地域茶叶种植和茶叶贸易兴旺，名茶多，贡茶多，茶业在经济中占重要地位。

赣鄱地域历经 2000 多年的茶叶种植和饮茶生活，茶文化积淀深厚，主要表现在茶俗多彩、茶艺优美、茶歌动听、茶戏迷人、茶著重要等方面。

一、茶史悠长

中国是茶的原产地，中国有悠久的饮茶历史，中国在长期的饮茶过程中形成了博大精深的茶文化。中国茶叶和饮茶习尚及茶文化通过"一带一路"直接或间接地传向了世界，对世界文明作出了巨大贡献。

赣鄱地域地处长江南岸中下游，东南西三面环山，北为平坦的鄱阳湖平原，境内多山地、丘陵，所谓"八山半水一分田，半分道路和庄园"；因处于亚热带季风气候区，境内光照充足，雨量充沛，许多山峰常年云雾缭绕，所以，特别适合种茶。

正因为有得天独厚的宜于种茶的自然条件，江西饮茶与种茶的历史悠久，并由此形成了深厚的茶文化。

（一）汉唐茶兴

1. 中国茶史溯源

中国对茶叶的采集和食用的最早时期即中国茶史的源头，人们往往认为是"神农时代"。这主要是因为茶圣陆羽在《茶经·六之饮》中将中国最早的饮茶归到神农氏，所谓"茶之为饮，发乎神农氏，闻于鲁周公"①。由此，后世衍生出"神农尝百草，一日遇七十二毒，得茶而解之"的神奇传说。

实际上，关于神农氏与茶的传说，许多学者做过考证。其中游修龄先生的考证是最简洁清楚的，他在《神农氏和茶叶起源的再思考》②一文中谈道：中国早期的关于神农的文献记载并不涉及农业和作物起源，如《周易·系辞下》提到神农"包牺氏没，神农氏作，斫木为耜，揉木为耒，耒耜之利，以教天下"③。即神农只是教民耕作，并没有说他发明农业。《吕氏春秋》也谈及神农，但没有涉及五谷之事。秦国政治家（商鞅之师）及道家学者尸佼谈及作为神的神农："神农治天下，欲雨则雨。五日为行雨，旬为谷雨，旬五日为时雨。正四时之制，万物咸利，故谓之神。"④由此可知，虽然在庄子之前人们已将神农神话化，但还没有将神农农神化。《庄子·盗跖》谈到神农时代的特点："神农之世……民知其母，不知其父。"⑤《庄子·胠箧》又说神农时代是至德时代："当是时也，民结绳而用之，甘其食，美其服，乐其俗，安其居，邻国相望鸡狗之音相闻，民至老死不相往来。"⑥这可以说明直到战国中期的庄子时代，传说中的神农是母系氏族时代的神话人物，还没有农神化。也正是大约与庄子同时代的诸子百家中的农家学派开始将神农农神化，孟子说："有为神农之言者许行。"⑦许行（约前372—前289）是与庄子同时代的农家学派的代表。

战国中期至西汉初年汉高祖刘邦的孙子淮南王刘安（前179—前122）这一时期，是将神农农神化的时期。刘安与其门客集体编写的杂家作品《淮南子·修务训》中写道："古者民茹草饮水，采树木之实，食蠃蛖之肉，时多疾病毒伤之害。于是神农乃始教民播种五谷，相土地宜燥湿肥硗高下；尝百草之滋味，水泉之甘苦，令民知所避就。当此之时，一日而遇七十毒。"⑧后来汉代有"神农尝百草，□遇七十毒，得茶而解之"之说。到西末刘歆将炎帝与

---

① 朱自振、沈冬梅、增勤：《中国古代茶书集成》，上海文化出版社2010年版，第10页。
② 游修龄：《神农氏和茶叶起源的再思考》，《茶叶》2004年第2期。
③ 黄寿祺、张善文：《周易译注》，上海古籍出版社2018年版，第736页。
④ 朱海雷：《尸子译注》，上海古籍出版社2006年版，第54页。
⑤ 陈鼓应：《庄子今译今注》，中华书局2016年版，第777页。
⑥ 陈鼓应：《庄子今译今注》，中华书局2016年版，第274页。
⑦ 杨柏峻：《孟子译注》，中华书局2016年版，第131页。
⑧ 陈广忠：《淮南子》，中华书局2012年版，第1118页。

神农合二为一，刘歆在《世经》中说："以火承木，故为炎帝；教民耕农，故天下号曰神农氏。"[①]刘歆把中国上古史按五德相生顺序编排成一个完整的帝王系统：

太昊庖牺氏—共工—炎帝神农氏—黄帝轩辕氏—少昊金天氏—颛顼高阳氏—帝喾高辛氏—帝挚—帝尧陶唐氏—帝舜有虞氏—伯禹夏后氏—商汤—周文王、武王—秦伯—汉高祖皇帝

从此以后，在中国的神话传说和历史文献中，炎帝和神农合一，且神农的功绩被放大，神农成了从农业创始人到陶器、农具、祭祀、乐器、医药、饮茶等众多事物的发明者。于是，陆羽承继汉代的说法，将茶叶的食用源头归于神农氏。这实际上只是一种美好的寄托。伟大的人物发现了茶可解毒，可食用，可煮水饮用，可强身健体！所谓"《神农食经》：'茶茗久服，令人有力、悦志'"[②]。这非同一般的发现，乃源于一个伟大的人物，多美好！

实际上，中国人饮用茶叶到底源于何时，是一个没有说清楚也无法说清楚的问题，只能肯定地说，中华民族饮茶的历史非常悠久！陆羽在《茶经》中对饮茶的一些考证说明了这一点。陆羽在《茶经·六之饮》中说："茶之为饮，发乎神农氏，闻于鲁周公。齐有晏婴，汉有扬雄、司马相如，吴有韦曜，晋有刘琨、张载、远祖纳、谢安、左思之徒，皆饮焉。滂时浸俗，盛于国朝，两都并荆渝间，以为比屋之饮。"[③]神农氏是传说中的人物，我们可以理解为从远古以来中国人就开始饮茶了。而确切有饮茶记载的是周公旦时代，那是公元前 1000 多年（约公元前 1027 年周灭商，建立周朝，3 年后周武王去世，周公旦摄政，七年后归政成王），即在 1000 多年前的周公旦时代中国人已饮用茶叶。这是陆羽的考证，足以说明中华民族饮茶历史的悠久，尽管直到唐代饮茶的习尚才遍及全国。

2016 年 5 月 13 日，陕西汉阳陵博物馆召开新闻发布会宣布，1998 至 2005年陕西省考古研究院对汉阳陵帝陵封土东侧的 11—21 号外藏坑进行了考古发掘，

① ［汉］班固：《汉书》卷二十一下《律历志第一下》，中华书局 2012 年版，第 870 页。
② 朱自振、沈冬梅、增勤：《中国古代茶书集成》，上海文化出版社 2010 年版，第 10 页。
③ 朱自振、沈冬梅、增勤：《中国古代茶书集成》，上海文化出版社 2010 年版，第 10 页。

在第 15 号外藏坑发现了植物遗存。中国科学院地理科学与资源研究所、植物研究所等机构于 2007 年和 2015 年分别对 15 号外藏坑和 16 号外藏坑出土物进行了鉴定，最后确认汉阳陵第 15 号外藏坑出土的植物样品为古代茶叶，且几乎全部由茶芽制成。这是目前为止发现的世界上最早的茶叶实物，距今 2100 余年。[①] 这再一次证明中华民族饮茶历史悠久。

有的学者将在河姆渡考古遗址出土的大量樟科植物及在浙东余姚田螺山遗址出土的含茶氨酸较高的树根认定为茶叶和人工栽培茶树。但由于考古界无法确认此两处考古遗址出土物为茶叶和茶树，只能存疑，还待更多的考古发现来研究中华民族饮茶的历史到底有多悠久。

2. 汉晋江西茶孕育

赣都地域有种植茶叶的良好气候和地理环境。对于江西人饮茶始于何时，有些学者或文章作者总是不加考证地将江西人种茶饮茶时间推至东汉，其依据是《庐山志》记载：东汉时期（25—220），佛教传入我国，当时梵宫寺院多达 300 余座，僧侣云集，攀危岩、冒飞泉、竞采野茶以充饥渴，各寺亦于白云深处劈岩削谷，栽种茶树者焙制茶叶，名云雾茶。实际上，《庐山志》有宋、明、清及民国版本，到底是哪部《庐山志》，往往人云亦云，不加注明。真正有如此记载的《庐山志》是民国时期江西方志学者吴宗慈所著。在此前的关于庐山的文献也谈到庐山种茶，但没有说东汉时期庐山僧人已经种茶饮茶，在慧远、陶渊明等晋代人作品中也找不到关于茶的记述。唐代白居易（772—846）任江州司马时常到庐山游玩，并在庐山山北香炉峰下建草堂居住。他的诗文记载了庐山种茶，如在《春游二林寺》中写道：

> 下马二林寺，翛然进轻策。朝为公府吏，暮作灵山客。二月匡庐北，冰雪始消释，阳丛抽茗芽，阴窦泄泉脉。熙熙风土暖，霭霭云岚积。散作万壑春，凝为一气碧。身闲易飘泊，官散无牵迫，缅彼十八人，古今同此适。[②]

唐元和十二年（817）在香炉峰下的草堂修成，白居易在《草堂记》中说：

---

① 《汉阳陵出土世界最古老茶叶距今 2150 年》，《西部大开发》2016 年 7 期。

② ［清］彭定求等：《全唐诗》卷四百三十《白居易》，三秦出版社 2008 年版，第 1693 页。

盛夏风气，如八九月时，下铺白石，为出入道。堂北五步，据层崖积石，嵌空埂块，杂木异草，盖覆其上，绿阴蒙蒙，朱实离离，不识其名，四时一色。又有飞泉植茗，就以烹煿，好事者见，可以永日。①

白居易在《香炉峰下新置草堂，即事咏怀，题于石上》中写道：

架岩结茅宇，斫壑开茶园。何以洗我耳？屋头飞落泉。何以洗我眼？砌下生白莲。左手携一壶，右手挈五弦。傲然意自足，箕踞于其间。兴酣仰天歌，歌中聊寄言。②

白居易在《香炉峰下新卜山居，草堂初成，偶题东壁五首》中的一首写道：

长松树下小溪头，斑鹿胎巾白布裘。药圃茶园为产业，野麋林鹤是交游。云生涧户衣裳润，岚隐山厨火独幽。最爱一泉新引得，清凉屈曲绕阶流。③

唐代之后，关于江州、南康军、庐山和庐山寺僧人种茶和出产好茶的记载，就比较多且比较明确了。

唐末的诗僧齐己在《匡山寓居栖公》一诗中写道："外物尽已外，闲游且自由；好山逢过夏，无事住经秋；树影残阳寺，茶香古石楼；何时定休讲，归漱虎溪流。"④树影、残阳、溪流、石楼，品茶的环境多美！且茶是很香的好茶！

宋代庐山归宗志芝庵主有一偈，反映了僧人种茶："茶叶烤成干菜收，笋尖急急冒出头；山舍一年春事办，得闲哪管板头低。"⑤

现存最早的庐山山志是宋代陈舜俞《庐山记略》三卷，其中没有谈及种茶

① ［唐］白居易：《钦定四库全书荟要白氏长庆集》卷四十三《记序》，吉林出版集团有限公司2005年版，第492页。
② ［清］彭定求等：《全唐诗》卷四百三十《白居易》，三秦出版社2008年版，第1694页。
③ ［清］彭定求等：《全唐诗》卷四百三十九《白居易》，三秦出版社2008年版，第1744页。
④ ［清］彭定求等：《全唐诗》卷八百四十三，三秦出版社2008年版，第3378页。
⑤ ［宋］普济辑，蒋宗福、李海霞主译：《五灯会元》卷十七《南岳下十二世》，西南师范大学出版社1997年版，第1047页。

和茶事。宋代释惠远《庐山略记》及宋代董嗣杲（宋理宗景定年间九江富池榷茶使）《庐山集》都未谈及庐山种茶与茶事。作为山志记载庐山种茶的是明代桑乔所撰《庐山纪事》卷一："茶，诸庵寺皆蓺之，有风标，不减它名产。"[①]清乾隆年间毛德琦《庐山志》卷一《物产》载："云雾茶，山僧艰于日给，取诸崖壁间，撮土种一、二区。然山峻高寒，丛极卑弱，历冬必用茅苦之，雾端阳始采焙成，呼为云雾。"[②]直到清代都没有出现东汉时期僧人采茶制茶的说法，而是到民国吴宗慈编撰的《庐山志》才出现此说，即吴宗慈所记载的只是一个传说而已，非可作为依据的信史；也即从文献记载来说，无法确定东汉时期庐山僧人采茶制茶饮茶，江西的种茶采茶制茶饮茶的最早历史也无法推至东汉。

作为历史研究，文献考证是必需的，但对出土文物的研究也是重要的，特别是对于上古史的研究，出土文物是主要的依据。江西考古专家陈柏泉先生撰有《记江西出土的古代茶具》[③]一文，对目前江西考古发现的茶具作了综述。其中谈到最早的一件茶具是1965年南昌市东汉晚期墓出土的青瓷四系罐：侈口，束颈，肩平厚，平底，肩下设四环形系；深腹椭圆；全器内外壁施青绿色釉，仅腹下部及底部露素胎。（如图6-1）

浙江省湖州市东汉晚期墓出土了一件同类器，器肩刻有一个"茶"字，故知这件器物为贮茶器。[④]（如图6-2）

图6-1　南昌市出土的东汉青瓷四系罐（江西省博物馆藏品）

① ［明］桑乔：《庐山纪事》卷一《通志》，《四库全书存目丛书》史部第229册，齐鲁书社1996年版，第353页。
② ［清］毛德琦：《庐山志》卷一《物产》，《四库全书存目丛书》史部第229册，齐鲁书社1996年版，第592页。
③ 陈柏泉：《记江西出土的古代茶具》，《农业考古》1991年第2期。
④ 参见吴铭生：《湖州发现东汉晚期贮茶瓮》，《茶叶通讯》1990年第3期。

图6-2 1990年4月吴兴弁南乡罗家浜村窑墩头砖室墓出土的贮茶器

根据南昌市出土的东汉青瓷四系罐，可以肯定，早在东汉时期赣北南昌一带已有饮茶的习尚，即江西茶史的起点最早可推自东汉时期。

三国两晋南北朝时期，关于赣鄱地域种茶饮茶的文献没有找到。关于江南地区的，在文献中能找到的几则史料都是关于湖州一带的饮茶习尚，如《三国志·吴书二十·韦曜》记载孙皓为了照顾韦曜而不喝酒："曜素饮酒不过二升，初见礼异时，常为裁减，或密赐茶荈以当酒。"[1]《南齐书》卷三《武帝本纪》中提到，梁武帝萧颐临死前诏曰："我灵上慎勿以牲为祭，唯设饼果、茶饮、干饭、酒脯而已。天下贵贱，咸同此制。"[2]

虽然关于三国两晋南北朝时期赣鄱地域的种茶饮茶找不到文献记载，但考古出土的文物还是反映了这一时期江西的饮茶习尚。陈柏泉先生在《记江西古代茶具》一文综述了下列一些考古发现：

①三国时期的烹茶器——陶炉。唇宽平外折，腹壁平斜，底有三乳状足。高7厘米、口径20.5厘米。1979年南昌市三国墓出土。此炉唇沿宽平，炉内燃炭火，炉上可承煎汤烹茶之小镀锅。

②三国时期的研茶器——陶臼。唇宽平，口微敛，深腹，腰下收束，宽平底。附有臼杵，下端为瓶形陶杵头，装配石质圆柱形柄。高7厘米、口径8厘米、底径6厘米、杵长18厘米。1978年南昌市三国墓出土。

③三国时期的烹茶盛汤器具——铜镀。直口，敛唇，弧腹，圆底。高5.5厘米、口径18.2厘米。镀内附匙，匙面呈卵圆形，深凹，匙柄微弯曲，柄端作龙头饰，全长18.8厘米。1978年南昌市三国墓出土。

---

① ［晋］陈寿撰，［宋］裴松之注：《三国志》卷六十五《吴书·王楼贺韦华传第二十》，中华书局1999年版，第1077页。

② ［梁］萧之显：《南齐书》卷三《武帝本纪》，中华书局1999年版，第41页。

④西晋时期的贮茶器——青瓷盖盒。（如图6-3）口微敛，腹浑圆，底平微内凹，带盖，以子母口与盒身相密合。全器内外壁通体施青绿色釉。通高13.4厘米、口径13.5厘米、底径7.5厘米。1956年清江县（今樟树市）西晋墓出土。此盒全器施釉，均匀润泽，无一处露素胎，制作精巧，形体硕大，与一般装香粉、药物的盒子不同，应用于装盛茶末。

⑤西晋茶烘焙器——青瓷镂孔罐。（如图6-4）敛口，扁圆腹，平底，带盖，肩部设双系，腹壁镂孔3排，每排18—20孔，底部镂孔4排。全器内外壁施青黄色釉，多剥脱；底部无釉露胎。通高13.1厘米、口径13.3厘米、底径9.2、最大腹径20厘米。1972年瑞昌县（今瑞昌市）西晋墓出土。此器镂孔，通常称作香薰。又因出土时内装有杯4件、碟2件，故称蒸煮器。此镂孔罐，带盖，设有手提双系，腹、底均镂孔，且孔径大；似非香薰或蒸煮器，而实属茶的烘焙器。

⑥西晋烹茶盛汤器具——青瓷镂。（如图6-5）口微敛，短颈，扁圆腹，宽圈足外撇，肩部设双系，器外壁饰篦状划纹。全器内外壁施青黄色釉，圈足露素胎。高16厘米、口径12厘米、底径14.7厘米。1972年瑞昌县（今瑞昌市）西晋墓出土。此器扁圆鼓腹，肩部有手提双系，宽圈足外撇；既便于装盛，又显得端稳与便于提拿。与上述青瓷镂孔

图6-3 1956年清江县出土的西晋青瓷盖盒（江西省博物馆藏品）

图6-4 1972年瑞昌县出土的青瓷镂孔罐

图6-5 1972年瑞昌县西晋墓出土的青瓷镂

罐同墓出土。《茶经》有云："鍑，以生铁为之……洪州以瓷为之，莱州以石为之。瓷与石皆雅器也。"

⑦东晋烹煮温茶器——青瓷鐎斗。（如图6-6）口微敛，唇沿外撇，束颈，圆腹，底平设三蹄状足，带把。全器内外壁施青黄色釉，仅平底部露素胎。自把端至足通高12厘米、口径12.4厘米。1959年南昌市东晋墓出土。鐎斗汉、晋间常以铜为之，器形稍大。自东晋以来，特别是南朝时期，江南流行瓷制的精巧鐎斗，器形略小，容量仅如盏，其实际用途模糊不可定论。文献中记为"温器"或"烧器"。陈柏泉先生认为考虑到此种器物多流行于产瓷、产茶名区江南，且器形精致而小巧，故应属烹煮温茶之器。

⑧南朝饮茶器——青瓷盏。（如图6-7）1997年宁都县南朝梁大同七年墓出土。直口，平唇，深腹，底为圆饼状实足，口沿外壁饰二道凹弦纹。全器内外壁施青绿色釉，仅近底部及底足露胎。高4.3厘米、口径7.2厘米、底径3.2厘米。此类盏在南朝墓中大量出土，为当时广泛流行的普通茶盏。

⑨南朝饮茶器——青瓷托盏。托盏是以托盘和盏相配的茶具，通常被称为托子、托盏、茶托、茶盏托、茶托子。托盘为圆饼状实足的浅腹盘，盘心塑一个凸起的圆圈，承托一个直口、圆腹、圆饼状实足的小盏。通常盏外壁饰复瓣仰莲纹一周，托盘亦相应铺开复瓣莲纹一周，使托盘与盏形成整体造型，宛然一朵盛开的莲花。全器罩以青绿或青黄色釉，匀润光泽，成为一套造型别致、纹饰精

图6-6 1959年南昌市东晋墓出土的青瓷鐎斗（江西省博物馆藏品）

图6-7 1997年宁都县南朝梁大同七年墓出土的青瓷盏（江西省博物馆藏品）

美、独具匠心的典雅茶具。一般通高 6 厘米、口径 8 厘米、底径 7 厘米。1975 年吉安县南朝墓出土的托盏特别大，高 10.7 厘米、口径 15.5 厘米、底径 1.04 厘米。（如图 6-8）此类托盏在粤、湘、闽、赣、皖、苏、浙等江南地区南朝墓中常有出土，仅江西南昌、清江、吉安、赣县就曾出土多套。特别是吉安

图 6-8　1975 年吉安县南朝墓出土的青瓷托盏
（江西省博物馆藏品）

和赣县的墓有明确的年代，前者为南朝齐永明十一年墓，后者为齐建武四年墓。虽然托盏不见于唐代以前的文献著录，但江西等地的考古发现说明托盏并非始于唐代，而是起源于晋代，流行于南朝，为当时较为考究的茶具。由于江南是茶叶的原产地，饮茶习俗又是从南方逐渐传至北方的，故而早期的托盏多出土于江南。

⑩南朝贮茶器——铜罐。1960 年南昌市南朝墓出土。敛口，直唇，短颈，腹瘦长，平底，带盖，肩设四系，盖钮作正方形。全器胎薄，素面，器表乌黑光亮。通高 16 厘米、底径 12 厘米。此罐制作精良，盖封严密，应属贮茶器。

⑪南朝盛茶器——铜盒。1960 年南昌市南朝墓出土。盒呈扁平手鼓形，子母口，盖与盒身口沿外壁均有隆起的宽边，盖顶部凸起饰弦纹一周。全器胎薄，素面，器表乌黑光亮。通高 5 厘米。此盒制作精良，盖封严密，应用于盛装茶末。

⑫南朝烹煮器——铜匙。1960 年南昌市南朝墓出土。匙面呈橄榄形，微凹，扁平弧形柄，柄端呈三角形，有圆点纹饰。全长 21.7 厘米，匙纵径 8.6 厘米、横径 3.9 厘米，柄上部宽 3.2 厘米、下端宽 1.6 厘米。此匙为击拂茶汤的调匙，属烹煮茶器。

上述铜罐、铜盒、铜匙同出一墓，并伴有托盏，系一组茶具。

从上述 12 件考古文物可知，在三国两晋南北朝时期的 300 多年里，江西已形成普遍的饮茶习尚，而且从出土文物看，那时已有烹煮法，有可能在南朝时期已形成了将茶叶先碾成末再烹煮的习惯。

3. 唐代江西茶兴

唐代是江西种茶、制茶、饮茶、茶文化等全面兴起和发展的时期，主要表现在以下几个方面：

（1）种茶的州县多。

据唐末李肇的《唐国史补》（记载唐开元至长庆间一百年事）卷下所述，当时江西种茶之州有袁州、吉州、信州、江州，即今之赣西、赣中和赣北都出产茶叶，其中赣北的洪州（今南昌）出产的白露茶为全国名茶之一。茶圣陆羽在《茶经》中谈到茶的产地时，特别谈到江南有"鄂州、袁州、吉州"[①]。据明代嘉靖《广信府志》记载，陆羽也曾在信州（今上饶）茶山种植茶树："茶山，府城北，唐陆鸿渐尝居此，号东冈子。"府城还有陆羽泉："陆羽泉，府城北茶山寺，唐陆羽寓其地即山种茶，烹以是泉，因名云。"[②]

（2）茶叶产量大和茶税量大。

关于江西茶叶产量和茶税量，自古至今引用最广泛的一条史料是唐末李吉甫完成于唐元和八年（813）的《元和郡县志》卷二十八的记载："浮梁每岁出茶七百万驮，税十五万余贯。"[③]方健先生在《唐宋茶产地和产量考》一文中认为：

> 700万驮茶合7亿唐斤，约相当于今8.4亿斤，唐茶产量无论如何达不到这样高的水平，更何况是浮梁一县所产。因此，疑"百"字衍，或"驮"应为"斤"字之讹。但查各种版本《元和志》均然，苦乏明证。如果这种推测有些道理的话，浮梁一地产茶700万斤已相当可观，所贵同时提供了茶税为15万贯，约占全国茶税40万贯的3/8，如以此率推算，则唐茶产量约为1867万斤。[④]

笔者认为，方健先生的质疑和推论是可信的。浮梁一地的茶叶产量和茶税量足以说明唐代江西的茶叶产量和茶税量比较大，江西为全国重要产茶区是毫无疑问的。

① 朱自振、沈冬梅、增勤：《中国古代茶书集成》，上海文化出版社2010年版，第14页。
② 嘉靖《广集府志》卷二《山川》，《四库全书存目丛书》史部185册，第676、678页。
③ ［唐］李吉甫撰，贺次君点校：《元和郡县志》卷二十八《江南道四·饶州》，《中国古代地理总志丛刊》本，中华书局1983年版，第672页。
④ 方健：《唐宋茶产地和产量考》，《中国经济史》1993年第2期。

（3）江西的茶叶行销广。

唐末的江西已形成茶叶集散中心，即浮梁县。唐元和十年（815）出任江州司马的白居易在《琵琶行》中记载长安商人乘船至江州（今九江），前往浮梁买茶时感叹道："商人重利轻别离，前月浮梁买茶去。"唐李肇在《唐国史补》谈及当时各地名茶时说道："风俗贵茶，茶之名品益众，剑南有蒙顶石花，或小方，或散芽，号为第一。……而浮梁之商货不在焉。"①成书于唐大中十年（856）的《膳夫经手录》也谈到浮梁茶："今关西、山东闾阎村落皆吃之，累日不食犹得，不得一日无茶也。"②敦煌出土文书《茶酒论》谈到浮梁、歙州（今婺源）的茶"万国来求"③。这些记载都说明当时江西的茶叶行销广。

浮梁之所以会成为茶叶的集散地，一是因为古代的运输靠水运，浮梁境内的昌江入鄱阳湖后可入长江北上，也可溯赣江南下；二是因为浮梁县周围都是产茶县，如歙州（婺源）、祁门、六安等。故浮梁成为茶叶集散地。唐代刘津在《婺源诸县都制新城记》说："婺源、浮梁、祁门、德兴四县，茶货实多。"④

由于茶叶的贩运，江西产生了一些专门运销茶叶的商人。宋代李昉奉宋太宗之命编纂的杂著《太平广记》（记汉代至宋初之事）卷二百九十《吕用之》一文记述鄱阳人吕用之之父吕璜"以货茗为业，来往于淮浙间。四时方无事，广陵为歌钟之地，富商大贾，动逾百数，璜明敏，善酒律，多与群商游"⑤。吕氏的经营活动说明当时的茶叶生意很兴旺。

总之，唐代是江西茶业兴起的阶段，为宋代江西茶业的发展奠定了基础。

（二）宋元茶盛

宋代江西茶业进入大发展时期，表现在茶叶种植面积的扩大、茶叶产量的提高、名茶种类的增多、茶叶运销量的增加、种茶制茶技术的提高等。

1. 全国重要的茶区

宋代，赣鄱地域几乎所有州县都有茶树栽种，且茶叶产量居全国前列，赣

---

① ［唐］李肇、赵璘：《唐国史补·因话录》，古典文学出版社1957年版，第60页。
② ［唐］杨晔：《膳夫经手录》，《续修四库全书》第1115册，上海古籍出版社2012年版，第524页。
③ ［唐］王敷：《茶酒论》，转见朱自振、沈冬梅编、增勤：《中国古代茶书集成》，上海文化出版社2010年版，第68页。
④ ［唐］刘津：《婺源诸县都制新城记》，转见［清］董诰等：《全唐文》卷八百七十一，上海古籍出版社1990年版。
⑤ ［宋］李昉等：《太平广记》卷二百九十，中华书局1986年版，第2304页。

鄱地域是宋代中国最主要的产茶区。当时全国有三十七州五军为产茶地，江南就有十五州五军，为全国第一。在江南 20 个产茶地中，属今江西辖境的有江、饶、信、洪、抚、筠、袁、虔、吉等九州，临江、建昌、南康、南安等四军，占江南产茶地的 2/3。

2. 产茶量全国最大

因为宋代赣鄱地域种茶地方多，茶产量大也在情理之中。《宋史·食货志》《续资治通鉴长编》记载表明，北宋时期各州的茶产量，超过 100 万斤的地区有临安府、宁国府、徽州、隆兴府（今南昌）、江州（今九江）等；其中以江西的隆兴府产量最高，年产量达 281.9 万余斤。[①] 据同治《武宁县志》物产篇记载："按《图经续志》：武宁、宁州皆产茶，宋时名曰江茶。又《归田录》：武宁严阳茶与双井茶相亚，为草茶。会考诸书，宁产茶，茶不甚广，古人龙团凤饼多失本性，惟草茶元精独存，初沸水注之，云液浮出，味亦谈永。"[②] 据李心传《建炎杂记》记载："江茶在东南草茶内最为上品，岁产一百四十六万斤，其茶行于东南诸路，士大夫贵之。隆兴亦产茶二百二十八万斤。"[③] 南宋时期，赣鄱地域的产茶量仍然居全国首位，《宋会要辑稿·食货》所记载清乾道年间（1165—1173）各路产茶数如下：

两浙东路 841,265 斤　　　两浙西路 4,739,216 斤　　　江南东路 3,741,380 斤
江南西路 5,260,190 斤　　　荆湖南路 1,074,700 斤　　　荆湖北路 866,880 斤
福建路 1,037,884 斤　　　　淮南路 22,951 斤　　　　　广南东路 2,100 斤
广南西路 52,528 斤 [④]

从上述数据可知，南宋江西的茶叶产量居全国首位。就各州的茶产量看，超过 100 万斤的地区有临安府、严州、宁园府、徽州、隆兴府、江州、潭州 7

① ［宋］李心传撰，徐规点校：《建炎以来朝野杂记》甲集卷十四《财赋一·江茶》，中华书局 2006 年版，第 304 页。

② 同治《武宁县志》卷九《物产》，《中国方志丛书·华中地方·797 号》，第 353 页。

③ ［宋］李心传撰，徐规点校：《建炎以来朝野杂记》甲集卷十四《财赋一·江茶》，中华书局 2006 年版，第 303 页。

④ 刘琳、刁忠民、舒大刚等：《宋会要辑稿·食货二九·茶法一》，上海古籍出版社 2014 年版，第 6635-6646 页。

处，而赣鄱地域就占有 2 处；其中又以江西的隆兴府产量最高，年产达 281.9 万余斤。[①]

茶的产量还表现在朝廷的榷茶量上。榷茶，即茶叶由政府专卖，私人不得自由买卖。榷茶的制度起始于唐代。《旧唐书·穆宗本纪》载，长庆元年（821），"加茶榷（茶叶专卖税），旧额百文，更加五十文"[②]，这表明此时中国某些地区或已开始实行榷茶。文宗太和九年（835）十月，王涯为相，极言"榷茶之利"，乃置榷茶使，征购民间茶园，规定茶的生产贸易全部由官府经营。这一制度引起民怨，推行不久便因王涯被诛而废止。入宋以后，与契丹（辽）、西夏（党项）、女真（金）烽火不息，财政困难、战马短缺是两大难题，故政府倍加重视榷茶制度。《宋史·食货志》《续资治通鉴长编》等记载了北宋时期各地的茶叶榷买情况：北宋每年茶课为 2306 万余斤，而江西地区的茶课近 685 万斤，占全国总数的 33%。南宋绍兴三十二年（1162），全国诸路合计茶课为 1781 万余斤，其中江西地区为 463 万余斤，占全国茶课总额的 26%，居全国第一。[③]

3. 名茶品种多

宋代的赣鄱地域名茶有 20 种左右，其中以"双井""白露""金片"等较为闻名。《宋史·食货志》记载："毗陵之阳羡，绍兴之日铸，婺源之谢源，隆兴之黄龙、双井，皆极品也。"[④] 在这五大绝品中，婺源之谢源、隆兴之黄龙和双井三大名茶皆为江西所产。江西瑞州黄檗茶，在北宋朱彧的《萍州可谈》中被称为茶中绝品，"江西瑞州黄檗茶，号绝品，士大夫颇以相饷。所产甚微，寺僧园户竞取他山茶，冒其名以眩好事者。黄鲁直家正在双井，其自言如此"[⑤]。

黄庭坚家乡的双井茶被宋代大文豪欧阳修誉为"草茶第一"。宋代的多部著作如江少虞的《事实类撰》、佚名的《锦绣万花谷》、陈景沂的《全芳备祖集》等都重复欧阳修在《归田录》中记载的这一段话："草茶盛于两浙，两浙之品日注为第一。自景祐以后，洪州双井白芽渐盛，近岁制作尤精，囊以红

① ［宋］李心传撰，徐规点校：《建炎以来朝野杂记》甲集卷十四《财赋一·江茶》，中华书局 2006 年版，第 304 页。

② ［后晋］刘昫等：《旧唐书》卷十六《穆宗本纪》，中华书局 1999 年版，第 333 页。

③ ［元］脱脱：《宋史》卷一百八十三《食货志上》，中华书局 1999 年版，第 3001 页。

④ ［元］脱脱：《宋史》卷一百八十四《食货志下》，中华书局 1999 年版，第 3022 页。

⑤ ［宋］朱彧撰，李国圉、高克勤校点：《萍州可谈》卷二，《瑞州府黄檗茶》，上海古籍出版社 2012 年版，第 42 页。

纱，不过一二两，以常茶十数斤养之，用辟暑湿之气。其品远出日铸上，遂为草茶第一。"①

洪州名品黄龙茶，与双井齐名，也被称为极品。宋代诗人张炜在《谢瑜首座寄黄龙茶》诗中赞美黄龙茶："寄我黄龙茗一圭，旋烹竹雪试新奇。地炉火暖汤初沸，先约梅花小赋诗。"②

此外西山有白露茶、鹤岭茶、罗汉茶，以及丰城之孤山、新建之邓婆坑也出产名茶。

袁州有界桥茶，其名甚著；又有绿茶、金片，系宋代团茶。吉州万安县有神潭茶，长于惶恐滩神潭石岩上，以溪水烹煮，尤为鲜美。

吉州泰和县西四五十里有一座极为险峻的传担山，山下方圆一丈许之地，所产传担山茶极甘美，如果以其旁边的九龙潭水相配煮，其味更佳。

据马端临《文献通考》卷一八《榷茶》载，饶州的仙芝、嫩蕊、福合、禄合、运合、庆合、指合都是宋代著名的团茶品种。③

信州铅山县的周山茶、白水团茶、小龙凤团茶，皆为宋代名茶，并附于建茶成为贡品，惟出于桐木岭之茶最佳。桐木岭茶为宋代张宪所创，其叶细而味甜。④

临江军的临江玉津茶是片茶，在唐五代就是名茶，宋时此茶亦闻名于世。《宋史》记载："虔、袁、饶……兴国临江军有仙芝、玉津、先春、绿芽之类二十六等。"⑤

宋代南安军尤以焦坑茶（又名焦坑寺茶）最负盛名。焦坑茶产于大庾岭的南康县浮石之焦坑。因苏轼自海南回南安军品尝了此茶，留下"焦坑闲试雨前茶"之名句，焦坑茶成为文人士大夫吹捧之名茶。

筠州的黄檗茶也因苏轼的弟弟苏辙题诗褒扬而名闻天下，成为宋代绝品之茶。

江州最著名的是庐山云雾茶，其在匡庐云雾窟中成长，形成独特的风味，从太平兴国年间开始成为贡茶。江州的名茶也很多，其中匡茶是茶品之最上者；

① ［宋］江少虞:《宋朝事实类苑》卷六十二《风俗杂志》，上海古籍出版社1981年版，第826页。
② ［宋］陈起:《江湖后集》卷十《张炜》，《景印文渊阁四库全书》第1357册，第845页。
③ ［元］马端临:《文献通考》卷一十八《榷茶》，《景印文渊阁四库全书》第610册，第400页。
④ 同治《广信府志》卷一之二《地理·物产》，《中国方志丛书·华中地方·106号》，第115页。
⑤ ［元］脱脱:《宋史》卷一百八十三《食货上》，中华书局1999年版，第3001页。

钻林茶非人力所为，是鸟雀衔茶子食之，偶尔从鸟雀嘴里掉入庐山茂林山谷中，久而生之。庐山僧人入深山，可采获数两，最多者也不过半斤。其茶色如月下白，味如豆花香。

宋代的虔州多高山峻岭，也多出好茶。据元代马端临《文献通考》载，虔州有茶名泥片，系宋代有名的团茶。[①]

今江西上饶市的婺源县，自古以谢源茶闻名于世。此茶在唐代已为名茶，唐代杨晔《膳夫经手录》载："婺源方茶，制置精好，不杂木叶，自梁宋幽并间，人皆尚之。"[②]南宋建炎年间，婺源的谢源茶被列为全国六大名茶之一。

4. 茶叶交易场所多

宋朝廷为了严控茶叶买卖，在江南产茶地及交通要道设立了6个茶叶运输和买卖机构，还于江南宣州、歙州、江州、池州、饶州、信州、洪州、抚州、筠州、袁州、广德军、兴国军、临江军、南康军、婺州等地建立了众多买茶场，即在江西境内设立了较多的买茶场。

5. 种茶和制茶技术有提高

宋代江西的种茶技术有较大提高，茶农更加懂得选择宜于种茶的山地种茶。以信州的周山茶、白水团茶为例，当地茶农就根据石山带土者、山夹两岸者、阳崖者、阴峡者等地理条件来栽培这些品种。采茶时更加懂得掌握采茶的时间，在三月清明前后茶吐芽时，茶农为了争取时间，无论男女都入山采其芽，然后进行揉作焙炒，所以制作出来的茶叶"叶细而味甘"。

宋代片茶制作的技术有了很大改进，"搓茶"工序在唐代主要使用杵臼手工操作，因此劳动强度大、效率低下；至宋时已普遍开始使用碾磨，有些地方还用水力碾磨茶叶，这种以水为动力碾磨出来的茶叶叫"水磨茶"。江西水力资源十分丰富，运用水力碾磨茶叶的方法因而得到普遍推广。以被欧阳修誉为"草茶第一"的双井茶为例，双井茶之所以名闻天下，与它的精妙的制作方法和种植技术是分不开的；制作时经研膏杀青等工序后，不捣不压，直接烘干而成，呈散叶状。

此外，宋代江西人有丰富的存茶经验。如欧阳修《归田录》记载："自景祐

---

① ［元］马端临：《文献通考》卷十八《榷茶》，《景印文渊阁四库全书》第610册，第400页。
② ［唐］杨晔：《膳夫经手录》，《续修四库全书》第115册，上海古籍出版社2012年版，第525页。

以后，洪州双井白芽渐盛，近岁制作尤精，囊以红纱，不过一二两，以常十数斤养之，用避暑湿之气。其品远在日注（铸）之上，遂为草茶第一。"[1] 这样能保证双井茶纯正味道，以红碧纱袋装茶、养茶，以避异味与湿气。

元代江西的茶叶在唐宋的基础上有所发展，并且江西仍为全国产茶的重要地区。元朝廷在江西行省（包括今天的广东大部分，但赣东北属浙江）设立茶运司，每年收取大量茶税。

《元史·食货志》记载："至元二年（1265）江西、湖广两行省具以茶运司同知万家闾所言添印茶由事，咨呈中书省云：'本司岁办额课二十八万九千二百余锭，除门摊批验钞外，数内茶引一百万张，每引十二两五钱，共为钞二十五万锭。末茶自有官印筒袋关防，其零斤草茶由帖，每年印造一千三百八万五千二百八十九斤，该钞二万九千八十余锭。茶引一张，照茶九十斤，客商兴贩。'"[2] 由此可知，元朝廷在江西征茶及收税的数量之大。这表明元代江西茶叶种植面积和产量较大。

元朝廷茶税苛重，加之各级官吏敲诈勒索，给茶户造成极大的压力。"每引十张，除正纳官课一百二十五两外，又取要中统钞二十五两，名为搭头事例钱，以为分司官吏馈尽之资。提举司虽以榷茶为名，其实不能专散据卖引之任，不过为运司官吏营办资财而已。上行下效，势所必然，提举司既见分司官吏所为若是，亦复仿效迁延。……其为茶户之苦，有不可言。"[3] 又《元史·食货志》载："间有充裕之家，必须别行措办。其力薄者，例被拘监，无非典鬻家私，以应官限。及终限不能足备，上司紧并，重复勾追，非法苦楚。此皆由运司给引之迟，分司苛取之过，茶户本图求利，反受其害，日见消乏逃亡，情实堪悯"[4] 这种状况并未引起元朝廷的重视。

从茶类发展来看，元朝时，江西以生产散茶为主。叶子奇《草木子》载："元朝于江西及湖广立提举司，使之产茶路分卖引，照茶以行。批验所验引无弊，即放行。至卖处收税。御茶则建宁茶山别造以贡，谓之瞅山茶。山下有泉一穴，

---

① [宋] 欧阳修等撰，韩谷等校点：《归田录》卷一，《历代笔记小说大观》本，上海古籍出版社2012年版，第13页。
② [明] 宋濂等：《元史》卷九十七《食货志·茶法》，中华书局1999年版，第1659页。
③ [明] 宋濂等：《元史》卷九十七《食货志·茶法》，中华书局1999年版，第1660页。
④ [明] 宋濂等：《元史》卷九十七《食货志·茶法》，中华书局1999年版，第1661页。

遇造茶则出。造茶毕即竭矣。比之宋朝蔡京所制龙凤团，费则约也。民间止用江西末茶、各处叶茶。"[1] 即元朝时，中国民间都饮用江西末茶和各地的叶茶，这与宋代的饼茶相比，又是一大进步。

至于元代赣鄱地域的名茶，据元代马端临的《元献通考》记载，有虔州（今赣县治）的泥片、袁州（今宜春）的绿英金片、临江（今清江）的玉津。至于江西各地所产其他茶种，由于史料所限则难于精确表述。

（三）明清茶荣

明清时期赣鄱地域的茶叶种植和茶业发展较之前都更为繁荣，种植的府县更多，茶叶产量更大，上贡的名茶品种更多，赣鄱地域是明清朝廷重要的茶税来源地。

1. 种茶区域扩大

明清时期江西十三府大多数县都种茶，至于具体的种茶面积则无法统计。

清代江西茶叶的发展尤其值得一提的是，湖北流民进入赣西北区，使茶叶种植在赣西北山区得到较大发展。茶叶产区由丘陵向山地发展。如武宁县，在清乾隆年间，湖北流民于山区种茶已有一定规模。"茶，豫宁（武宁）所产，伊洞、瓜源、果子洞擅名。"[2] 这三地均为湖北流民的聚集地。而到清道光年间，山区种茶更为普遍，且以湖北流民集中地为突出。

2. 国家重要的茶税来源地

明代江西茶税是全国茶税的重要组成部分，明代朝廷对江西茶区极为重视。明人刘辰的《国初事迹》载："太祖谓参政张昶曰：茶之所产多在江西、湖广，所以前朝茶运司在江州，专任茶课。尔差官分投前去各府州踏勘，且数起科作额，以资国用。"[3]

每年江西的茶税是全国的重要收入。明代江西有十二府，其中袁州府"洪武二十四年来府岁办各色课钞"，"茶课钞 一万三千三百六十一贯一百九十文"，明弘治年间每年"茶课钞八百三十六锭一贯四百六十六文。"[4] 南康府"茶

---

① ［元］叶子奇：《草木子》卷三下《杂制篇》，中华书局1997年版，第67页。
② 乾隆《武宁县志》卷七《土产》，中国方志数据库扫描本。
③ ［明］刘辰：《国初事迹》，《四库全书存目丛书》史部46册，第19页，齐鲁书社1996年版。
④ 正德《袁州府志》卷二《贡赋·课程》，上海古籍书店1963年据天一阁藏本影印。

课米四千六十六石九斗七升一合二勺"①，临江府四县在明代官民田地塘窟"共二万八千二百三顷三十九亩四分四厘"，而其中的茶课"共五千六百九十顷六十六亩四分四厘"，约占总数1/4。②此外，在建昌、赣州等府也同样征取大量的茶税。

在清代，江西的茶税仍为全国的重要税源之一。例如江西的产茶名县——浮梁县每年除征收芽茶三百二十四斛九两之外，还要征收440斤左右的茶叶税。③又以抚州府为例，清政府在抚州府各县征收的茶税有：

> 临川县茶钞　壹佰壹拾玖锭贰贯陆佰肆拾伍文
> 崇仁县茶钞　肆佰柒拾锭贰贯陆拾文
> 宜黄县茶钞　玖拾贰锭叁贯肆拾文
> 金黔县茶钞　壹仟伍锭肆拾文
> 乐安县茶钞　贰拾伍锭柒佰伍文④

3.贡茶多

贡茶，即朝廷用茶，由全国各地方基层官员征收后进贡实物给朝廷。江西由于有宜于种茶的自然条件，因此自唐代就有茶叶进贡朝廷。

据《续通典》记载，明代江西十三府除南安府外都有贡茶。其所贡茶以茶芽为主，质量高但不多，所以贡茶不以数量为主而以质量为要。

袁州府四县在明洪武四年（1371）以前岁贡茶芽18斤，洪武四年进10斤，明永乐三年（1405）增8斤。⑤

建昌府四县明代岁贡茶芽33斤。据正德《建昌府志》记载："进茶芽斑竹，不惟出茶出竹之人户受其害，凡一郡之人同为供送，犹不能支持，茶与竹之害骚然矣。"⑥

① 正德《南康府志》卷五《课程》，上海古籍书店1963年据天一阁藏本影印。
② 隆庆《临江府志》卷六《农政》，上海古籍书店1962年据天一阁藏本影印。
③ 乾隆《浮梁县志》卷五上《食货》，国家图书馆藏本。
④ 光绪《抚州府志》卷二十三《食货》，《中国方志丛书·华中地方·253号》，第373-374页。
⑤ 正德《袁州府志》卷二《贡赋·课程》，上海古籍书店1963年据天一阁藏本影印。
⑥ 正德《建昌府志》卷二《职贡》，上海古籍书店1964年据天一阁藏本影印。

赣州府明代岁贡茶芽 11 斤。[①]

除明代江西的各种茶叶在清代继续种植并驰名全国之外，清代作为贡品的新茶叶有赣县的大园储茶。此茶出自赣县储山，"香味最佳，昔尝入贡，所产无多，人不易至"，清乾隆间为贡品，"后因产少采艰，罢之"[②]。此外，还有安远的九龙茶，"出安远九龙山，雍正五年，巡道王世绳取以包贡，后所产日少，以古享山茶足之，统名九龙茶"[③]。宁都的芥茶，"清芬淡逸"，也是贡品，清道光三年（1823）向朝廷进贡 500 斤。[④] 会昌的盘固茶，在清乾隆年间"茶出盘山者佳，往时曾充贡物"[⑤]。至于广信府的白水团茶、龙凤团茶，历代均为贡品。

4. 名茶多

清代陆廷灿《续茶经》记载，明代江西所产名茶如下：

婺州有东白、举岩、碧貌。其中，举岩茶在宋代已为全国名茶。

洪州有西山之白露茶及鹤岭茶。清康熙二年（1663）陈弘绪《南昌郡乘·物产》记载："茶，西山白露鹤岭茶，号绝品，以紫清香城者为最优，又名云雾茶。宁州有双井茶，宋时最贵，武宁县严阳茶亦佳。"[⑥] 但康熙五十九年（1720）白潢、查慎行编纂的《西江志·土产》则未提及南昌府的白露茶及鹤岭茶，只谈双井茶："南昌府，茶。《茶事杂录》：双井在宁州西三十里，黄山谷所居也。其南溪心有二井，土人汲以造茶，为草茶第一，山谷送东坡诗有'我家江南摘云腴，落硙霏霏雪不如'之句。"[⑦]

瑞州府出茶芽，"廖逞十咏呼为雀香焙"[⑧]。

南康府产匡茶，"香味可爱，茶品之最上者"[⑨]。此外产云居茶。

袁州府产界桥茶，乾隆《袁州府志·物产》载："《茶谱》之袁界桥其名甚

---

① 嘉靖《赣州府志》卷二《贡赋》，上海古籍书店 1964 年据天一阁藏本影印。

② 同治《赣县志》卷九《物产》，《中国方志丛书·华中地方·282 号》，第 264 页。

③ 道光《安远县志》卷十二《土产》，《中国方志丛书·华中地方·775 号》，第 364 页。

④ 道光《宁都直隶州志》卷十二《物产》，《中国方志丛书·华中地方·882 号》，第 824 页。

⑤ 乾隆《会昌县志》卷十六《土物》，《中国方志丛书·华中地方·903 号》，第 503 页。

⑥ 朱自振：《中国茶叶历史资料续辑》，东南大学出版社 1991 年版，第 144 页。

⑦ 朱自振：《中国茶叶历史资料续辑》，东南大学出版社 1991 年版，第 137 页。

⑧ 朱自振：《中国茶叶历史资料续辑》，东南大学出版社 1991 年版，第 137 页。

⑨ ［清］陆廷灿：《续茶经·八之出》，转见朱自振、沈冬梅、增勤：《中国古代茶书集成》，上海文化出版社 2010 年版，第 715 页。

著，后称仰山、稠平、木平者为佳，稠平尤称绝品，近无。"① 此外，在宋元时期驰名全国的绿英金片，在明代仍然著名。

赣州府宁都县的林芥茶，"乃一林姓者以长指甲炒之；采制得法，香味独绝，因之得名"②。

建昌府麻姑山产茶，"惟山中之茶为上，家园植者次之"③。

饶州府的浮梁县在唐代就成为我国产茶名区，《续茶经》载："浮梁县阳府山，冬无积雪，凡物早成，而茶尤殊异。金尹卿诗云：'闻雷已荐鸡鸣笋，未雨先尝雀舌茶'。"

《续茶经》又载："《吉安府志》：龙泉县匡山，有苦斋，章溢所居。四面峭壁，其下多白云，上多北风，植物之味皆苦。野蜂巢其间，采花蕊作蜜，味亦苦。其茶苦于常茶。"

又《续茶经》引《群芳谱》载："太和山骞林茶，初泡极苦涩，至三四泡，清香特异，人以为茶宝。"④

在明代基础上，清代江西种茶品种增加、规模扩大。除上述明代各种茶叶及清代贡茶外，各府、县还有下列较有名的茶叶：

（1）九江府。

德安县，云香茶，"出聂家山。味甘美，可以消渴益神"。

彭泽县，茶，"武山、鸣山、浩山产者，色味俱佳，出九都者，色赤味厚"。

安义县，茶叶，"昔无近有，皎源西山最盛"⑤。

（2）饶州府。

鄱阳县，茶，"儒堂韩山最佳"。

乐平县，茶，"出各都，文山者优佳"。

余干县，茗，"即俗云茶，春采其芽入贡，外郡市者颇多，惟下乡各村落有之，但焙不如法，故价不及徽茶十之一"。⑥

① 乾隆《袁州府志》卷七《物产》，国家图书馆藏本。
② 朱自振、沈冬梅、增勤：《中国古代茶书集成》，上海文化出版社 2010 年版，第 715 页。
③ 朱自振、沈冬梅、增勤：《中国古代茶书集成》，上海文化出版社 2010 年版，第 715 页。
④ 朱自振、沈冬梅、增勤：《中国古代茶书集成》，上海文化出版社 2010 年版，第 715-716 页。
⑤ 转见朱自振：《中国茶叶历史资料续辑》，东南大学出版社 1991 年版，第 139-140 页。
⑥ 转见朱自振：《中国茶叶历史资料续辑》，东南大学出版社 1991 年版，第 140-141 页。

（3）广信府。

玉山县，西坑茶，"雨前雨后摘之，虽蒸焙法未精，行之江浙，与灵山茶并重"。

弋阳县，"西阳山寺，在县西北，产茶最佳"。

铅山县在宋代有周山茶、白水团茶、小龙凤团茶，"皆以佐建安而上供。今惟桐木山出者，叶细而味甜，然终不如武夷味清苦而隽永"。①

（4）瑞州府、临江府、抚州府。

新昌县，茶，"清明采摘，山中处处有之"。

新喻县，蒙茶，"性寒，出蒙山"。

新淦县，茶，"自昔亦产佳茗，玉笥、东皂、栖碧诸山不少嘉种。云雾窟宅阴崖不见日色处，茶味清而微苦；平原沙土所产，新芽一发，便长寸余，腴而丰美，得水土之力全也"。

峡江县，茶，"出玉笋山者名玉山茶，味佳，宜雨前采"。

临川县，"县西北之山曰尧岭，发于华盖山……由仙桂东北出，为大坑源。又东北有茶山，地多种茶"。

宜黄县，"仙人茶、钩膝茶、白毫茶、观音茶"。

东乡县，"草之属以茶为利，东北皆产之，而润陂独多，黄石独佳，肩贩者携赴他处加选制，往往得善价"。②

（5）袁州府。

萍乡县，"辰建之月，茶芽尖。茶以谷雨前为宜，闽广人耕山种之，一年可三摘，味不及仰山之佳"。③

（6）吉安府。

庐陵县，"旧志土贡有茶芽，今山阜间种之。然味已逊闽、吴远甚。土人亦不善制造"。

吉水县，"在宋贡茶、膝、苎布……惟茶芽岁贡不绝"。

万安县，"万安神潭两岸亦多种。茶味香美，故云蜜潭水、神潭茶"。

永宁州，"茶虽不及义宁之龙脊、兴安之六桐，味亦佳。洞源茶。茅茶"。

---

① 转见朱自振：《中国茶叶历史资料续辑》，东南大学出版社1991年版，第143-144页。
② 转见朱自振：《中国茶叶历史资料续辑》，东南大学出版社1991年版，第147-149页。
③ 转见朱自振：《中国茶叶历史资料续辑》，东南大学出版社1991年版，第149页。

宁冈县，"茶以小江产者味佳"。

莲花厅，"茶有二种：一则取子以为油；一则取其叶以为茗。山岭之中，民多种蓄以为利"。[1]

（7）建昌府。

南城县，茶，"东乡石山、黄土山者佳，沙地者次之"。

新城县，茶，"一种名箫曲者，出福山"。

南丰县，"福善山，在三十二都、三十九都界，去县五十里……产茶最佳"。又，"山多产茶，香味略减于闽，必运入闽茶聚处售之"。

泸溪县，"园茶。采于谷雨时，颇似闽产"。[2]

（8）赣州府、宁都直隶州。

赣南各县皆产茶，据清康熙五十一年（1712）《赣州府志·物产》记载："茶，山阜多产，惟山高而土黄得清虚之气多者为佳，而制法由人。宁都岕茶，始自冠石林益手制，名曰林岕，一曰宁岕，清芬淡逸，气袭幽兰，与阳羡争胜。时益艺茶之山，得之于罗牧。牧亦善制茶，中丞郎公取以包贡……储茶，出自储山，曰大园储茶，香味亦佳，朝曦未出云雾空濛采取者，名云雾茶。昔尝入贡，亦曰贡茶，鲜少，人不易致至。"

会昌县，出会昌与安远、长宁交界的盘古山，"山上有智门寺，薪茶充贡，乾隆间栽之"。

兴国县，茶，"山地恒有之，然多粗劣，惟县东新溪遍地皆茶树，谷雨前采取细嫩，清芳差可与岩茶比美"。

瑞金县，"铜钵山，县西北五十里……其地植茶，春时采茶者歌声互相应答，故八景有铜钵茶歌"。

石城县，"惟县南十五里通天岩有异茶，善制者往往携囊就岩采制，清香淡逸，气袭幽兰绝胜宁岕、赣储"。

（9）南安府。

南康县，茶，"产锅坑蕉溪者最佳……"

崇义县，"归龙山有茶，与普洱相似，能消滞解热"。[3]

① 转见朱自振：《中国茶叶历史资料续辑》，东南大学出版社1991年版，第150—151页。
② 转见朱自振：《中国茶叶历史资料续辑》，东南大学出版社1991年版，第152—153页。
③ 转见朱自振：《中国茶叶历史资料续辑》，东南大学出版社1991年版，第158页。

从上述可知，清代江西绝大多数州县都种茶，尤其是有山便有茶，各有特色。

5. 种茶与制茶技术有提高

明代江西的茶叶加工技术达到了一个新阶段。尽管元代大量生产散茶，但此时散茶的制作一般还袭用蒸青杀青。明代则改蒸为炒，饮茶之风由煮饮改为沸水冲泡。因此，末茶生产不断缩减，而叶茶（即宋元的散茶）的全盛时代开始了。在明代的基础上，清代江西在种茶规模、制茶技术等方面又有较大的发展。

清代江西的茶叶加工技术较明代又有大的发展，主要表现在江西的红茶驰名中外，绿茶制作形成独特的风格。赣西北的修水、武宁、铜鼓等县，在唐宋时已盛产茶叶，而到清代则成为我国著名的红茶产区。修水县红茶始于清道光年间，同治《义宁州志》物产篇记载："道光间，宁茶名益著，种莳殆遍乡村。制法有青茶、红茶、乌龙、白毫、花香，茶砖各种。"①

当时修水属"义宁州"，所产红茶故称"宁红"。据 1937 年《工商通讯》第 1 卷第 20 期上官俅《江西修水县之茶业》一文载：

> 该县茶产业历史悠久，相传宋儒黄山谷曾于故里双井采制香茗、曰双井茶，今市上犹有以"双井"字样为茶名者。迨至前清光绪三十年间，该县茶业鼎盛之际，宁茶声望且在祁茶之上，每年红茶输出量恒逾二十万箱。②

浮梁县在唐代即为我国的茶叶集散地，经过宋元明三朝的发展，做茶工艺不断改进，清代中后期改做红茶。此茶汤色浓艳，滋味浓厚，为茶中珍品。

清代后期，江西生产红茶的县还有九江府的德化县，产额无定，"每石十余千文销本地及洋庄"③。广信府的上饶和广丰县，上饶红茶"每百斤约洋十元上下，行销本地"；广丰红茶"每斤洋二角销售本地及省垣"。④

清代江西茶叶的产地和品种众多，其中庐山云雾茶、龙泉县的狗牯脑茶最

---

① 转见朱自振：《中国茶叶历史资料续辑》，东南大学出版社 1991 年版，第 147 页。
② 转见江西省社会科学院历史研究所、江西省图书馆：《江西近代贸易史资料》，江西人民出版社 1988 年版，第 177 页。
③ ［清］傅春官辑，吴启林点校：《江西物产总汇说明书》，江西人民出版社 2018 年版，第 12 页。
④ ［清］傅春官辑，吴启林点校：《江西物产总汇说明书》，江西人民出版社 2018 年版，第 27-28 页。

为著名。

庐山种茶很早，可以确定的是在唐朝已经种茶，以云雾茶命名始于明朝，清朝时驰名全国，然而产量有限，"为最惜，不可多得"[①]。

龙泉县（今遂川县）的狗牯脑茶产于龙泉县狗牯脑山，据光绪《龙泉县志》记载，始于清嘉庆元年（1796）前后，为绿茶中的珍品，外形秀丽，内质香气清爽，滋味醇厚，汤色清明。[②]

6. 茶叶贸易广

明代和清代前期，茶叶和盐一样，实行国家专卖，即"茶引制"，纳钱请引，即交钱买通行证。明代到江西经销茶叶的茶商和经销江南其他地区茶叶的茶商一样，先要到应天府、常州府宜兴县和杭州府的3个批验所买茶引，即买通行证。而上述3个茶叶批验所，距江西都颇为遥远，这限制了江西茶叶的行销。

清代的茶法袭用明代，实行茶引制经销茶叶，一百斤为一引，不及百斤为畸零。到清代后期实行茶票制，缴纳税款即可领取茶票，这有利于茶叶行销。

（1）茶叶集散地河口镇。

在清代茶叶贸易中，铅山县河口镇的茶叶集散和贸易反映了清代赣鄱地域茶叶贸易的盛况。

河口镇位于铅山县境内，地处发源于怀玉山的信江和发源于武夷山的铅山河的交界处，成为沟通浙赣闽的通道，往南可通福建的邵武和建宁二府，往北可通浙江常山县，水路连接本省的鄱阳湖及玉山、上饶和弋阳等县。因为河口镇以下才可通大船，所以闽浙及广信府各县运出的商货都要在河口重新装船，顺信江而下至鄱阳湖，然后溯赣江至赣南，越大庾岭至广州；或顺信江下至鄱阳湖后入长江，溯长江至九江后过江，至汉口后北运；或入长江后顺长江至杭州，入京杭大运河北运。正是这种地理位置特点，使河口镇成为明清江西四大名镇之一。

河口镇兴起于明代中后期，当时由于经济作物的种植和商品性生产的发展，闽浙赣三省迫切需要一个能承担三省交界区货物集散的中心点。河口镇由于交通位置异常重要，便由一个只有两三户人家的临时市集，在短短 70 余年里一跃成为一个规模较大的市镇。据万历《铅书》记载，当时福建、广东、湖广、江浙、河南等地有百余种较大批量的货物汇集河口镇。其中，纸是最大宗的商品。当时赣东北的广信府是著名的产纸区，而紧靠铅山县的浙江常山县、福建崇安、浦城、长汀、上杭等县的造纸业也很发达。这三省交界区所产纸张，需由船运至河口重新包装，而后运销全国各地。从清康熙年间开始，茶叶成为河口镇重要的商品，运销大江南北，河口镇成为全国闻名的纸茶集散中心。清代中期，河口镇的茶叶超越纸品成为主销产品。这并非因为广信府各县广种茶叶，主要的原因在于福建武夷山区、赣西北修水和武宁等县、徽州婺源县的茶叶大规模种植及茶叶加工技术的进步。

清康熙年间，我国茶叶开始出口欧洲，茶甚至成为英国人的必需品。出口的口岸有两个——广州和上海。武夷山附近各县的茶叶成为大量出口的商品，东印度公司尤其喜好，大量收购茶叶。

茶叶由福建武夷山区运往广州或上海的大体经过是：商人向茶农收购茶叶，运往崇安，在崇安做成各种牌号，然后卖给与茶叶外销有联系的茶商。这些茶商多为广东人。

一个茶商买下一批同一牌号的茶叶之后，便雇来若干力夫把茶箱向北挑运，越过武夷山运至河口镇，或者用小船将茶箱运至距河口仅数里的玉山县城。在翻山越岭时，如果是上等好茶则不许接触地面，力夫必须驮在肩上。从崇安县到玉山县路程为 220 里，到河口镇为 280 里，商人坐轿三四天可达，但肩负茶箱重担的力夫至少需要五六天才能走到。

茶叶运到河口后，便装上平底大船，如果运往广州，则由信江向西顺流而下，运至鄱阳湖，走赣江至赣南，由挑夫挑运过大庾岭，至韶关而转运广州。如果运往上海，茶船就要逆信江而东运至玉山，然后雇力夫运至浙江常山，再装船顺流下运至杭州，由小船走运河而至上海。茶叶由崇安运至广州，全程需时约 6 周或 2 个月，至上海则需 24 天左右。

与赣东北毗邻的安徽省，在清代及近代，有三大茶在国内外市场上闻名：六安茶、祁门红茶和婺绿。六安茶主要销往华北及华中，不需通过铅山河口镇转运；而祁红和婺绿因通过广州大量出口，则要通过河口镇转运。祁红和婺绿运往广州，与福建武夷山茶运往广州的路线相同：河口镇—信江—鄱阳湖—赣江—大庾岭—广州。

赣东北各县有种植茶叶的悠久历史，但直到清前期茶叶的加工水平仍然不高。到清嘉庆年间，清廷禁茶出海南运，安徽、福建等地的茶叶大量集中到铅山县河口镇转运。来自全国各地的很多商人，在河口镇设立茶庄及茶叶加工厂，这对改进赣东北茶叶加工技术起了重要作用。

国际市场上茶叶的畅销及赣东北茶叶加工技术的改进促进了赣东北各县的茶叶种植。

在清代中期，武夷山的北面即玉山与河口镇一带，栽种着大量茶树并制造着大量茶叶，以供外销，"（1825年）上万英亩的土地都种着茶树，而且大部分的土地显然是最近几年内开垦和栽种起来的"[①]。其中玉山县的绿茶在国际市场一度畅销。铅山县在清光绪年间每年约产毛茶4900余担。上饶县在清代后期茶叶种植也很发达，全县大量出口，品种有红箱茶、红篓茶及绿茶等。红箱茶销往东三省，然后转销俄国。红篓茶运往杭州茶店，再行加工精制，然后运往上海出口。

赣东的浮梁县在唐代就是著名的产茶县及茶叶集散中心。史家常引用唐代诗人白居易的诗句"商人重利轻别离，前月浮梁买茶去"来形容浮梁茶业的繁荣。在清代中期以前，浮梁生产绿茶，清代中后期，为了适应国际市场的需求而改制红茶，红茶成为江西省出口的大宗茶品之一。乾嘉时期，河口镇以加工红茶为主，不仅赣东北各县的茶叶在河口加工，福建武夷山的茶叶也大量在河口加工。河口镇生产的红茶与浮梁红茶并称"河红"，在国际市场上行销畅旺，河口镇成为我国内地红茶贸易中心。

无论是赣东北及赣东的绿茶，还是著名的"河红"，都要先运到铅山县河口镇，然后的运输路线则与祁红、婺绿及武夷茶的运输路线相同。清代赣西北的绿茶和红茶大量运至上海出口，首先经鄱阳湖至河口镇，而后运至浙江常山、杭州，走运河至上海。此外浙江的一些茶叶，也是首先由常山运至河口镇，然后经鄱阳湖、赣江、大庾岭而达广州。

由于闽浙赣皖四省的大量茶叶由河口镇转运，或在河口镇加工，清代河口镇成为一个极繁荣的市镇。乾隆《铅山县志》记载："（河口）货聚八闽、川广，

① 姚贤镐：《中国近代对外贸易史料》第三册，中华书局1962年版，第1473页。

赣鄱农耕文化研究

语杂两浙、淮扬，舟楫夜泊，绕岸灯辉，市井晨炊，沿江务（雾）布，斯镇胜事，实铅巨观。"①民国时期武夷山人衷干在《茶市杂咏》描写武夷山茶运往河口的盛况："竹筏连云三百辆，一篙归去日西沉。"由于商贾骈集，河口镇到处有大客栈、茶行和仓库，沿河一带更多。停泊在市镇附近的船只非常多，有载单身乘客的小船，有大的渡船（清代中后期还有悬挂旗帜的华美官船）。《清续文献通考》记载乾隆年间的河口镇："估舶自所聚，商务勃兴，人口约五万。"②正因为纸茶贸易，在乾隆年间，河口镇就成了八省码头，地方政府在河口设立了巡检司。

自乾隆至嘉庆年间，随着茶叶转运和茶叶加工进一步发展，河口镇建有会馆48家，多数是山陕、徽州、福建、浙江、广东及抚州商人所建。有些商人在开设茶行的同时还兼开钱市庄。这些商人在河口经营茶叶及纸品，进一步加强了江西与全国的联系，促进了河口镇的发展。

从嘉庆初年至光绪初年，河口的茶叶贸易达到高峰，每年由此输出的茶叶在10万箱上下。茶商中实力最雄厚的有4家，人称"郭、吕、庄、江四大金刚"。

1887年后，由于印度、锡兰（斯里兰卡）、日本广种茶叶，我国茶叶在国际市场呈现滞销的状况，茶业迅速衰败。同样，河口镇的茶叶贸易衰败了。

（2）九江茶市的兴起。

九江地处江西北部，北临长江，为江西北大门，具有承东启西、承北接南的独特交通位置优势，所谓"据三江之口，当四达之冲"，又所谓"南开陆道，途通五岭，北导长江，远行岷汉，来商纳贾，亦一都会也。……弹压九派，襟带上流，自晋以来，颇为重镇"③。

九江的区位特点是处在赣北、赣东北、赣中、皖南茶区腹地，茶区的名茶有庐山云雾茶、双井茶、宁红、婺绿、浮红、祁红等。

由于九江所处优越的地理位置和地处茶区腹地的特点，早在唐代，九江就成为江南茶叶的集散地，宋元如之。到明后期和清初，由于中俄茶叶贸易的繁荣，九江成为中俄"万里茶路"的重要转运站。武夷山茶区的茶叶从河口镇运全

---

① 乾隆八年《铅山县志·疆域·镇二》，《中国方志丛书·华中地方·909号》，第68页。

② 《清朝续文献通考》卷三百一十四《舆地十·江西》，浙江古籍出版社1988年版（影印本）。

③ 《大清一统志》卷二百四十四《九江府》，《景印文渊阁四库全书》第479册，第587页。

九江，从九江码头过长江至汉口，再往北运。

九江茶叶集散、加工、贸易走向鼎盛，是在 1861 年九江被迫成为通商口岸之后。这个时期国外（如俄、英、荷等国）对茶叶的需求量剧增，而江西和安徽又正是中国的重要产茶区，紧邻九江的安徽祁门、至德、休宁、歙县是重要的产茶县，赣鄱地域北部的浮梁、修水、武宁、铜鼓、上饶、广丰、婺源、玉山、德兴、铅山、横峰等都是重要产茶县。清代中期外国商人的描述是："江西省沿鄱阳湖的产茶区，在最近 50 年中，已发展成为一个很重要的茶区，所有婺宁及宁州茶都是这个地区出产的，并且大量输往欧美。"[①] 国外茶商在九江收购茶叶运往上海加工，从上海运销欧美，或直接办厂制茶运往上海。到了 19 世纪 70 年代，"欧洲茶叶消费惊人地增长，其速度超过茶叶生产的发展"[②]。

欧洲对茶叶的需求刺激了江西和安徽等省的茶叶种植。到 1875 年，九江市场新增了 5 个新茶区的茶叶："距本埠 280 哩的吉安，距本埠 287 哩（实乃 87 里之误——笔者注）的建昌（即今永修），距本埠 35 哩的瑞昌和九江附近包括庐山山脉的一些地方。福州附近的谭尾街地区今年也出产了小种茶（Son Chong），供本市销售。"[③]

这些茶区的茶叶大多通过修河、信江、饶河、赣江入鄱阳湖，出鄱阳湖后入长江到九江关出口。在 1861 年时，《五口通商条约》刚签订，据 1862 年的 *Commercial Reports* 记载："九江初开放时尚无茶商。因此在本埠购买的茶，须以未曾加工的形态运往上海，在上海再为加工、包装，然后运销外国市场。"[④] 到 1862 年已有十六七个中国茶商在九江设立茶行，加工茶叶，当年通过九江关输出的茶叶就达 19 万担，约占全国茶叶出口总量的 12%。此后，越来越多的茶商在九江设置商行，到茶区收买茶叶进行加工，1881 年茶商在九江开设的茶行达 252 家，1882 年猛增到 344 家。[⑤]

19 世纪中叶及其之前，江西茶区只产绿茶，但为了适应欧洲市场的需要，在 19 世纪中叶以后，中国茶商在宁州茶区用原来制作绿茶的茶叶制出了一批红

① 姚贤镐：《中国近代对外贸易史资料》第 3 册，中华书局 1962 年版，第 1473-1474 页。
② 姚贤镐：《中国近代对外贸易史资料》第 3 册，中华书局 1961 年版，第 1474 页。
③ 姚贤镐：《中国近代对外贸易史资料》第 3 册，中华书局 1961 年版，第 1475 页。
④ 姚贤镐：《中国近代对外贸易史资料》第 3 册，中华书局 1961 年版，第 1536 页。
⑤ 陈荣华、何友良：《九江通商口岸史略》，江西教育出版社 1985 版，第 91 页。

茶，运往广州后为外国茶商赞赏，运到英国后"销路甚佳，并且马上成为一种头等的红茶。此后销路年年不断增加，同时中国茶商也经常源源供应"[1]。这成就了后来著名的"宁红"。

1875年，俄国茶商率先在九江建立新泰砖茶分厂，1882年俄国茶商又在九江建立了顺丰砖茶厂。俄国商人在清光绪三年（1877）在九江建顺丰、埠昌洋行，置办茶厂制砖茶，年产量达3.1万担。同时，国内茶商纷纷到九江开设茶铺、茶栈、茶场，如前述1882年九江茶行多达344家。1912年上海茶商、广帮、徽帮、本地帮等在九江开设茶栈达18家、20余家、50余家。1862年经九江出口的茶叶达19万担，约占全国茶叶出口总量的12%；1878年达27万担；1886年达30多万担；1900年在40万至60万担之间。[2]经九江出口的茶叶主要是江西、安徽两省所生产的红茶和绿茶，其中以红茶为大宗。

由于茶叶的集散、加工、贸易，九江成为中国的三大茶市之一（还有福州、汉口）。九江茶市一派繁荣景象，收茶时节，装茶叶的海洋轮络绎从九江开往上海。九江街内建有大量的茶栈，著名的有仁德永、升昌隆、慎泰等；还有大量的茶叶商店，著名的有永和、源茂、万茂、太丰、恒茂等。

19世纪末，印度茶和锡兰（斯里兰卡）茶打破了中国独占英国市场的局面，日本茶也打破了中国茶独占美国市场的局面，中国茶叶的外销量大幅下降，茶价也大幅降低。清光绪二十四年（1898）《农学报》第29期上有一篇《茶事近闻》中记载："九江城厢内外，往年茶庄林立，或五六十家，三四十家不等。尔来仅存十余家。今年各茶商来客，更属寥寥，仅四五家耳。利源日绌，可为慨然也。"[3]

九江茶市的兴衰反映江西茶叶贸易在近代的兴衰。

（3）清后期全省茶贸易概况。

清后期，江西的茶叶贸易出现盛况，除上述名茶销往国外之外，省内及销往外省的茶叶贸易数量也很大。当时的南昌为茶叶集散地，在许多县（尤其是产茶名县），一些茶商开有"洋庄"，收集茶叶，运往外省或国外。

据成书于宣统年间的《江西物产总汇说明书》记载，清后期，江西茶叶贸

① 姚贤镐：《中国近代贸易史资料》第3册，中华书局1961年版，第1474页。

② 江国华：《驰名中外的九江茶市》，转见九江市政协文史资料研究委员会：《九江近现代经济史料》第五辑下册，1990年内刊，第129页。

③ 姚贤镐：《中国近代贸易史资料》第三册，中华书局1961年版，第1475页。

易的品种及价格如下：

赣州府：

安远县青茶，年产额一千余斤，每斤值洋三角，销本地及各处。

长宁县团茶叶，年产额八百余斤，每斤值洋四角，销本地及各处。

崇义县茶叶，年产额约五百斤，上等每斤一元二三角，中等一元，次等五角，行销南安、赣州。

九江府：

德化县青茶，毛茶每石三千元，净茶每石十六千文，销本地。

瑞昌县茶叶，每石值钱十余千文，销本地及洋庄。

德安县茶叶，每石值钱十六千文，销本地及洋庄。

广信府：

上饶县红茶，每百斤约值洋十元上下，行销本地；绿茶每百斤约值洋十二三元，销本地。

铅山县罗汉茶叶，每斤价银七钱七分，行销本地及省垣。

广丰县红茶，每斤值洋二角，行销本地及省垣。

饶州府：

翻阳县茶叶，每年约出数万斤，味汁无异徽茶，谷雨前所采叶嫩如芽，名曰白毫，每斤值钱二百有零，行销本邑。

余干县青茶，年产数十石，每斤值钱五百余文，运销本境。

安仁县（今余江县）细茶叶，年产数百石，每斤值银五分，销本地。

万年县茶叶，每年约出万余斤，每斤值钱百余文，清润止渴，愈嫩愈贵，南昌贾客来此贩运。

南昌府义宁州双井贡茶，宣统二年江西物产总汇得一等奖，每斤值钱四千有零，运销俄国；双井乌龙茶，每斤值钱一千有零，为俄国人所深嗜，向来行销畅旺，获利甚厚；花香末茶，每斤值钱二百有零，行销外洋，销路甚广；毛尖茶，每斤值钱二千文，行销本境及省垣，谷雨前，采取嫩芽谓之毛尖，清香适口，销路尚畅，惟不及红茶运行之广。

以上《江西物产总汇说明书》的记载说明[1]，在清后期，江西的茶叶贸易达到

---

[1]　参见傅春官辑，吴启琳点校：《江西物产总汇说明书》，江西人民出版社2018年版，第13—82页。

了封建社会的最发达时期，到清末则走向衰落。

（四）民国茶衰

民国，即中华民国的简称，是辛亥革命以后建立的亚洲第一个民主共和国，存续时间 1912—1949 年。

在民国的最初几年，即 1912 年至 1918 年间，赣鄱地域茶叶的外销仍然接续了清末良好的外销状态，主要是红茶和砖茶大量外销俄国。1918 年以前，年产茶 91658—199528 吨之多，植茶面积 120 余万亩。[①]1918 年之后，由于失去了俄国市场，茶叶外销量骤降，加之战争破坏，江西茶业一蹶不振。

茶业衰败的主要原因是 1917 年后，特别是对苏联禁销后，红茶市场日见萧条；九一八事变后，东北三省的销路阻塞；1943—1945 年，沿海沦陷，交通梗阻，茶叶滞销，生产几乎停顿。抗日战争胜利后，内战烽火又起，国民党政府无意振兴茶业，反而压价收购。茶商洋行在无利可图时，也对茶农卡价抑秤，进行剥削，茶农只好毁茶易种，任其荒芜，另谋生计。到 1949 年，全国只存下 7.1 万亩茶园和 4.29 万担茶叶。[②]

（五）当代茶业发展

新中国成立后，赣鄱地域茶叶种植和制茶业快速恢复并发展。1957 年茶园面积恢复到 30.1 万亩，茶产量 9.77 万担。1982 年全省茶园面积 117.7 万亩，全省茶产量 26.71 万担。[③]2019 年全省茶园面积 181.95 万亩，比 2018 年增长 5.8%，全年干毛茶总产量 7.4 万吨，比 2018 年增长 5.7%，干毛茶总产值 67 亿元，比 2018 年增长 8%。"四绿一红"品牌总价值 109.6 亿元，形成了赣中南狗牯脑茶产区，赣西北庐山—宁红茶产区，赣东北婺源绿茶、浮梁茶、河红茶产区，以及资溪、靖安的白化茶产区。[④]

二、名茶众多

赣鄱地域种茶的自然条件好，茶叶品质好，从唐代至清代，名茶和贡茶品

---

① 参见许道夫：《中国近代农业生产及贸易统计资料》，上海人民出版社 1983 年版，第 238-264 页。

② 参见黄积安：《近百余年江西的茶业（1886—1990 年）》，《农业考古》1995 年 4 期。

③ 参见《江西省情汇要（1949—1983）》，江西人民出版社 1985 年版，第 2—125 页。

④ 易炼红：《2020 年江西年鉴》，线装书局 2020 年版，第 155 页。

种多。如洪州西山的白露鹤岭茶，号为绝品，在唐代时为贡茶。宁州的双井茶在宋代时被称为"草茶第一"。宋代铅山的周山茶、白水团茶、小龙凤团茶，"皆以佐建安而上供"[①]，宋代庐山的匡茶（后来的云雾茶）为贡茶；清代赣县的大园储茶、安远的九龙山茶等为贡茶；还有很多茶叶虽非贡茶，但在赣鄱地域内也颇有名，如袁州（宜春）的界桥茶、宁都的林岕茶、瑞金的铜钵山茶、南康的焦坑茶、万安的神潭茶、泰和的九龙潭茶、峡江的玉山茶、丰城的孤山茶、浮梁县的浮梁茶、建昌县的钻林茶、德安县的云香茶、会昌县的盘石山茶等。现当代江西有各种茶叶品牌700多个。2015年在江西省政府的领导下，江西的茶叶品牌展开了区域整合，"四绿一红"成为江西茶叶的大品牌和区域公用品牌。"四绿一红"即庐山云雾茶、狗牯脑茶、婺源绿茶、浮梁茶、宁红茶。

（一）庐山云雾茶

在赣鄱北部有一座耸峙在鄱阳湖边和长江边的巍峨之山，新中国开国领袖毛泽东在《登庐山》一诗中形容："一山飞峙大江边，跃上葱茏四百旋。"它以"雄""奇""秀"和人文底蕴深厚而著名，这就是天下闻名的庐山。

庐山，山势雄伟、群峰林立、峭壁险崖、飞瀑流泉、山峰挺立、云雾缭绕、云蒸霞蔚，如此迷人，如此令人沉醉。（如图6-9）中国古代至近现代1500多位文化名人，徜徉其间，吟咏之，留下了4000多首诗词歌赋。

图6-9　庐山风光

---

① 转见朱自振：《中国茶叶历史资料续辑》，东南大学出版社1991年版，第144页。

庐山，正因拔起于长江中下游平原，地处亚热带季风气候区，由东而来，湿润的气流受山峰阻挡缭绕山峰、成云化雨，所以雨量充沛，又光照充足，有产好茶的自然条件。

俗话说"高山产好茶"。庐山种植茶叶的历史悠久。

相传，佛教在东汉传入中国后，发展很快。

庐山因风景秀丽成了佛教僧徒的聚集地，到魏晋南北朝时期已有300多座梵宫寺院。

生活在庐山的僧侣们发现了庐山山林间的野茶味道特别好，于是，他们攀危岩，冒飞泉，竞采野茶，又在白云深处，劈崖填谷，栽种茶树，采制茶叶。

虽然汉晋时期，对庐山僧侣的采茶、饮茶、种茶没有确切的历史记载，但作为传说，反映庐山种茶的历史悠久。

可以肯定的是，在唐代，庐山的僧侣和文人们在庐山开辟小茶园种茶。

最著名的莫过于唐代著名诗人白居易，他在九江为官时，常常流连庐山，并在庐山开辟小茶园种茶，写过著名的《春游二林寺》，赞美庐山真是人生的好归宿：

> 下马二林寺，儵然进轻策。朝为公府吏，暮作灵山客。
> 二月匡庐北，冰雪始消释。阳丛抽茗芽，阴窦泄泉脉。
> 熙熙风土暖，蔼蔼云岚积。散作万壑春，凝为一气碧。
> 身闲易飘泊，官散无牵迫。缅彼十八人，古今同此适。
> 是年淮寇起，处处兴兵革。智士劳思谋，戎臣苦征役。
> 独有不才者，山中弄泉石。[1]

他在《香炉峰下新卜山居，草堂初成，偶题东壁》中写道：

> 五架三间新草堂，石阶桂柱竹编墙。南檐纳日冬天暖，北户迎风夏月凉。洒砌飞泉才有点，拂窗斜竹不成行，来春更茸东厢屋，纸阁芦帘著孟光。[2]

---

[1] ［清］彭定求等：《全唐诗》卷四百三十《白居易》，三秦出版社2008年版，第1694页。
[2] ［清］彭定求等：《全唐诗》卷四百三十九《白居易》，三秦出版社2008年版，第1774页。

他在《重题》中写道：

> 长松树下小溪头，斑鹿胎巾白布裘。药圃茶园为产业，野麋林鹤是交游。云生涧户衣裳润，岚隐山厨火烛幽，最爱一泉新引得，清泠屈曲绕阶流。[①]

松树下、小溪头、野麋、林鹤，种茶、种药、品茶，人间的美好也不过如此！

茶圣陆羽曾到庐山采茶品泉，将庐山康王谷帘洞泉评为"天下第一泉"。

唐代著名诗僧齐己等在庐山品泉饮茶，感受那种超然物外的美好生活，在《匡山寓居栖公》中写道：

> 外物尽已外，闲游且自由。好山逢过夏，无事住经秋。
> 树影残阳寺，茶香古石楼。何时定休讲，归漱虎溪流。[②]

秋天、树影、残阳中的寺院、潺潺溪流、古石楼、香茶，多么闲适的寺院生活！

在宋代时，庐山上的寺院宫观达数百所，大多数寺院都种茶。宋代官居宰相的周必大曾写诗叙述在庐山寺院品茶的美妙，在《游庐山舟中赋四韵》中写道：

> 南北周庐阜，东西偏九华。宴安无酖毒，痼疾有烟霞。淡薄村村酒，甘香院院茶。驰驱君莫厌，此出胜居家。[③]

在山下的一村又一村喝酒，在山上的一院又一院品香茶，多么美妙的生活！

宋代著名文人苏辙，也曾写下在庐山品茶的感受，在《再游庐山三道》中写道：

> 当年五月访庐山，山翠溪声寝食间。藤杖复随春色到，寒泉顿与客心闲。

---

① ［清］彭定求等：《全唐诗》卷四百三十九《白居易》，三秦出版社 2008 年版，第 1774 页。
② ［清］彭定求等：《全唐诗》卷八百四十三《齐己》，三秦出版社 2008 年版，第 3378 页。
③ ［宋］周必大：《文忠集》卷四《古律诗八十五首》，《景印文渊阁四库全书》第 1147 册，57 页。

岩头悬布煎茶足，峡口惊雷泛叶悭。待得前村新雨遍，扁舟应逐好风还。[①]

五月的庐山山色翠绿，在岩石边、瀑布下煎茶，品茶，静听峡口惊雷，欣赏雨后的乡村，顺风顺水，一叶扁舟，惬意生活！

在庐山，僧人们既种茶也采野茶。

在庐山采野茶是相当不容易的，要穿行树林中，所以庐山的茶又被称为"钻林茶"。其外形叶片厚实，味道香浓，清新爽口，唇齿久久留香。

在庐山种茶也是不容易的，不可能开辟大片的茶园，只能在山冈、山崖上或山间谷地开辟小茶园。所以，庐山的茶产量小，在古代都是由山中的僧人们开辟小茶园种点茶。

山上冬天大雪覆盖之下，温度低，茶树易被冻死，必须在茶树上铺上稻草保温。所以，庐山虽有产好茶的优势，但也较他处种茶有更不利的因素，即在庐山种茶和采茶都是颇为艰难的。庐山茶终年在云雾的浸润中，所以庐山的茶味道特别美。嘉靖六年刊本《九江府志》记载说："茶，五邑俱产，惟庐山者香味可啜。"[②] 同治《九江府志·物产》则记载："茶出于德化、瑞昌、彭泽，惟庐山所产香味可啜。庐山尤有云雾茶为最惜，不可多得。"[③] 清代陆廷灿在《续茶经》中引《江西通志》的记载："南康府出匡茶，香味可爱，茶品之最上者。"[④]

庐山云雾茶这一名称的出现，最早见于明代李时珍的《本草纲目》：

> 时珍曰：茶有野生、种生，种者用子。……吴越之茶，则有湖州顾渚之紫笋，福州方山之生芽，洪州之白露，双井之白毛，庐山之云雾，常州之阳羡，池州之九华，丫山之阳坡，袁州之界桥，睦州之鸠坑，宣州之阳坑，金华之举岩，会稽之日铸。皆产茶之名者。[⑤]

① ［宋］苏辙：《栾城集》卷十三《诗八十六首》，《景印文渊阁四库全书》第 1112 册，第 151 页。
② 嘉靖《九江府志》卷四《食货志·物产》，《中国方志丛书·华中地方·735 号》，第 213 页。
③ 同治《九江府志》卷九《地理·物产》，《中国方志丛书·华中地方·267 号》，第 118 页。
④ 参见朱自振、沈冬梅、增勤：《中国古代茶书集成》，上海文化出版社 2010 年版，第 715 页。
⑤ ［明］李时珍撰，刘衡如、刘山水校注：《本草纲目》果部卷三十二《茗》，华夏出版社 2008 年版，第 1255 页。

图 6-10　庐山云雾茶园

图 6-11　散泡庐山云雾茶

　　从李时珍所说可知，在明代中后期，庐山云雾茶已是当时国内名茶，此后延续至今。

　　用传统手工工艺炒制的云雾茶，以"六绝"而著名，即条索粗壮、青翠多毫、汤色明亮、叶嫩匀齐、香凛持久、醇厚味甘，成为中国名茶中的特种名茶。

　　新中国开国元帅朱德曾写诗赞美："庐山云雾茶，味浓性泼辣，若得长时饮，延年益寿法。"

　　庐山产的茶因为品质好，深受僧徒、道士和文人们的喜爱。

　　北宋初期，庐山产的茶由僧人传入了皇宫，皇室贵族也爱上了庐山产的茶。太平兴国二年（977），庐山云雾茶被列为贡茶，每年进贡朝廷，当时只称为匡茶，到明代时才被称为庐山云雾茶。

　　从宋代至清代，庐山云雾茶都被列为贡茶，每年产量不大，主要由僧侣们开辟小茶园种植。

　　近代，由于战乱，庐山云雾茶的种植量逐渐减少了。

　　新中国成立后，庐山云雾茶的种植得到了恢复和发展。茶园遍及整个九江地区，庐山上建立了专营高山云雾的高山云雾茶场，分布在汉阳峰、青莲寺、五老峰、莲花谷、大天池、小天池等。其中海拔较高的五老峰、汉阳峰常年云雾不散，土地肥沃，日照短，所产的茶品质最佳。

庐山云雾茶以茶芽肥润多毫、条索紧凑秀丽、香气鲜爽持久、滋味醇厚甘甜、汤色清澈明亮、叶底嫩绿匀齐而得到中国茶界的青睐。

1959 年庐山云雾茶被评为中国十大名茶之一，1971 年被列为中国绿茶中的特种名茶，2003 年"庐山云雾茶"商标注册成功，2005 年、2010 年、2015 年分别获国际金奖。

2015 年始，江西省政府将庐山云雾茶作为省内重点品牌打造，整合了九江地区的茶叶品牌，打造统一品牌，提升品牌形象，提高了品牌知名度。

至 2019 年，九江地区的庐山云雾茶种植面积达 30 多万亩。

（二）狗牯脑茶

江西南部与湖南交界处，有一条西南—东北走向的罗霄山山脉。这条山脉在遂川县境内有一形似狗头的小山凸，被称为狗牯脑山（如图 6-12）。

遂川有造型奇特的狗牯脑山，全境以山地为主，峰峦叠嶂，岭谷相间，山高林密，土地肥沃，雨量充沛，河流纵横，溪涧密布，云雾弥漫，有产好茶的天然优良条件。

遂川县虽种茶的历史悠久，但茶叶出名是近 200 来年的事，其中还有一则颇为传奇的故事。

图 6-12　狗牯脑山

专家根据对狗牯脑茶创始人梁为镒墓志铭的研究，发现了这样一则故事：

乾隆末年嘉庆初年即1796年前后，祖籍汤湖乡高塘村、后移居汤湖乡白土村的年轻人梁为镒，以贩运木材为生，运输木材主要走水路，俗称放木排。梁为镒放木排时，从鄱阳湖入长江后，因木排被冲散而流落南京，身无分文，乞食为生，遇到寡妇杨氏。两人情投意合，结为夫妻。因为思念家乡，夫妻二人决定回丈夫家乡创业。杨氏精通种茶制茶，于是带上了30斤茶籽与丈夫一起回到了遂川。梁氏夫妇买下了谢家在狗牯脑山的一部分山场，搭起两间草棚，开辟出两亩多山地，种茶，制茶。梁氏夫妇开始制作的茶为红茶，且子孙三代都是制作红茶。梁为镒的曾孙梁道启改制作青茶，即现代绿茶。当时汤湖有一大户李玉山，经销茶叶和木材等，与梁家关系甚好，梁家产的茶叶往往都是由李家经销。

民国四年（1915），李玉山从遂川县知事马维翰处得知美国为庆祝巴拿马运河开航，在旧金山举办巴拿马—太平洋国际博览会收集展品，李玉山便通过他在遂川县蚕桑局任职的叔父选送了梁家制作的三款产品"银针""雀舌""珠圆"各1公斤，装成3罐参展，并命名为"顶上绿茶（Tin Shan绿茶）"，获得展会颁发的金质奖章1枚（如图6-13）及凭证1张。由此，狗牯脑茶声名远播，出口日本。民国十九年（1930），李玉山之孙李文龙又将狗牯脑茶送交浙赣特产联合展览会展出，获展会颁发甲等奖状1张。两次获奖使狗牯脑茶更加声名远播。

图6-13　1915年巴拿马博览会金质奖章正反面

李氏在汤湖开办"玉山茶庄"，在遂川设销售处，并将狗牯脑茶运往吉安、南昌等地销售，一律贴上"玉山茶"的商标，因此，"玉山茶"一度盛行。

1943年，梁氏第五代传人梁德梅开始自创商标，以"狗牯脑石上清水茶"为名，自销茶叶。"石上清水茶"，茶名很清雅，让人想起唐代王维的诗句"清泉石上流"。

梁氏第六代传人梁奇桂考察了其祖辈们种茶的那片狗牯脑山，才发现狗牯脑山原来是座石山，梁为镒夫妇手植的茶树及后代补种的茶树全部长在黛色的岩石之上或石缝中，自顶上而下的清泉四时不断流溢其间，"石上清水茶"真是名副其实！1952年，狗牯脑山产的茶才正式恢复"狗牯脑茶"这一名称。[①]

狗牯脑茶之所以享誉国内外，毫无疑问是因为茶叶品质优良。其外形细嫩秀丽，芽端微勾，白毫显露，香气清高；泡后茶叶速沉，液面无泡，汤色清明，滋味醇厚，清凉可口，回味甘甜。经现代技术检测，狗牯脑茶所含的氨基酸、维生素、茶多酚等物质均高于同类产品，尤以硒、锌、钙、镁等微量元素丰富而著称。

狗牯脑茶从开始种植到1964年约170年时间里，都是种植在狗牯脑山附近的山坡上，直到新中国成立之前，种植面积只有3亩。新中国成立后，党和政府非常重视遂川县的茶叶生产，大力发展狗牯脑茶种植，至2019年已拥有20多万亩的茶园。

狗牯脑茶品质独特，除了种植茶叶得天独厚的环境外，其制作技术亦独特，从采摘、分拣、杀青、初揉、二青、复揉、整身、提毫到缸装封窖全凭手感。170多年间，狗牯脑的制茶技术一直是单传。直到1968年第六代传人梁奇桂公开其制茶技术，并培养了一批弟子，为狗牯脑茶产业化发展打下了基础。

200多年来，狗牯脑茶除获得巴拿马博览会金奖外，还获得了诸多荣誉和奖项，如江西省名茶、江西省优质产品、AA级绿色产品、江西省最畅销产品等。

（三）婺源绿茶

被称为"中国最美乡村"的婺源县，地处赣鄱地域东北部的赣、浙、皖三省交界处，风景优美的黄山、三清山、景德镇将其环绕。婺源宛如"金三角"上的一颗"绿色明珠"，全县森林覆盖率为82.6%，青山绿水间时而隐现粉墙黛瓦，构成一幅绝美的山水画（如图6-14）。

每年三四月份，婺源的油菜花、桃花、梨花盛开，清风吹拂，金波浪涌，蝶飞蜂忙，浓郁的油菜花香飘散在空气中，粉红的桃树、洁白的梨树点缀在漫山

---

① 参见李章根、曾永强、肖志良：《狗牯脑茶》，《蚕桑茶叶通讯》2014年第5期；郭长生：《狗牯脑茶发展简史》，《茶叶》1994年第3期。

图 6-14 婺源的美丽乡村

遍野金黄色的油菜花中，掩映着粉墙黛瓦的徽派建筑，让人陶醉！

这样一个生态非常好的山区小县成为中国著名的茶区，也是情理中的了。

温润的气候、充沛的雨量、肥沃的土壤、云雾缭绕的群峰、汩汩不断的山涧，正适合喜温、耐湿、好雾的茶树生长。从而，婺源种茶有了悠久的历史。

早在唐代，被后世尊称为茶圣的陆羽，就发现了婺源产的茶叶很好，并记载在他的传世之作《茶经》中。唐代后期杨晔的著名饮食专著《膳夫经手录》记载婺源制的茶"精好"，即婺源制的茶工艺精细、盛茶的器皿也精致。当时北方很多地方都推崇婺源的茶。杨晔写道："歙州、婺州、祁门、婺源方茶，制置精好，不杂木叶。自梁、宋、幽、并间，皆人尚之。赋税所入，商贾所赍，数千里不绝于道路。"[1]

到宋代，婺源茶与紫笋、阳羡、日铸、双井、黄龙并称为中国六大绝品茶。《宋史·食货志》记载："顾渚生石上者，谓之紫笋。毗陵之阳羡，绍兴之日铸，婺源之谢源，隆兴之黄龙、双井皆绝品也。"[2]

婺源绿茶芽叶翠绿、汤色清透、香味浓郁、滋味醇厚，让人欲罢不能！

---

[1] ［唐］杨晔：《膳夫经手录》，《续修四库全书》第1115册，上海古籍出版社2012年版，第525页。

[2] ［元］脱脱：《宋史》卷一百八十四《食货下》，中华书局1999年版，第3022页。

明代，婺源一些在京城为官的文人士大夫，很自豪地将家乡好茶进献给皇帝品尝。如明嘉靖十年（1531）荣升吏部尚书的汪宏，将婺源县大畈灵山茶进献给嘉靖皇帝；嘉靖皇帝品尝之后，感觉这茶真好喝，品尝后神清气爽，于是欣然提笔，赐"金竹峰"匾额。明嘉靖四十四年（1565）中进士、后升任户部侍郎的游应乾，将婺源济溪上坦源村茶进献给嘉靖皇帝；嘉靖皇帝品尝后觉得这茶真香，于是钦赐银牌。

婺源绿茶正是因为婺源这些在京的官员进献给皇帝品尝而成为贡茶的。

清朝末年，婺源一款独特的"珠兰精"花茶被进贡朝廷后，被列为贡品，并被誉为"官礼名茶"。此茶以优质高山云雾细茶为原料，配以珍贵的珠兰鲜花，用传统工艺，独家制作而成，并在1915年巴拿马万国博览会上获一等奖。

婺源人不仅善于种茶、制茶，还善于经销茶。从清康熙年间始，婺源人将婺源的茶大量远销海外。美国研究茶叶的著名学者威廉·乌克斯在其所著的《茶叶全书》中称，婺源茶不仅是路庄绿茶中的上品，而且是中国绿茶中品质最好的绿茶。中国绿茶大致分为路庄绿茶、湖州茶及平水茶三种，除湖州及平水附近的以外，各地绿茶统称为路庄茶。

婺源绿茶不仅以质优享誉海内外，还以品种繁多而著称。

新中国成立前，销往国内外的名茶有珍眉、针眉、抽贡、凤眉、贡熙、窨花茶、三角片、绿茶粉、寿眉、白毫、银针、炒青等。

新中国成立后，婺源绿茶获得了众多国家荣誉。1981年"雨茶一级"和"贡熙一级"获国家优质产品奖；1982年"婺源茗眉"被评为全国名茶；1985年"特珍特级""特珍一级"和"雨茶一级"3个产品获国家银质奖；1988年"特珍特级""特珍一级"和"雨茶一级"3个产品，获首届中国食品博览会金奖；1989年"灵岩剑峰"在全国名茶评比中获"国家级名茶"称号；1999年"AA级大鄣山茶"获99昆明世博会金奖。

1997年以来，婺源县着力发展有机茶。因为绿色生态有机，婺源绿茶成为中国销往欧盟最多的绿茶，占国内销往欧盟市场的70%，婺源县也被称为"中国有机茶第一县"。至2019年，30多万亩茶园遍布全县，与青山绿水相映成美丽的绿色风景，展现着勃勃生机。

（四）浮梁茶

唐元和十一年（816），从京城被贬官到浔阳（今九江）为官的大诗人白居易，在秋天的一个月夜，送客人远去。白居易随客人上船后，与客人在船上喝告别酒。在这明月高挂、安静得似乎有点凄切的夜晚，白居易与客人一碗又一碗地喝着酒，离别之情缠绕心头。忽然，清脆的琵琶声传来，白居易和他的客人都颇为惊异。在这茫茫的大江之上，有人在弹琵琶！他们循着声音，移船靠近那艘船，千唤万呼，琵琶女才抱着琵琶半遮面出来。听着琵琶女边弹琵琶边诉说自己的悲惨身世，白居易深感大家都是可怜人啊！于是他挥笔写下《琵琶行》，其中有两句诗写了琵琶女来到浔阳的原因，"商人重利轻别离，前月浮梁买茶去"。

白居易没预料到，这句诗为浮梁茶做了一则跨越时空的大广告。1000多年来，爱茶的人都知道浮梁这个地方的茶好！

浮梁县地处赣鄱地域东北部，与安徽省交界，著名的瓷都景德镇在古代隶属浮梁县管辖。浮梁境内70%是山地，森林覆盖率达81%，是国家生态县和江西十佳生态县。境内多山涧，终年流泉飞瀑，云雾缭绕，成就了浮梁茶出类拔萃的品质。今人从敦煌遗书中发现，唐代后期王敷在《茶酒论》中写道："浮梁歙州，万国来求。"[①]歙州，即徽州，安徽南部与赣鄱地域东北部交界的一些地方。王敷的记述与白居易的感叹相印证，这说明早在唐代后期浮梁的茶已名满天下。

唐代还有一本有名的著作，就是现存中国最早的地理总志《元和郡县图志》。这本书记载唐元和八年（813）前，浮梁每年出茶700万驮，茶税每年15万贯。对于这个"驮"字怎样理解，现仍有争论，但可以推算的是浮梁茶约占全国总产量的1/3，茶税占全国3/8，由此可知唐代浮梁茶产量和贸易量都是很大的。

唐后期杨晔所撰《膳夫经手录》在评论当时中国一些地方的茶时，对浮梁茶的评论是："饶州浮梁茶，今关西、山东闾阎村落皆吃之，累日不食犹得，不得一日无茶也，其于济人，百倍于蜀茶，然味不长于蜀茶也。"[②]由此可见，唐后期浮梁茶在全国行销甚广，并得到北方人的喜爱，也印证白居易所吟及唐后期

① ［唐］王敷：《茶酒论》，转见朱自振、沈冬梅、增勤：《中国古代茶书集成》，上海文化出版社2010年版，第68页。
② ［唐］杨晔：《膳夫经手录》，《续修四库全书》第1115册，上海古籍出版社2012年版，第524页。

图 6-15　浮梁绿茶

图 6-16　浮梁红茶

王敷所说"万国来求"并非虚言。

自唐代后期始，浮梁茶被进贡朝廷，当时所进贡朝廷的茶叶为"仙芝""嫩蕊"。[①] 历宋、元、明、清，跨越千年，浮梁茶一直是贡品。

浮梁的茶分两大类——绿茶和红茶。

浮梁绿茶外形紧、细、圆、直，色泽干、湿、翠、绿，叶底明亮，滋味醇爽、回厚，有板栗、兰花之香，长期受中国茶人推崇。

浮梁红茶始于 19 世纪 60 年代，从福建传入红茶的制作方法，浮梁开始生产红茶。在清末民初即 20 世纪 10 年代，红茶生产达到极盛，并在 1915 年巴拿马万国博览会获金奖和奖状。

浮梁红茶以紧细多锋、色泽乌润、汤色红亮、甜香醇爽而深受国内外茶人喜爱，在中国近代大量销往欧美。

每年 4 月，山花烂漫，浮梁乡村生机勃勃，村民都忙着采摘茶叶，茶厂都忙于生产新茶，15 万亩生态茶园散落在浮梁的山间。

浮梁县先后获"中国红茶之乡""全国重点产茶""全国茶叶标准化示范县""中国名茶之乡"等称号，浮梁茶品牌先后获"江西文化名茶""江西省著名商标""江西省名牌""首届中国名茶馆入馆品牌""第八届'中绿怀'中国名优茶评比十大绿茶推荐公共品牌"等荣誉，品牌价值 14.25 亿元。2015 年以来，浮

① ［元］马端临：《文献通考》卷十八《征榷考五》，《景印文渊阁四库全书》第 610 册，第 400 页。

梁茶作为区域公共品牌的知名度不断提高，带动了一批企业的发展。

（五）宁红

1891年，有"茶大王""茶工祖先"之誉的修水县漫江乡人罗坤化，将生产的100箱（每箱50斤）宁红茶（如图6-17）运到当时俄商聚集的汉口茶市售卖。俄国商人见到修水的宁红，而且还是修水县红茶起源地漫江乡制茶大师的红茶，毫不吝惜价钱，以每箱100两银的价格将罗坤化的100箱红茶全买走了。

图6-17　宁红茶

当时俄国太子正好在汉口游历，听说买到了极品宁红，迫不及待地品尝。那绵甜醇厚的滋味、红亮清澈的汤色、持久浓郁的香味，令俄国太子赞叹不已。于是，他送给罗坤化一块"茶盖中华，价甲天下"匾额（如图6-18）。这是对宁红茶很高的赞美，也替宁红茶做了一个效应非常好的广告，至今修水人仍引以为豪。

图6-18　俄国太子题匾

在俄国太子赞美宁红茶之后的40多年，美国著名的茶叶学者威廉·乌克思在其专著《茶叶全书》中分析中国各地的茶时，赞美宁红茶："宁州红茶外形好看紧凑，色黑，茶汤艳红诱人，茶身比祁红茶及宜红茶要轻，在拼和茶中极有价值。"[1]

宁红茶能得到这么多国际赞誉，毫无疑问是因其品质好！

---

[1]　［美］威廉·乌克斯著，侬佳、刘涛、姜海蒂译：《茶叶全书》，东方出版社2010年版，第242页。

修水县所产红茶为什么不叫"修红",而被称为"宁红"?这是因为清代时,修水、武宁、铜鼓三县都属义宁直隶州管辖,所以,这三县都称为宁州,修水生产的红茶称为宁红,这是顺理成章的事了。

宁州,即修水、武宁、铜鼓三县,地处江西北部幕阜山与九宫山交汇处,境内山林苍翠,峰峦叠嶂,雨量充沛,土地肥沃,云凝深谷,缭绕山峰,有种植茶叶的良好自然环境,因而,种茶历史悠久。

修水在清代中期即1840年以前生产的茶叶都是绿茶。唐五代时期著名的学者毛文锡,写了一篇有着重要历史文献价值的文章——《茶谱》。其中就写了修水的双井茶制作精好。这就说明早在唐代,修水县不但种茶,而且制作的茶叶质量好。

双井茶产于双井村,该村位于修江上游北岸坑口乡,宋代著名文人黄庭坚正是生长于此。其黄氏家族在宋代出了数十位文人士大夫,成为中国著名的科举世家。北宋时期,黄庶、黄庭坚父子将家乡的双井茶赠送给自己好友,当时著名的文人如欧阳修、苏东坡、司马光、杨万里、叶梦得等都品尝过。这些当时的文化精英都是品茶大师,并且在自己的文章或诗歌中谈及双井茶时都纷纷赞不绝口。

欧阳修在《双井茶》一诗中写道:

> 西江水清江石老,石上生茶如凤爪。穷腊不寒春气早,双井芽生先百草。白毛囊以红碧纱,十斤茶养一两芽。长安富贵五侯家,一啜犹须三月夸。宝云日注(铸)非不精,争新弃旧世人情。岂知君子有常德,至宝不随时变易。君不见建溪龙凤团,不改旧时香味色。①

从这首诗可知,北宋上层社会都追奉双井茶。

欧阳修在《归田录》中写道:

> 自景祐以后,洪州双井白芽渐盛,近岁制作尤精,囊以经纱,不过一二两,以常茶数十斤养之,用避暑湿之气,其品远在日注(铸)上,遂

---

① [宋]欧阳修撰,李安逸点校:《欧阳修全集》卷九《古诗三十首》,中华书局2001年版,第141页。

以草茶第一。①

能得到欧阳修这种大师级文人如此高的评价，双井茶肯定不是浪得虚名。所以，《宋史·食货志》记载："茶产于东南者，雪川顾渚生石上者，谓之紫笋。毗陵之阳羡，绍兴之日铸，婺源之谢源，隆兴之黄隆（龙）、双井皆绝品也。"②

南宋隆兴府知府在嘉泰四年（1204）曾上奏说："隆兴府惟分宁县（今修水）产茶。"③

南宋诗坛大家杨万里在游历西湖时写下《以六一泉煮双井茶》：

> 鹰爪新茶蟹眼汤，松风鸣雪兔毫霜。
> 细添六一泉中味，故有涪翁句子香。
> 日铸建溪当退舍，落霞秋水梦还乡。
> 何时归上滕王阁，自看风炉自煮尝。④

这首诗同样给双井茶极高的评价，日铸、建溪都不如双井！

从唐至清前期，宁州（武宁、修水、铜鼓）都以生产绿茶在全国闻名。

19 世纪中叶，中国的红茶在国际市场畅销，修水也便开始制作红茶。

基于好的地理环境及茶叶生产技术的深厚积累，修水生产出的红茶得到国际市场的追捧，英、美、俄等欧美国家及东亚的日本都纷纷抢购宁红茶，以至形成了在上海出口市场有"宁红不到庄，茶叶不开箱"的流行说法，可见国际市场是多么喜爱宁红茶！仅 1912 年至 1913 年，修水外销红茶达 20 余万箱，贸易额达千万元。⑤

1915 年，在美国旧金山巴拿马太平洋万国博览会上，宁红茶获甲级大奖章（当时设甲、乙、丙、丁、戊、己六个奖级）。

20 世纪二三十年代，印度、锡兰（斯里兰卡）等地红茶的崛起挤压了中国

① ［宋］欧阳修撰，李安逸点校：《欧阳修全集》卷一百二十六《归田录》，中华书局 2001 年版，第 1907 页。

② ［元］脱脱：《宋史》卷一百八十四《食货志下》，中华书局 1999 年版，第 3022 页。

③ 朱自振：《中国茶叶历史资料续辑》，东南大学出版社 1991 年版，第 147 页。

④ ［宋］杨万里：《诚斋集》卷二十《诗》，《景印文渊阁四库全书》第 1160 册，第 216 页。

⑤ 上官俅：《江西修水之茶业》，《工商通讯》（1937 年）第 1 卷第 20 期；参见江西省社会科学院历史研究所、江西省图书馆：《江西近代贸易史资料》，江西人民出版社 1985 年版，第 177 页。

茶叶在国际市场的份额，加之后来日本侵略中国，修水的茶业与全国其他地方一样一落千丈！

新中国成立后，修水的茶叶种植和生产得到恢复和发展。

1958年，740斤宁红工夫茶出口苏联，经中外专家鉴评，该茶达到国际高级茶标准，中国茶叶进出口公司专致贺电。

从1960年至1980年，对宁红茶的科研停顿了，宁红茶品质下降，出口也陷于停顿。

从1980年开始，宁红茶重振雄风，开始了新一轮科研创新，先后获省优、部优、国优产品称号。被誉为当代茶圣的吴觉农先生为宁红茶挥毫题词："宁州红茶，誉满神州，努力革新，永葆千秋。"

2015年8月，在意大利米兰世博会"百年世博，中国名茶"评鉴会上，宁红茶获得公共品牌金奖（如图6-19）和企业品牌金骆驼奖（如图6-20），宁红百年再现辉煌！

图6-19　2015年米兰世博会中国名茶金奖奖牌

图6-20　2015米兰世博会金骆驼奖奖牌

三、茶俗茶艺

在长期种茶、采茶、制茶、饮茶实践活动中，人们将思想情感、价值追求等逐渐融入这些茶事活动中，从而形成了深厚的中国茶文化，其中有多彩茶俗和精彩茶艺。

（一）多彩茶俗

1. 客来敬茶

中国是世界四大文明古国之一，素有"礼仪之邦"的美誉。"礼"表现在中国自古以来的社会生活和一切习俗中，无处不在。

中国博大精深的文化就是围绕着"礼"展开的，《礼记·曲礼》中说：

> 道德仁义，非礼不成。教训正俗，非礼不备。分争辨讼，非礼不决。君臣上下、父子兄弟，非礼不定。宦学事师，非礼不亲。班朝治军，莅官行法，非礼威严不行。祷祠祭祀，供给鬼神，非礼不诚不庄。①

中国社会的风俗、中国社会的秩序都是围绕着"礼"而展开的。正如《左传》中所说："中国有礼仪之大，故称夏；有服章之美，谓之华。华、夏一也。"②欧阳修在撰《新唐书》时，总结夏商周三代值得借鉴的历史经验时说，正是治国治民出于礼，用礼引导民众孝慈、友悌、忠信、仁义，使"礼乐达于天下"③，从而稳定了社会秩序。

在2000多年的历史长河中，中国的政治、社会、文化等正是以"礼"为核心展开的。

中国作为"礼仪之邦"的显著特点是热情好客、礼貌待人。正如南宋陆游在《游山西村》一诗所说："莫笑农家腊酒浑，丰年留客足鸡豚。山重水复疑无路，柳暗花明又一村。"④这是最能代表中国人民热情好客的民族性格。

茶，从古至今在中国人的心中都是高洁之物。

茶圣陆羽说："茶之为用，味至寒，为饮，最宜精行俭德之人。"⑤即陆羽认为，只有"精行俭德之人"才能品悟出茶高洁的文化属性。

北宋皇帝宋徽宗说："至若茶之为物，擅瓯闽之秀气，钟山川之灵禀，祛襟涤滞，致清导和，则非庸人孺子可得而知矣；冲澹闲洁，韵高致静，则非遑遽之

① 胡平生、张萌：《礼记·曲礼上第一》，中华书局2017年版，第5页。
② ［晋］杜预注，［唐］孔颖达疏：《春秋左氏传注疏》卷五十六，《景印文渊阁四库全书》第144册，第572页。
③ ［明］茅坤：《唐宋八大家文钞》卷四十三《庐陵文钞十五》，《景印文渊阁四库全书》第1383册，第483页。
④ ［宋］陆游著，钱仲联点校：《剑南诗稿》卷一，岳麓书社1998年版，第25页。
⑤ ［唐］陆羽：《茶经》卷上《一之源》，转见朱自振、沈冬梅、增勤：《中国古代茶书集成》，上海文化出版社2010年版，第5页。

时可得而好尚矣。"[①] 即宋徽宗认为，茶这种蕴含了山川之灵气和秀气的物品，庸人孺子或处于匆忙中的人们不能品出其中的"清""和""静"的境界和内涵。茶就是这样一种内涵高洁之性的物品。

正因为茶在中国人的心中乃高洁之物，以茶为礼招待客人或赠送客人是表达诚意和敬意非常好的物品。所以，伴随中国人种茶、采茶、制茶和饮茶，以茶为礼的历史悠久，距今 2000 年左右的西汉时期就有以茶为待客礼的最早记载。三国两晋南北朝时期，有关以茶为礼的记载就更多了。到唐代，随着饮茶习尚在全国铺开，以茶为礼、客来敬茶成为中华民族一种普遍的习尚。这种习尚传承至今，在 2000 多年的传承中不断丰富和发展，形成了以茶待客、以茶会友、以茶赠客、以茶宴客等中华民族优良传统，成为中华民族作为"礼仪之邦"的标志之一。

中国地大物博，民族众多，各地域和各民族客来敬茶的形式有所不同。

在青藏高原或甘南草原上，你只要随便走进一家毡帐，说一句"扎西德勒"，行礼后便可坐下来，主妇必会备好酥油茶相待，主人会使客人的茶碗常满，客人喝一次主人加一次，你会深切地感受到主人的热情好客与坦诚。

在内蒙古草原上，热情的蒙古族人以奶茶待客，而且一定用新鲜的奶熬茶待客，以示对客人的尊敬，还会备一大盘炒米、糕点、黄油、红糖、奶制品（如奶皮子、奶豆腐）等食品，以示诚心诚意地招待客人。

走进云南大地，云南 20 多个少数民族以茶待客的方式也各有所不同。白族以"三道茶"敬客，布朗族以酸茶、烤茶或青竹茶待客，基诺族以凉拌茶待客，哈尼族以烤茶或土锅茶待客等。

虽然赣鄱地域是一个以汉族为主的省，客来敬茶是赣鄱地域共同的习尚，但各地域客来敬茶的方式和习俗也有不同。其中共同的习俗是宾客临门，用洁净的茶杯，放些茶叶，泡一杯香茗奉上，或用洁净的工夫茶具，泡上一壶好茶，再配上一些糖果点心或土特产等。宾客间边饮边添茶水，谈叙情谊等。这是最常见的待客之道。

在一些特定的时日，如正月初一、二十四节气或其他喜庆之日，要用特定

---

① ［宋］赵佶：《大观茶论》，转见朱自振、沈冬梅、增勤：《中国古代茶书集成》，上海文化出版社 2010 年版，第 124 页。

的茶待客。

如正月初一，江西许多地方用青果茶待客，即在茶中加入一枚橄榄，茶更清香淡雅，且借"青果"之名，寄寓一年清吉平安，并祝愿一年的生活如嚼橄榄一样越嚼越甜。正月初一，不仅许多百姓家中用青果茶待客表达美好的祝愿，茶馆也会准备青果茶供客人们享用。

这种以青果茶待客的习尚，在江西从距今600多年的明正德年间传承至今。正德《建昌府志》卷三《风俗》中谈到四季风俗时记载："岁首：'以青果递茶为敬。'"[①]

江西各地客来敬茶的方式丰富多彩，用茶与果相配待客是常见的待客之道，但所用果的品种不一，客家人有时用擂茶待客。

2. 婚姻用茶

中国是礼仪之邦，中国文化的核心是"礼"。婚姻是人生大事、家庭大事，自古以来就有很庄重的礼仪。

早在距今2000多年的周代，婚姻仪式程序就形成了"六礼"：纳采、问名、纳吉、纳征、请期、亲迎。这六项礼仪的程序是：男方请媒人向女方提亲，女方答应议婚后男方请媒人问女子名字、生辰等，并卜于祖庙以定吉凶，卜得吉兆后即与女方订婚，男方送聘礼到女方家，男方携礼至女方家商定婚期，婚期之日男方迎娶女子至家。

婚姻的"六礼"仪式在中国一直传承着，只是礼物的内容在历代和各地有所不同。

唐代中后期，饮茶之风由南往北在全国铺开，人们认识到饮茶有益于身体健康，体会到品茶可放松心灵、化解心中的郁闷，感受到品茶是一种美的享受。于是，人们不断赋予茶叶文化新的内涵，认为茶叶是圣洁清雅的物品，品茶是高雅的行为，以茶待客是节俭清廉的待客之道，枝繁叶茂而又碧绿常青的茶树是圣洁之树。

茶叶和茶树蕴含的这些文化正合乎人们对婚姻的期待。于是，茶叶被引入婚姻中，以茶叶为礼物表达人们对爱情忠贞不贰、婚姻幸福美满、夫妻白头偕老、婚后子孙满堂等的美好愿望。

---

① 正德《建昌府志》卷三《风俗》，上海古籍书店1964年据宁波天一阁藏本影印。

唐贞观十五年（641），文成公主远嫁吐蕃时带去茶叶，开创了西藏饮茶之风，也开了将茶叶引入婚姻中的先河。

到宋代，茶叶已贯穿到婚姻的全过程，如聘礼中必须有茶叶，女方受聘礼被称为"吃茶"，婚礼过程中儿媳要向公公婆婆敬茶等。

江西是一个传统文化积淀深厚之地，婚姻的仪式遵循"六礼"，茶叶被用在婚礼的一些环节，但各地习俗略有不同，以清代和民国时期的一些方志记载为例：

同治《雩都县志》风俗篇记载：

> 婚礼：初凭媒议定，婿家有媒为宾，择吉宿宾，以泥金帖作两扇，楷出男庚于前，用项圈一，色帛二为仪。贫者专以庚帖，随宾往女家，主人出迎，入受仪，以帖楷书女庚于后，交宾回婿家，即于是午醴，谓之"传庚"。女至十岁外，婿家以手钏一双，钗四股，帛四匹，饼四百，少或二百，及鱼、豕、果物；贫者专用手钏仪，惟饼用以与女家告亲属僚友者为不可少，余皆省。择吉至女家，谓之"报日"。定有亲迎，吉期前一岁或半岁，用白金自十六两至六两不等，倾销作二锭，名曰"聘金"，及女身所用髻以下，细至耳环，下至足帛皆具，余仪视日加厚送往，用告婚期，名曰"过聘"，或曰"下茶"。自报日以后，皆不用媒，使使者往乡间，则用媒终始焉。①

同治《会昌县志》风俗篇记载：

> 会俗婚嫁，自问名、纳采以至迎娶，俱凭媒约言定。始则媒妁具庚帖，择吉至女家，请书年庚。书后，男家备长庚，钱二千并仪物、首饰、衣服、香茗等件，名曰"下茶"。聘则有中礼、双礼之分，聘金、鱼肉繁简不同。初聘为前节，报期时为后节，所俱仪物、首饰、衣服，则一切从同。邑城附近则有"茶鸡"。迎娶之年，先期择吉备柬，并备仪物送女家，名曰"报期"。仍备钱二千，名曰"报金"。娶时，则女家先请媒妁先至男家，视客之多寡，取会客鱼肉若干。②

---

① 同治《雩都县志》卷五《风俗志》,《中国方志丛书·华中地方·859号》,第419-423页。
② 同治《会昌县志》卷十一《风俗志》,《中国方志丛书·华中地方·904号》,第246-247页。

同治《安远县志》风俗篇记载：

> 婚礼合二姓之好，理宜慎重。安远婚礼，虽不能尽合古之六礼，然亦大略近之。礼有纳采、问名，今俗备物、传庚近之；礼有纳币，今俗茶礼，定聘近之；礼有纳吉、请期，今俗备仪、报日近之。[1]

民国《赣县新志稿》记载：

> 婚礼，犹守古六礼无缺。纳采，曰"访人家"；问名，曰"开八字"；纳吉，曰"交鞋样"；纳币，曰"下茶"；请期，曰"报日子"；迎亲，曰"接亲"。但婚娶之日，男女仅以鼓乐彩车往，不亲迎，而以亲戚家族代之。[2]

从上述可知，下聘礼的环节被称为"下茶"，而聘礼中也往往确有茶叶。下聘礼被称为"下茶"，正如明代茶家许次纾在《茶疏·考本》所说："茶不移本，植必子生。古人结婚，必以茶为礼，取其不移植子之意也。今人犹名其礼曰下茶。"[3]

现今，赣鄱一些地方仍保留的婚姻习俗中，茶仍然是重要媒介。

一是在相亲环节，茶是重要物品。

江西中南部的遂川县作为江西重要的产茶县，客家男女由媒人引荐时，常常相会于茶馆，要上一壶好茶，由男方出资买6样茶点，每样茶点称6两，寓意"六六大顺"。

在江西西北部重要的产茶县修水，男女相亲也颇为有趣。媒人带着男方到女方家相亲，作为相亲对象的女方泡上几碗茶，用茶盘端出来，这是见面茶。女方家长陪客人们一边喝茶，一边聊着。稍过些时间，作为相亲对象的女方用茶盘端出第二盘茶，表明女方和女方家庭都同意与男方将婚事谈下去。若女方不再端茶出来，则表明女方家不满意男方，即不同意将婚事谈下去。作为相亲对象的女方端出第二盘茶时，若男方接过第二碗茶，则表明男方对女方及女方家满意，愿

① 同治《安远县志》卷一之八《风俗》，《中国方志丛书·华中地方·776号》，第232-233页。

② 民国《赣县新志稿·风俗》，转见江西省省志编辑室：《江西方志风俗志文辑录》，1987年印（内刊），第40页。

③ ［明］许次纾：《茶疏·考本》，转见朱自振、沈冬梅、增勤：《中国古代茶书集成》，上海文化出版社2010年版，第263页。

意将婚事谈下去，双方话题就转入结亲的事宜。若出现上述男女方不满意的情况之一，媒人和男方都要马上告辞。

茶就这样成为相亲的媒介。

二是在订婚环节，茶叶是重要物品。

订婚不但要举行重要仪式，而且男方必须送上聘礼。江西大多数地方的聘礼中都必须有茶叶，以表达对爱情、对婚姻、对家庭的美好祝愿，所以行聘礼仍然如清代和民国时期称为"下茶"。如赣南的会昌县："会俗婚嫁，自问名、纳采以至迎娶，俱凭媒妁之言定。始则媒妁俱庚帖，择吉至女家，请书年庚。书后，男家备长庚，钱二千并仪物、首饰、衣物、香茗等件，名曰下茶。"① 赣北湖口县"行聘必以茶叶，曰下茶"②。赣北都昌县有同样的记载，实际上，赣鄱许多地方皆如此。聘礼中少不了茶叶，因为茶叶是美好吉祥之物。

有些地方对聘礼中的茶叶还颇有讲究，如江西南部的客家县赣县，不论贫富，不论聘礼多寡，一定要有一盆本年早春采的春茶，因春茶得春气早而表示女孩嫁得及时。女方家回礼时，用该盆盛谷种数升，因稻谷养人而祝愿其家庭世代传承。

有的地方如江西南部的会昌县，虽然行聘的礼物中没有茶叶，但行聘礼的过程仍然称为"过茶"，同样表达了对婚姻的美好祝愿。江西南部的上犹县，将男女双方商议的记载聘礼和嫁妆品种与数额的礼单，称为"立茶单""写茶单"，表达了祝愿婚姻如茶般美好的愿望；茶单议立之后，就意味着初步建立了姻亲关系，双方就要改口以一家人的身份称呼对方的家人了。

遂川县有一种送茶包的习俗。订婚当天，5—9 名男方代表携聘礼前往女方家，女方家负责招待客人的妇女被称为"客娘"，当客娘敬茶到结婚对象男青年时，男青年喝完这杯茶应立即将预先包好的"见面礼"（红包）放在杯内，并将茶杯送回客娘手中。"见面礼"茶包的数额可多可少，从几十元到几百元，由男方做主，但数字要求逢九，即要吉利数字。

三是婚礼环节，在江西一些地方，茶叶也是重要媒介。

在江西乐平，古代和近代用花轿迎娶新人。迎亲之日，花轿到女方家后，

---

① 同治《会昌县志》卷十一《风俗志》，《中国方志丛书·华中地方·904 号》，第 246 页。

② 同治《湖口县志》卷一《地理志·风俗》，《中国方志丛书·华中地方·867 号》，第 157 页。

迎亲者和乐手稍事休息，用过茶点；乐队随即吹奏，催请新娘上轿。新娘的侍女走到轿前，将握在手中的米、茶叶撒向轿顶，意为驱逐邪祟。到男方家拜堂、喝交杯酒后，新郎、新娘堂前对拜，新郎、新娘的姑姑或祖姑为新娘揭去花帕，并给予茶果，称为"拜茶"。

四是闹洞房时，有的地方新娘要给客人们敬茶。

在茶乡婺源有一项独特的习俗。每个女子出嫁前，都必须亲自用丝线和最好的茶叶扎一朵"茶花"，出嫁之日，被迎娶到男方家后，用开水冲泡这朵"茶花"，并用此茶水敬公婆和宾客。宾客们特别是女方宾客们，将围看这朵"茶花"，品评新娘手艺。茶香飘溢、碧绿绽放的茶花预示着新婚夫妇将要展开的美好生活。

五是新婚之后，一些礼俗仍然与茶有关。

婚后的第二天清晨，江西许多地方都有新娘向公婆敬茶的习俗，有的还要敬族人等及远道来参加婚礼的亲戚，有的甚至挨家挨户向亲友邻里敬茶。同治《萍乡县志》风俗篇记载："（新婚）次日拜祖先，即古庙见礼，次拜翁姑、尊长及媒氏、新姻，叙见卑幼，谓之拜茶。"[①]

茶叶就是这样贯穿于婚礼全过程。

3. 客家擂茶

2000多年前秦军南征百越，50多万北方军人融入南方地区，这是有史料记载的第一次较大规模的北方人口南移。两汉、魏晋南北朝、隋、唐、宋，每当中原大地狼烟四起，中原百姓总是跨过淮河、渡过长江，到南方躲避战争、生存繁衍。他们带着中原汉文化来到南方，开垦荒地和山地，开基建村，并将中原文化与南方百越文化融合，形成了汉民族中一支独特的民系——客家。

客家分布在中国南方许多省份，如江西、福建、广东、台湾、湖南、四川等。赣南、闽西与粤东三角区是山地为主的区域，形成了客家人聚居的大本营。江西的北部、中部、西北部山区也分布着客家人。

客家人既保留了古代中原民族文化习俗，又融合了百越山地民族文化习俗，形成了一些独特的客家文化习俗。

擂茶便是客家人独有的待客之道与文化习俗。当你来到江西客家聚居区赣

---

① 同治《萍乡县志》卷一《地理·风俗》，《中国方志丛书·华中地方·270号》，第206页。

南，淳朴又热情好客的客家人可能会用擂茶招待你。

女主人先是端出擂茶茶具，俗称"擂茶三宝"：一口内壁有辐射状波纹的陶制擂钵，口径约一尺五寸（如图6-21）；一根用上等油茶树或清香的山苍子木制成的擂棍，长约两尺；一个用竹篾编制而成的"捞瓢"，用于捞滤碎渣。

图6-21 擂钵

女主人将准备好的茶叶、芝麻、花生仁、生姜、甘草等（如图6-22）放入擂钵；用擂棍沿擂钵内壁转圈，将原料擂烂，加入一些凉开水，便成糊状（如图6-23）；再用"捞瓢"捞去没有擂烂的渣，或倒入"捞瓢"过滤，过滤之后的

图6-22 擂茶原料

图6-23 擂烂后的原料

图 6-24　冲温开水后糊状擂茶

糊状物被称为"擂茶脚子";然后将"擂茶脚子"放入茶碗内调匀,冲注滚烫开水、融香、甜、苦、辣于一碗的擂茶便制作完成。擂茶看似豆浆、乳汁(如图6-24),喝起来香气浓郁、清香可口,令人神清气爽、沁人心脾、余味无穷。客人喝完一碗后,女主人会频频给你斟上,让客人喝个够。真是无比美妙的享受!

所以,客家人说:"莫道醉人唯美酒,擂茶一碗更生情;美酒只能喝醉人,擂茶却能喝醉心。"擂茶就是有如此魅力!

各地擂茶用的原料不尽相同,但都少不了茶叶,制作工艺大体相同。擂茶的制作还会随着季节和气候的变化而增加不同的配料,以达到养生的目的。如赣南客家的擂茶(如图6-25),春夏会加入金银花、薄荷,秋季会加入白菊花、白扁豆,冬季会加入花椒、肉桂。还可因人而异,制成具有专门功效的擂茶,如除基本原料茶叶、芝麻、花生仁、生姜、甘草之外,加入葛根花,可醒酒;加入黑芝麻、黄豆,可养颜美容、滋润皮肤;加入鱼腥草、藿香、陈皮、绿豆,可防暑;加入白芍、甘草、金银花,可清热解毒等。

图 6-25　擂茶

客家人怎么会发明擂茶？关于擂茶的由来，有几个传说。

其中之一是汉代伏波将军马援受武帝之命，远征交趾（今越南），军队由北向南，到今湖南、广东交界的山区一带。由于南方山区气候多变，有时骄阳似火、酷热难耐，有时大雨滂沱、瘴烟毒雾不断，将士们疲惫不堪、多染疫病，头重脚轻、浑身无力，队伍停滞不前。马援只得派人四处求医，正在万般无奈之际，一位白发苍苍的客家老婆婆向马援献上家传治疫秘方，即将生米、生姜、生茶叶擂成糊状，再冲入开水，制成"三生饮"，病者饮之痊愈，无病者饮之精神倍振。其实际功效有清热、祛暑、解毒、提神、醒脾、润肺、化痰、止呕等。此后，"三生饮"在南方许多地区传承着。

实际上，擂茶是客家人长期居住在湿气瘴气较重的山区，为了清热解毒、祛湿驱瘴、强身健体，在长期的生产生活实践中，总结出来的一种饮茶方法，具有南方山区的地域特色，可强身、健体、治病。劳动之余，客家人即使不吃饭，也要饮上一碗"擂茶"，所以有客家民谚："饮擂茶，吃粑粑，健身体，笑哈哈。"

除上述三种茶俗之外，各地还有些不同的茶俗，且不尽述。

（二）精彩茶艺

中国饮茶历史悠久，积淀了深厚的茶文化。中国茶叶的品饮艺术经历了从唐代的煎煮到宋代的制茶饼碾末冲搅，再到明清时期的散茶冲泡的历程。但是，中国茶叶的品饮艺术并非整齐划一，而是丰富多彩的，各个时期都有着各地各具特色的品饮艺术；就赣鄱地域而言，同样丰富多彩，各时代各地域各有特色。

1. 散茶煮饮

茶的饮用伊始，是将茶叶如同中药或蔬菜一般煮后喝其汤，甚至将茶叶如同蔬菜般食用。到唐代陆羽在《茶经》中记载的饮茶法有："饮有粗茶、散茶、末茶、饼茶者，乃斫、乃熬、乃炀、乃舂，贮于瓶缶之中，以汤沃焉，谓之痷茶。或用葱、姜、枣、橘皮、茱萸、薄荷之等，煮之百沸，或扬令滑，或煮去沫。斯沟渠间弃水耳，而习俗不已。"[1] 即在陆羽时代，茶的饮法有二：一是将茶烤干后碾成粉，用沸水冲泡后饮用；二是将茶叶与葱、姜、枣、橘皮等一起煮水喝。但陆羽认为，这样煮出的水如同沟渠中的弃水，只是不同的地方有不同的风俗而已。陆羽所主张的煮茶法是："第二沸出水一瓢，以竹笑环激汤心，则量末当中心而下。有顷，势若奔涛溅沫，以所出水止之，而育其华也。"[2]

关于唐代及其之前赣鄱地域如何饮茶，没有确切的文献记载；但从出土的文物看，赣鄱地域的饮茶方式很有可能如陆羽所说，是煮饮。是否碾末后煮饮，还需待考古发展确认。但根据南昌市东晋墓出土的青瓷樵斗和下述樵斗（如图6-26）的考古发现，可以说明唐及其之前的茶叶饮法是煮饮，这两件是用于煮茶的器物。

图6-26　西晋鸡首壶形青铜樵斗（江西省博物馆藏品）

再从洪州窑发现的唐代及其之前的饮茶器具（如图6-27、6-28、6-29）[3] 看，唐及其之前饮茶如同喝汤，方法是煮饮。与明清时代的品饮茶杯相比，唐代及其

① ［唐］陆羽：《茶经》卷下《六之饮》，转见朱自振、沈冬梅、增勤：《中国古代茶书集成》，上海文化出版社2010年版，第10页。

② ［唐］陆羽：《茶经》卷下《五之煮》，转见朱自振、沈冬梅、增勤：《中国古代茶书集成》，上海文化出版社2010年版，第9页。

③ 这三件饮茶器图片转引自张文江：《洪州窑》，文汇出版社2001年版，第77、102、106页。

图6-27 洪州窑出土的南朝青釉托杯

图6-28 洪州窑出土的初唐青釉七联盂

图6-29 洪州窑出土的
南朝青釉莲瓣纹盏托

185

第
六
章

悠
悠
茶
香

之前的饮茶器具显得豪放。

宋代，中国饮茶普遍用末茶冲泡饮用，边冲边用茶筅搅动出各种图案或花纹。所谓斗茶，就是比试谁搅出的图案或花纹更好看。宋徽宗赵佶在《大观茶论》描述的点茶法：

> 点茶不一，而调膏继刻。以汤注之，手重筅轻，无粟纹蟹眼者，谓之静面点。盖击拂无力，茶不发立，水乳未浃，又复增汤，色泽不尽，英华沦散，茶无立作矣。有随汤击拂，手筅俱重，立文泛泛，谓之一发点。盖用汤已故，指腕不圆，粥面未凝，茶力已尽，雾云虽泛，水脚易生。妙于此者，量茶受汤，调如融胶。环注盏畔……手轻筅重，指绕腕旋，上下透彻，如醇蘖之起面，疏星胶月，灿然而生，则茶面根本立矣。①

---

① ［宋］赵佶：《大观茶论》，转见朱自振、沈冬梅、增勤：《中国古代茶书集成》，上海文化出版社2010年版，第126页。

毫无疑问，宋徽宗所描述的点茶艺术，是宫廷或文人士大夫们玩赏的茶艺，对于普通百姓而言，根本不可能如此精致地玩茶。欧阳修上述《双井茶》诗及《归田录》一文都谈到双井茶为草茶第一。这种所谓"草茶"肯定没有制成茶饼，可能类似于现在散茶。这种茶的品饮艺术是唐代以来的煮茶法，即南宋杨万里在《以六一泉煮双井茶》中所描述的用风炉煮茶，并且杨万里渴望坐在南昌的滕王阁上用风炉自煮自尝：

> 鹰爪新茶蟹眼汤，松风鸣雪兔毫霜。
>
> 细添六一泉中味，故有涪翁句子香。
>
> 日铸建溪当退舍，落霞秋水梦还乡。
>
> 何时归上滕王阁，自看风炉自煮尝。[①]

杨万里是赣中地带吉州吉水（今江西省吉水县）人，与陆游、尤袤、范成大并称为南宋"中兴四大诗人"。也许他青年曾在江南名楼滕王阁上品过茶，体悟过那种煮茶自饮的快乐，所以，他对家乡的茶和茶的美好感受有着深深的眷恋。

2. 末茶煮饮

前述元代茶史时谈到元末明初大学者叶子奇在《草木子》一书中记载当时民间的饮茶习惯，即民间只用江西末茶和各处叶茶。末茶和叶茶都可煮着喝，也可冲泡着喝。元末明初江西的末茶是煮还是冲泡？从朱权《茶谱》可知，江西的饮茶习惯是末茶煮着喝，叶茶也煮着喝。所谓"烹"，就是将叶茶或末茶投入刚烧开的水（所谓"蟹眼"即冒小泡）中煮一煮。宋代将茶叶蒸软后制成茶饼时会加入各种香料，明代朱权认为，这就夺去了茶叶的真香。朱权改革了宋元时期这种将茶叶制成饼并加香料的方法，将茶叶焙干后直接碾成粉，投入刚烧开的沸水中煮饮。朱权在《茶谱》中写道：

> 茶之为物，可以助诗兴，而云山顿色，可以伏睡魔，而天地忘形，可以倍清谈，而万象惊寒，茶之功大矣。其名有五：曰茶、曰槚、曰蔎、曰茗、曰荈。一云早取为茶，晚取为茗，食之能利大肠，去积热，化痰下气，醒睡、解酒、消食，除烦去腻，助兴爽神。得春阳之首，占万木之魁。始

---

① ［宋］杨万里：《诚斋集》卷二十《诗》，《景印文渊阁四库全书》第1160册，第216页。

于晋，兴于宋。惟陆羽得品茶之妙，著《茶经》三篇，蔡襄著《茶录》二篇。盖羽多尚奇古，制之为末，以膏为饼。至仁宗时，而立龙团、凤饼、月团之名，杂以诸香，饰以金彩，不无夺其真味。然天地生物，各随其性，若莫叶茶；烹而啜之，以遂其自然之性也。予故取烹茶之法，末茶之具，崇新改易，自成一家。……命一童子设香案，携茶炉于前，一童子出茶具，以瓢吸清泉注于瓶而炊之。然后碾茶为末，置于磨令细，以罗罗之，候汤如蟹眼，量客众寡，投数匕于巨瓯。候茶出相宜，以茶筅摔令沫不浮，乃成云头雨脚，分于啜瓯，置之竹架，童子奉献于前。[①]

由朱权所说，有叶茶或末茶烹而饮，茶叶不加任何香料，随其自然之性，传承至明代中后期，形成了叶茶冲泡法，传续至今，这种饮茶方法的变革，朱权功莫大焉。

3. 叶茶冲泡

到明代中后期，朱权"随其自然之性"的饮茶理念得到彻底发挥，茶叶不再研成末了，而用沸水直接冲泡叶茶。由此，中国的饮茶进入新阶段，形成了繁杂多彩的泡茶茶艺。以明代著名茶家许次纾在《茶疏·烹点》中所说为例，且看明代文人讲究的泡茶艺术：

> 未曾汲水，先备茶具，必洁必燥，开口以待。盖或仰放，或置瓷盂，勿竟覆之。案上漆气、食气，皆能败茶。先握茶手中，候汤既入壶，随手投茶汤，以盖覆定。三呼吸时，次满倾盂内，重投壶内，用以动荡香韵，兼色不沉滞。更三呼吸，顷以定其浮薄，然后泻以供客，则乳嫩清滑，馥郁鼻端。病可令起，疲可令爽，吟坛发其逸思，谈席涤其玄襟。[②]

实际上，饮茶方式进入冲泡阶段后，民间饮茶并没有上述这么讲究，洗干净茶具，用沸水快速冲洗一次茶叶后，注入沸水，盖上盖，泡上几分钟即可饮用。

除上述饮茶法之外，各地域还有一些不同的饮茶法。如赣西北的茶乡武宁

---

① ［明］朱权：《茶谱》，转见朱自振、沈冬梅、增勤：《中国古代茶书集成》，上海文化出版社2010年版，第182页。

② ［明］许次纾：《茶疏》，转见朱自振、沈冬梅、增勤：《中国古代茶书集成》，上海文化出版社2010年版，第261页。

县，有吃茶叶的习惯：

> 宁人嗜茶，就地炉且烹且饮。其制：取六七尺竹，屈其颠而洞其中，颠悬桁上，末注炉间，中斜系木，燕尾长尺许，凿孔以纳梃，上穿竹而下垂钩，可悬铁镬，伸缩上下，视火之盛衰，水之生熟为度。镬有耳，耳受高环，环挂于钩上，沸则撤镬之盖。环必高者，便于盖也。凡嫁女用镬，以备房中物也。房中有炉有镬，武宁乡市皆然。

> 宁人喜地炉，烧楬枻，儿女团坐，烹茶温酒，煨麦果芋栗，火炎炎四达，日夜不辍。山中断斗大木，燃之，火尤盛。

这种吃茶法因地制宜，有着民间百姓亲人间的温情，而不讲究茶艺。武宁作为历史悠久的产茶县，还有更为简便的吃茶法，这就是嚼茶叶：

> 俗喜嚼茶叶，啜其精液，又食其渣滓，然雪爪玉勾，味实甘永，嚼之齿舌间有余韵，虽文士不厌也。[1]

这种直接嚼生茶叶的吃茶法似乎不多见，是民间的智慧吃茶法。

四、茶歌茶戏

（一）动听茶歌

当美丽的采茶姑娘背着竹篓，走进碧绿的茶园，在赏心悦目的茶树丛中一片片地采着茶叶，既快乐也辛苦，既舒畅也枯燥。采茶的姑娘们会情不自禁地唱起歌来（如图6-30），诉说她们对茶园、茶叶的喜爱，对爱情的渴望，对艰辛生活的感叹等。

图 6-30　采茶放歌

① 　同治《武宁县志》卷八《风俗》,《中国方志丛书·华中地方·797号》，第330—331页。

曲调优美，歌声婉转，思想情感得到舒放，劳动的辛苦与苦闷得到缓解，生活的感叹得到抒咏。这种悠扬的山间小调起源于山间采茶，但渐渐地不仅采茶时唱，在日常空闲时，在节假日时，人们也唱这种与茶有关的民间小调，因为这是一种既简单又快乐的娱乐方式。

从史料记载看，早在距今400多年前的明万历年间，江西民间就流行唱采茶歌。据钱贵成《江西艺术史》中引用明万历石城崖岭《熊氏大修谱》的记载："每月夕花晨，座上常满，酒半酣则率小奚唱《插秧采茶歌》，自击竹附和呜呜然，撼户牖。"[①]在赣南客家地域，在朦胧的月色下，在鲜花盛开的早晨，朋友们聚坐一起，喝着小酒，待喝得有些醉意之时，唱起民间小调《采茶歌》，敲起竹筒伴奏，声音震动窗户，情感得到舒放，生活得到乐趣，可见其中多么有趣，生活多么有味！

距今400多年的戏曲家汤显祖记载其家乡抚州：在月光明亮的晚上，有些人喜欢带上酒，坐在长桥上，喝着酒，唱着茶歌，很是惬意，即汤显祖所述"长桥夜月歌携酒，僻坞春风唱采茶"[②]。

到了距今300多年的清代，唱茶歌成为一种很受民众喜爱的娱乐活动。春日里，妇女们在茶园中采茶，往往会即兴编歌词联唱，并且江西各茶区大同小异。清代曾燠编《江西诗征》（共94卷），收录了从东晋至清乾隆1300多年间江西诗人2000余家的诗作，在第94卷《歌谣》中写道："江西妇女春日采茶，编歌联臂唱和，诸郡间有异同。"此书记录了抚州、广信采茶歌各两首，武宁采茶歌一首：

抚州采茶歌

上山采茶茶发芽，姊妹双双去采茶。姊采多来妹采少，不论多少早还家。
门前采茶茶叶黄，多栽杨柳少栽桑。多栽桑树无人采，手攀杨柳好乘凉。

广信采茶歌

春日采茶春日长，白白茶花满路旁。大姊还家报二姊，头茶不比晚茶香。
秋来采茶渐渐凉，家家裁剪做衣裳。别家做起郎穿着，我家做起入空箱。

---

① 转见钱贵成：《江西艺术史》（下册），文化艺术出版社2008年版，第217页。
② ［明］汤显祖：《即事寄孙世行吕玉绳》，《御选明诗》卷八十六，《景印文渊阁四库全书》第1444册，第188页。

武宁采茶歌

　　南山顶上一株茶，阳乌未啼先发芽。今年姊妹双双采，明年姊妹适谁家？①

　　从上可知，清代江西各地域妇女春日采茶时唱茶歌已非常普遍，但又有所不同。从唱歌发展成歌与舞结合，这是一个很自然的过程。不过，其中有一个特别的媒介，那就是灯彩。

　　从距今2000多年的西汉开始，中国民间在正月十五即元宵节前后就有挂彩灯和赏灯的习俗。特别是在人口聚集的城镇，家家户户挂各色漂亮的灯，既热闹又形成辉煌的夜景。唐宋时期盛行此俗，明清时期更是风行此俗。且看明代江西方志中的一些记载。

　　正德《建昌府志》卷三《风俗》记载明正德年间赣东抚州一带的灯市盛况：

　　　　元宵，以蓬箬结棚，通衢作灯市，游人往来达日曙。灯有鳌山、绣球、走马、窠菜等名，皆刻饰楮帛，或琉璃鱼鲩，竹丝菩提叶等为之，四周悬带，尤极精丽，往时有张一灯费一金者。南丰县装成大架肩舆而迎之，费尤甚，故家子弟稍知书者，作灯谜，猜破多者为奇胜。沿街烟火燎明，有作架者，植巨木，悬十余层，设机火至药发，光怪百出，若龙蛇飞走。帘幕、星斗、人物、花果之类灿然若神噫，若是景象，吾犹及见之，今无矣，民财可知。②

　　从上述这些记载可知，元宵之夜非常热闹欢快，灯火通明，人们快乐地游玩。

　　正德《瑞州府志》卷一《天文志·风俗》记载：

　　　　元夕张灯祈年，绕烟火占箕卜。③

　　嘉靖《宁州志》卷十三《风俗》记载：

---

① ［清］曾燠：《江西诗征》卷九十四《歌谣》，《续修四库全书》第1690册，第141页。
② 正德《建昌府志》，上海古籍书店1964年据宁波天一阁藏本影印。
③ 正德《瑞州府志》卷一《天文志·风俗》，《天一阁藏明代方志选刊续编四二》，上海古籍书店1991年版，第649页。

元宵赛神会，妆扮男女各样故事，以奇巧相竞，鳌山结彩，锣鼓喧阗，遍游街市，以为盛事。[①]

嘉靖《铅山县志》卷二《风俗》记载：

元夕张灯，城中为盛。越明夕，男、妇相率夜行，谓之走百病。[②]

正德《新城县志》卷一《地理·风俗》记载：

上元：自初十夜起，城市人家皆搭棚横跨街上，明灯彻夜而作乐以赏之，至十五夜止，过十六以后则谓之残灯。[③]

嘉靖《南安府志》卷十《礼乐志·风俗》记载：

上元作灯市，采松柏叶、竹枝，结棚下，缀以灯，皆彩绘刻饬人物故事，悬剪纸人马于傍，以火运之，曰走马。灯又缚竹糊纸为鳌山，箫鼓喧闹，嬉游达曙，或放谜灯，题写诸经书典故、鸟兽、草木类，暗蓄事义，隐为讥评，作诗词粘于方纸灯笼谜中，喝采揭之，名曰打灯谜，里巷广阔处，用木两分相叉为架，以两竹垂蹬而下，为秋千少年豪肆者戏之，以极高为能，自矜用娱游玩其观灯士女，始十一夕至十五，罗绮金翠咸极鲜丽，往来络绎，城门因以弛禁。先此乡里各庙祭，赛金鼓，唱歌，闹船者，至是夜达旦。十六日绘纸船送焚之，曰送船，以祈一岁之灾。此夜游玩尽止，里间肃然。家有子弟者即聚议延师，虽贫者及乡落数家相聚，亦以为首事，谓之起学。[④]

---

① 嘉靖《宁州志》卷十三《风俗》，《天一阁藏明代方志选刊续编四三》，上海古籍书店1991年版，第570页。

② 嘉靖《铅山县志》卷二《风俗》，《天一阁藏明代方志选刊续编四六》，上海古籍书店1991年版，第47页。

③ 正德《新城县志》卷一《地理·风俗》，《天一阁藏明代方志选刊续编四六》，上海古籍书店1991年版，第310页。

④ 嘉靖《南安府志》卷十《礼乐志·风俗》，《天一阁藏明代方志选刊续编四六》，上海古籍书店1991年版，第441-442页。

上述这些记载表明，明代江西各地域（从赣东到赣西、从赣南到赣北）都非常重视元宵节，并且在元宵节前就开始张灯结彩，大家穿着漂亮的衣服在街市游玩，乡间庙中也十分热闹。过了元宵节，即开始一年的工作了。

清代江西各地的元宵依然如明代，张灯结彩，热热闹闹。在一些地方，灯与茶歌已经结合了，元宵夜唱茶歌、跳茶舞。在清代江西方志中也有颇多的记载，且看数例。

同治及民国《南昌县志》风俗篇皆记载：

> 元夕张灯……乡间多崇板灯。其制：设龙头龙尾，贯以板。板上置灯数笼，节节相承，长者数十板，共成一灯。农人每远验灯色以占岁，黄为丰年，白主水，赤主旱。[1]

同治《铅山县志》风俗篇记载：

> 初六七日后，城乡各处为庆贺元宵，有龙灯、马灯、双龙灯，错彩镂金，颇极华丽，观者如堵。……河口镇更有采茶灯，以秀丽童男女扮成戏剧，饰以艳服，唱采茶歌，亦足娱耳悦目。[2]

同治《东乡县志》风俗篇记载：

> 元宵，为粉粢以供祖。悬灯祠堂，先后各一日。好事者或扮龙灯、马灯、桥灯诸名目，杂以秧歌采茶，遍行近村，索茶果食，正月尽，乃罢。[3]

采茶歌与灯彩活动中的各种民间舞蹈结合，就形成了茶灯歌，实际上边舞边唱就是一种歌舞。在江西，茶灯歌又称茶篮灯、灯箩灯、搬茶灯、花鼓灯。在距今约400年的明末清初，赣南就有在茶开摘之前唱茶歌、舞茶灯的习俗。

江西的茶歌在历史的演进中形成了赣南、赣北、赣中、赣西以及赣东五大流派，各流派都有独特的唱腔和曲调，但以茶为主题是共同的特征。

从明清时期到民国时期茶歌在江西一直盛行。1925年，萍乡人汤钟瑶在鲁

---

① 民国《南昌县志》卷五十六《风俗》，《中国方志丛书·华中地方·103号》，第1654页。
② 同治《铅山县志》卷五《地理志·风俗》，《中国方志丛书·华中地方·911号》，第355页。
③ 同治《东乡县志》卷八《风俗》，《中国方志丛书·华中地方·793号》，第318页。

迅先生主编的《语丝》第 49 期上，发表了《话"茶灯"》一文，详细记录了当时萍乡茶灯歌的演唱：

> 一个晚上，"茶锣鼓"咚喧地来到门前。最先演的是龙灯，次即"赞土地"……土地赞完了，接着便是茶灯进来了。这茶灯是由两个或者四个六个青年男子扮作茶娘，手里提着纸扎的花花绿绿的茶灯。一个男子扮作老妈，另两个扮作丑角，但是有时有坐车的和骑马的茶娘子，坐车的后面，有个扮作车夫的丑角，假的车上又扎个假的小脚……骑马的便是前腰缚着纸扎的马的前半身，后腰缚着马的后半身，一拐一拐的假装似乎骑在马上一样。他们都唱着茶歌，也和以琴与笛，杂以锣鼓为节奏，也有许多人助腔。丑角们又杂以诙谐的言词与举动。①

文中所说"坐车的"即车仍灯，"骑马的"即马灯。这篇文章所述的不仅是唱茶歌，茶歌还和茶戏茶舞结合起来了。

20 世纪 80 年代，中国茶业走向兴盛，中国的茶文化走向繁荣，唱茶歌、跳茶舞又成为文艺界的时尚。在我国许多产茶地，在春天开摘新茶之前，人们会举行盛大的文艺活动，如在江西的主要产茶地遂川县、浮梁县、资溪县等（如图 6-31、6-32），每年春天开园之前都举办茶文化节，唱茶歌、跳茶舞是必备的节目。

图 6-31　2016 遂川春茶开摘前的茶歌舞　　　图 6-32　2018 年资溪春茶开摘前的茶歌舞

当代江西著名的茶歌有《请茶歌》，歌词如下：

① 转见《中华舞蹈志》编辑委员会：《中华舞蹈志·江西卷》，学林出版社 2001 年版，第 276 页。

同志哥

请喝一杯茶呀请喝一杯茶

井冈山的茶叶甜又香啊甜又香啊

当年领袖毛委员啊

带领红军上井冈啊

茶叶本是红军种

风里生来雨里长

茶树林中战歌响啊

军民同心打豺狼打豺狼啰

喝了红色故乡的茶

同志哥

革命传统你永不忘啊

同志哥

请喝一杯茶呀请喝一杯茶

井冈山的茶叶甜又香啊甜又香啊

前人开路后人走啊

前人栽茶后人尝啊

革命种子发新芽

年年生来处处长

井冈茶香飘四海啊

棵棵茶树向太阳向太阳啰

喝了红色故乡的茶

同志哥

革命意志你坚如钢啊

（二）迷人茶戏

茶歌与舞蹈结合，产生了茶舞；茶舞与故事结合，产生了茶戏。这种被称为"采茶戏"的文艺表演，产生于距今300多年前的江西南部即赣南。当时的赣南很多城镇在元宵节前后，灯彩活动很丰富，灯彩与茶歌结合之后形成了茶灯舞，即被称为"采茶灯"的民间歌舞。采茶灯的歌舞中加入故事情节，就形成了迷人的采茶戏。

最早的采茶戏表演人物、道具和故事情节都比较简单。角色只有二旦一丑，即大姐、二姐、茶童，以茶篮、扇子、手巾为道具，边歌边舞，演唱《十二月茶》（又称《小摘茶》《姐妹摘茶》）。此剧作为"采茶祖曲"，自清初向外流传至湘鄂、两广、云贵乃至台湾。

图6-33　赣南采茶戏

赣南采茶戏（如图6-33）早期剧目还有根据赣南舞龙灯的习俗创作的《板凳龙》，以及被老艺人称为祖宗戏的《九龙山摘茶》。

安远县九龙山的茶在清代是贡茶，即安远是一个产好茶的地方。道光二年刊本《安远县志》土产篇记载："茶惟九龙嶂所产者颇佳，雍正五年取以作贡，计正额六十斤，后以所产不敷，在古亨山采取垫数，气味比龙岩稍逊。……今则古亨山出亦稀，又将别寻其次矣！"[①]

正因为安远九龙山是个产好茶的地方，才产生了戏剧故事。清嘉庆年间安远县举人李汤凭在《姐妹摘茶》剧目的基础上加工创作了《九龙山摘茶》。该剧反映九龙山茶农一年四季种茶、采茶、制茶的辛苦，叙述了茶商来买茶与茶农卖茶的过程，情节和表演风趣幽默，深受观众喜爱。从清代中期直到20世纪60年代，此剧一直作为传统剧目演出。1979年此剧由上海电影制片厂拍成了电影《茶童戏主》（如图6-34），获得好评。

图6-34　电影《茶童戏主》剧照

---

① 道光《安远县志》卷十二《土产》，《中国方志丛书·华中地方·775号》，第364页。

民间称表演采茶戏的班子为"三脚班",其动作形成了特定技法,其道具有常用的扇子等。采茶戏最初只反映茶山生活,经过不断发展,涌现了大量反映农家生活、小商与手工业者生活与爱情的剧目,被称为"杂套戏"。

赣南采茶戏最常演出的传统剧目有"四小金刚"和"四大金刚",即《睄妹子》《钓》《补皮鞋》《老少配》和《四姐反情》《卖杂货》《上广东》《大劝夫》。

采茶戏发源于赣南,传播于江西各地及安徽、两湖、广东、福建、台湾等地,只是戏目有所不同,但基本是由采茶歌与民间舞蹈结合而形成的各具地方特色的民间小戏,抒发基层民众的生活情感,观众百看不厌。

江西不仅赣南有采茶戏,其他一些产茶区也有地域特色的采茶戏,如赣西莲花县、高安县和赣北南昌县等地都具有地域特色的采茶戏。

五、运茶古道

江西、安徽、浙江三省交界是山,翻山越岭才能互达。明清时期江西饶州府与安徽徽州府及浙江衢州府交界。

饶州府境内有两大河流——饶河与信江,它们通向鄱阳湖。从鄱阳湖入长江,再入京杭大运河,或从鄱阳湖溯赣江到大余县,再翻越梅关古道,可达广州。因此,饶州府虽处内陆,但在古代交通依靠水运的条件下,北上南下,交通便利。

徽州府所辖六县——休宁、祁门、歙县、婺源、黟县、绩溪,四周是山,比较闭塞,人员进出和货物运输多需翻山越岭到达饶州府的浮梁县瑶里镇,再经瑶河进入饶河的上游段昌江,然后北上南下。

徽州通饶州的山路是由麻石板铺成的,被称为徽饶古道(如图6-35)。沿着徽饶古道前行,麻石小路在山间蜿蜒,村庄的徽派建筑时隐时现,绿色与古色融合。

明清时期曾经繁荣的街市已远去,时而出现的千年古樟

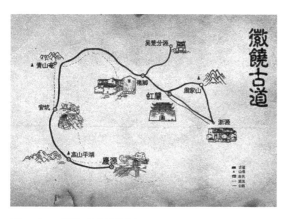

图6-35　徽饶古道线路图

图 6-36　瑶里古镇

静默地向偶然出现的人们昭示历史的久远，溪流上的木栈道散发着沧桑的味道，沿途的大小飞瀑保持着原生态的生命力。

徽州府六县都是产茶县，祁门红茶是中国高香茶的代表，深受西方饮茶者爱好。婺源绿茶是中国的优质茶，自唐代以来就受到国内饮茶者的追捧，清代至现当代一直受西方饮者爱好。其他四县同样产好茶。

徽州府六县的茶叶和山货欲销往外地，必须通过徽饶古道搬运至浮梁县瑶里镇（如图 6-36）的码头装船，然后由瑶河入饶河上游段昌江，入鄱阳湖后南下北上。同样，饶州府的粮食、瓷器等物品运往徽州也要经过这条麻石小路。

徽州运往浮梁的货物中，量最多的是茶叶。源源不断的茶叶用独轮车（如图 6-37）运到浮梁的瑶里装船，再运往国

图 6-37　从古代推到现代的中国独轮车

图 6-38　徽饶古道上深深的独轮车印

内外，所以徽饶古道也称为运茶古道。

今天运茶古道的石板路上深深的独轮车印（如图 6-38）仍清晰可见，可见当年运货的繁忙。

运茶古道上的独轮车影已消逝在历史中，但对茶文化，我们仍然在传承，在与时俱进地发扬光大。

六、开山茶著

江西作为中国的产茶名区，不仅产很多好茶，还有历史底蕴深厚的茶文化；不仅有上述动听的茶歌和迷人的茶戏，还有产生于江西的重要茶著——朱权的《茶谱》。

明代朱权（如图 6-39）的《茶谱》并非中国的第一本谈茶的著作，中国第一本论茶的著作是唐代陆羽的《茶经》。陆羽之所以被后人称为"茶圣"，就是因为此著作的贡献。

朱权的《茶谱》之所以被称为"开山茶著"，是因为他这部言简意赅的著作记述了一种不同于唐宋以来的饮茶方法，这就是自明清至今的开水冲泡法。

朱权是一位充满传奇色彩的人物，本是皇室贵胄，即明代开国皇帝朱元璋的第十七子，自幼体貌魁伟，聪明好学，人称"贤王奇士"，13 岁被封为宁王，15 岁到封地，驻守大宁路（即今内蒙古的赤峰市宁城县一带），统帅甲兵百万（即蒙古骑兵），骁勇善战，镇守着北部边境。

明太祖朱元璋去世后，传位给孙子朱允炆，即原太子朱标之子。镇守在燕京北平的朱元璋第四子朱棣不服侄子继位，发动了夺皇位的战争，燕王朱

图 6-39　朱权像

棣胁迫宁王朱权为其夺位，并允诺事成之后平分天下。

然而，经过 4 年的夺位之战，朱棣夺得皇位后并没有兑现诺言，不但没有与宁王朱权平分天下，而且对这个既聪明又有智慧的弟弟防范起来。在重新分封诸王时，朱权提出希望分封到比较富裕的苏州或杭州去，朱棣不答应，而将他分封到相对落后的南昌，并不时派密探监视他。

聪明的朱权明白，要平安地活下去，只有低调，只有将自己封闭起来。于是，他崇奉道教、研究道教，自号"臞仙"，亦号"涵虚子""丹丘先生"，撰写研究道教的著作，又沉湎于戏剧、音乐和茶道等并撰写了有关研究著作。据统计，朱权一生有各种著作共 137 种，涉及医卜、星历、九流、经子、黄老诸术、戏剧、音乐、茶道、史学、道教等，学识渊博，多才多艺。

《茶谱》一书并没有详细地阐述茶叶如何冲泡饮用，相反地，他介绍了宋代以来的末茶饮用法，因为宋代变革唐代茶叶加调料煮饮的煎茶法之后形成的末茶饮用法一直传承着。

宋代的末茶法又称点茶法，即先将摘取的茶叶蒸软，放入模子中拍实，做成茶饼，用微火焙干或晾干；在做茶饼的过程中，常加入各种香料；饮用前先将茶饼或掰碎的茶饼用碾子碾成粉末，将研细的茶末放入茶盏，倒入少许沸水，先调成膏。所谓调膏，就是视茶盏大小，用勺挑上一定量的茶末放入茶盏，再注入沸水，用茶筅将茶末调成浓膏状，以黏稠为度，然后方可饮用。

朱权的贡献就在于他改革了宋代以来的末茶法，不将茶叶制成茶饼，更不加香料，而是将焙干的茶叶直接碾成粉末，冲沸水饮用，并认为这样保持了茶叶天然的味道。他的《茶谱》就详细介绍这种饮茶法，他认为他的饮茶法是创新性的，自成一家。

朱权述特别重视饮茶的环境和饮茶的伴侣的选择，兴趣相投者在一起品茶才能达忘却尘间烦事的效果。开水冲泡法如下：

> 凡鸾俦鹤侣，骚人羽客，皆能志绝尘境，栖神物外，不伍于世流，不污于时俗。或会于泉石之间，或处于松竹之下，或对皓月清风，或坐明窗静牖，乃与客清谈款话，探虚玄而参造化，清心神而出尘表。命一童子设香案，携茶炉于前，一童子出茶具，以瓢汲清泉注于瓶而炊之。然后碾茶为末，置于磨令细，以罗罗之，候汤将如蟹眼，量客众寡，投数匕入于

巨瓯。候茶出相宜，以茶筅摔令沫不浮，乃成云头雨脚，分于啜瓯，置之竹架，童子捧献于前。主起，举瓯奉客曰："为君以泻清臆。"客起接。举瓯曰："非此不足以破孤闷。"乃复坐。饮毕，童子接瓯而退。话久情长，礼陈再三，遂出琴棋，陈笔研。或庚歌，或鼓琴，或弈棋，寄形物外，与世相忘，斯则知茶之为物也，可谓神矣。[①]

朱权对饮茶境界的追求，令人神往。

朱权感叹，将茶叶直接用沸水冲泡饮用，更能保持茶叶的天然味道。他在《茶谱》中写道："然天地生物，各遂其性，莫若叶茶；烹而啜之，以遂其自然之性也。予故取烹茶之法，末茶之具，崇新改易，自成一家。为云海餐霞服日之士，共乐斯事也。"[②] 他的《茶谱》被称为"开山茶著"正在于此，此后传承至今的饮茶法正是这种用沸水冲叶茶浸泡而饮茶汤的方法，既简便又能欣赏茶叶旗枪般的外形及绿色的茶汤。

明代中后期的文人们丰富和发展了朱权提出的叶茶冲泡法，这种茶艺传承至今，朱权的贡献很大，朱权的《茶谱》成了一部划时代的茶著。

---

① ［明］朱权：《茶谱》，转见朱自振、沈冬梅、增勤：《中国古代茶书集成》，上海文化出版社2010年版，第182页。

② ［明］朱权：《茶谱》，转见朱自振、沈冬梅、增勤：《中国古代茶书集成》，上海文化出版社2010年版，第182页。

第七章

美味饮食

食，是人的本能需要，孔夫子所谓"食色，性也"，古人所谓"民以食为天"。只有吃饱、穿暖，人才能活下去，才能努力去改善生存条件，或谓之为社会做贡献。

从旧石器时代末期至今的1万多年间，赣鄱地域的人民与全国其他地域的人民一样，勤奋劳动，努力生活，与天斗，与地斗，抗灾防灾，发展生产，创造了辉煌灿烂的农耕文明，饮食文明是其中重要的组成部分。

饮食，是一种智慧的创造。人们将身边可获得的可食用的植物和动物等创造性地制作成美味食品，并逐渐将思想情感和价值理念融入食品和饮食行为中，形成了丰富多彩的饮食文化。

一、因地取材

人类生活在地球上，地球的自然环境为植物生长和动物生存提供了良好的条件，丰富的动植物资源为人类的生存提供了资源。人类从最初采集和渔猎发展成种植可食用的作物和养殖可食用的动物，从野蛮到文明，经历了漫长的历史岁月。从距今1万多年的旧石器末期以来，人类努力去发现、驯化、培育与种植可食用的植物，驯化与养殖可食用的动物，地取材成为人类的生存之路。

就赣鄱地域而言，从万年仙人洞的考古发现可知，早在距今12000年的旧石器时代，赣鄱地域的人们已发现了可食用的野生稻，并将野生稻驯化为栽培稻。因赣鄱地域处于长江中下游，有宜于大面积种稻的自然环境，赣鄱地域的人们选择了稻米为主食。在新干县发现的战国时代的大粮仓遗址中出土的大量炭化稻米，表明稻作文明在上古时代的赣鄱地域已有很高的成就。从古至今，赣鄱地域的人民以稻米为主食，这是因地取材的不二选择，因为赣鄱地域的自然环境很适合水稻生长。

除了有大量宜于种稻的水田之外，赣鄱地域还有大量宜于种植经济作物和杂粮的丘陵山地。明末清初，番薯、玉米和高粱传入赣鄱地域后，被广泛种植，特别是番薯成为重要的辅助粮食作物。清乾隆年间，人口增长较快，番薯对弥补稻米的不足、对养活众多的人口起了重要作用。

除主食外，就是各种菜品的选择，蔬菜可选的是菜园中常种植的蔬菜，如白菜、芹菜、菠菜、莴苣、茼蒿、卷心菜、空心菜、蕌荙、萝卜、芥菜、苋菜、茄子、香菜、藕、蒜、姜、葱、韭菜、藠、辣椒、豆角等。最为体现因地取材的蔬菜是竹笋和藜蒿。赣鄱山地多竹，人们取山中的竹笋做菜。藜蒿本是鄱阳湖中的草，人们发现其梗可食用，并且可以做成美味的菜品。其他还有些山中野菜和菌菇等，也是人们可食用的菜品。

至于动物的肉类，是人类补充体内营养所必不可少的。早在远古时代，人类就是靠捕鱼、打猎和采集果实而生存下来的。从万年仙人洞和吊桶环的考古发现可知，旧石器时代末和新石器时代，人们除了在溪流与河湖捕捉各种鱼类食用外，还捕杀很多可食用的动物。如万年仙人洞出土的大量动物骨骼，涉及动物30余种。其中数量最多的是鹿科动物，如水鹿、梅花鹿、毛冠鹿、赤鹿、黄麂、小鹿、麝等；其次为野猪、犀牛、巨松鼠、豪猪、黑熊、貉、青鼬、水獭、猪獾、豹、豹猫、石貂、斑灵狸、小灵狸、大灵猫、猕猴、金丝猴、野兔、巨松鼠、野鸡、雉、鸭、鳖、龟等，除犀牛、石貂、金丝猴和巨松鼠外，其他动物在赣鄱地域都有分布。[1] 即动物肉类是人类重要的食物来源，所以，后来的新石器遗址都出土了大量的动物骨骼及捕鱼和打猎用的工具，如新余拾年山遗址、清江樊城堆遗址、修水山背遗址、九江神墩遗址等。

原始的渔猎发展成了畜牧水产业，如养鱼与圈养鸡、鸭、牛、羊、猪、狗等。赣鄱地域境内主要圈养的动物有牛、羊、猪、狗、鸭、鸡、鹅等，即这些动物是赣鄱人们主要的食用肉类动物。此外，鄱阳地域的人们因地制宜，利用鄱阳湖及大小河流发展畜牧水产业。

二、智慧创造

人们获取食品需要智慧，同样，将获取的可食之品加工成各式各样的美味食品也需要智慧。自从人类懂得了用火之后，人类就不断地用智慧加工食品。地理环境和风俗习惯的不同以及各地可获得的食材不同，使世界各地形成了不同的饮食文化。就中国而言，东北、西北与南方饮食习惯有很大不同，饮食文化形式多样。就一个地域而言，有"十里不同风，百里不同俗，千里不同情"之说，而饮食习惯作为风俗的组成部分，百里有差异、千里差异大，因为生活环境和可获取的食材有差异，对食材的加工创造也就形式多样。如赣鄱地域，赣北鄱阳湖区

---

[1] 参见王林森：《人类陶冶与稻作文明起源地——世界级考古洞穴万年仙人洞与吊桶环》，江西美术出版社2010年版，第122页。

平原与赣南客家，赣东平原与赣西山区对食品加工的智慧应用形式多种多样、各具特色。

1. 智慧创造主食

图 7-1　用甑〔木桶〕蒸的饭

图 7-2　蒸饭的甑

赣鄱各地以稻米为主食，将稻米加工成米饭，虽加工的智慧各有所不同，但总的来说不外乎煮熟和蒸熟，只是各地偏好有所不同。赣南客家人特别喜欢用甑蒸饭（如图7-1），蒸熟的饭特别香。其方法是：将适量稻米洗净；在锅中放入适量净水烧开，将淘洗干净的米放入锅中，煮成七成熟；将煮好的大米沥干米汤（米汤也可食用或用于喂猪等）；在锅中放入适量的水，将沥干米汤的七成熟饭放入甑（如图7-2）中；将甑放入已放水的锅中，让水蒸气将饭蒸熟。

从清代至20世纪七八十年代，赣南客家多有此蒸饭习惯。但随着电器的广泛应用，电饭煲快捷的煮饭方式已取代了传统的蒸饭方式，省时省力。

在明末清初番薯传入赣鄱地域后，番薯被广泛种植在山地丘陵，以补主粮之不足，被广泛食用。其食用方法可蒸熟或煮熟（如图7-3）后吃，也可生吃，生吃时鲜滑爽脆。为更长时间的保存，农家常常将番薯切片或切成粒晒干。番薯片或粒可与稻米煮成稀饭，也可将番薯粒拌入稻米中一起煮熟或蒸熟，可节省稻米，且无论红薯稀饭还是薯粒饭（如图7-4）都香甜

图 7-3 熟红薯

图 7-4 薯粒饭

可口。20 世纪 80 年代以后，随着稻米产量的大增，这种用红薯入饭以节省大米的方式已少用了。

稻米的另一种普遍加工方式是熬粥，或不加配料，或加上各种配料：不加配料，熬成白粥，清爽可口；加各种配料，熬成各种各样的粥，如绿豆粥、薏米粥、枸杞百合粥、肉末粥、猪肝粥、红枣莲子粥、南瓜粥（如图 7-5、7-6）等

图 7-5 红枣莲子粥

图 7-6 南瓜粥

等。熬粥时，人们可按喜好制作不同的粥，充分展现智慧。

2. 智慧创造菜品

将各种蔬菜和鸡鸭鱼肉等加工成美味又营养的菜品，毫无疑问，是一种需要用智慧去创造的工作。从原始人类懂得用火开始，从将食物烧烤开始，经过长期的经验积累及炊煮器的创造，人类发明了焖、烧、蒸、炖、煮、炒、腌等加工菜品的方式。在这几种方式之下，人们通过智慧将食材相互搭配、进行调味等，菜品千变万化，形成了各地域丰富多彩的菜品。

以赣鄱地域的一些名菜为例，创造美味而有营养的菜品就是一种智慧。

（1）赣南客家名菜。

在赣南客家地区有赣南小炒鱼、宁都"三杯鸡"、兴国"四星望月"（粉蒸鱼）、南康荷包胙、炒东坡（酸菜炒猪大肠）等名菜。

赣南小炒鱼（如图7-7）之所以有名，是因为其口味独特。炒好的鱼肉鲜嫩爽滑，醋香味诱人，微辣，外观色泽金黄，无论品相还是味道都让人欲罢不能。其智慧点在于将新鲜草鱼切成小块，拌少许生粉，放油锅中煎一煎，特别需要掌握煎的火候，煎久了，鱼肉就不嫩了，最后加上一些醋。这种做小炒鱼的方法肯定经过了长期的实践总结。在赣南流传这样一个故事：王阳明在赣南任巡抚时，聘用一位姓凌的人为厨师。由于王阳明爱吃鱼，于是凌厨子变着花样做各种口味的鱼。有一次凌厨子做鱼时放了醋，口味别具一格。王阳明吃过之后，非常高兴地问这道菜叫什么名，凌厨子即兴回答道："赣南小炒鱼。"从此，这道菜便流行于赣南各地，成为一道名菜，逢年过节，赣南各地必备此菜。

图7-7 赣南小炒鱼

宁都"三杯鸡"（如图7-8）不仅是流行于赣南各地的一道名菜，还随着客家人的迁移传入福建、广东、台湾及东南亚等地，形成了福建"三杯鸡"、广东"三杯鸡"、台湾"三杯鸡"等。之所以如此受欢迎，是因为其不仅做法简单，口味还非常美味。其智慧点在于选用嫩鸡（通常选优质三黄鸡，易炖烂），切成小块

图7-8 宁都"三杯鸡"

后，把三种调料（米酒、猪油或茶油、酱油各一杯）倒入鸡块中，用文火慢炖，在将鸡肉炖烂的同时将三种调料炖入鸡肉中，最后用大火收汁至浓稠状。在三种调料的慢炖下，菜品色泽金黄，让人观之欲食，肉质酥嫩，甜中带咸，咸中带鲜，味道非常美。毫无疑问，这是在长期实践中得出的经验，虽源起于宁都，却成为中华名菜，2008年入选奥运会主菜单，并被评为江西十大名菜之一。

兴国"四星望月"（如图7-9）实际上是一道用薄竹片编的圆蒸笼蒸出来的米粉鱼，配上四碟赣南客家小菜，既美味又独特，特别经由伟人毛泽东命名，成为赣南名菜。其智慧点在于将米粉、鱼片加入赣南的辣椒酱，用竹编小蒸笼将辣味和酱味蒸入鱼肉和米粉中，加上垫底的粽叶的清香，笼盖一揭，香、辣、鲜味

图7-9 兴国"四星望月"（笼蒸粉鱼）

扑鼻而来，鱼肉鲜嫩美味，米粉微辣味美，入口润滑，配上四碟赣南小菜，真是让人食而赞之。当年毛泽东品尝之后，赞之为"四星望月"——蒸笼看上去像月亮，四小碟像四颗星。真实的故事是：

1929 年（一说 1931 年）4 月，毛泽东率红四军从井冈山突围，转战赣南闽西，历尽艰辛，到达兴国县，当时中共兴国县的负责人陈奇涵、胡灿等人凑钱请毛泽东等人吃饭，准备了一道粉蒸鱼和四碟小菜。毛泽东尝过鱼块之后，感觉鱼块又辣又鲜又嫩，很对他的湖南口味，不禁连连称赞。吃了一阵之后，毛泽东问道："这菜叫么子名？"胡灿说："家常菜，没啥正名。"于是，陈奇涵请毛泽东起名。毛泽东兴致盎然指着菜说："你们看，一个圆竹笼像月亮，四个碟子像星星。这星星和月亮，就像各地的工、农、商、学盼望红军的到来，我看就叫'四星望月'吧。"众人都为毛泽东的奇妙联想叫好。郭沫若品尝"四星望月"后，称赞此菜为"天下第一菜"。新中国成立后，毛泽东每次回江西都要点"四星望月"，可见他对这道菜的推崇和感情，并且还把这道菜引上了中南海的宴席。1972 年 12 月，邓小平到兴国故地重游，指名要吃"四星望月"。这说明老一辈革命家都喜爱这道菜，也表明了他们对当年革命生活的怀念。1996 年 9 月 9 日，京九铁路通车，江泽民到兴国视察，也特意安排了这道菜。中国三代领导人都看好这一道菜，其意义不止于菜本身，也在于对其所蕴含的革命精神的传承与发扬。

图 7-10　南康荷包胙

南康荷包胙（如图 7-10），又名荷包扎、荷包肉，这是一道赣南客家名菜。其做法是用文火把用荷叶包着的拌好了米粉和一些调料的五花肉蒸熟。蒸荷包胙时，往往用很大的木甑，数十个荷包胙同时蒸。凡办喜事，这是必不可少的菜，既喜庆又美味。其智慧点在于配料的制作和荷叶的使用，即用炒熟后磨成粉的八角、胡椒粉、酱油、十三香、茶油等将切好的猪肉块腌制半小时，再加入炒香的糯米磨成的粉，拌均匀后用荷叶包成状元帽或元宝形状等，而后放入大木甑中蒸数小时。当取出荷包胙打开荷叶时，只见色泽金黄的肉块清香扑鼻，荷叶的清香与配料的香味融为一体，让人食欲大开。肉块尝起来肥而不油腻，非常美味。这道名菜的来历也颇为喜庆。相传清乾隆四十三年（1778）大余人戴衢享在殿试中中状元，授翰林院修撰，回乡后其族人大摆宴席。聪明的厨师们用本地的荷叶把用配料腌制并拌匀了米粉的五花肉块包成状元帽状，然后用赣南的大木甑蒸，蒸熟后清香美味。由此，这道菜在赣南流传开来，并以南康荷包胙最有名（最正宗）。凡嫁女娶媳，这道菜不仅是酒席上必备的，而且是给客人的回礼，就如当代婚宴发喜糖，每家来客吃完喜酒后都要带一两个回家。

赣州炒东坡（如图7-11）实际上是酸菜炒大肠，是一道赣南的乡土菜。赣南客家，家家都有酸菜坛子。自家酿制的米酒，用大坛子装好，放入盐，放入红辣椒、萝卜、芥菜梗子、藠头、姜等浸泡些时日。这些菜便变得酸甜可口，

图7-11　赣州炒东坡（赣南酸菜炒大肠）

用于炒鱼、炒肉，特别开胃。酸菜炒大肠是赣南的家常菜。这道菜的要点在于选用大肠，因大肠肉厚些，咬起来有脆感；其次是要掌握爆炒大肠的火候，炒久了，吃起来不脆，这道菜就做得不好；再次是加入酸菜（如酸的红辣椒）与肠片一起炒，两者吃起来味道都非常独特，让人胃口大开。这样一道乡间土菜，却被称为"炒东坡"，让人觉得莫名其妙。其中是有缘由的，简而言之，就是苏东坡特别喜欢吃这道菜。苏东坡一生曾两次路过赣南，北宋绍圣元年（1094）被贬岭南路经赣南时青睐这道菜，但因没有久留，也就未多品尝。建中靖国元年（1101），他被贬海南后奉诏回京路过赣南，这一次他在赣州附近的已故朋友儿子家住了些时日，更多地品尝了这道菜。由于苏东坡爱此菜，此后赣南人民称这道菜为"炒东坡"。

（2）赣北乡土名菜。

赣北的地理环境与赣南有较多不同，赣北鄱阳湖区平原开阔，赣南以山地和盆地为多。在开阔的平原地带，人的性情和可获得的食材与山区多的地域有所不同。这也就使得人们的饮食喜好不同，从而形成具有地域特色的菜品。赣北的

图 7-12　余干辣椒炒肉

图 7-13　鄱阳湖鳙鱼头

乡土名菜有余干辣椒炒肉、鄱阳湖鳙鱼头、藜蒿炒腊肉、啤酒烧麻鸭等。

余干辣椒炒肉（如图7-12）是赣北地域的一道名菜。辣椒炒肉原本是一道很普通的菜，余干辣椒炒肉之所以会成为名菜，是因为余干辣椒很特别。这种曾在明清时期多次作为江西特产进贡朝廷的枫树椒，果小，皮薄，肉厚，营养丰富，辣嘴不辣心。其做法是将肉爆炒之后，加切小了的辣椒炒，再加入配料，如豆豉、姜、蒜末、水淀粉等。做好的余干辣椒炒肉味美、开胃下饭，在赣鄱地域的大小餐馆和普通家庭常见这道菜。在2022年2月江西省商务厅发布的赣菜"十大名菜"榜单中，余干辣椒炒肉名列其中。

鄱阳湖鳙鱼头（如图7-13）是一道赣北名菜。鄱阳湖中有100多种鱼，其中鲤、鳙、鲫、鳊、鳜、鲶、鲭等较多，以鲥、银鱼著名。鳙鱼俗称雄鱼，又名花鲢、包头鱼、大头鱼、黑鲢、麻鲢，体形侧扁，头部较大而且宽，口宽大。其做法是取一条较大的鳙鱼，将头破开洗净，放入盆中，加入料酒、盐、萝卜干、生姜、蒜、辣椒等腌制，然后放入蒸柜中蒸熟。这道菜味道鲜辣微酸、鱼肉肥嫩鲜美，体现了赣菜风味，成为十大赣菜之一。

藜蒿炒腊肉（如图7-14）原本只是流行在赣北鄱阳湖平原区域的一道家常菜。藜蒿原本只是鄱阳湖的草，每到春天，鄱阳湖水草丰茂，长满了青草。

鄱阳湖的草属蒿草，被称为藜蒿（如图7-15）。据传唐代大历（766—779）

图 7-14　藜蒿炒腊肉

图 7-15　鄱阳湖的草——黎蒿

中期，被贬到饶州郡任刺史的大书法家颜真卿，有一次发现鄱阳湖区不少民妇从草洲采来一篮篮青碧辛香的野草。颜真卿感到奇怪，便叫部下打听其中缘由。其部下打听回来告知他，这些人采撷的是一种叫蘩的野草。颜真卿顿时想起《诗经》中的诗句："于以采蘩，于沼于沚。"他知道蘩的称呼是古名，当时当地人称这种草为白蒿。于是他便去询问人们采这么多的蘩干什么。本地人回答，蘩草的根富含淀粉，可以帮助度过春荒。颜真卿听过之后，深深地感叹了一句：看来此草名不副实，依我所见，不如称作"黎蒿"。黎者，众也，众人喜爱的野蒿。众人一听，齐声称好。从此，白蒿在鄱阳一带便改称"黎蒿"。为了表示此蒿草属，人们后来便在"黎"字上面加上草头。

　　对于人们是如何发现这种蒿草的茎炒腊肉是一道很美味的菜，也有两种传说。

　　其一：据传晋代道教大师与治水名家许逊，曾任旌阳县令，后弃官到南昌。时值彭蠡湖（今鄱阳湖）水灾连年，许逊便决心为民治水，足迹遍布湖区各地。有一年开春，他来到彭蠡湖区一个地势高峻的孤岛勘察地形，突遇狂风暴雨，湖水猛涨，被围困在岛上几天，得不到外援。他所带干粮几乎全部吃完，只余下一点腊肉。在饥寒交迫时，许逊突然发现岛上长满了一丛丛的蒿草，一望无际，他想，要是这草能吃就好了。于是，他随手摘取了一些嫩茎，试着与剩下的一点腊肉炒制，谁知，这蒿草炒腊肉竟然清香扑鼻、脆嫩可口。于是，鄱阳湖的草（藜蒿）炒腊肉在鄱阳湖一带就流传开来了。

其二：元代末年，朱元璋与陈友谅争夺天下，在鄱阳湖周边对战多年。有一年春天，朱元璋被陈友谅的水军围困于鄱阳湖中的康山草洲，被困半个月后，船上所携带的蔬菜全吃光了。朱元璋数天未食蔬菜，食欲大减，日渐消瘦。伙夫着急，忽然发现草洲上生长着一种碧绿的野草，便随手扯了一根嫩茎嚼了嚼，满口生香，且清脆爽口。于是伙夫便采摘了许多野草，去其叶，择其茎，与军中仅剩的一块腊肉皮同炒。当这道香气四溢的野蔬端上桌后，朱元璋食欲大振，连连称赞，精神振奋。后来打败了陈友谅，朱元璋遂赐名此草为藜蒿，藜蒿炒腊肉由此成为鄱阳湖一带百姓常吃的一道菜。

历史的传说是真是假难以考证了。但藜蒿炒腊肉从赣北传入赣鄱各地域，成为赣鄱地域百姓都爱吃的一道家常菜。

啤酒烧麻鸭（如图7-16）是赣北地域的家常菜。之所以选用麻鸭（如图7-17），是因为这是赣北地域常养且养得较多的一种鸭，且麻鸭肉易煮烂。这道

图7-16 啤酒烧麻鸭

图7-17 麻鸭

菜的智慧点在于啤酒焖煮出来的鸭肉清香美味，这是沿用了赣鄱地域的人们炒菜喜爱加点米酒的习惯，炒菜时加上点米酒，酒香四溢。

（3）赣中名菜。

赣中地域是赣鄱的重要产粮区，中间为广阔的吉泰平原，西边是与湖南交界的罗霄山山脉中段的井冈山，东部为与福建交界的武夷山脉。吉泰平原内河流纵横，地势平坦，非常宜于农业耕作。在这样一个农耕历史悠久的区域，产生一些具有地域特色的名菜，也是情理中的事了。赣中著名的菜品有井冈烟笋烧肉、永和豆腐、滋补泰和乌鸡汤、文山鸡丁等。

井冈烟笋烧肉（如图7-18）之所以成为赣鄱地域的一道名菜，不仅是因为这道菜味美，更因为这道菜富有地域特色。八百井冈，翠竹连绵，不同种类的竹笋都很容易制成笋干。之所以称为烟笋（如图7-19），是因为煮过之后的井冈竹笋用炭火焙干后有烟熏的味道。竹笋干用清水泡软后，切成丝，与肉一起焖煮，肉的味道鲜美、香而不腻，笋丝也别有风味，为大众所喜爱。

图7-18　井冈烟笋烧肉

永和豆腐（如图7-20）被列为"十大赣菜"之一。豆腐原本是中国许多地域常见的食材，也是赣鄱各地人们都常食用的食材。永和豆腐指的是吉安县永和镇豆腐，不仅味道特别美，细腻、淳厚、爽滑、筋道，还蕴含了感人的历史文化故事。据传，南宋末

图7-19　井冈烟笋

年，文天祥起兵抗元，率领队伍经过与其家乡一水之隔的永和镇时，粮草用尽，士气不振，永和的百姓用本地的豆腐汤慰劳文天祥的部队。文天祥品尝豆

图 7-20 永和豆腐

图 7-21 滋补泰和乌鸡汤

腐汤后，连连称赞。官兵、战士们食用豆腐汤后，精神大振，投入抗元的战斗中。文天祥英勇就义后，永和百姓为了纪念他，将他当年在永和品尝的豆腐称为"永和豆腐"。食用这样一道家常豆腐，不仅能满足口腹之欲，还能感受当年文天祥的民族正义。

滋补泰和乌鸡汤（如图7-21），是一道有名的药膳，但对泰和本地人而言，却是一道家常菜。其最大的特色在于，这种鸡很特别，专产于泰和县武山北麓，所以又称武山鸡，营养价值和药用价值高。乌鸡的外形也颇为特别：丛冠、缨头、绿耳、胡须、丝毛、五爪、乌皮、乌肉、乌骨。用这种鸡炖出来的汤也是乌色的。泰和县为什么会产这样一种营养价值和药用价值极高的鸡，已说不清楚。传说泰和乌鸡的前身就是白凤仙子，传说的"八仙"曾经云游至泰和县武山，恰逢人间重阳佳节。金秋十月的泰和瓜果成熟、花香四溢，处处一派祥和的景象。久居天宫的众仙看到人间此景，非常兴奋，便忘记了戒律清规，在武山境内饮酒论道，赏景吟诗，快意了一回。醉上心头的"八仙"仍不忘相约一年后的重阳故地重游，岂料"天宫一日，人间一年"。"八仙"在天上过了一年后，故地重游时，人间已过300多年。此时武山一带因妖孽作怪而瘟疫流行，昔日的美景不见。"八仙"急在心头，誓伏妖孽，就地支炉，一边炼丹普济众生，一边与妖孽斗法，但功力不敌，只好请求王母娘娘支援。王母娘娘让身边的白凤仙子前来助阵，保护仙丹不被妖孽破坏。白凤仙子下凡到武山后誓死保护炼丹炉，忍受烈焰焚烧，浑身被烧得焦黑。打败妖孽后，白凤仙子化作白凤乌鸡留驻人间。

民间故事非常感人。但泰和乌鸡（如图7-22）的营养价值高，是得到医学家认可的。汉代的《神农本草》和明代李时珍的《本草纲目》对乌鸡的药用价值都有具体说明。

在泰和县基本上家家都养乌鸡，或圈养或放养。家中有产妇和病人时，亲朋好友都会送上乌鸡和乌鸡蛋等，为产妇和病人滋补身体。乌鸡肉质鲜美、营养价值高，不论是煲汤，还是红烧，口味俱佳。

图7-22　泰和乌鸡

滋补泰和乌鸡汤的做法是，将宰杀洗净后的乌鸡与枸杞、党参、红枣等滋补类食材及一定量的水，隔水蒸制3个小时。长时间的炖煮之后，鸡肉软烂入味，透着淡淡的药香味。鸡汤鲜美醇厚，既让人回味无穷，又滋补身体，成为赣鄱地域的名菜。

文山鸡丁（如图7-23），赣菜"十大名菜"之一，是一道历史悠久的赣鄱名菜。相传这道菜是由南宋末年的文天祥用于招待朋友而发明的，由于味美且有营

图7-23　文山鸡丁

养，深得民众喜爱而流传开来。其智慧点是用鸡胸肉切丁，经调料腌制后，加入葱、姜、蒜、辣椒等炒制，既味美又营养。

（4）赣西等地名菜。

除上述赣南、赣北、赣中之外，赣鄱其他地域也都有一些地域特色的名菜，如赣西的莲花血鸭、赣东北景德镇的瓷泥煨鸡等，以及全省各地域的人们都喜爱的米粉蒸肉等。

图 7-24　莲花血鸭

莲花血鸭（如图 7-24），是一道历史悠久的赣鄱名菜。其有名，不仅因为味道香辣美味、鲜嫩可口，还因为蕴含历史文化。相传南宋末年，文天祥率兵抗元，路过赣西莲花时，厨师误将战士们誓师的鸭血酒当作辣酱加入鸭丁中焖烧。谁知这道菜香辣异常，味道鲜美，文天祥品尝后连连称赞，问厨师这道菜叫什么，厨师说就叫"血鸭"吧。从此，莲花血鸭这道菜在赣鄱地域流传开来，传承了 700 多年，至今成为赣菜十大名菜之一。这道菜的做法是先将宰杀洗净后的鸭子切成丁，再将辣椒切成丁，然后将鸭肉爆炒后加入辣椒丁继续爆炒，最后加入米酒与鸭血调配后的酱料焖煮。开锅后其香辣味扑鼻而来，鸭肉鲜美可口，让人欲罢不能。

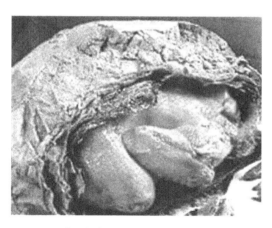

图 7-25　瓷泥煨鸡

瓷泥煨鸡（如图 7-25）是一道极富地方特色的名菜。景德镇被称为瓷都，是世界闻名的瓷器生产地。所以，这个地方的菜也与瓷器生产相关联。相传，清代景德镇的瓷工在制作瓷器时，竟然顺便利用身边的制瓷余料和窑火做菜。他们将嫩鸡去毛、破腹、洗净后，在鸡腹内填满猪肉末及生姜、葱花、麻油、食盐之类的佐料，用荷叶包好；再将绍兴老酒淋入瓷泥中，拌匀后，用含酒的瓷泥将用荷叶包好的嫩鸡团团裹住，埋入刚开的热窑内的熟渣中；煨烤 10 小时左右后取出，剥去瓷泥与荷叶。鸡身完整，色泽诱人，鸡肉鲜嫩、酥烂飘香、食不嵌齿。瓷泥煨鸡由此成为景德镇的名菜。

米粉蒸肉（如图7-26）是赣鄱各
地人们都喜好的一道家常菜。赣鄱地
域的人们每年立夏前后都喜欢蒸上一
碗米粉肉，以迎接夏天的到来，因为
据说吃了米粉肉就不会生痱子。这道
菜的关键不仅是要用带皮的五花肉，
更主要的是拌肉的粉的制作。粉制作
得好，蒸出的米粉肉才味道好。赣鄱
地域的人们的聪明正在于此。其做法
是把干辣椒、花椒、山柰、八角放锅
里炒，炒出香味后取出，再与大米一
起磨成粉状；然后把这些粉末与经酱

图7-26　米粉蒸肉

油、盐腌制后的五花肉拌均匀后，用蒸锅蒸熟。这样做出来的米粉肉香味扑鼻，
鲜嫩美味，成为赣鄱地域百姓非常喜爱的一道菜。2018年9月，粉蒸肉被评为
中国菜之江西十大经典名菜。清代诗人兼著名美食家袁枚在《随园食单》中记
载："粉蒸肉：用精肥参半之肉，炒米粉黄色，拌面酱蒸之，下用白菜作垫。熟
时不但肉美，菜亦美。以不见水，故味独全。江西人菜也。"[1]可见，这道菜有一
定的历史了。

实际上，赣鄱地域的菜品远远不止上述这些，上述这些只是名菜。赣鄱各
地域还有许多反映百姓智慧的菜品。据2011年江西省商务厅公布的江西100道
名菜谱，除上述这些名菜外还有：

西施金丝缠大虾、海参眉毛丸、稻香鸭、新雅四宝、瓦罐煨猪手、酱香
肘子、红酥肉、烤羊排、苦瓜酿核枣、清蒸军山湖大闸蟹、鳜鱼煮粉、金蝉戏
莲、茶香和平鸽、莲子老鸭煨汤、绉纱扣肉、小炒黄牛肉、红烧牛蹄筋、炒勺
子肉、珍珠肉丸、炒双冬、如意冬笋、鲍汁花菇、凤凰扣笋针、白汁玉翅、豆
参炖鲇鱼、香酥刀鱼、香煎白鱼、东坡肉、庐山红烧石鸡、煎虾渣、浔阳龙
虾、山药炖排骨、土椒烧鳜鱼、豆豉煨肉、东升沙钵豚、金镶玉、船板肉、鸭
脚板炒腊肉、甲鱼烧苦槠皮、志士肉、萍乡烟熏肉、萍乡小炒肉、全家福、砂钵

---

① ［清］袁枚著，陈伟明译注：《随园食单》，中华书局2010年版，第82页。

土鸡汤、无水烧鹅、粽香骨、白玉黄蜂肉、天师八卦豆腐、天师板栗烧土鸡、黄袍拜君王、一品马蹄凤丸汤、红军焖鸭、蝴蝶鱼饺、兴国粉蒸灰鹅、响铃鱼饼、赣州嗻鱼嘴、赣味牛脸、黄焖铜鼓黑山羊、明月映石蛙、上汤腐竹煲、老表土鸡汤、五元龙凤、宜丰炒米蒸蛋、弋阳国道鱼、春不老黄芽头、鄱湖三色鱼、弋阳鸡、婺源南瓜糊、婺源糊豆腐、清蒸荷包红鲤鱼、金龟煨山药、银鱼泡蛋、绣球干贝、甲鱼煮粉皮、南丰鱼丝、水晶肉丸、双色蛋菇、临川牛杂、宜黄焦头笋、银鱼藕丝、葵花莲子、参杞乌骨鸡、酱萝卜炖老鸭、泰和烧沙鳖、苪叶炒鳝片、鄱湖蒸藕丸。

3.智慧创造小吃

赣鄱人们不仅在主食和菜品方面充分表现出智慧，在小吃方面也表现出超高的智慧。

（1）南昌瓦罐汤（如图7-27）。

瓦罐煨汤，即在瓦罐中放入食材（如鸡肉、排骨或其他）及配料，用小火慢慢熬制。这种煮食方法历史悠久，也许可追溯到原始人类学会用火又学会制陶之时。制作南昌瓦罐汤，关键在于配方，即食材（如整鸡）加入有关滋补类名贵中药材及调料。这样煨出来的汤既美味可口又有滋补身体的作用，在赣鄱民间流传很广。

图7-27 南昌瓦罐汤

（2）安远三鲜粉（如图7-28）。

在赣鄱地域，用大米磨成的米粉制成的汤粉或炒粉是很普遍的一种小吃。安远的汤粉之所以著名，不仅是因为口味好，更是因为蕴含历史故事。相传明代江南才

图7-28 安远三鲜粉

子唐伯虎慕安远九龙茶之名，云游至安远境内，品尝过当地妇女制作的汤粉之后，盛赞安远汤粉香、嫩、滑，并为之取名"三鲜"。由此，安远三鲜粉声名远播，流传至今，被誉为赣鄱著名小吃。

（3）南昌炒粉（如图7-29）。

炒粉本是平常的一道小吃。但南昌炒粉有名，一是因为南昌米粉筋道，久浸不烂，久炒不断，用优质晚米经浸泡、磨浆、滤干、采浆等多道工序制成，可用佐料如辣酱、葱、姜末、蒜末、熟酱油等凉拌着吃。南昌人特别爱用香油、肉丝、大蒜、辣椒和酱油炒米粉。南昌炒粉香辣美味，常吃不厌。

（4）客家烫皮（如图7-30）。

以大米为原料制成的各种小吃非常多，赣南烫皮是其中颇具地方特色的著名小吃。在赣鄱地域的赣南、宜春等客家区域，客家人先将大米浸泡、磨浆，然后倒入圆形簸箕中蒸熟、晾干或晒干，切成小块，再用热的沙炒制成烫皮。客家烫皮色泽鲜亮，入口香、脆、酥，颇具地方风味。

（5）弋阳年糕（如图7-31）。

弋阳年糕又称弋阳大禾米粿，是江西著名的小吃。弋阳年糕不

图7-29　南昌炒粉

图7-30　客家烫皮

图7-31　弋阳年糕

同于一般的米糕，口味纯正，不黏不腻，柔软爽滑，韧性十足，久煮不烂，可蒸、可煮、可炒、可烤，为国家地理标志产品。弋阳年糕之所以有如此不同于一般米糕的特性，一是在于其原料为弋阳大禾稻米，用此地大米做的米饭有韧性；二是其工艺独特，历史悠久。弋阳年糕的制作过程可概括为"三蒸两百锤"：先将大禾米浸泡一些时间后放入甑中蒸熟，然后把熟饭投入干净的石臼中，用木棍反复碾压，再用木槌反复捶打，把米饭打成饭团后放入甑中用大火蒸，蒸些时间后又将饭团投入石臼中捶打，如此反复3次，至少锤打200下，接着将饭团切成小团，挤入印板中，刻上喜庆、吉祥图案，用手工压平后晾干。弋阳的农人们习惯将年糕浸泡在立冬后至立春前10天的山泉水中，可保鲜至端午节前后。

（7）南昌白糖糕（如图7-32）。

南昌白糖糕是赣北南昌区域流传很广的一种民间小吃，历史悠久。民国时期南昌大街小巷的各大茶铺都有此佐茶食品，南昌白糖糕被誉为江西传统五大名点之一。其特点是洁白、柔软、香糯、外酥里嫩，别有一番风味。其制法是：将优质的糯米浸泡后滤干，放入石臼舂成细粉，冲开水后搓揉成细条，展为薄片，多层叠起，弯成圈，入油锅炸至金黄，最后将白糖与米粉混合后撒于糕上。

图7-32　南昌白糖糕

（8）景德镇饺子粑（如图7-33）。

景德镇饺子粑实际上就是一种蒸饺，只是景德镇及安徽一带喜爱并以此为小吃而已，有辣馅和不辣馅。辣馅是馅料中加了辣椒，不辣的馅料为韭菜、豆干、豆芽等，各随喜好。蒸饺作为小吃，历史悠久，流传也颇广。

图 7-33　景德镇饺子粑（蒸饺）　　　　　图 7-34　信丰萝卜饺

（9）信丰萝卜饺（如图 7-34）。

信丰萝卜饺是信丰县一带人们喜爱的小吃，同样是蒸饺，却有其特别之处。其特别之处为饺子皮用红薯淀粉制成，非米粉或面粉；饺子馅以信丰本地的萝卜为主，加入肉片或鱼片及辣椒等料。所以其味道也特别。红薯淀粉制成的饺皮特别柔韧，馅中萝卜甜津，风味别具一格。

（10）九江桂花酥糖（如图7-35）。

九江桂花酥糖是赣北九江一带的传统小吃，用富强粉、白麻仁、白砂糖、饴糖、桂花精制而成。其色乳白，质地细嫩，麻香、油润、甜爽、香醇，特别是桂花的香味让人喜爱。当地妇孺老幼及外地游客都喜爱这种小吃。相传这种小吃是唐代杨贵妃

图 7-35　九江桂花酥糖

喜爱的一种食品。

除上述著名小吃外，赣鄱民间还有许多小吃，可以说是不可胜数。勤劳的民众用智慧将身边的食材，创造出了无数别具地域风格的食品。

对于赣鄱地域百姓日常的饮食，同治《分宜县志》风俗篇有一段总结性的

描述，反映了清代至民国直至 21 世纪 70 年代的状况：

> 饭食：白米有早黏、晚稻之分。（分宜）西北多产芋薯，每家约百石，
> 至冬，用以和饭或制丝，或制子，竟日蒸食充饥。若粟、麦、玉、蜀黍间
> 有种植，所出不广。惟端节食角黍、麦包，此为特别，非日食常品，佐膳
> 者。荤以猪肉，素以豆腐为家常大宗，其他鸡、鱼、牛、羊、山珍海味，
> 非喜庆宴宾，不登于俎。酒系糯米酿造。近有贩运碧黄、碧绿、白干之属。
> 菜蔬四季尚时新，如春韭、夏苋、秋瓜、冬薤之类。[①]

这段话大致描述了赣鄱地域清代及民国和 21 世纪 70 年代赣鄱农村的饮食生
活状况。

4. 智慧创造饮食文化

中国人民不仅用智慧创造美味的食品，还用智慧创造饮食文化，将精神情
感、伦理价值理念融入食品和饮食行为中，以食品表达思想情感，将尊老爱幼、
尊祖敬宗、温良敦厚、孝悌等儒家思想观念贯彻在饮食行为中。

（1）餐桌饮食文化。

吃饭，是一种饮食行为，既然是一种行为，那就一定有行为规范，所谓
"无规矩不成方圆"。中国是一个礼仪之邦，自上古以来就讲究礼仪、礼节，对各
种行为都有文化方面的规范和约定俗成的规范。所有规范的核心思想、核心灵魂
反映的是儒家思想文化和价值理念。同样，自古以来，人们对吃饭这种饮食行为
就颇有讲究，处处体现着儒家的孝悌、温良敦厚、尊老爱幼、克己内敛、互敬互
爱等的思想观念和伦理要求。具体而言有以下几点：

一是座次与开吃的讲究。如果长辈没有入席、没有招呼大家开吃或没有动
筷子吃，后辈需耐心等待，直到长辈都入席，并招呼大家开吃或动筷子吃，后
辈们才可以开吃。

对于座次也颇有讲究，往往是"尚左尊东""面朝大门为尊"。若是圆桌，
则正对大门为主客，越靠近主客位置者越尊，如果距离相同则左侧尊于右侧。若
为八仙桌，如有正对大门的座位，则正对大门一侧的右位为主客；如果不正对大
门，则面东的一侧右席为首席。在家庭日常吃饭或家族聚餐时，年长者及辈分高

---

① 民国二十九年《分宜县志》卷十四《风俗》，《中国方志丛书·华中地方·273 号》，第 2108 页。

者为尊。这些规矩都充分体现了中国儒家的孝悌思想和尊老的观念，是中国传承已久的礼仪，也是礼仪之邦的表现。

二是餐桌上的规矩。在餐桌上应尽量保持安静，所谓"食不言"，吃饭时发出稀里呼噜的不雅声音是没有修养、没有礼貌、不尊重他人的表现。不可以端着饭碗到处走动（为敬酒而端着酒杯走动除外），因为这也是没有修养的表现。不可以不停地翻动菜盘中的食材，这不仅因为挑挑拣拣让人反感，还因为这是没有修养、不讲卫生、不尊重他人、自私自利的表现。这些规矩都体现了儒家的克己内敛、互敬互爱的思想理念和伦理要求。

三是吃饭时的讲究。吃饭时不可以紧紧咬住筷子，这不仅状貌不雅，倒人胃口，还是不讲卫生的行为（因中国人的筷子往往要重复使用），也易伤及喉咙。不可以将筷子竖插于饭碗中，这不仅难看，寓意也不好，因为这类似于上香祭奠，祥和的吃饭气氛也就被破坏了。

四是不可以剩饭。碗中饭必须吃干净，这既是珍爱粮食的行为，也是儒家的节俭要求。

以上这些规矩和讲究，不仅是赣鄱地域的餐桌饮食文化，也是中华民族共同的餐桌文化，体现了儒家文化的核心。

（2）节日饮食文化。

中华民族是一个勤劳的民族，人们在长时间的劳作与工作之余，也需要娱乐，需要享受生活。其中传统节日就是中国人民享受生活和娱乐的固定日子，端午、中秋、春节是中国传统的三大节日，还有些小庆节日如立春、元宵、重阳节、小年等。不管在大庆节日还是在小庆节日，制作美味食品是中国人民享受生活的主要内容，创造富有特色的节日食品是中国各地域人民共同庆祝节日的方式。由于中国地大物博，各地域物产有所不同，所以人们创造出的节日食品也丰富多样，由此中国形成了丰富多彩的节日饮食文化。就赣鄱地域而言，节日饮食文化有下面一些特色：

一是春节期间的饮食文化。

每年农历十二月最后一天的晚上就是除夕，除夕过后的正月初一至十五为春节期间，正月十五为元宵节。除夕夜，全家人聚在一起，祭祖、放鞭炮之后尽情地享受美味佳肴，北方习惯包饺子过大年，而南方往往习惯用鸡、鱼、猪肉等做些大菜，只是各地口味不一样。赣鄱地域的除夕夜食品，与南方许多地区一样，总是少不了用鸡、鱼、猪肉做成的菜。正月十五元宵节，赣鄱地域与全国许多地域一样，人们张灯结彩，猜灯谜，逛夜市，通宵达旦。元宵节，赣鄱有些地方的食品文化颇有地域特色，如赣东北有各家制作"上元圆"馈赠亲友邻里的习俗。乾隆《广信府志》风俗篇记载："元宵以粉丸相饷，谓之上元圆。衢市张灯喧闹达曙。"①同治《广丰县志》风俗篇也有同样的记载："元宵张灯，以米粉为丸，相饷，谓之上元圆。缙绅家陈箫鼓，举觞。"②制作上元圆相赠，主要是为了相互祝贺团圆吉祥，祝贺新的一年的美好开始，这是人们在用食品表达美好愿望。

正月初一（即古人所谓"元旦"），有的地方有特别的习俗。如九江地区，有亲朋好友间互赠"糍"的习俗。同治《九江府志》风俗篇记载："元旦鸡鸣起，肃衣焚香，拜天谒祖，次及尊属，各序拜。昧旦，择方隅，取吉行。日出，乡邻投刺、交谒、交馈以糍。"③所谓"择方隅"，就是选择方向；"取吉行"，即出大门后选择吉利的方向起步。所谓"糍"，即用糯米粉做的糍粑或糍团，这是很多地域乡间都有的一种食品，只是九江地区的人们习惯在正月初一馈赠亲友，这倒是有点特别。光绪《上犹县志》对于正月初一出大门后的起步方向的习俗有记载："元旦黎明，家长率子弟先于祖堂前设烛，行一跪四叩礼。旋出大门外参礼喜神，向四方各三揖，谓之出行。"④同治《安义县志》风俗篇有相类似的记载："元旦焚香祝圣，开门，长幼以次展拜，集家庙，谒祖，散饼，谓之丁饼，前后交拜，择吉出行。"⑤

正月初八，个别地方有特殊的饮食文化。如赣南客家地域的上犹县，"正月初八日，以米粉杂菜蔬八种，煮食之，谓之八宝羹"⑥。

二是春社日饮食文化。

春社日是中国乡村颇为重要的日子，也是可以享受美食的日子。人们于立春后的第五个戊日（戊子日、戊寅日、戊辰日、戊午日、戊申日、戊戌日）祭祀土地神，祈社神赐福，祈求五谷丰登。清代赣鄱地域的习俗是："二月上戊，

① 同治《广信府志》卷一《地理·风俗》，《中国方志丛书·华中地方·106号》，第109页。
② 同治《广丰县志》卷三《风俗》，《中国方志丛书·华中地方·265号》，第307页。
③ 同治《九江府志》卷八《地理·风俗》，《中国方志丛书·华中地方·267号》，第114页。
④ 光绪七年《上犹县志》卷二《舆地·风俗》，《中国方志丛书·华中地方·266号》，第244页。
⑤ 同治《安义县志》卷一《地理·风俗》，《中国方志丛书·华中地方·260号》，第355页。
⑥ 光绪七年《上犹县志》卷二《舆地·风俗》，《中国方志丛书·华中地方·266号》，第145页。

乡间祭社，每数家或十数家醵钱、设酒肉于坛前，作灶具，熟馔，供神毕，席地团坐，啖饮极畅，欣喜欢呼而散。秋社亦然。"[1]秋社的时间为立秋日后的第五个戊日。

三是立夏日的饮食文化。

立夏是中国二十四节气中的第七个节气，夏季的第一个节气，时间一般在农历五月。这个节气的到来，意味着天气要热起来了，也意味着离夏收不远了。从上古时代以来，中国人民就非常重视这一节气。在这一天，中国各地有不同的饮食习尚，形成了丰富多彩的饮食文化。如赣南客家的上犹，"立夏日，人家多煮全鸡子，蒸腊肉，以烧酒饮之，并宰狗食之，似亦仿古烹狗祖阳之意"[2]。立夏日吃狗肉，这是赣南客家的普遍习尚。之所以在这一天吃狗肉，是因为天气热起来了，人易困乏，吃狗肉可以补充身体阳气。但很多地方并不吃狗肉，如同治《萍乡县志》风俗篇记载："立夏日，士民家煮粉团食，谓之立夏羹。"[3]此地仅仅只是喝一碗羹而已。有的地方更简单，喝喝茶而已，民国《南昌县志》风俗篇载："立夏日，妇女聚七家茶相约欢饮，曰立夏茶，谓是日不饮，则一夏苦昼眠也。"[4]即在立夏这一日不喝立夏茶，整个夏天都会困乏，喝立夏茶寄托着对美好生活的愿望。

四是四月初八日的饮食文化。

在农历四月初八，赣鄱地域有些地区有特殊的饮食习尚，这就是吃乌饭。其做法是将乌饭叶捣成汁，拌入糯米中，用文火做成饭。同治《玉山县志》风俗篇记载："四月八日采乌藜叶，汁渍黏米为饭，谓之乌饭。"[5]同治《九江府志》风俗篇记载："四月八日观雨旸，以占水旱。浮屠浴佛人家施乌饭。"[6]从这条记载可知，只有信仰佛教的人家才做乌饭自己吃并送人，由此也可知农历四月初八民间做乌饭和送乌饭的由来。据传释迦牟尼有一名弟子名叫目连，目连的母亲在十八层地狱饿鬼道受苦受难，目连修行得道后，费尽周折，求得恩准，去地狱看望母

① 光绪七年《上犹县志》卷二《舆地·风俗》，《中国方志丛书·华中地方·266号》，第145页。
② 光绪七年《上犹县志》卷二《舆地·风俗》，《中国方志丛书·华中地方·266号》，第145页。
③ 同治《萍乡县志》卷一《地理·风俗》，《中国方志丛书·华中地方·270号》，第208页。
④ 民国《南昌县志》卷五十六《风土》，《中国方志丛书·华中地方·106号》，第1655页。
⑤ 同治《玉山县志》卷一下《地理·风俗》，《中国方志丛书·华中地方·274号》，第326页。
⑥ 同治《九江府志》卷八《地理·风俗》，《中国方志丛书·华中地方·267号》，第114页。

亲，但每次准备的饭菜都被沿途的饿鬼狱卒抢吃一空。目莲为了让挨饿的母亲吃上饱饭，百思不得其法，经常在山上徘徊。有一天（农历四月初八），目莲在无奈、烦躁之中，不经意在山上随手摘下身边矮树上的叶子，放入嘴中无聊地咀嚼，发现这种树叶香润可口、叶汁乌黑。目莲心想，如果用这种树叶汁浸米，烧成乌黑的米饭给母亲送去，就不会遭到狱卒抢吃。于是目莲就将采摘的树叶拿回家捣碎，用叶汁浸米，蒸煮成乌饭后，再给母亲送去。果然，饿鬼狱卒们见了乌饭不再争抢，目莲的母亲总算吃上了饱饭。目莲也最终救母脱离饿鬼道。所以，民间信佛者做乌饭及施人乌饭是褒扬孝心的体现。据李时珍《本草纲目》记载：乌药叶属樟科类植物，性温和，味微苦，叶气香，可入药，上理脾胃元气，下通少阴肾经。即乌饭是有利于健康的饭。

同治《广丰县志》风俗篇载："四月八日入山采乌藠叶，取汁，渍黏米，炊为乌饭，间亦有馈亲友。"[①]

同治《兴安县志》风俗篇载："四月八日亲邻杨桐叶渍汁，蒸乌饭相馈送。"[②]

同治《瑞州府志》风俗篇记载："四月八日浮屠以桐叶汁蒸饭，遗俗家，名浴佛，会男女，蔬素供佛以祈福。"[③]

从上述三条记载可知，所谓"乌饭叶""乌藠叶"实际上是一种桐树叶。在农历四月初八以此叶汁渍米蒸成饭送人，不仅在赣鄱地域一些信佛之家有此习尚，在江苏、安徽、浙江等省也有此饮食习尚，云南、贵州两省喜蒸彩色饭，其中也有乌饭。

五是端午饮食文化。

端午节（农历五月初五）是中国传统的大节日，中国南方各地的风俗大同小异，有包粽子、食粽子、相互赠送粽子，门前插艾叶，喝、洒雄黄酒，划龙舟比赛。如同治《萍乡县志》风俗篇记载："端午节以葛、艾、菖蒲悬门首，啖角黍，饮雄黄酒。近水居民为龙舟竞渡。"[④]同治《九江府志》风俗篇载："端午插蒲、艾，啖角黍，饮蒲觞和以雄黄，剪彩，结方胜人物相为传送，龙舟竞渡。"[⑤]

① 同治《广丰县志》卷三《风俗》，《中国方志丛书·华中地方·265号》，第305页。

② 同治《兴安县志》卷四《风俗》，《中国方志丛书·华中地方·10号》，第64页。

③ 同治《瑞州府志》卷二《地理·风俗》，《中国方志丛书·华中地方·99号》，第54页。

④ 同治《萍乡县志》卷一《地理·风俗》，《中国方志丛书·华中地方·270号》，第205页。

⑤ 同治《九江府志》卷八《地理·风俗》，《中国方志丛书·华中地方·267号》，第114页。

同治《安义县志》风俗篇记载："端午馈角黍，涂雄黄，泛菖蒲，悬艾叶，竞龙舟，夺锦标。始于初一，终于初五，各村镇演戏，而城隍祠为盛。"① 乾隆《广信府志》风俗篇记载："以彘肩、角黍相馈，挂艾叶，饮蒲酒，佩符囊，戏龙舟于河下，士女携壶榼，纵观。"② 所谓角黍，即现在所说的粽子，包粽子、吃粽子、互赠粽子，是为了纪念屈原。之所以在门上插艾叶、菖蒲叶，是因为端午之后天气逐渐变热，蚊虫也就多了，艾叶、菖蒲都有驱蚊虫的作用。喝雄黄酒、洒雄黄酒和佩香囊是为了驱邪避毒。如同治《分宜县志》风俗篇所说："端午节，亲友交馈角黍，早餐用五子，曰粽子、曰包子、曰鸡子、曰果子、曰蒜子，团聚而食。午饮雄黄酒，洒地、飞缸，辟邪消毒。"彘肩是猪肘子，猪的最肥美部分。用彘肩、角黍馈赠亲友，表达了对亲友的友好之情。

六是中秋饮食文化。

农历八月十五是中秋节，是中华民族一年中的大节日。这天晚上通常秋高气爽，月亮很圆（不是最圆，所谓"十五的月亮十六圆"），是庆祝家人团圆和祝福家人平安团圆之时。制作或购买好月饼，到夜晚时边吃月饼边赏月，是中国南北各地的饮食习尚。民国《分宜县志》风俗篇载："中秋节，戚友交馈月饼、莲藕、瓜果为贺。夜则陈设饼果于阶前，举家展拜，然后会啖，谓之赏月。"③ 同治《九江县志》风俗篇记载大体相同："中秋，人家馈月饼，具紫菱、香藕，佐以觞，相为玩月。"④ 而在赣西萍乡则有所不同，同治《萍乡县志》风俗篇记载："中秋节以月饼相馈遗，夜则以果饼赏月，儿童烧瓦塔，兼为桂花灯之戏。"⑤ 在赣北的安义县中秋夜则更热闹，同治《安义县志》风俗篇记载："中秋日各乡迎神，旌旗、箫鼓遍历村保，夕设饼饵，合宴赏月，夜深方罢。"⑥ 兴安县（今余江）的风俗也类似于安义，同治《兴安县志》风俗篇载："中秋夜，设瓜藕饼果于庭高台处，坐待月华，箫鼓，群饮，谓之赏月。"⑦

---

① 同治《安义县志》卷一《地理·风俗》，《中国方志丛书·华中地方·260号》，第357页。
② 同治《广信府志》卷一《地理·风俗》，《中国方志丛书·华中地方·106号》，第109页。
③ 民国《分宜县志》卷十四《风俗》，《中国方志丛书·华中地方·273号》，第2102页。
④ 同治《九江府志》卷八《地理·风俗》，《中国方志丛书·华中地方·267号》，第114页。
⑤ 同治《萍乡县志》卷一《地理·风俗》，《中国方志丛书·华中地方·270号》，第209页。
⑥ 同治《安义县志》卷一《地理·风俗》，《中国方志丛书·华中地方·260号》，第358页。
⑦ 同治《兴安县志》卷四《风俗》，《中国方志丛书·华中地方·10号》，第63页。

七是重阳节的饮食文化。

　　农历九月初九为重阳节，因为此时为深秋时节，秋高气爽，宜于登高赏秋、饮酒赋诗，所以重阳节又称为登高节。因"九九"有长久意，重阳节又称敬老节。人们通常在这一天选择登高、赏菊、喝菊花酒、佩戴茱萸。之所以佩戴茱萸，是因为茱萸有消毒驱虫、逐寒祛风的功能。同治《九江府志》风俗篇载："重阳登高，赏菊花，设饮，惟士大夫间有之。"① 这条记载是说文人士大夫有此喜好。光绪《上犹县志》风俗篇载："重九登高，乡里蒸糍粑食之。"② 这条记载则说明普通百姓更实在，非赏菊、饮酒、赋诗，而是蒸糍粑吃，更实在地享受生活。同治《安义县志》风俗篇载："重九登高赋诗、宴乐，亦有醵会墓祭者，曰醮重阳。"③ 这条记载则表明中国人的祖先崇拜，人们在登高赋诗、聚会享乐的同时也不会忘记祭拜先人。

　　八是其他节日饮食文化。

　　除上述这些重要节日外，还有些日子如六月初六、十月十五（下元）、十二月二十四（小年）等，人们也重视饮食。虽然这三个节日在民间非重要节日，但在有的地方这些节日的饮食文化也颇有特色。

　　农历六月初六是传统的晒衣物的日子。因此时天气已经很热，可以将冬天的衣物曝晒后收藏，所以民间往往在此日晒衣物。同治《永新县志》风俗篇说："六月六日曝衣。"④ 民国《南昌县志》风俗篇："六月初六日恒酷热，谚曰：六月六，晒得鸡蛋熟。若五月十三日晴，则是日雨。"⑤ 不仅晒衣物，有的地方还在此日祭田神，祈求丰收，因为离收割的日子近了。同治《萍乡县志》风俗篇载："六月六日，天贶节，士曝书，女曝衣，农圃各祀田祖，谓之祭娄官（田神）。"⑥ 同治《瑞州府志》风俗篇："六月六，晒衣服、书籍，农家祀田祖，祈无螟螣。"⑦ 同治《德化县志》风俗志："六月六日晒衣，土人竞为城隍庆生。"⑧

① 同治《九江府志》卷八《地理·风俗》，《中国方志丛书·华中地方·267号》，第114页。
② 光绪《上犹县志》卷二《舆地·风俗》，《中国方志丛书·华中地方·266号》，第147页。
③ 同治《安义县志》卷一《地理·风俗》，《中国方志丛书·华中地方·260号》，第358页。
④ 同治《永新县志》卷四《风俗》，《中国方志丛书·华中地方·254号》，第354页。
⑤ 民国《南昌县志》卷十六《风土》，《中国方志丛书·华中地方·103号》，第1657页。
⑥ 同治《萍乡县志》卷一《地理·风俗》，《中国方志丛书·华中地方·270号》，第209页。
⑦ 同治《瑞州府志》卷二《地理·风俗》，中国方志丛书·华中地方·99号》，第54页。
⑧ 同治《德化县志》卷八《地理·风俗》，《中国方志丛书·华中地方·107号》，第154页。

除了晒衣物和祭田神外，人们还会在这一天享受生活，为将要到来的丰收而欢庆。光绪《上犹县志》风俗篇载："六月六日种山，士人以此日风色、日色占是年山艺成熟，倘遇风日晴朗，则宰豚置酒相庆，视佳节宴会更倍欢忻。"①

农历十月十五日（下元节）在南方是快要降霜的时节了，即冬天快到了，该祭祖（所谓送寒衣）了。民国《分宜县志》风俗篇："十月下元，农家舂糯米，练糍粑，团馒头，馈送戚友朋，名曰过月半，天应下霜日。为顷，十六日落霜，为一斤霜，谚云：十月无霜，碓裹无糠，又曰：十月一回霜，有谷没仓藏。"②同治《新城县志》风俗篇："十月一日谓之下元，人家扫坟如清明，以彩纸作衣如生人服，焚之，谓之送寒衣。"③同治《永新县志》风俗篇："十月朔作粉糍，割鸡鹜，祭墓。"④祭祖也罢，馈赠亲友也罢，总是少不了食品，糯米做的糍粑是乡村常见的食品。

农历十二月二十四（小年）前后，人们打扫卫生，准备过年了。民国《分宜县志》风俗篇："二十四名小年日，家家扫屋尘，擦器皿，清洁以度岁。"⑤同治《德化县志》风俗篇："二十四日扫舍宇，祀灶，荐以饧饼，谓甜神之口。"⑥民国《南昌县志》风俗篇："二十四日名小年日，送灶神，以饧涂灶门，谓胶灶神牙。"⑦同治《瑞州府志》风俗篇："腊月二十四日俗呼为小年，祀灶、扫尘，余日亲友互相馈，曰送年，母家以果饼遗女家，谓之逻年。"⑧用糖祭灶神是民间智慧。糖，甜蜜之物，也代表人们祈盼生活甜蜜的愿望。

从上述可知，节日里总是少不了食品，食品是人们享受生活的媒介，吃饱、吃好，生活才美好。食品不仅是人们满足口腹之欲的物品，还是人们表达思想理念的媒介，如向亲友馈赠食品表达关心和感谢等。

（3）食品祭祖文化。

祭祖，就是在特定的日子祭祀祖先，表达对祖先的感恩、尊敬、思念等情

① 光绪《上犹县志》卷二《舆地·风俗》，《中国方志丛书·华中地方·266号》，第146页。
② 民国《分宜县志》卷十四《风俗》，《中国方志丛书·华中地方·273号》，第2113页。
③ 同治《新城县志》卷一《风俗》，《中国方志丛书·华中地方·256号》，第170页。
④ 同治《永新县志》卷四《风俗》，《中国方志丛书·华中地方·254号》，第355页。
⑤ 民国《分宜县志》卷十四《风俗》，《中国方志丛书·华中地方·273号》，第2114页。
⑥ 同治《德化县志》卷八《地理·风俗》，《中国方志丛书·华中地方·107号》，第154页。
⑦ 民国《南昌县志》卷十六《风土》，《中国方志丛书·华中地方·103号》，第1659页。
⑧ 同治《瑞州府志》卷二《地理·风俗》，《中国方志丛书·华中地方·99号》，第53页。

怀。中华民族是一个自古以来就崇拜祖先、信仰祖先的民族。尊祖敬宗、光宗耀祖的观念是激励着人们前行奋发的力量。

祭祖，用什么祭？中华民族对待祖先自古有视死如生的观念。民以食为天，用食品献祭祖先是表达对祖先尊敬、感恩的一种很好的方法。自古以来，中华民族在祭祖时少不了食品，于是，形成了食品祭祖文化。

中华民族祭祀祖先，有三大固定的日子，这就是清明、中元、立冬。清明是二十四节气中的第五个节气，一般在农历三月，清明过后天气就会逐渐变暖，也是踏青赏花好时节。中元节，俗称"鬼节"，固定在每年的农历七月十五。冬至是中国传统二十四节气中的第二十二个节气，冬至过后往往天气会很快变冷，但离一阳来复的日子也不远了。

在明清至民国时期，每年祭祖的费用一般来自族田（亦称公堂田、祠田等）。人们通过族田的收入来维持每年祭祖的开支，并将盈余用于资助族中子弟读书、科举及恤孤寡。民国《分宜县志》风俗篇记载："祭礼各遵《家礼》仪注，大姓举春秋二祭，亦有用清明、冬至之期两举者，而祭冬至之家尤多，或用小除日行礼，名曰祭腊。凡祭皆族长主之，年老则命子孙代之，或用新贵绅衿代之，祭毕颁胙或馂余，每族设有公堂、祠田。"[1] 同治《萍乡县志》风俗篇记载："祭礼：族繁者皆有祠，有祭田。祭日族人毕至，以族长主祭，有故则署其名，推次长行礼、受胙。分胙如仪。祭田之息，视族之无力读书者，给以膏火，赴试助以赍费，值岁歉，量所存租以周贫乏。士大夫重谱系，无数十年不修者，同姓异宗必严辨之，不妄援名人，不轻录养子。"[2] 光绪《上犹县志》风俗篇记载："祭皆有宗祠，其祠以始基者为初祖。又有小宗祠以再徙或别子为先祖，每岁三月清明，十一月冬至行礼，侑以乐，其祭或推族长，或推宗子与族中有爵者主之。"[3] 由这些记载可知，祭祀祖先是一件非常重要的事，祭祖日是一个非常重要的日子。

一是清明祭祖。

清明时祭祖，指传统的墓祭，即到墓地去祭祖，到墓地培土、清除杂草、挂纸、献祭品等。其中祭品必有食品，各地有所不同。如赣东北玉山县，"清明合族墓祭，以前后七日为期，士夫刲羊豕，庶民亦治肴蔌，为具。惟妇女不上

① 民国《分宜县志》卷十四《风俗》，《中国方志丛书·华中地方·273号》，第2099页。
② 同治《萍乡县志》卷一《地理·风俗》，《中国方志丛书·华中地方·270号》，第207页。
③ 光绪《上犹县志》卷一《舆地·风俗》，《中国方志丛书·华中地方·260号》，第144页。

冢，粉米杂艾萌作果，谓之清明果"①。赣北余干县，"清明日携双鸡、斗酒上坟，祭扫、挂纸钱于树"②。赣北安义县，"清明各子姓载酒祭其先茔，挂纸钱于墓。是日酿酒曰清明酒，色红而味甘"③。赣西永新县，"清明蒸果、杀牲、祭墓，插柳、踏青为戏"④。赣东新城县，"清明前后半月内具牲醪扫墓，有力之家兼有鼓吹"⑤。赣西北德化县，"清明民间插柳、携楮钱、具酒肴，祭扫坟墓"⑥。虽各地清明习俗有所不同，即祭扫的物品有所不同，但相同的是清明必须祭扫，挂纸钱于墓地，所带祭品必有食品，如酒、牲肉和蔬果等。

二是中元祭祖。

农历七月十五为中元节，俗称"鬼节"，按中国人视死如生的观念，在这一天要给祖先送钱、送衣服。所以，在这一天每家都会在屋外或院子里烧纸钱和纸衣，同时会摆上祭品如蔬果、牲肉、酒等。如赣南的上犹县，"七月望日，率用俗礼烧衣化钱，亦有祭于庙者。凡荐用酒果鸡豚，盛用竹笾木豆三五，各循其分"⑦。赣东北广信府，"中元尝祭先祖，无贵贱，皆行祭品，率蔬素，间有用牲者"⑧。赣北九江府，"中元自朔日始焚香以迎祖，至期具酒肴、楮钱追祀之。月望乃止"⑨。祭祀的食品与清明祭祖时相同，没有明确规定要用何种食品。

三是冬至祭祖。

冬至祭祖是非常隆重和严肃的，族人们聚于祠堂，祭祀始祖及以下各祖先。如赣西万载县，"祭礼，各族建大祠，近日支祠愈多，岁时会聚，统于所尊。清明节子姓衣冠集祠相率祭墓。而冬至之祭尤重前三日，张灯陈器，用鼓吹涤荡之祭之，前日豫习其仪，曰习仪于五鼓，行祀礼曰正祭，主以族之宦达或族长，其升降献酬之节，率以朱子《家礼》为准，祭毕，布席而馂。盖尊祖敬宗收族之谊胥于是乎在"⑩。赣西分宜县，"冬至各姓家庙照例割牲祭祖先，取一阳来复之义。

① 同治《玉山县志》卷一下《地理·风俗》，《中国方志丛书·华中地方·274号》，第326页。
② 同治《余干县志》卷二《风俗》，《中国方志丛书·华中地方·257号》，第156页。
③ 同治《安义县志》卷一《地理·风俗》，《中国方志丛书·华中地方·260号》，第357页。
④ 同治《永新县志》卷四《风俗》，《中国方志丛书·华中地方·254号》，第354页。
⑤ 同治《新城县志》卷一《风俗》，《中国方志丛书·华中地方·256号》，第169页。
⑥ 同治《德化县志》卷八《地理·风俗》，《中国方志丛书·华中地方·107号》，第154页。
⑦ 光绪《上犹县志》卷一《舆地·风俗》，《中国方志丛书·华中地方·260号》，第145页。
⑧ 同治《广信府志》卷一之二《地理·风俗》，《中国方志丛书·华中地方·106号》，第109页。
⑨ 同治《九江府志》卷八《地理·风俗》，《中国方志丛书·华中地方·276号》，第114页。
⑩ 民国《万载县志》卷一之三《地理·风俗》，《中国方志丛书·华中地方·276号》，第267页。

又有十二月初一日祭者，名曰祭腊"[①]。赣西萍乡县，"冬至，士民多以是日割牲祭祖，取一阳来复之义"[②]。祭祖仪毕，往往是分胙，人们根据年龄、辈分和社会地位各分得不同数量的祭肉等；然后是聚餐，即所谓"馂余"，参与祭祀的族人们联络与交流情感。

四是其他日子祭祖。

除了上述清明、中元、冬至三大祭祖的日子外，在前述下元（农历十月十五）也祭祖，在小年及除夕年夜饭开席前也要祭祖，只是这两个时日的祭祖就简单了。以分宜县为例，"除日换桃符，贴春联，扫坟墓，谓之送年夜饭，荐祖先，割鸡三五只供奉，后合家聚食之，谓之团年饭，又曰公婆饭。夜阑插门，谓之封财门，讨债者止步"[③]。新城县（今黎川县），"二十五日为小年，用素馔祭祖，亦间用牲醴者，然礼视除夕为简"[④]。

从上述可知，节日祭祖食品文化，就是在祭祖时，用食品（蔬果、牲肉、酒）表达对祖先的尊敬、怀念、感恩等，反映了中国人"民以食为天"和视死如生的观念。这是中国人的优良品德，不忘从何而来，不忘光宗耀祖，不忘以血缘联络感情。

（4）婚娶食品文化。

婚姻是个人的大事，也是家庭甚至家族的大事，往往要举行隆重的仪式。宾朋相贺时，少不了宴饮，少不了礼品，而礼品也往往少不了食品。婚宴中的食品有讲究，礼品中的食品也有讲究，这就形成了婚娶中的食品文化。

赣鄱地域的婚姻礼数，参照形成于周代的婚姻六礼——纳彩、问名、纳吉、纳征、请期、亲迎，即通过媒人向女方提亲，女方同意议婚后男方请媒人问女方名字和生辰八字，确认男女双方八字不相冲则与女方订婚，送聘礼到女方家，男方携聘礼到女方家商定婚期，男方迎娶女方到家。男方送给女方的聘礼中，总是少了食品如猪肉、酒或鱼等。如新城县（今黎川县），"纳采谓之定，亦谓之过大书，上者金铢、彩币、豚酒之属"[⑤]。赣县"行聘时，男家具饼、茶叶、酒、猪、

① 民国《分宜县志》卷十四《风俗》，《中国方志丛书·华中地方·273号》，第2113页。
② 同治《萍乡县志》卷一《地理·风俗》，《中国方志丛书·华中地方·270号》，第307页。
③ 民国《分宜县志》卷十四《风俗》，《中国方志丛书·华中地方·273号》，第2114页。
④ 同治《新城县志》卷一《风俗》，《中国方志丛书·华中地方·256号》，第171页。
⑤ 同治《新城县志》卷一《风俗》，《中国方志丛书·华中地方·256号》，第164页。

鸡、鱼必足"①。从这些记述可知,婚娶中的食品就是除钱币外的聘礼,即茶叶、酒、猪、鸡、鱼等家常食品,而且往往数量较多,绝对不是少量,具体数量往往是各地约定俗成的,以及视男方家境而定的。

婚宴中的菜品以鸡鸭鱼肉等为主,没有特别的规定。但在赣南,清代到民国乃至到21世纪上半叶,都很讲究的是婚宴中要有前述"荷包胙"这道菜;并且参加婚宴者,以家为单位受赠一两个带回家,如民国《上名犹县志·风俗》载:

> 凡婚娶之家,预期有糖和糯米蒸成饭,盛以盘供祖,筵上更以碗,印成圆团,遍送戚友,亦取和气团圆之意。近来文明结婚,则遍以赠以糖,犹有古意存焉。凡喜庆事用粉入猪肉,杂以椒酱,荷叶裹之,蒸极熟,饷客,味美在诸羞之上,俗呼"荷包胙"。②

以上婚娶中的食品文化反映的是普通百姓立足实实在在的生活,用普通食品表达亲友间互相关爱的情感和对美好生活的祝愿。

（5）其他。

除上述这些节庆和婚娶大事总是与食品相关联外,在举办其他一些喜事时也总是用食品表达情感,如对生孩子的祝贺,除了衣物之外,便以食品表达喜悦之情。如民国《分宜县志》风俗篇记载:"生子三日曰做三朝酒,周岁曰做周岁酒。若丈夫初举子,即日以鸡两双、酒两壶馈外家,具所生日时,谓之'报庚'。外家受一鸡一酒,于三朝备摇床、被褥、彩衣、花帽,佐以猪、羊、蛋、果,谓之送三朝酒,犹不失古人褓褓之意。是日用艾汤浴儿,见祖,以万年红煮鸡蛋馈客,谓之洗三朝。"③萍乡与分宜唯一不同之处是"用苏木汁煮鸡卵"④。

从上可知,饮食文化贯彻于人们生活的方方面面,反映了普通百姓的生存智慧,是中国传统文化的重要组成部分。

① 民国《赣县新志稿·风俗》,转见江西省省志编辑室:《江西地方志风俗志文辑录》,1987年内刊本,第39页。
② 民国《上犹县志稿本·风俗》,转见江西省省志编辑室:《江西地方志风俗志文辑录》,1987年内刊本,第26页。
③ 民国《分宜县志》卷十四《风俗》,《中国方志丛书·华中地方·273号》,第2093页。
④ 同治《萍乡县志》卷一《风俗》,《中国方志丛书·华中地方·256号》,第206页。

三、地域特色

赣鄱地域由于特定的地理、气候和环境，形成了一些特定的地域饮食文化特色。

1. 饮食产品的地域特色

赣鄱地域饮食产品有两大地域特色：一是辣，二是养生。

自辣椒在明代传入中国后，湖南人、四川人、云南人、贵州人都爱上了辣椒。实际上，在清代前期辣椒传入赣鄱地域后，赣鄱地域的人们就爱上了辣椒。大多数的炒菜中都少不了辣椒，如前述的赣南小炒鱼、宁都"三杯鸡"、赣州炒东坡、余干辣椒炒肉、藜蒿炒腊肉、啤酒烧麻鸭、井冈烟笋烧肉、文山鸡丁、莲花血鸭、南昌炒粉等，没有一样不辣，甚至连蒸菜"四星望月"与煮菜鄱阳湖鳙鱼头都放很多辣椒，可以说，不辣就不是赣菜了。但赣菜的辣是鲜辣，不同于四川的麻辣和湖南有烟熏味的辣，赣菜的辣是辣得清爽、辣得纯粹、辣得适可而止。

虽然辣是赣鄱地域人所喜爱的，但是养生也是赣鄱地域人所讲究的。如赣鄱人在清明前后用艾叶汁和米粉做成的艾米果、泰和乌鸡汤、南昌瓦罐煨汤、永和豆腐、赣南客家酿豆腐等，都是从养生的理念出发做成的养生食品，都注入养生理念。所以，追求养生是赣菜的特色之一。

2. 饮食文化的地域特色

赣鄱地域饮食文化的特色就是以儒家文化理念为核心，蕴含了孝悌、尊老爱幼、尊祖敬宗、温良敦厚、和而不同、和谐吉祥、互敬互爱等的思想理念和价值追求。这些思想理念和价值追求，体现在待客的食品文化、餐桌的礼仪规范、节庆的饮食文化、祭祖的食品文化、婚娶的食品文化等方面。这些饮食文化与赣鄱的其他文化一起，塑造了赣鄱人民的地域文化性格。

【第八章】

多彩农俗

赣鄱地域和全国许多地区一样是以农业为主的区域，在长期的农业生产和农业生活过程中，人们祈求风调雨顺、少灾少难、五谷丰登，以及在丰收之后表达快乐和感恩天泽及家人族人的辛勤劳作，形成了许多色彩浓厚、欢乐祥和、热闹喜庆、花样丰富的农俗。

一、鞭春牛

春天是万物生长的时节，所谓"一年之计在于春"。中华民族是一个以农立国的民族，特别重视春天的到来。春天到来之时，就是一年耕作的开始。从上古到清代，立春日，国家最高领导人为了鼓励民众努力耕作，要行籍田礼，即到农田里象征性地扶犁耕田，大臣们随后也象征性地扶犁耕田，由此演变成一种固定的习俗——鞭春牛。

（一）"鞭春牛"的由来

从"籍田礼"到"鞭春牛"习俗的形成，有一个漫长的历史过程。相传，在远古时代，东夷族首领少暤氏率民众迁居黄河下游，带领大家由游牧改学耕作，少暤氏派他的儿子句芒负责农田耕作事业的管理。句芒在寒冬即将离去前，采河边葭草烧成灰烬后放入竹管内，将竹管埋进田中，管口高出田土一点，然后守候在竹管旁。到了冬尽春来的那一瞬间，阳气上升，竹节内的草灰便浮扬起来，标志着春天到了。于是句芒下令民众一起翻土犁田，准备播种。民众都听从句芒的号令，但人们所依赖的帮助人犁田的老牛仍沉浸在冬天的休闲甜睡中，懒得爬起来干活。有人建议用鞭子抽打它们，句芒不同意，说牛是他们的帮手，不许虐待，吓唬吓唬就行了。他让人们用泥土捏制成牛的形状，然后挥舞鞭子对之抽打，鞭响声惊醒了老牛。老牛一看伏在地上睡觉的同类正在挨抽，吓得赶紧站起身来，乖乖地听人指挥，下地干活去了。因为按时耕作，当年人们获得了好收成，原先以畜牧为生的人们都乐于从事农业耕作了。

从此之后，看灰立春、鞭挞土牛逐渐演变成了人们判断时令、及时耕作的依据，句芒被尊为专行督作农耕的神。在《山海经》里，句芒被描述成人的面孔，鸟的身体，有双翅和羽毛，这种描述可能与东夷族以鸟为图腾相关。

到了周代，随着农业经济的普遍开展，"出土牛"仪式作为国家典礼出现了。据《周礼》记载，在春天将要到来之时，国家要举行盛大的驱傩舞蹈，"方相氏掌蒙熊皮，黄金四目，玄衣朱裳，执戈扬盾，帅百隶为之驱疫厉鬼也。……

命有司大傩，旁磔，出土牛，以送寒气"①。从这则记载及成书于战国时代的《吕氏春秋》的记载可知，周代至春秋战国，迎春出土牛活动与跳傩舞驱厉鬼、送寒气结合在一起。

直到汉代，朝廷传承着周代与先秦时代作为国家典礼的傩舞与出土牛仪式，隆重而场面大。南朝范晔所撰《后汉书·礼仪志》记载傩舞、驱疫与出土牛的仪式：

> 先腊一日，大傩，谓之逐疫。其仪：选中黄门子弟年十岁以上，十二以下，百二十人为侲子。皆赤帻皂制，执大鼗。方相氏黄金四目，蒙熊皮，玄衣朱裳，执戈扬盾，十二兽有衣毛角，中黄门行之，冗从仆射将之。以逐恶鬼于禁中。……百官官府各以木面兽能为傩人师讫，设桃梗……是月也，立土牛六头于国都郡县城外丑地，以送大寒。②

从上述记载可知，在行大傩仪之后是出土牛仪式，傩舞的目的是驱疫驱鬼，出土牛是为送大寒。但到东汉时期，出土牛已不仅为送大寒，也为迎春，出土牛仪式与立春仪式开始结合起来了。《后汉书·礼仪志》记载：

> 立春之日，夜漏未尽五刻，京师百官皆衣青衣，郡国县道官下至斗食令史皆服青帻，立青幡，施土牛耕人于门外，以示兆民，至立夏，唯武官不。立春之日，下宽大书："制诏三公：方春东作，敬始慎微，动作从之，罪非殊死，且勿案验，皆须麦秋，退贪残，进柔良，下当用者，如故事。"③

从上述可知，东汉时期，立春之日"立土牛""施土牛"正成为一种独立的迎春仪式，与傩仪相脱离。

到魏晋时期，鞭土牛的迎春习俗出现了。学者们常依据的一则史料是《魏书·甄琛传》："至修奸诈事露，明当收考，今日乃举其罪，及监决修鞭，犹相

---

① ［汉］郑氏注，［唐］贾公彦疏：《周礼注疏》卷二十五，《景印文渊阁四库全书》第90册，第461页。

② ［南朝］范晔撰，［唐］李贤等注：《后汉书》志第五《仪礼中》，中华书局1999年版，第2121-2123页。

③ ［南朝］范晔撰，［唐］李贤等注：《后汉书》志第四《仪礼上》，中华书局1999年版，第2102页。

隐恻，然告人曰：'赵修小人，背如土牛，殊耐鞭杖。'"① 此条史料说明魏晋时期有鞭土牛的习俗，而土牛只有在立春日才立，所以，魏晋时期有立春日鞭土牛迎春的习俗。

"打春牛"一词最早见于唐代晚期江西的第一个状元卢肇的一首诗《谪连州书春牛榜子》："阳和未解逐民忧，雪满群山对白头。不得职田饥欲死，儿侬何事打春牛。"②《隋书》卷七《礼仪二》："立春前五日，于州大门外之东，造青土牛两头，耕夫犁具。立春，有司迎春于东郊，竖青幡于青牛之傍焉。"③ 由此可知，隋唐时代在立春日有"打春牛"的习俗。

（二）赣鄱地域的"鞭春牛"农俗

上述从远古至隋唐时代，从立土牛、出土牛、施土牛到鞭土牛、打春牛习俗的形成与开展主要是中原地域即国都所在地，以国家礼仪的形式出现。到辽宋金时代，在立春日，迎土牛、鞭土牛或打春牛的习俗已流行起来。宋景祐元年（1034）朝廷颁行《土牛经》，使鞭土牛风俗成为更加广泛流行的迎春习俗。《辽史》《金史》《东京梦华录》等都记载了中原地域立春日鞭春牛的习俗，《梦粱录》《武林旧事》等记载南宋首都地区临安府（今杭州地区）鞭春牛的习俗。赣鄱地域立春日鞭春牛活动见于宋代赣鄱文人的零星记载。

北宋分宁（今修水）文人黄庶（1019—1058）写有《春牛祝文》：

> 祭于勾芒之神，惟神职，此木行生物之佐，乃今甲辰，是为立春，陈根可拔，田事其始。乃出土牛，示民以时。国有常祀，吏敢弗懈，农无灾害。惟此之祈，不腆之具，神食其意，尚飨。④

由此可知，北宋时期赣鄱地域官府在立春日也组织出土牛与祭芒神活动。

南宋吉水文人杨万里（1127—1206）在《观小儿戏打春牛》诗中介绍了打春牛活动。儿童学着大人的样子鞭打土牛，在大人们的允许下欢呼雀跃，一个喜笑颜开、童蒙纯真的少年形象跃然纸上，与打春牛节日的欢庆气象浑然一体：

---

① ［北齐］魏收：《魏书》卷六十八《甄琛传》，中华书局1999年版，第1021页。
② ［清］彭定求等：《全唐诗》卷五百五十一，三秦出版社2008年版，第2269页。
③ ［唐］魏徵：《隋书》卷七《礼仪二》，中华书局1999年版，第90页。
④ ［宋］黄庶：《伐檀集》卷下《书启》，《景印文渊阁四库全书》第1092册，第807页。

小儿着鞭鞭土牛，学翁打春先打头。

黄牛黄蹄白双角，牧童绿蓑笠青箬。

今年土脉应雨膏，去年不似今年乐。

儿闻年登喜不饥，牛闻年登愁不肥。

麦穗即看云作帚，稻米亦复珠盈斗。

大田耕尽却耕山，黄牛从此何时闲。[①]

南宋吉州庐陵（今吉安）人欧阳守道（1208—1273）著有《谢春牛》：

> 窃以人爱赵卿之日，何待送寒天回昊帝之春。又催教稼，特枉象牛之惠，俯及受廛之氓。成毁须臾，多荷唤泥涂之梦。崎岖窈窕，何时遂丘壑之怀，只叙感悰，仰祈融照。[②]

由上述可知，南宋赣鄱地域于立春日鞭春牛是颇为热闹喜庆的活动。

到了明代，朝廷制定了标准的立春日鞭春牛仪式，在正德《明会典》中有《有司鞭春仪》：

> 永乐中定每岁有司预期塑造春牛并芒神，立春前一日，各官常服，舆迎至府州县门外，土牛南向，芒神在东西向。至日清晨，陈设香烛酒果，各官具朝服，赞排班，班齐，赞鞠躬。四拜，兴，平身。班首诣前，跪，众官皆跪，赞奠酒，凡三。赞俯、伏、兴，复位，又四拜毕，各官执彩杖，排立于土牛两旁，赞者曰："长官击鼓"，三声擂鼓。赞者曰："鞭春"，各官环击土者三。赞："礼毕"。[③]

从现存明代的一些方志的记载可知，在迎春日，按朝廷的规定，由府县政府组织的出土牛、鞭春牛是颇为热闹的活动。

嘉靖《南安府志》卷一《地理·鞭春》及卷十《礼乐志·风俗》，以及万历《南安府志》卷十《礼乐志·风俗》记载：

---

① ［宋］杨万里：《诚斋集》卷十二《诗》，《景印文渊阁四库全书》第 1160 册，第 126 页。

② ［宋］欧阳守道：《巽斋文集》卷二十三《启》，《景印文渊阁四库全书》第 1183 册，第 700 页。

③ 正德《明会典》卷七十三《传制》，《景印文渊阁四库全书》第 617 册，第 706 页。

南安府凡遇立春，预期行大庾县，于东郭广化寺塑造土牛芒神，先一日知府帅所县各属官生，盛服用鼓乐从东门迎入府仪门外安置，次日质明知府，具朝服为班首，各官随从行祭礼，鞭击毕，飨宴如仪。南康、上犹、崇义三县礼与府同，各知县为班首，各官随从鞭击，响宴皆同。

迎春日城市内外老稚携负，集于通衢，竞看土牛。是日以麦为薄饼裹生菜诸肉啖之，曰春饼。①

正德《建昌府志》卷三《风俗》记载：

新春，观土牛，以牛首红白等色占水火等灾，以勾芒鞋帽占寒燠晴雨，人家以生菜作春盘，茹春饼，集亲友，谓之会春客，席谓之春基台。②

嘉靖《东乡县志》卷七《礼仪第十八》记载由县府组织的典礼，其中祭芒神应当是迎春日的鞭春牛、祭芒神仪式：

祭风云雷雨山川坛、祭社稷坛、祭文庙、祭勾芒神、祭邑厉、朔望行香、日蚀、月蚀、新官到任、复任祭神、公出、辞神、乡饮酒礼。③

到了清代，迎春日鞭春牛活动仍然由官府组织，非常讲究，乃至于走向奢华。同治《九江府志》卷八《地理·风俗》记载：

立春月，建丑，属牛，寒将极，故出其象以送寒，且以升阳前期挂彩装百戏，正官率僚属迎春。至日晨，鞭春，磔土牛，民争拾之，以为得春，是也以所磔土牛，置纸亭中，佐鼓吹，送诸乡荐神。④

同治《广信府志》卷一之二《地理·风俗》记载：

立春前一日迎春东郊，诸行铺集优伶，结彩亭，前导，远近聚观，以

---

① 嘉靖《南安府志》卷十《礼乐志·鞭春》，《天一阁明代方志选刊续编五〇》，上海书店 1991 年版，第 440 页。
② 正德《建昌府志》卷三《风俗》，上海古籍书店 1964 年据宁波天一阁藏本影印。
③ 嘉靖《东乡县志》卷七《礼仪第十八》，上海古籍书店 1963 年据宁波天一阁藏本影印。
④ 同治《九江府志》卷八《地理·风俗》，《中国方志丛书·华中地方·267 号》，第 114 页。

土牛色占水旱，以勾芒冠履验春寒燠。是日祀勾芒，鞭土牛，争拾牛土，谓可疗疾。其夜遍市燃灯，放花爆，名曰接春。①

同治《瑞州府志》卷一《地理·风俗》载：

立春前一日，命匠于先农坛作土牛，扮芒神，又令小儿八人戏滚太平钱，合郡官诣东郊，参拜毕，寻入府大堂，行耕籍礼，曰迎春。②

从上述三府的记载可知，迎春日祭芒神、鞭春牛、结彩亭、演戏，吹吹打打，很是热闹。同样，再看一些县的迎春盛况。

同治《安义县志》卷一《地理·风俗》载：

立春游土牛市坊，各扮演故事，居民咸集竞看，官吏师生从东门迎春，次晨鞭春如制。③

同治《玉山县志》卷一下《地理志·风俗》载：

立春前一日迎春东郊，远近聚观，以土牛色占水旱，以勾芒冠履验春寒燠，翌日祀勾芒，鞭土牛，争拾牛土，谓可疗疾，供茶果五谷种子，爇香灯，放花爆，谓之接春。④

同治《永新县志》卷四《地理志·风俗》载：

立春，先期迎春于城东，合属官俱盛服、彩亭、鼓吹、杂戏，载土牛起春，簪花列宴，民间祭先祖。⑤

同治《兴安县志》卷四《风俗》载：

立春前一日迎春，以土牛色占水旱，以勾芒冠履占寒燠。翌日祀勾芒，

---

① 同治《广信府志》卷一之二《地理·风俗》，《中国方志丛书·华中地方·106号》，第109页。
② 同治《瑞州府志》卷一《地理·风俗》，《中国方志丛书·华中地方·99号》，第53页。
③ 同治《安义县志》卷一《地理·风俗》，《中国方志丛书·华中地方·99号》，第356页。
④ 同治《玉山县志》卷一下《地理志·风俗》，《中国方志丛书·华中地方·260号》，第326页。
⑤ 同治《永新县志》卷四《地理志·风俗》，《中国方志丛书·华中地方·254号》，第353页。

鞭土牛，争拾牛土，谓可疗疾。①

同治《德化县志》卷八《地理·风俗》载：

> 立春前一日，县令谒府，府率僚属盛仪从，迎春于东郊，士民集观，为土牛，以其色占一岁丰歉，芒神或科跣，或巾袜，云主一岁寒燠。至日，晨磔土牛，曰鞭春，民争拾之，以为得春，是日也多为小土牛置纸亭中，佐鼓吹，送诸荐绅，盖仿古太守颁春遗意云。②

从上可知，作为最基层行政区域的县，每年的迎春日是从上到下备受期待、热闹快乐的日子。官员们盛装参加，按仪式进行；士民们聚集围观，争拾鞭碎了的土块。这一日吹吹打打，还有杂戏演出，或放花爆迎春，或送小土牛给绅衿们。此时当是农耕社会生活重要而快乐的日子。

民国时期是近代化转型时期，这种传统的迎春典礼被淡化了，有的地方甚至取消了。但有的地方仍然坚持传统的迎春典礼，如民国二十九年刊本《分宜县志》卷十四《风俗》记载："立春日，照例扎芒神、春牛，糊以彩纸，官吏随至东关外郊，古者天子三推之典以重农事。"③

图 8-1　崇义上堡鞭春牛表演

新中国成立后，这种带有迷信色彩的迎春典礼已被取消。进入 21 世纪，随着旅游业的发展，鞭春牛这种传统的迎春典礼在某些旅游地作为一种表演节目重现了。如在赣南崇义县的上堡梯田，为配合旅游，当地人重新编排了鞭春牛的节目（如图 8-1），但与传统的迎春典礼已很

① 同治《兴安县志》卷四《风俗》，《中国方志丛书·华中地方·10 号》，第 63 页。
② 同治《德化县志》卷八《地理·风俗》，《中国方志丛书·华中地方·107 号》，第 154 页。
③ 民国《分宜县志》卷十四《风俗》，《中国方志丛书·华中地方·273 号》，第 2104 页。

不相同，已不再作为真正的节日活动了。

二、春祈秋报

中华民族是农耕民族，土地使民族得以生存、传承、延续并创造文明。从上古至今，中华民族对土地有着深厚的依恋之情和感恩之情。当春天到来，在春耕之始，人们祭祀土地神，祈求土地神保佑风调雨顺，有个好收成。当秋收完成，获得了好收成，人们感恩土地的赐予，同样要祭祀土地神。由此，中华民族形成了自上古以来的"春祈秋报"。祭祀之日分别为春社与秋社。从上古至清代，中华民族形成了深厚的春社与秋社文化。

（一）春社与秋社的由来与演变

1. 起自夏商周三代

据专家对甲骨文的研究，早在夏商时代，中原地区就有祭祀土地神的习俗。在夏商周三代，春祭土地神和秋祭土地神的时间不固定，通过占卜来确定。从周代的著作《周礼》可知，夏商周三代乃至先秦时代，春天祭土地神之日是全民狂欢的日子。《周礼·地官第二·媒氏》记载："仲春之月，令会男女。于是时也，奔者不禁。若无故而不用令者，罚之。司男女之无夫家者而会之。"[①]从这条记载可知，当时官府强令男女参加春祭土地的大会，无故不参加者要被罚。男女私奔或男女幽会是统治者鼓励的，也许是因为那个时代人口少，还有在那个时代人们的思想观念没有受到礼制和道德的束缚。由此我们可以理解，先秦时期的许多圣贤都是其母在社祭野合时怀孕的，如孔子据传是其母祈于桑林神社时怀孕而生的，"祷于尼丘得孔子"[②]。甚至周朝始祖后稷据传是其母于社祭时怀孕而生的，"周后稷，名弃。其母有邰氏女，曰姜原。姜原为帝喾元妃。姜原出野，见巨人迹，心忻然说，欲践之，践之而身动如孕者。居期而生子，以为不祥，弃之隘巷，马牛过者皆辟不践；徙置之林中，适会山林多人，迁之；而弃渠中冰上，飞鸟以其翼覆荐之。姜原以为神，遂收养长之"[③]。

从成书于汉代而记载先秦时代制度礼仪的《礼记》记载可知，祭祀上地被称为"社"。《礼记·郊特牲》说，"社祭土主阴气也"，又说，"社，所以神地之

① 崔高维：《周礼·地官第二》，辽宁教育出版社1997年版，第25页。
② ［汉］司马迁：《史记》卷四十七《孔子世家》，中华书局1999年版，第1537页。
③ ［汉］司马迁：《史记》卷四《周本纪》，中华书局1999年版，第81页。

道也。地载万物……取财于地，故教民美报焉。家主中霤而国主社，示本也"。①所以，在春秋战国时期，春社已成为国家典礼之一，最高统治者亲自参加，"是故夏礿、秋尝、冬烝、春社、秋省而遂大蜡，天子之祭也"②。即先秦时期，春社的官方祭祀仪式已走向了规范化。

其规范化标志之一是有明确代表土地神的人物。从《礼记》和记载春秋战国史实的《国语》可知，后土句龙被奉为最早的土地神，也有将治水的大禹奉为土地神者。《礼记·祭法》载："共工氏之霸九州也，其子曰后土，能平九州，故祀之以为社。"③《国语·鲁语上》则说："共工之伯九有也，其子曰后土能平九土，故祀以为社。"④而《论衡·祭意》则说："传或曰：炎帝作火，死而为灶。禹劳力天下，水死而为社。"⑤因为农业与水利关系密切，禹被奉为社神，也是不奇怪的。

其规范化标志之二是明确规定了社的等级层次。《礼记·祭法》云："王为群姓立社，曰'大社'。王自为立社，曰'王社'。诸侯为百姓立社，曰'国社'。诸侯自为立社，曰'侯社'。大夫以下成群立社，曰'置社'。"⑥即因为普天之下莫非王土，所以，周天子可以建立"太社""王社"；而诸侯拥有分封之内的土地权，所以，在他的封国内可以建立"国社""侯社"；而大夫没有封地，不拥有土地所有权，所以，不能立社。但规定大夫以下，可以以"成群立社"的原则按地域立社，即"民社"，也即后来汉代的"里社"，这就是班固在《汉书·陈平传》中所说："里中社，平为宰"。⑦其规定百家以上则共立一社。

其规范化标志之三是规定了官方祭祀台的形状。周天子的太社或王社，"方坛，无屋，有墙门而已"⑧，并规定"天子太社方五丈，诸侯半之"⑨。

① 胡平生、张萌：《礼记》上册《郊特牲第十一》，中华书局 2017 年版，第 486 页。
② 胡平生、张萌：《礼记》上册《明堂位第十四》，中华书局 2017 年版，第 607 页
③ 胡平生、张萌：《礼记》下册《祭法第二十三》，中华书局 2017 年版，第 891 页。
④ 陈桐生：《国语》之《鲁语上·展禽论祭爰居非政之宜》，中华书局 2013 年版，第 173 页。
⑤ ［汉］王充著，张宗祥校注，郑绍昌标点：《论衡》卷二十五《祭意》，上海古籍出版社 2010 年版，第 510 页。
⑥ 胡平生、张萌：《礼记》下册《祭法第二十三》，中华书局 2017 年版，第 889 页。
⑦ ［汉］班固：《汉书》卷四十《张陈王周传》，中华书局 1999 年版，第 1578 页。
⑧ ［南朝］范晔撰，［唐］李贤等注：《后汉书》志第九《祭祀下》，中华书局 1999 年版，第 2174 页。
⑨ ［宋］陈祥道：《礼书》卷九十二《社稷》，《景印文渊阁四库全书》第 130 册，第 589 页。

上述官方的祭社，可能仪式庄重、严肃。但民间的春祭可是大不一样，那日人们可以欢快、狂欢乃至放纵性情。老子的《道德经》记述，在中原地带，春祭土地神即春社日是很热闹、很欢快的，"众人熙熙，如享大牢，如春登台"[1]。即人们熙熙攘攘，成群结队，春心萌动，如享用了丰盛的肉宴般快乐，如登上春天的高台观览春天的景色快乐无比。《诗经·小雅·甫田》载："以社以方，我田既臧，农夫之庆，琴瑟击鼓，以御田祖。"这应当是秋社的情景。同诗还说："乃求千斯仓，乃求万斯箱。黍稷稻粱，农夫之庆，报以介福。"[2] 由成都百花潭出土的战国青铜壶（如图8-2）及故宫博物院收藏的战国水陆攻战纹铜壶（如图8-3）上的图案可知，战国时期青年男女特别喜欢在桑林中劳动时相会，可以乘此机会谈情说爱，所以《诗经·国风·桑中》有"期我乎桑中"[3]的反复吟唱。同样，战

图 8-2　成都百花潭出土的战国青铜壶　　　图 8-3　故宫博物院收藏的战国水陆攻战纹铜壶

---

① ［魏］王弼注，楼宇烈校释：《老子道德经注校释》卷上《二十章》，《新编诸子集成》本，中华书局 2016 年版，第 46 页。
② 《诗经》，北京出版社 2006 年版，第 273 页。
③ 《诗经》，北京出版社 2006 年版，第 72 页。

国时期民间百姓在桑树林祭祀土地神被称为桑林大会（也称春台大会），男女聚集，唱歌跳舞，互相嬉戏，甚至可以自由地发生性关系。所以，春社日是百姓舒放性情、开心快乐的日子。

不仅在中原地域和成都平原，从《楚辞》中也可看到战国时期的南方青年同样喜爱在仲春时节出游，也许是在春社期间相会。《楚辞·九章·惜诵》中说："梼木兰以矫蕙兮，鑿申椒以为粮。播江离与滋菊兮，愿春日以为糗芳。"①《思美人》中说："开春发岁兮，白日出之悠悠。吾将荡志百愉乐兮，遵江夏以娱忧。"②这虽说是楚地仲春时节的习俗，但也反映了当时南方的社会习俗。

2. 汉晋传承与演变

中华民族作为以农耕为主的民族，对土地的期待和感恩是不可能变的。所以春祈秋报即春秋两次祭拜土地神，这种春社、秋社活动是不会取消的，但会随着社会的发展和时代的变化而演变。汉代、三国和魏晋南北朝时期春社和秋社习俗在形式和内容上变化着。

两汉即西汉和东汉的建立者汉高祖刘邦和光武帝刘秀，都身经百战，从血与火的战场上把天下打下来的。所以，在王朝建立后，他们都非常重视国家祀典，而农业是国家经济的基础，春社与秋社作为重视农业的国家祀典毫无疑问得到王朝建立者的重视。班固的《汉书》记载汉高祖刘邦"甚重祠而敬祭"，以及"因令县为公社"③，且"令民除秦社稷，立汉社稷"④。在建立帝社的同时，令各分封的诸侯国立"国社"。因而，西汉建立之初，全国各地普遍立社，这也是为引起全民对农业的重视。南朝范晔在《后汉书》记载，在建武二年（26）即光武帝称帝的第二年，便"立太社稷于洛阳，在宗庙之右，方坛，无屋，有墙门而已。二月、八月及腊月，一岁三祀，皆太牢具，使有司祠。……郡县置社稷，太守、令、长侍祠，牲用羊豕"⑤。由此可知，汉代传承了周代的春社祭祀体制，将全国的"社"分成了几个层级，由不同的官员主持。据这些记载可知，汉代时社神

① 汤炳正、李大明、李诚等：《楚辞今注》，上海古籍出版社 2017 年版，第 112 页。
② 汤炳正、李大明、李诚等：《楚辞今注》，上海古籍出版社 2017 年版，第 134 页。
③ ［汉］司马迁：《史记》卷二十八《封禅书第六》，中华书局 1999 年版，第 1177 页。
④ ［汉］班固：《汉书》卷一上《高帝纪第一上》，中华书局 1999 年版，第 24 页。
⑤ ［南朝］范晔撰，［唐］李贤等注：《后汉书》志第九《祭祀下》，中华书局 1999 年版，第 2174 页。

（土地神）与五谷神（稷）是一同祭祀的，所以有了"社稷"之称。

官方祭社时有一套完整的礼仪，如杀牲衅社、瘗埋祭品、醑酒、滴血于地等。真正与民众相关的是乡社、里社及民间自发组织的私社。

乡里之社建立的原则是按朝廷的规定百家为一里，一里便是一社，但也有按春秋战国时代的二十五家为一社者，不管是哪种，皆由官府督办。《礼记·月令》："仲春之月。……是月也，安萌芽，养幼少，存诸孤。择元日，命民社。"[①]《淮南子·时则训》也载："仲春之月，……择元日，令民社。"[②]即官府要求民间组织祭祀土地神和谷神，即祭"社稷"。活动由民间筹办，费用由民间负担，丰俭没有硬性规定，有以羊彘祠之者，也有以酒肉配蔬果祠之者。里社的春秋两祭由里正、父老主持，由社祝、社宰、祭奠执行，乡里男女老幼全部参加。祭祀毕之后，祭品由这几位主持和执行等人共同均分。

民间的私社则是乡民们自发组织的祭祀活动，可能规模小，乡民自愿参加、自愿筹钱置办祭品，祭毕，喝酒吃肉或分祭品，欢娱宴聚。由此，高高在上的社神也就走下了神坛，步入民间，融入乡民的日常生活。社神也就逐渐变得世俗化和大众化。原本"春祭社以祈膏雨，望五谷丰熟；秋祭社以百谷丰稔，所以报功"[③]，变成凡遇军国大事、水旱灾害、日食月食等事项时都祭社神，以祈求福佑。而民间百姓亦然，不仅春秋两祭社神，若生活中遇上困难、如生病、求子等都祭社神。

汉代与周代祭祀都是选择在树下，这就是《论语·八佾》中所载："哀公问社于宰我，宰我对曰：'夏后氏以松，殷人以柏，周人以栗，曰使民战栗'。"[④]南朝梁宗懔《荆楚岁时记》："社日，四邻并结综会社，牲醪，为屋于树下，先祭神，然后享其胙。"[⑤]社祭时，男女老幼参加，热闹欢乐，吃肉喝酒，社鼓咚咚，"叩盆拊瓶，相和而歌，自以为乐"[⑥]。在一年的劳作开始之前先快乐快乐，这也是生活的智慧。

---

① 胡平生、张萌：《礼记》上册《月令第六》，中华书局2017年版，第300页。

② 陈广忠：《淮南子》上册第五卷《时则训》，中华书局2012年版，第243页。

③ ［宋］王舆之：《周礼订义》卷十九，《景印文渊阁四库全书》第93册，第309页。

④ 张燕婴：《论语·八佾》，中华书局2007年版，第35页。

⑤ ［梁］宗懔撰，［隋］社公瞻注，姜彦稚辑校：《荆楚岁时记》，中华书局2018年版，第28页。

⑥ 陈广忠：《淮南子》上册第五卷《精神训》，中华书局2012年版，第366页。

魏晋南北朝时期，除了原先的春秋社日祭社之外，人们往往还在冬腊时加祭一次，但具体时间未定。晋朝时甚至将春社取消，将之改在孟秋举行。这一时期"里"这一概念渐渐转为"村"，由汉代的"二十五家为里"变为"百家为村"，春社的活动也"结宗会社"。如上述南北朝时期，荆楚一带"四邻并结宗会社，牲醪，为屋于树下。先祭神，然后享其胙"。甚至有史料记载南郡（今荆州一带）与襄阳两郡在春社举行大规模的拔河比赛，参加拔河的人数"绵亘数里"，拔河时"皆有鼓节"，场面"群噪歌谣，震惊远近"①。不过到了南朝，梁简文帝"发教禁之，由是颇息"②。从那时起，楚地的风俗变为吃由猪羊肉做成的社饭，并用葫芦盛之。

三国时期，民社更成为单纯的节庆娱乐活动。

3. 唐宋兴盛

（1）唐代春秋两社的快乐。

唐代皇帝如历代最高统治者一样，对春社非常重视。唐高祖李渊在朝廷建立之初就下诏，强调祭社的重要性，并下令在都城长安设立祭坛，鼓励民众立社。宋代王钦若、杨亿、孙奭等人编撰的记载唐代典制的《册府元龟》记载："（武德）九年正月丙子，诏曰：厚地载物，社主其祭，嘉谷养民，稷惟元祀，列圣垂范，昔王通训，建邦正位，莫此为先，爰暨都邑，建于州里，率土之滨，咸极庄敬，所以劝农务本，修始报功，敦序教义，整齐风俗。"③《清文献通考》卷八十二《社稷》则是这样考证的："武德九年，（唐高祖）亲祠太社，诏令四方别其姓类，命为宗社，京邑庶士、台省群官，里闾相从，共遵社法，以时供祀，各申祈报，具立节文，明为典制。"④由上两条记载可知，在唐代初年即形成了京邑、台省、里闾三级社祭，并形成了春秋两祭之制——春有祈，歌《载芟》；秋有报，歌《良耜》。

正是由于朝廷重视社祭，所以，朝廷规定社祭日放假。唐代中期著名诗人韦应物的诗《社日寄崔都水及诸弟群属》描写了这种放假的悠闲："山郡多暇日，

---

① ［唐］魏徵：《隋书》卷三十一《地理下》，中华书局1999年版，第619页。
② ［唐］魏徵：《隋书》卷三十一《地理下》，中华书局1999年版，第619页。
③ ［唐］王钦若、杨亿、孙奭等：《册府元龟》卷三十三《帝王部·崇祭祀》；另见［清］董浩等：《全唐文》卷三十一，中华书局1982年版，第37页。
④ 《清文献通考》卷八十二《社稷》，《景印文渊阁四库全书》第633册，第941页。

社时放吏归。坐阁独成闷，行塘阅清辉。春风动高柳，芳园掩夕扉。遥思里中会，心绪怅微微。"① 韦应物应当是因没有参加民间社日的聚会感到怅然若失，可见，社日聚会是多么快乐的事！

从唐代杜佑的《通典》可知，唐代官方的祭社仪式庄重、烦琐且程序严格。在祭社前七日就开始准备，皇帝着衮冕，斋官要实行"散斋"。宋代王溥撰《唐会要》卷九下《斋戒》记载："凡大祀，斋官皆前七日集尚书省，太尉誓曰：某月日祀昊天上帝于圆丘，各扬其职，不供其事，国有常刑。凡散斋，理事如旧，夜宿止于家正寝。惟不吊丧、问疾，不作乐，不判署刑杀文书，不行刑罚，不预秽恶，致斋，惟祀事得行，其余悉断，其誓，各随祭享祀事，言之。"② 由此可知，社祭前三日，更要实行"致斋"，即只能从事与社祭相关事宜，其余暂时搁置。春社期间诸次、宫悬设置、诸官之位、酒樽之位等方面都有着极为严格的规定。祭社过程分为斋戒、陈设、察看牲器、銮驾出宫、奠玉帛、进熟、銮驾还宫七个环节，每个环节都有庄重又烦琐的仪式。祭社毕，皇帝经常赐予大臣礼物（以食物为主），如著名诗人白居易曾得到过蒸饼、糯饼等赏赐。

而民社则与官社大不同，那是民间的快乐节日。唐代的民社以村为单位，村社之日，村民们聚集树下，祭祀毕，村民们吹吹打打，锣鼓喧天，又唱又跳，热闹快乐，然后，饮酒吃肉，开怀畅饮，村社成为重大节日。唐代中后期诗人令狐楚在《社日早出赴祠祭》中写道："满城人尽闲，惟我早开关。惭被家童问，因何别九山。"③ 诗人表述了他早早地去参加社祭的心情。唐后期诗人王驾的《社日》则是描写了祭社的无比快乐："桑柘影斜春社散，家家扶得醉人归。"④ 人们开怀饮酒，傍晚才醉归。杜甫在《遭田父泥饮美严中丞》写道："步屧随春风，村村自花柳。田翁逼社日，邀我尝春酒。酒酣夸新尹，畜眼未见有。……今年大作社，拾遗能住否？叫妇开人瓶，盆中为吾取。感此气扬扬，须知风化首。语多虽杂乱，说尹终在口。朝来偶然出，自卯将及西。久客惜人情，如何拒邻叟？高声索果栗，欲起时被肘。指挥过无礼，未觉村野丑。月出遮我留，仍嗔问升斗。"⑤

① ［清］彭定求等：《全唐诗》卷一百八十八《韦应物》，三秦出版社 2008 年版，第 693 页。
② ［宋］王溥：《唐会要》卷九下《杂郊议下·斋戒》，中华书局 1955 年版，第 168 页。
③ ［宋］蒲积中：《岁时杂咏》卷十《中和节》，上海古籍出版社 1993 年版，第 80 页
④ ［清］彭定求等：《全唐诗》卷六百九十《王驾》，三秦出版社 2008 年版，第 2819 页。
⑤ ［清］彭定求等：《全唐诗》卷二百二十九《杜甫》，三秦出版社 2008 年版，第 828 页。

春社日，杜甫参加乡人们的祭社。乡亲们非常热情，留住杜甫喝酒，从早上喝到晚上月亮出来才回去，那新酿的春酒喝得真痛快！

唐代民社的祭社仪式，大致有以下环节：

一是社前准备。首先置办好祭祀的物品，如酿好酒，准备社日畅饮。晚唐诗人韦庄在《纪村事》中写道："绿蔓映双扉，循墙一径微。雨多庭果烂，稻熟渚禽肥。酿酒迎新社，遥砧送暮晖。数声牛上笛，何处饷田归？"① 多么清新的乡村田野，稻子熟了，鸡鸭肥了，庭院中的水果熟烂了，该酿酒迎接秋社的到来了。

二是祭社设席摆放好祭品。实际上，在天未亮之前，村民们便会烹好牲畜，装好酒，并将祭品放入祭器中。晚唐诗人李建勋在《田家三首》中写道："木槃擎社酒，瓦鼓送神钱。霜落牛归屋，禾收雀满田。遥陂过秋水，闲阁钓鱼船。"② 这也是写秋收后乡人们秋社祭神。

三是祭社。在神树的东边，社神面北，社正即领头人率众向西跪读祭文，拜社神。神灵在鼓乐声中欢饮社酒，晚唐诗人贯休在《江边祠》一诗中写道："精灵应醉社日酒，白龟咬断菖蒲根。"③

四是祭稷。稷神面北，在神树西边，社正率众人向东跪读祭文。

五是分胙、食圣餐。祭祀毕，众人将社肉分掉，将祭品吃掉，将剩下的酒喝了，然后快乐地唱跳嬉闹。晚唐诗人李商隐在《嘉兴社日》中写道："消渴天涯寄病身，临邛知我是何人？今年社日分余肉，不值陈平又不均。"④ 此诗表明祭社之后有分胙肉的习俗。

唐代民间祭社的广泛性表现在一些边远僻地也有社祭习俗，且还保留了较多的原始巫文化。唐代中前期著名诗人王维在《凉州郊外游望》写道："野老才三户，边村少四邻。婆娑依里社，箫鼓赛田神。洒酒浇刍狗，焚香拜木人。女巫纷屡舞，罗袜自生尘。"⑤ 在凉州这样的边远之地，人户不多，社日祭神也挺热闹，女巫扮神跳舞沟通神灵，袜子掉了也感觉不到，多么投入！

① ［清］彭定求等：《全唐诗》卷六百九十六《韦庄》，三秦出版社2008年版，第2850页。
② ［清］彭定求等：《全唐诗》卷七百三十九《李建勋》，三秦出版社2008年版，第2999页。
③ ［清］彭定求等：《全唐诗》卷八百二十六《贯休》，三秦出版社2008年版，第3304页。
④ ［清］彭定求等：《全唐诗》卷四百六十八《李商隐》，三秦出版社2008年版，第1899页。
⑤ ［清］彭定求等：《全唐诗》卷一百二十六《王维》，三秦出版社2008年版，第462页。

（2）宋代春秋两社的热闹。

宋代朝廷同样非常重视春秋两社的祭祀，这同样是重视农业生产的表现。官方祭祀社神有严格的规定。《宋史·礼志》载宋代州县祭社稷神的规定：

> 社稷，自京师至州县，皆有其祀。岁以春秋二仲月及腊日祭太社、太稷。州县则春秋二祭，刺史、县令初献，上佐、县丞亚献，州博士、县簿尉终献。如有故，以次官摄。若长吏职官或少，即许通摄，或别差官代之。牲用少牢，礼行三献。致斋三日。其礼器数：正配坐尊各二，笾、豆各八，簠、簋各二，俎三。从祀笾、豆各二，簠、簋、俎各一。太社坛广五丈，高五尺，五色土为之。稷坛在西，如其制。社以石为主，形如钟，长五尺，方二尺，剡其上，培其半。四面宫垣饰以方色，面各一屋，三门，每门二十四戟，四隅连饰罘罳，如庙之制，中植以槐。其坛三分宫之一，在南，无屋。庆历用羊豕各二，正配位笾、豆十二，山罍、簠、簋、俎二，祈报象尊一。[①]

南宋施宿等撰的《会稽志》对南宋地方州县社祭仪式规定有详细记载：

> 社以勾龙配，稷以后稷配，自京师达于郡邑，岁再祭，春以春社，秋以秋社。前一月，检举关所属。前祭三日，散斋，宿于正寝，不吊丧，不问疾，不作乐，不行刑，不书狱，不与秽恶。致斋一日，质明赴祠所，凡祭外皆禁。前祭二日，设行事、执事官次，牵牲诣祠所。祭日，丑前五刻，设神位于坛上。席以莞，陈币、篚、笾、豆、俎、簠、簋、罍，洗、牺尊、象尊、太尊、山尊、著尊、壶尊，皆加幂。前祭一夕，晡后省馔。祭日，丑前五刻，行事官等各就次，掌馔者实馔，赞礼者引初献，省视陈设，乃各就次，易祭服，以次引二献行礼，礼毕，引初献饮福受胙，还次，亚献以下皆受胙再拜，送神瘗币乃退。此其大略也。其详有司存焉。方政和间，颁大晟乐于天下，祭社稷皆有乐。赞者请初献行礼，则宁安之乐作。八成止，引诣坛盥洗，则正安之乐作。诣神位前，则嘉安之乐作。送神，则宁安之乐复作，

---

① ［元］脱脱：《宋史》卷一百二十《礼五》，中华书局1999年版，第1669页。

一成止。自建炎、绍兴以后，乐器多亡，工亦不敢习矣。[①]

官方的祭社庄严烦琐；民间的祭社却大不一样，箫鼓喧腾，开怀畅饮，纵情放歌，是年度的狂欢。宋末诗人方夔在《社日思家》中写道："晓鼓冬冬露未收，老翁鸡彘祝瓯窭。家家酒绿粉榆社，处处霜红柿栗秋。笑别比邻包祭肉，醉呼童稚认归牛。一年两度村田乐，不羡人间万户侯。"[②]天还没亮，露水还未干，老翁们就等不及了，提着鸡、猪腿子，带着酒，在这满是红柿子的秋天里，去参加秋社了。一年两度的田家聚会，快乐得很，不必羡慕那些所谓的万户侯，农家自有农家的快乐！

宋代民间的祭社与唐代的不同之处在于，已不在树下祭神了，而是在庙中，所谓"赛庙"。陆游在《秋社》中写道："雨余残日照庭槐，社鼓冬冬赛庙回。又见神盘分肉至，不堪沙雁带寒来。书因忌作闲终日，酒为治聋醉一杯。记取镜湖无限景，蘋花零落蓼花开。"[③]人们在庙中"赛神"后，喝完酒，分完胙肉，在浓浓的秋色中回家。陆游在《赛神曲》中写道："丛祠千岁临江渚，拜贶今年那可数，须晴得晴雨得雨，人意所向神辄许。嘉禾九穗持上府，庙前女巫递歌舞，呜呜歌讴坎坎鼓，香烟成云神降语。大饼如盘牲腯肥，再拜献神神不违。晚来人醉相扶归，蝉声满庙锁斜晖。"[④]在江边的庙前，女巫拿着九穗嘉禾，伴着坎坎的鼓声，呜呜唱着歌，跳着舞，沟通着神灵。众人将如盘大的饼和肥美的牲肉拜献神灵，神灵高兴地接受了。祭祀完毕后，众人开怀畅饮，喝得醉醺醺的，相扶着回家。此时落日的斜阳照着江边的庙，蝉声在庙中回荡。在秋天的社日里相会祭神，是快乐的享受！

上述陆游的诗中写到的女巫唱跳，是宋代民间祭社的一大特点，如前述王维诗中的女巫，在祭神过程中由女巫唱跳沟通神灵。北宋诗人李若川在《村社歌》中也提到了老巫："清晓冬冬鸣社鼓，前村后村走儿女。田家酿钱共赛神，谢神时晴复时雨。案有肴酒炉有香，老巫祷祝躬案傍。愿得年年被神福，秋宜稻谷春宜桑。人淳礼简酒无数，歌笑喧阗日将暮。田翁欹侧醉归来，山头明月山前

① ［南宋］施宿等撰，［南宋］张淏撰，李能成点校，《（南宋）会稽二志点校》，安徽文艺出版社2012年版，第18页。
② ［宋］方夔：《富山遗稿》卷七《七言律诗》，《景印文渊阁四库全书》第1189册，第422页。
③ ［宋］陆游著，钱仲联点校：《剑南诗稿》卷四十七，岳麓书社1998年版，第1027页。
④ ［宋］陆游著，钱仲联点校：《陆放翁全集》卷十六，岳麓书社1998年版，第412页。

路。"① 巫师是神与人的中介，沟通神人，是民间祭神不可少的角色。晚于李若川的北宋末诗人李若水在《村家引》中写道："村翁七十倚柴扉，手障夕阳望牧儿。牧儿归来问牛饱，屋东几亩田未犁。邻老相邀趁秋社，神巫箫鼓欢连夜。明年还似今年熟，更拚醉倒篱根下。"②

从上述这些诗中，人们可以体悟到，宋代民间的祭社总是离不了鼓声、箫声，人们一整天都在开怀饮酒，在夕阳里，或在明月的清辉中，喝醉的人们相扶着回家。宋代民间的春秋两社，就是如此让人陶醉！

在宋代众多描述社日祭神的快乐聚会场景的诗中，最具代表性也最脍炙人口的是陆游的《游西山村》："莫笑农家腊酒浑，丰年留客足鸡豚。山重水复疑无路，柳暗花明又一村。箫鼓追随春社近，衣冠简朴古风存。从今若许闲乘月，拄杖无时夜叩门。"③ 山村社日就是如此悠闲、快乐！

中国文言纪实小说——宋代李昉等编纂的《太平广记》卷二百五十二《诙谐·千字文语乞社》中有一段描述宋代民间祭社的场景：

> 肆筵设席，祭祀蒸尝，鼓瑟吹笙，弦歌酒宴，上和下睦，悦豫且康，礼别尊卑，乐殊贵贱，酒则川流不息，肉则似兰斯馨，非直菜重芥姜，兼亦果珍李柰，莫不矫首顿足，俱共接杯举觞，岂徒戚谢欢招，信乃福缘善庆。④

民众举杯欢庆，在筵席上铺张欢畅，激情澎湃，自由喧嚣，在那个理学正走向兴盛的年代，民间的狂欢成了古代社会的绝响。

（3）元明清时期社日聚会的衰微。

元朝为蒙古人所建立，蒙古虽是马背民族，但为稳固对汉民族的统治，元统治者还是不得不用汉人为臣，重视发展农业。而面对春秋两社民众的聚会，元统治者却非常顾忌，怕引起动乱且又耗民资，因此对春秋两社活动严加禁止。提出禁止建议者还是汉人。参与者姚枢（1203—1280，官至中书左丞）在元至元

① ［清］万鄂：《宋诗纪事》卷四十六之《李若川》，《景印文渊阁四库全书》第1484册，第425页。
② ［宋］李若水：《忠愍集》卷二《诗》，《景印文渊阁四库全书》第1124册，第683-684页。
③ ［宋］陆游著，钱仲联点校：《陆放翁全集》卷一，岳麓书社1998年版，第25页。
④ ［宋］李昉等：《太平广记》卷二百五十二《诙谐·千字文语乞社》，《景印文渊阁四库全书》第1044册，第622页。

十四年（1277）建议元朝廷："靡谷之多无若醪醴曲蘖，京师列肆百数，日酿有多至三百石者，月已耗谷万石，百肆计之，不可胜算，与祈神赛社费亦不赀，宜悉禁绝，皆从之。"① 由此，不仅官方的春秋两社停止了，民间的春秋两社聚会也走向衰微了。但春祈秋报不仅仅是一种聚会，还是一种情感的表达，一种希望的寄托。所以，在民间仍然会有这种活动也是正常的，只是那种大规模的聚会和大肆张扬的活动毫无疑问是不可能的。

在史料中，有关元代民间的春秋两社活动的记载很少，与宋代相比，元代的记载微乎其微。但还是有为数不多的记载，如元代浙江画家唐棣（官至吴江知州）在《寄题谢子翼晚翠亭》描述："洞庭咫尺少经过，岚翠霏霏晚更多。风作雨声鸣坠叶，云垂秋影落沧波。枫林赛社闻村鼓，橘渚开船发棹歌。欲泛空明三万顷，恨无题咏到阴何。"② 傍晚时分，经过那洞庭湖边，风起雨落中，只听得坠叶声，苍茫的湖面上云低垂着，在枫林中只听得那来自村中的秋社赛神的鼓声，来不及去观看了，要开船了，只好怅然地离去。

再如元代诗人徐天逸在《秋日田家》中写道："高高青栎树，忽有鹁鸪鸣。雨后晚田熟，门前秋水生。邻家赛社去，野犬吠人行。泥潦相淹久，明朝归计成。"③ 此诗也表明元代有的乡村仍然在秋天祭社，以报答土地的赐予。

明朝为汉人所建，朝廷既不进行官方祭社，也不禁止民间春祈秋报，但出于对民众聚会的防范，对春社秋社的活动做了一些规范。特别在明代中后期，春社秋社往往与乡约活动即民间教化结合在一起。明正德年间黄佐所著《泰泉乡礼》卷五《乡社》载："凡城郭坊厢以及乡村，每百家立一社，筑土为坛，树以土所宜木，以石为主，立二牌位，以祀五土、五谷之神，设社祝一人掌之。"又载："凡春秋二祭，当遵古人社祈年报赛之礼，务在精诚，不许扮神跳鬼，以为盛会，致使男女混杂，有司察其违者罪之。"④ 即春秋二社，不许民间大规模集会，宋代春秋二社的民间狂欢场景已不再重现，所以明代文人描述的明代社日中再也不见宋代那种热闹场景。

明代前期诗人管讷在《吴农四时歌》中写道："种得红芒与白籼，五风十雨

① ［元］苏天爵：《元文类》卷六十《神道碑》，《景印文渊阁四库全书》第1367册，第791页。
② 《御选元诗》卷五十三《七言律诗·唐棣》，《景印文渊阁四库全书》第1441册，第227页。
③ ［元］孙存吾：《元风雅》后集卷十《施性初》，《景印文渊阁四库全书》第1368册，第161页。
④ ［明］黄佐：《泰泉乡礼》卷五《乡社》，《景印文渊阁四库全书》第142册，第639页。

似尧年。高田无旱低田潦，多办今年赛社钱。"①此诗表明乡人们还是很重视祭社。

明代后期曾在余姚等地为官的文人朱蒂煌写《杂吟》诗："赛社人稀古庙东，午烟晴嫋酒旗风，游人不尽春游兴，醉帽欹斜落日中。"②此诗表明明代的社日似乎不再热闹了。

明末麻城人刘侗写有一首《赛社祠》："春社典春衣，秋社餍粱肉。妇子且莫嘻，场熟廪不熟。辽阳方告警，农助官家谷。辽租十增三，官租三增六。里胥登门催，斛半量一斛。益以雀鼠耗，完数恒不足。赛社报年丰，社神听我祝。但愿边患平，强于仓储蓄。神保太息言，辽平尔何福。粮随辽饷加，不随辽饷复。播州几月兵，至今农噉粥。"③面对苛赋杂饷，人们虽然只能吃稀饭，但还是要行春社秋报，只有收成好，日子才能过下去。

清朝虽非汉民族所建，但也重视发展农业生产。虽然官方不行祭社，但从现存各地方志可知，民间还要进行春祈秋报即春社日和秋社日祭神。从现在清代皇帝的诗来看，皇帝也欣赏民间的春社秋社祭神。如清雍正皇帝描述秋社的诗《冬》："蔼蔼炊烟苑舍，霏霏腊雪柴门。阒静闲眠羔犊，笠牢安稳鸡豚。夜织梭鸣哑轧，朝舂杵韵喧繁。赛社争挝祭鼓，歌呼新酿盈盆。"④此诗表明清代的民间祭社比元明时期更为热闹。

（二）赣鄱地域的春社与秋社文化

赣鄱地域在春秋战国时期及之前都被称为百越之地，分布着众多南方土著民族，汉代时主要是赣北的一些地区在汉化过程中即处于儒学传播过程中。⑤直到汉末三国时期，赣鄱地域才基本汉化。魏晋南北朝时期，北方战乱，中原移民已开始南迁，少数中原人进入赣北地区。唐代中期的"安史之乱"时及唐末的战乱时期已有较多的北方人进入赣鄱地域，儒家文化已在赣鄱地域较多的地区铺开。⑥

春社与秋社这种源自中原汉民族敬土地神的习俗，可能在汉代已传入赣鄱

① ［清］朱彝尊：《明诗综》卷十四《管讷》，《景印文渊阁四库全书》第1459册，第441页。

② 《御选明诗》卷一百一十三《朱蒂煌》，《景印文渊阁四库全书》第1444册，第751页。

③ ［清］朱彝尊：《明诗综》卷十三《刘侗》，《景印文渊阁四库全书》第1460册，第660页

④ 《皇清文颖》卷首十《世宗宪皇帝御制诗》，《景印文渊阁四库全书》第1449册，第226页

⑤ 参见施由明：《论中原文化在赣鄱区域的早期传播与影响》，《黄河科技大学学报》2010年第4期。

⑥ 参见施由明：《论杜审言与赣中文风的开启》，《江西社会科学》2011年第5期。

地域，但见于记载的最早史料是晚唐诗人王驾（890—？）所写的《社日村居》（一说为唐代诗人张演所作）：

> 鹅湖山下稻粱肥，豚栅鸡栖半掩扉。
> 桑柘影斜春社散，家家扶得醉人归。[①]

傍晚时分，乡人从春社聚会回家，扶着喝得醉醺醺的家人回家。可见唐代赣鄱地域的民间春社和秋社与全国许多地方一样，都是快乐的民间聚会。

宋代有更多的赣鄱地域文人描述社日的场景和快乐。北宋中前期曾为宰相的抚州临川著名诗人晏殊（991—1055）撰有《奉和圣制社日》：

> 天官考历占元日，浃宇祈农协盛时。
> 芰柞尚传周室颂，枌榆仍秩汉家祠。
> 三农普遂耕耘乐，万象均承雨露滋。
> 推策授人敷景化，穰穰喜贶亿年期。[②]

这首诗虽非专写家乡的社日景象，但表达了诗人那个时代社日时的社会安宁景象。

北宋著名文人（唐宋八大家之一）、南丰人曾巩（1019—1083）撰有《里社》一诗：

> 郊天社地君所重，翦秸刲豝微得供。
> 秦皇汉帝陋古初，桀畤殊坛倾力奉。
> 年年属车九重出，羽卫千人万人从。
> 黄金日搜尽崖窟，飞檐走榱华夷动。
> 马蹄路南村有社，里老邀神迎且送。
> 荒林破屋风雨入，野鼠山狐狼藉共。
> 何言茅箸古瓦瓯，稻饭豚蹄人得用。[③]

---

① ［清］彭定求等：《全唐诗》卷六百九十《王驾》，三秦出版社1999年版，第2189页。
② 傅璇琮等：《全宋诗》卷一七二，北京大学出版社1998年版，1953页。
③ 陈杏珍、晁继周：《曾巩集》上册卷一《古诗》，中华书局1998年版，第3页

这首诗既赞美朝廷重视社日祭神，也描述了乡村的社日景象。

北宋著名文人、分宁人黄庭坚（1045—1105）写有《社日奉寄君庸主簿》：

> 花发社公雨，阴寒殊未开。
> 初闻燕子语，似报玉人来。
> 遮眼便书册，挑聋欺酒杯。
> 传声习主簿，勤为拨春醅。[1]

这首诗是在社日向友人表达春暖花开时节社日里的快乐和好心情，也表明了社日是宋代赣鄱地域的重要节日。

北宋著名文人、临江（樟树）人刘敞（1023—1089）写有《燕子来马上作》诗：

> 马上春寒透客衣，半晴天气燕飞飞。
> 不知社日明朝是，转忆吾庐共尔归。
> 风外轻轻双翼疾，沙边款款数声微。
> 畏人自习人间世，何事江鸥浪见机。[2]

这首诗表达虽然春社日到来之时仍然是春寒，但燕子飞飞促使诗人加快了回家的步伐，期待参加社日。

南宋宁都人箫立之（1203—？），推官南昌，所写《乙卯秋社》：

> 社公水又一番新，阵阵秋风入白萍。
> 归燕去如秦逐客，羁鸿哀似楚累臣。
> 青山有约堪娱老，红树无情强作春。
> 好为麻姑问人世，如今几见海扬尘。[3]

这首诗以秋社为题表达了诗人的人生感慨和人生情怀。

上述这些宋代赣鄱文人所写诗歌表明社日活动是文人们舒放心情怀一种方

---

[1]　[宋]黄庭坚著，黄宝华点校：《山谷诗集注》，上海古籍出版社 2003 年版，第 885 页。

[2]　傅璇琮等：《全宋诗》卷一六二，北京大学出版社 1993 年版，第 2271 页。

[3]　傅璇琮等：《全宋诗》卷三二八七，北京大学出版社 1993 年版，第 39194 页。

式。文人放不下社日，期待着社日。而对民间社日活动的场景和过程的记载则较少，南宋南丰诗人黄大受（终身未仕）所写《春日田家三首》之一有所描述：

> 二月祭社时，相呼过前林。
> 磨刀向猪羊，穴地安斧錡。
> 老幼相后先，再拜整衣襟。
> 醹酒卜瑰玹，庶知神灵歆。
> 得吉共称好，足慰今年心。
> 祭余就广坐，不问富与贫。
> 所会虽里闾，亦有连亲姻。
> 持肴相遗献，聊以通殷勤。
> 共说天气佳，晴暖宜早春。
> 但愿雨水匀，秋熟还相亲。
> 酒酣归路喧，桑柘影在身。
> 倾欹半人扶，大笑亦大瞋。
> 勿谓浊世中，而无义皇民。①

从这首诗中，我们可以看到，宋代赣鄱地域的社日庄重、热闹，宰猪杀羊，醹酒敬神，不问贫富，里闾姻亲，老幼共乐，开怀喝酒，亲切叙谊，共祝风调雨顺，共期秋社相亲。夕阳西下，人们醉酒相扶归，喧闹大笑瞋，何等快乐！这才是真正的宋代赣鄱民间春社场景，不亚于陆游笔下浙江一带民间社日快乐的场景。

关于元代和明代赣鄱地域社日活动的史料很少，现存明代赣鄱地域的方志中很少有关于春社活动的记载。但元明两代，民间的社日祭神活动肯定还是存在的，因为民众对土地神的崇拜和感恩之心是不会变的。所以，春祈秋报活动肯定是有的，也许只是小范围的低调的活动。

清代民间的祭社活动史料在各地方志中有记载。赣鄱地域的方志中也有一些关于社日活动的记载，从中可以看出清代赣鄱地域民间春社活动的一些特点。

一是民间春社或秋社活动是由乡人们自由组织并筹钱购买物品的。如上犹

---

① ［清］曹庭栋：《宋百家诗存》卷三十《露香拾稿》，《景印文渊阁四库全书》第 1477 册，第 759—760 页

县，"二月上戊，乡间祭社，每数家或十数家醵钱设酒肉于坛前作灶，具熟馔供神毕，席地围坐，唉饮极畅，欣呼而散，秋社亦然"[1]。瑞州府，"春社日民间醵钱办品物，祀土谷之神，是日浸种。……谷雨后秧针出水，以次栽植，农夫歌声四起，是月沤麻苎，妇女始绩"[2]。乡民们自由筹钱祭土谷神，就是为了祈求风调雨顺，祈求有好的收成。

二是春社日浸种。对此，各地方志有较多记载，除上述瑞州府的记载外，还有如萍乡县，"春社时农家播社种，其余渍种，以清为度，谚云：贫人莫听富人哄，桐子花开方浸种"[3]。安义县，"社日游神，集饮，酬歌，谓之'散社'。上农以是日浸稻谷最先熟者，集子弟欢饮，谓之'社酒'。乡士大夫载酒联吟，自亭午至晡，谓之'开社'"[4]。善于掌握农时是中国农民长期耕作积累的智慧。

三是社日是快乐的乡人聚会的日子。在祭祀土谷神（社神稷神）毕，乡人们开怀畅饮，老幼参与，交谈喧闹，甚至纵情放歌，好不快乐！如九江府，"春社，祭祀毕，谕以乡约，聚饮而退"，"秋社与春社同"[5]。德化县，"春社祭毕，上人多醵饮，名曰社饮"[6]。铅山县，"春社，乡间最重，有祀神果、祀酒果，少长咸集，宾朋畅饮，颇多乐趣"[7]。趁着祭社，乡民们畅饮放歌，乡民间的感情加深了，乡间更和睦了，这对建设良风美俗是有益的。

四是祭社的地点是有社庙的地方，在社庙中祭神。如新城县，"祭社，村保醵钱为会，必于社庙，春日祈秋日报"[8]。但各地习俗有差异，如上述安义县的习俗是"游神"，即抬着社稷神游乡，然后聚会畅饮。

五是有的地方保持了明代中后期以来的传统，将祭社稷神活动与宣讲乡约（即道德教化）结合在一起，如湖口县，"春社，里民诣社所祈祭，约正人等告以乡约，聚饮而返"[9]。

① 光绪《上犹县志》卷一《舆地·风俗》，《中国方志丛书·华中地方·260号》，第145页。
② 同治《瑞州府志》卷一《地理·风俗》，《中国方志丛书·华中地方·99号》，第53页。
③ 同治《萍乡县志》卷一一《地理·风俗》，《中国方志丛书·华中地方·270号》，第208页。
④ 同治《安义县志·风俗》，《中国方志丛书·华中地方·260号》，第357页。
⑤ 同治《九江府志》卷八《地理·风俗》，《中国方志丛书·华中地方·267号》，第114页。
⑥ 同治《德化县志》卷八《地理·风俗》，《中国方志丛书·华中地方·107号》，第154页。
⑦ 同治《铅山县志》卷五《地理志·风俗》，《中国方志丛书·华中地方·911号》，第357页。
⑧ 同治《新城县志》卷一《风俗》，《中国方志丛书·华中地方·256号》，第169页。
⑨ 同治《湖口县志》卷五《地理志·风俗》，《中国方志丛书·华中地方·867号》，第159页。

春祈秋报的祭社习俗一直保持到民国时期，是一项重要的农业文化。

（三）庆丰收

农业丰收了，农民们高兴了、欢喜了，那肯定要表达这种快乐的心情，还要感恩土地的赐予以及老天的保佑甚至于祖宗的庇佑，所以农民们每年都要举行秋社，即所谓"秋报"，在秋社日祭祀社神和稷神，既感恩土谷神也庆祝丰收。所以，老幼同至，开怀畅饮，乃至放歌嬉闹，舒放快乐的心情。

除秋社之外，民间还有一些庆丰收的习俗。如在乐平这样一个戏台多、盛行演戏的地方，在丰收之后，有些宗族会请戏班到宗族祠堂的戏堂演戏，以欢庆丰收。有的宗族或家庭将新收的谷子，取一点用于敬祖，感谢祖宗的庇佑。有的宗族或家庭不是用新收的谷子敬祖，而是用新收早稻煮成的米饭敬祖，然后一起食用。如南昌县，"早稻熟，择辛日，作新米饭，先荐祖考，然后阖家食之，曰食新，新米浆凡三日不漱衣"[1]。

除了上述这些农业习俗文化之外，各地还有些颇有特色的习俗，也是一种表达情感的文化。如南昌县，"菜花开，田家击鼓，夜张灯赛神，曰菜花灯，亦曰花朝灯"，"农人分秧毕，阖家择日酒食，村酤、糁肉，邻舍相馈遗，曰洗泥"。[2]

总之，1 万多年的农业耕作形成了丰厚的农业文化，支撑了社会经济的发展和社会的和谐稳定。

三、中国农民丰收节

（一）中国农民丰收节的设立

中国是以农立国的国家，虽然进入 21 世纪之后，中国正大踏步迈向工业化，但大多数人口仍然在农村，农业仍然是国民经济的基础。如上所述，中国的农民历来有庆丰收的习俗，秋社就是传延了 2000 多年的庆丰收习俗。改革开放以来，中国的农业取得了巨大成就。特别是党的十八大以来，粮食连年丰收，粮食产量多年稳定在 12000 亿斤水平，农业现代化持续推进，脱贫攻坚取得决定性胜利，农民们有着迫切地表达喜悦心情的愿望。基于中国悠久的农业文化习俗和广泛的

① 　民国《南昌县志》卷五十六《风土》，《中国方志丛书·华中地方·103 号》，第 1657 页。
② 　民国《南昌县志》卷五十六《风土》，《中国方志丛书·华中地方·103 号》，第 1654-1655 页。

民意基础，以及专家学者和农民们等各行业的共识，2017年全国人大和政协两会上，45名人大代表共同提出了设立中国农民丰收节的提案。经党中央批准和国务院批复，自2018年起，每年秋分日被设立为"中国农民丰收节"，由农业农村部及有关部门组织落实到位。

中国农民丰收节的设立，是由习近平总书记主持召开的中央政治局常委会会议审议通过，由国务院批复同意的，是第一个在国家层面专门为农民设立的节日，充分体现了以习近平同志为核心的党中央对"三农"工作的高度重视，以及对广大农民的深切关怀，是一件具有历史意义的大事，极大地调动了亿万农民的积极性、主动性、创造性，提升了亿万农民的荣誉感、幸福感、获得感。

从2018年至2022年，全国各省区已连续四年举办了中国农民丰收节。

（二）赣鄱地域的中国农民丰收节

赣鄱地域是中国重要的粮食产区，举办庆丰收活动也是赣鄱农民的愿望。

首届中国农民丰收节江西活动，由江西农业农村厅、宜春市人民政府主办，江西省广播电视台、江西省文化演艺发展集团、高安市人民政府承办，各设区市人民政府、高安市巴夫洛现代农业科技有限公司协办，以"赣鄱大地庆丰收，秀美乡村展新貌"为主题，于2018年9月22日在高安市巴夫洛生态科技示范园举行。主要活动有农产品花车狂欢大巡游（如图8-4）、农民艺术展演。整个活动

图8-4 农产品花车狂欢大巡游（转引自搜狐网）

突出了"三农特色、江西特色、丰收特色",展现了"科技强农新成果、产业发展新成就、乡村振兴新面貌",在内容和形式上有趣味、接地气,取得了很好的效果。

第二届中国农民丰收节江西活动,由江西农业农村厅和抚州市人民政府联合主办,江西省广播电视台、江西文化演艺发展集团承办,于 2019 年 9 月 23 日在抚州市临川区仙盖山现代农业示范园举行。2019 年正是全面建成小康社会的决战年,也是打赢脱贫攻坚战和实施乡村振兴战略的历史交汇期,所以,这一年的中国农民丰收节江西活动正好是展示农业农村发展成就的重要平台。因此,此次活动以"产业兴旺庆丰收,乡村振兴迎华诞"为主题,开展了"庆丰收、晒丰收、话丰收、享丰收、促丰收"系列活动,为向新中国成立 70 周年华诞献礼。此活动正好充分展示江西省农业农村新成就及脱贫攻坚取得的好成绩。乡村非物质文化遗产会演、特色农业长街、数字农耕文化发展、农耕健身大赛、"923"农产品电商购物节、盱江中医药年代秀、秀美乡村展丰收等活动,展现了新中国成立以来,特别是党的十八大以来江西农业农村的巨大变化和丰硕成果,提振了全省"三农"工作者的自信心和自豪感。

第三届中国农民丰收节江西活动,由江西省农业农村厅和赣州市人民政府联合主办,江西广播电视台、江西文化演艺发展集团、于都县人民政府承办,各设区市人民政府协办,2020 年 9 月 22 日在于都县梓山镇潭头村举行开幕式。活动主题为"全面脱贫奔小康,喜庆丰收再出发"。开幕式举行了"门庭有礼"的仪式,展示农民庆丰收的喜庆氛围,体现赣州客家民俗风情和东道主的热情好客。此次活动开展了"云上乡村"农民丰收电商节、江西农业产业助力脱贫攻坚成就展、农民趣味运动会、云上小康江西创富大会、潭头村里庆丰收、一二三产业融合发展观摩、丰收欢庆晚会等活动,重点突出展示了脱贫攻坚成果,彰显了赣南农耕文化,推介了优质特色农产品及讲好农民丰收故事等。

2021 年是中国共产党百年华诞,紧紧围绕中国共产党成立 100 周年和全面乡村振兴,江西省农村农业厅和九江市人民政府联合主办,江西广播电视台、江西文化演艺发展集团、彭泽县人民政府承办,各设区市人民政府协办2021 年中国农民丰收节江西活动,9 月 25 日在九江市彭泽县蔓谷田园综合体举行了盛大开幕式。活动以"百年风华感党恩，产业兴旺庆丰收"为主题，开展了农民们喜闻乐见的系列庆丰收活动，如行走的党史课、丰收大集、电商节、农民趣味运动（如图8-5、8-6）等，多形态、立体式展现了江西悠久的灿烂农耕文明，以及丰富多彩的丰收美景和广大农民的时代风采，推动形成了全民庆丰收、晒丰收、话丰收、享丰收的浓厚氛围。

第五届中国农民丰收节江西活动由江西省农业农村厅、景德镇市人民政府

图 8-5　趣味运动（邹宽摄，转引自大江网）

图 8-6　农民趣味运动（转引自搜狐网）

联合主办，浮梁县人民政府、江西广播电视台、江西文化演艺发展集团承办，各设区市人民政府协办，于 2022 年 9 月 23 日在景德镇市浮梁县高岭中国村举行，以"稻浪潮涌迎盛会 乡村振兴庆丰收"为主题，以农民为主角、农业为主线、农村为主场，全面展现了党的十八大以来赣鄱地域农业农村发展新变化、新成果。活动开展了十大主题活动："我们的答卷"现代农业主题展、丰收电商消费季、茶业小镇、江西省茶业博览会、丰收幸福里、新农人集体婚礼、农民趣味运动会、"三农"之最成果群英会、花卉集市展和智慧农园、"瓷上赣鄱丰收景"欢庆晚会等。2022 年是党的二十大召开之年，中国农民丰收节江西活动把党和国家对农业、农村、农民的深情厚爱传递到每一个乡村、每一户农户，增强了农民群众的获得感、幸福感和安全感，让广大农民群众切实感受到党和国家的关怀和温暖。

上述四届中国农民丰收节活动，表明一项具有新时代特色的农业文化习俗已经形成。

【第九章】

韵味古村

古村，指的是开基时间较早且有一定数量的古代文化遗存，如古建筑、古树木、非物质文化遗产及传续不断的传统价值观念和其他一些文化形态等的村庄。以时间为线，如何定义"古"？有学者认为 1840 年前为古代，1840—1919年为近代，1919 年后为现代，那 1840 年前的建筑就是古建筑，1840 年前开基的村庄就是古村了。但有学者认为，若如此划分，则存留下来的古建筑并不多，1919 年前的建筑都应当算是古建筑，1919 年前开基的村庄都可算是古村。冯骥才先生在《文化遗产日的意义》一文中认为，古村落之所以为古村落，应当具备鲜明的地域个性、建筑风格保存得较为完整和系统，有丰富的物质文化和非物质文化遗产。[①]笔者同意冯骥才先生的观点，但笔者认为，不管是 1840 年前还是 1919 年前开基的村落，都必须有一定数量保存比较完好的古建筑（1919 年前），村庄仍有着传统文化的灵魂，才能算作古村落。

2012 年后，从国家层面上，古村落被称为传统村落，虽然有点"学术化"，似乎不接地气，不是民众容易接受的"古村落"称呼，但有其合理性。所谓传统村落，指的是开基时间较早，拥有较丰富的文化和自然资源，有一定的历史、文化、科学、艺术、经济和社会价值和应当予以保护的村落。

古村落也罢，传统村落也罢，其中必须有着传统文化的韵味，走在村中，能感受到无形的中国传统文化韵味。这种有传统文化韵味的古村在赣鄱地域较多。

赣鄱地处长江中下游南岸，境内有山、有水、有丘陵、有盆地、有平原，是个宜于农耕生活之区。自远古的旧石器时期，这一区域就有人类生存。到新石器时代早期，先人们就在赣北平原驯化野生稻谷。唐宋元明清至今，赣鄱地域是中央政府重要的粮食调出地。正因为有宜于农耕的生活环境，赣鄱境内留存了大量的古村落，据不完全统计，赣鄱境内留存近千个保存比较完好的古村落，其开基时间从唐后期到近代不等。

一、古村形成

对于江西数量众多的古村落的形成，不能不追溯到唐后期以来的中原移民。中原移民在江西繁衍成宗族，宗族的发展与村落的发展及数量的增多、宗族文

---

① 冯骥才：《文化遗产日的意义》，《光明日报》2006 年 6 月 15 日。

化和村落文化都有着密切的联系。

（一）中原移民在赣鄱地域繁衍成宗族

先秦及其以前，赣鄱地域内分布着"饭稻羹鱼"的百越族土著，经过两汉直到三国时期才基本汉化。晋末"永嘉之乱"（311）有一次较大规模的北方人口南迁，其中进入赣鄱境内的人口不多。据学者研究，只有万余人在长江沿岸的彭泽、湖口等县定居，后来都土著化了。赣鄱宗族的形成，主要源于唐中后期直至南宋末的中原移民，唐代中期的"安史之乱"、唐末的北方战乱、北宋末金兵南侵及南宋时期的北方战乱使中原人口不断南迁，其中有相当一部分进入江西境域内定居。据学者估算，安史之乱结束时大约有250万移民定居在南方，而唐末估计有400万移民定居在南方。[①]

北方人口南迁的结果是社会结构发生较大的变化，北方从汉代以来的豪族到世家大族，再到门阀士族的这样一种社会结构发生了大的变化。这就是士族衰落了，社会结构必然改变。宋朝建立后，科举取士的选官制度使得魏晋以来的士族走向了真正的消亡。

在北方社会结构发生变化的同时，南方的社会结构也在悄然变化，这就是北来的移民通过人口繁衍孕育出新的血缘家族和宗族。这种血缘家族不同于魏晋以来的士族，他们不讲求门第，宗族建设只为尊祖敬宗、凝聚族人，与政权、特权无关，所以又被称为庶民宗族或平民宗族。

就赣鄱地域而言，随着唐后期至唐末五代北方人口的大量迁入，孕育出了宋代及其以后赣鄱社会以庶民家族或宗族为基本结构单位的特点，汉代土著豪强大族遍布的特点被改变，土著血缘族群也被引导到了宋及其以后的庶民家族或宗族的建设历程中。[②]

以赣中（唐代的吉州）为例，唐代中原移民进入赣中地域繁衍成世家大族，见表9–1。

---

①　参见葛剑雄、吴松弟、曹树基：《中国移民史》第3册，福建人民出版社2004年版，第260页。

②　参见施由明：《宋代宗族观念庶民化与宗族的形成——以江西地域宗族为例》，《南昌大学学报（人文社会科学版）》2022年第4期。

表 9-1 唐代中原移民在赣鄱形成大族的实例表

宗族名	始迁祖	迁入时间	祖籍地	迁出地	迁入地	家族名人	迁入原因
永新、安福等地欧阳氏	欧阳琮	唐黄巢之乱	渤海郡	长沙	庐陵	欧阳修	官吉州刺史，遇乱不愿北归
新淦孔氏	孔绩	唐黄巢之乱	山东		新淦	孔文仲三兄弟	仕吉州为推官，遇黄巢之乱遂家新淦
新淦袁氏	袁致安	唐代	世居河洛间	泰和	新淦	袁邦用	族大分支
新淦宋氏	宋询	唐代	丹阳	袁州	新淦	宋惟学	仕袁州刺史，因秩满道经新淦柘乡，爱其山水
泰和袁氏	袁邯	唐代	陈郡		泰和	袁士安	为吉州刺史，留家于此
安福王氏	王该	唐代	太原	庐陵	安福	王庭珪	族大分支
泰和陈氏	陈晖	唐末五代	颍川	金陵	泰和		避战乱
泰和萧氏	萧鹏举	唐末五代	西安	长沙	泰和		避战乱
吉水段氏	段成式	唐代	临淄	临淄	庐陵	段成式	为吉州刺史，因家焉
安福、永新、泰和等地刘氏		唐末五代	沛县	金陵	吉州		避战乱
泰和康氏	康立极	唐末五代		金陵	泰和		自金陵官泰和，留家
吉水解氏	解禹	唐天宝间	山西平阳		吉水	解缙	官吉州刺史，留居
吉水泰和等地杨氏	杨辂	唐末五代	华阴		庐陵	杨邦乂杨万里	为官庐陵，留居
泰和曾氏	曾构	唐末五代	山东	金陵	泰和	曾安止	避五季乱
吉水胡氏		唐末五代		金陵	吉水	胡铨	避战乱

资料来源：依次见欧阳修《文忠集》卷七十一《欧阳氏图谱序》，四库全书第 1102 册第 559 页；金幼孜《金文靖集》卷九《孔处士立夫墓志铭》，四库全书第 1240 册第 847 页；金幼孜《金文靖集》卷九《袁处士立夫墓志铭》，四库全书第 1240 册第 839 页；金幼孜《金文靖集》卷九《宋惟学墓志铭》，四库全书第 1240 册第 838 页；杨士奇《东里集》续集卷十三《西昌袁氏家谱序》，四库全书第 1239 册第 535 页；王庭珪《庐溪文集》附录胡铨邦衡撰《墓志铭》，四库全书第 1134 册第 354 页；杨万里《东里集》卷四《陈氏族谱序》，四库全书

第 1238 册第 51 页；胡铨《澹菴文集》卷五《监察御史萧公墓志铭》，四库全书第 1137 册第 43 页；胡铨《澹菴文集》卷五《监察御史萧公墓志铭》，四库全书第 1137 册第 43 页；王庭珪《庐溪文集》卷四十六《故刘君德章墓志铭》，四库全书第 1134 册第 321 页；杨士奇《东里集》续集卷三十《纪善康君墓表》，四库全书第 1239 册第 60 页；解晋《文毅集》卷八《修家谱序》，四库全书第 1236 册第 710 页；杨士奇《东里集》续集卷三十《族弟仲墓穆表》，四库全书第 1239 册第 54 页；刘球《两溪文集》卷二十三《故翰林侍讲学士奉训大夫曾公行状》，四库全书第 1243 册第 684 页；杨万里《诚斋集》卷一百一十八《金鱼袋赠通议大夫胡公行状》，四库全书第 1161 册第 495 页。

　　上表中所列都是唐代中后期至唐末移民进入赣中地域后，至宋明时代繁衍成赣中地域的著姓望族。至今仍然是赣中地域的大族。又据《永新县志》（1992 年编）记载，永新长久以来排居前 10 位的大姓是刘、贺、尹、龙、周、李、陈、萧、颜、王，其中据史料记载贺、尹、龙、颜四姓是唐末五代由北方迁来的。这四大姓都是唐代开基于永新，其子孙在永新境内不断分支开基或迁移，分别建村 135、120、90、44 个。[①]

　　以颜氏为例，且看其宗族的壮大与村落的扩张及分布状况。

表 9-2　永新县境内颜氏开基建村或分迁表

乡（镇）名	村名	建村年代	开基祖及迁出地
澧田	芦溪	唐开元年间	颜氏由山东济南徙此
澧田	平原	唐天宝年间	颜氏由本邑芦溪徙此
莲塘	捣石	唐天宝年间	颜真卿后裔自澧田平原徙此
龙门	塘坑	唐末	颜氏于此立籍，村北有下新屋
龙门	颜唐村	唐末	颜氏从莲塘捣石徙此
埠前	燕溪	北宋皇祐年间	村居燕山南麓，汶水之侧。颜近善从山背颜家迁此
高溪	东边	宋绍兴年间	颜氏由莲花珊田徙此
澧田	土屋里	南宋开禧年间	由芦溪徙此

---

① 参见永新县地名志办公室：《永新县地名志统计》，1983 年版。

乡（镇）名	村名	建村年代	开基祖及迁出地
在中	斜陂	南宋末	地处龙背岭东面山脚，村旁随溪水流向筑有座斜状水陂，故名。颜氏从东门台上徙此
杨桥	黄泥塘	元至正年间	此地有口黄泥塘，故名。颜氏从本邑八都捣石徙此
澧田	匡塘	明宣德年间	由莲塘捣石徙此
澧田	石水岭	明宣德年间	由莲塘捣石徙此
杨桥	社边	明成化年间	村居原址社稷神庙旁边，故名。颜笃俊从本邑捣石徙此
杨桥	溶溪	明弘治年间	因基祖系溶溪派得名。颜氏从本里社边分此
杨桥	观背	清康熙年间	村子建于道观之后，故名。有颜、刘二姓。颜邦文从本邑社边分此
澧田	船形	明万历年间	由芦溪分此
澧田	大烟	清康熙年间	由本里平原徙此垦荒
澧田	祥源	清乾隆年间	颜鲁厚从本里芦溪徙此
澧田	弓田	南宋开禧年间	由土屋里、左家、王家屋、船形四个自然村组成。先有颜姓建土屋里，后相继建有船形、左家等村，遂成弓田片村
龙门	鲇塘	明成化年间	此地原水塘中鲇鱼较多，故名。颜氏从莲花县梅州徙此。邻村有葛冲里
龙门	颜家屋	清乾隆年间	颜氏从高市芳塘徙此拓基，故名
龙田	沐江	明永乐年间	村前有沐江小河，故名。颜芳庭从莲花围里三更徙此
龙田	垄里屋	明万历年间	因村居沐江垄而得名。颜芳庭第七代后裔分此
台岭	甲付	明嘉靖年间	憧憬后裔富裕，取名佳富。为书写之便，演变为甲付。颜氏从本邑龙田沐江徙此
龙田	塘田	明成化年间	因田垄中水塘多而得名。颜光裕从莲花升坊围里徙此
龙田	东基	明万历年间	拓基于东岭坳东边，故名。塘田颜光裕第六代后裔分此
龙田	下龙	元大德年间	建村于莲花县龙上片村的下首，故名。村民多姓。颜氏从莲花下坊梅州徙此
龙田	坑弦上	明万历年间	建居弯弓状的坑边，故名。颜氏从莲花梅州徙此
龙田	周颜熊	南宋淳熙年间	原系周、颜、熊三姓同时在此拓基建村，故名。现有颜、贺、刘等姓。颜茂兰从莲花梅州迁此

续表

乡（镇）名	村名	建村年代	开基祖及迁出地
龙田	田心	明嘉靖年间	因地处田垄中心而得名。颜资实从本地沐江分此
高市	芳塘	明景泰年间	此地原系水塘边一块尾草地，原称荒塘，后雅化为芳塘。有颜、谭二姓。颜子奎（27世）从八都捣石徙此
高桥	栗溪村	明嘉靖年间	此地小溪边原有几株栗树，故名。颜武异从本邑三都中陂徙此
文竹	茶子山	清雍正年间	村居油茶林边，故名。颜氏自龙田沐江徙此
埠前	水车头	明嘉靖年间	此地水源缺乏，靠车水灌溉，原名磨车湾，又名水车头。颜氏从本邑沐江徙此
石桥	上曲塘	明成化年间	颜氏从埠前燕溪徙此
日光	茶岭	清康熙年间	颜氏从山田白竹垄徙此
才丰	颜家	明洪武年间	颜建诠由东门台上迁此
才丰	排形	明洪武年间	地处小山冲口，左有小溪，右是水圳，好似一木排漂浮于水面，故名。颜海从东门台上迁此
才丰	佳南山	清乾隆年间	村居佳山之南，故名。颜吾义自本邑北乡迁此
烟阁	颜家	明嘉靖年间	颜氏徙此
烟阁	颜家	明嘉靖年间	地处田垄。颜审从西乡徙此
烟阁	水口	明嘉靖年间	由三栋屋、柳家、颜家三个自然村组成。万年山溪水从此地的峡谷口流出，故名。明正德年间，柳氏拓基于此。明嘉靖年间颜氏从西乡徙此，随后柳氏迁来，遂成水口片村
三湾	株树下	清乾隆年间	颜氏从东门台上徙此

资料来源：据永新县地名委员会办公室1983年编印的《江西省永新县地名志》统计。

颜氏作为永新的大族，在宗族子孙增多的过程中不断开基出上述这么多的村庄。

村庄多为同姓聚族而居，即一个村庄就是一个血缘共同体，100多个村庄或数十个村庄的同姓宗族组成一个大的宗族共同体，他们各自以宗祠和祭祖为联结，大姓往往有总祠，各村有宗祠、房祠或家祠。同治十一年刊本的《永新县志》引万历《永新县志》说："凡故家有五世祠，四时祀高曾祖考。合族有大祠，冬至祀始祖；始祖而下，高祖而上为先祖，祀用立春日，不知有夹僭也。其祖父生诞、死忌之祭，则无贵贱通行焉。"[1]这是明代后期的宗族状况，两三百年之后的清后期，宗族之盛即县境内形成宗族化的社会更成为必然。

再如赣南，尽管张九龄在唐开元四年（716）开凿了大庾岭驿路，使南北交往更加频繁；但整个赣南还是较原始的，大山长谷，瘴烟毒雾，是一个流放犯人的地域。但在唐代中后期至唐末的北方人口南移的过程中，赣南还是有移民进入并定居下来，如宁都县的郑、孙、戴、蒙、古、黎、廖、吴、管、李、朱、邱、严、卢、胡、宁、陈、曾、刘、何、崔、黄、温、宋、谢等25姓是唐至五代迁入宁都定居的，其中12姓可查证是从北方诸省直接迁来的；石城县的赖、胡、温、许、杜、廖、花、鄢、洪、汤、金、联、雷、蓝、罗、朱、杨、王、毕、龚、熊、高、何、严、吉、李、白、黄、谢、万、赵、连、蔡、周、官、陈、曾、康、巫、冯、彭、卢等42姓是在唐至五代迁入定居的。[2]类似于宁都、石城，赣南各县都有移民是在唐代中后期至唐末五代因避战乱，由北方迁来定居，繁衍成著姓大族的。

北宋后期，金军攻宋之后，战火燃遍了黄河中下游地区，为了生存，中原人民不得不又开始向淮河以南迁移。靖康之乱以后，北方人口的南迁持续了一个半世纪，估计不少于500万人迁入南方。[3]赣鄱地域是这次北人南迁的重要迁入地，到南宋后期江西已人满为患，赣中吉安和赣西袁州的人口又向湖南迁移。

大量的北方移民进入赣鄱地域，大大加快了自唐后期以来赣鄱社会结构的变化。这种以平民宗族为社会基本结构的状态，在移民的繁衍中不断形成，村落的数量在宗族的壮大过程中不断增多。

（二）村落与宗族同壮大，村落文化与宗族文化同形成

1. 宗族壮大与村落增多

村落由一定数量的人群聚居而形成，在赣鄱地域往往是一姓一村，或以大姓为主，杂住人数和户数少的其他几姓而形成。之所以如此，是因为这些村落的开基往往是由一个人或同族中几个人，或同族中的一群人进行的，也因此，

---

[1] 同治《永新县志》卷四《地理·风俗》，《中国方志丛书·华中地方·254号》，第356页。
[2] 周红兵：《赣南客家源流考》，《赣南师范学院学报》1992年增刊。
[3] 参见葛剑雄、吴松弟、曹树基：《中国移民史》第四册，福建人民出版社2004版，第415页。

村落的形成和壮大与宗族的形成和壮大是同步的。聚居在一起的宗族人口的增多和户数的增多，必然促进村落不断扩大。同时，村落的文化也是随着宗族文化的形成和加深而不断形成和加深。如族谱的编撰、祠堂的建立、族规的制订和实行、耕读传家的生存方式、宗族乡绅在村落中传承和贯彻儒家文化、科举人才的辈出等，既是宗族文化，也是村落文化。[①]

如上所述，村落数量的不断增多是宗族不断壮大的结果，宗族人口增多之后，不断分迁或在相近的地域内开基建村，村落不断形成。

以南昌附近的安义县罗田黄氏等为例，安义县建县于明正德十三年（1518），建县时的人口只有10442人。[②]唐宋时期安义县境域内一直有大片的荒洲、湖沼可供开垦。晚唐广明元年（880）黄光远为避战乱，从湖北蕲州罗田村迁徙到今安义罗田村定居，《黄氏宗谱》记载："光远公，系湖广罗田人也。唐广明年间，避兵乱迁卜兹地，里名罗田，不忘所自带耳。"与黄光远同来安义的还有其表弟杨振德，到安义境地后，"光远以打猎为生，出没山林，振德以捕鱼为业，飘泊水上"[③]。此后，黄、杨后裔在安义县境内开拓、繁衍、扩展，不断开基建村，繁衍成安义县境内的大族。黄光远后裔在安义境内所建村庄如表9-3所示。

表9-3 安义县境内黄氏所建村庄

乡名	村名	建村年代	开基祖及迁出地
长埠	罗田	唐广明年间	黄光远由湖北蕲州罗田迁此开基
长埠	北步山	宋初	罗田贵族之仆人黄姓聚此立基
长埠	北岗	宋中叶	罗田黄凤颗徙此建村
长埠	初一村	明初	罗田黄文古徙此建村
长埠	水南村	明洪武七年	罗田黄氏十七代黄一能在罗田村外水溪之南开新基
长埠	山上村	明中叶	罗田之水南黄树棠分支来此建村
长埠	岭下	明中叶	老下黄无杞迁此立基
长埠	一房	明中叶	老下一支分支于此建村

① 参见施由明：《赣都宗族文化研究》，中国书籍出版社2017年版；施由明：《明清江西乡绅与县域社会治理》，中国社会科学出版社2018年版。

② 参见安义县志编纂领导小组：《安义县志》，南海出版社1990年版，第73页。

③ 安义县地名志办公室：《安义县地名志》1985年版内刊，第77页。

续表

乡名	村名	建村年代	开基祖及迁出地
长埠	毛岗村	明末	罗田七世祖黄戬之后裔黄陵罗
长埠	坛口	清初	罗田黄克勤徙此立基
长埠	云庄	清康熙年间	一房黄兴迁此种庄田
长埠	新唐	清咸丰年间	黄文方由鼎湖晒谷石迁此
黄洲	老屋	元中叶	罗田黄徙此建村,后子孙繁衍分支别地建新村,称原村为老屋
黄洲	黄洲村	明初	黄应元由罗田来此建村,故名黄家洲,简称黄洲。相传此地原为芦苇丛生之地
黄洲	牛福	明中叶	老屋黄道豪徙此立村
黄洲	仓下	明中叶	老屋黄友为迁此
黄洲	广门	明景泰间	十七世祖黄友辉名广,由老基迁此
黄洲	雷湖	明洪武年间	黄氏十五世祖黄瑜由老屋徙于雷湖
黄洲	黄土坪	明中叶	雷湖黄许吾徙于此
黄洲	后昌	明中叶	老屋黄道元、黄道心徙此,期望后嗣蕃昌
黄洲	九坊	明中叶	黄荆坡由老屋徙此建村,因排行九,名九坊
黄洲	山田	明末	牛福黄道明、黄道统徙此垦山造田
黄洲	谷场	明末	黄姓由雷湖迁此建村
黄洲	老园	清康熙年间	牛福五甲黄光桐、黄朝雄徙此洪家老菜园立基
黄洲	况家垄	清乾隆年间	黄氏由老屋徙此定居
黄洲	老树下	清乾隆三十九年	二十五世祖黄共秀由老屋徙于此
黄洲	圳溪	清中叶	老屋黄家黄时行随母迁此
黄洲	庄上	清嘉庆年间	
黄洲	院前村	清中叶	老屋孙益徙基于此
黄洲	山背	清道光年间	二十世祖黄义和由牛福洪家凌徙此
黄洲	黄家凌	清中叶	中福黄文皆、黄文林迁居于中栏山坡上
黄洲	前辈	清中叶	黄、熊二姓合基
黄洲	罗家	清咸丰七年	二十三世祖黄琴乐公从八坊迁此
鼎湖	柘山		万、黄、余三姓合基

乡名	村名	建村年代	开基祖及迁出地
鼎湖	祠堂里	明正德年间	十五世祖黄宗明由柘山黄家分徙于此建村
鼎湖	港南黄家	明崇祯年间	二十三世祖黄和贵由水南徙此立基
鼎湖	对港村	清道光年间	二十三世祖黄先有由柘山黄家徙此
石鼻乡	石溪村	明正德五年	黄龙凤从罗田徙基石溪
石鼻	江家边	明洪武七年	十五世祖黄戬后裔从罗田徙基于此
石鼻	黄家咀	明中叶	罗田黄泆徙此建村
石鼻	庙山村		谢、熊、黄三姓合基

资料来源:《安义黄氏宗谱》,转引自《安义县地名志》。

从上表可知,黄光远避战乱迁居安义县,在安义境内开拓繁衍,建村 41 处。黄氏总人口占全县人口的 7%。安义县有句俗语"小小安义县,大大罗田黄",即黄氏由 1 人移民而来,繁衍成了安义的大族和开基了众多村庄。与黄光远同来的扬振德的后裔也在安义县的石鼻、新民、长埠、长均等地建村 33 处,杨氏总人口占全县人口的 8%,[①] 同样是由 1 人移民而来繁衍成了安义的大族和开基了众多村庄,见表 9-4。

表 9-4　安义县境内杨氏所建村庄

乡(镇)名	村名	建村年代	开基祖及迁出地
长埠	老下村	唐广明年间	从湖广麻城徙此立基,名杨家,后子孙繁盛,分支别处建村甚多,称老基为老下
长埠	马坊	唐末	位于老下村东北田坂中。义基老下杨振德之仆人迁此居住。相传该地曾为马厩,故名
长埠	塘下	唐末	位于老下村南田坂中。振德公之仆人从老下来此开养鱼塘,饲养家禽,建房舍,故名
长埠	镈山杨家	南宋淳祐间	十七世祖泰初,字层户,号镈山,生于南宋淳祐四年甲辰,殁于元大德十年丙午,由岗脑杨家分基此地建村

---

① 参见安义县志编纂领导小组:《安义县志》,南海出版社 1995 年版,第 79 页。

续表

乡（镇）名	村名	建村年代	开基祖及迁出地
长埠	岗脑杨家	南宋嘉定间	十六世祖绿斋字明善，字镇一，南宋隐士，生于嘉定七年甲戌，殁于元至元十八年辛巳，徙此
万埠	上方楼下	元至元二十三年明成化四年	（1）二十一世祖琳公于元至元二十三年，由观察分基迁于其上方（按山地高低建村），因名上方。 （2）二十八世祖伟公于明成化四年迁此建村。位于观察祖祠楼房之下端，以楼下名村。现二村房屋已联结无间，并成一村，村名连读而成今名
万埠	东方	元至正壬午年	元至正壬午年，显德公从东冈徙此立基，位于长岭之东
万埠	内基	明末	观察上房杨全分基来此建村，村外小丘如屏障
万埠	外基	明末	杨淄由内基分支于南侧小港边建村，地处内基之外边
万埠	沙上村	明成化年间	二十七世祖睦公由上方徙此。村基立于旱地，故称畬上。因方言"畬"与"沙"同音，故书作今名
万埠	尧基村	清康熙年间	运春、运夏兄弟由桐林徙尧氏旧基地上建村
万埠	观察	明初	村祖辉公字景和，官观察使，生于元正正庚子年，殁于明永乐戊子年，由东冈徙此立基，初名上杉村。其后裔怀念祖泽，以祖官衔名村
万埠	墨山	明宣德壬子年	二十六世祖承公于明宣德壬子年，由上杉徙此立基
万埠	左基	明正统年间	二十七世祖和公于明正统丁卯年，由观察迁此
万埠	四方	明永乐庚子年	二十六祖敏公于明永乐庚子年，由观察徙此立基。其房序行四，故名四房，后演变成今名
万埠	新屋场	清乾隆年间	三十四世祖文圻公由上方迁此建新基，称新屋场
万埠	小岭脚	明成化元年	杨、袁二姓合基。位于观察南偏西观察水库边。二十八世祖仪公由观察徙小岭脚下立基。东南有大岭
长埠	义基	明洪武年间	位于老下村南偏东田坂中。振德公之后裔隆自公从老下迁此，建有义仓。积谷赈济灾民，故名义仓，新中国成立后改名义基
黄洲	茅店	清初	清初七房杨家杨洪振迁此开设饭店，初结茅为舍，故名。相传此地古时为奉新、高安、靖安通往省府要道
黄洲	后垄杨家	清中后期	石鼻果田杨韩发徙基于宗山垄之后，1980年代时相传已传八代

续表

乡（镇）名	村名	建村年代	开基祖及迁出地
黄洲	小赤谷	清后期	杨正元从大赤谷徙此建村，1980年代时相传已传六代
黄洲	雷家边	清嘉庆十二年	石鼻果田狮子门杨汉金迁此建村。位于雷姓废村侧边
黄洲	青江	明初	港口杨家杨浩徙此建村。村东山脚下有一小溪，水清见底，俗称青江
黄洲	七房村	明朝	杨南平排行第七，由青江徙此建村，1980年代相传已传三十四代
黄洲	山下杨家	不详	杨文义由青江徙此小丘下端建村
石鼻	对门	明永乐二年	十四世祖绍其公从老下徙此对门建村，村址面对吴门
石鼻	上岗	明朝	位于对门西北山岗脚下。港口杨宗政徙此庙岗山上建村
石鼻	漕门	明永乐五年	贵台、定启二公由对门老基徙此立基，门对渡水漕
石鼻	下岗	清康熙三十一年	启伦由上岗徙此庙岗山下端建村
石鼻	对门分基	1959年	杨树声因避洪水，由对门徙此西洼垄定居，仍用原村名
石鼻	敕竹村	明洪武二年	杨树伯从古楼徙基潦河东岸，名曰河东。村四周产竹，常被人窃，阅伯之父请得敕书，禁止盗砍竹木，刻石于村东，故名
石鼻	山头上	明嘉靖年间	古楼江基杨少洲徙此建村，位于山丘头上
石鼻	杨家边	清康熙年间	古楼杨实官、杨实安分基于潦河边建村
石鼻	京坊	明正德三年	果田杨义徙此建村，乃为龚氏遗址，故名龚坊，因方言"龚"与"京"谐音，后演变成今名
石鼻	狮子村	明正统二年	七世祖杨东洲从果田徙基老河边。村前有巨石狮子，故名
石鼻	东庄	清嘉庆十二年	狮子门杨冲春徙此作庄田，建房于庄主之东边，故名
石鼻	古楼	明正德年间	寒潭任浙江衢州通判，于明正德年间致仕归里，从港口徙基于此，住宅外建有鼓楼，故名鼓楼。后人为书写方便，演变成今名
石鼻	斗米塘	清咸丰年间	杨立荣由前塘徙基田坂中。在村前开水塘耗田一亩。按当时税制，耗田一亩，纳税一斗，故名
石鼻	坪上	明弘治八年	茂鲜公由果田徙基草坪上

资料来源：《杨氏宗谱》，转见1983年安义县地名志办编《安义县地名志》。

安义黄、杨二姓是北来移民在赣鄱境域内繁衍成大族并不断开基建村的典型代表。

2. 村落文化与宗族文化同时形成

在古代和近代，村落文化在某种程度上也就是宗族文化，特别是在赣鄱地域，大多数村庄是一村一姓或一村一大姓为主，村落文化也就是宗族文化。村落的环境文化是宗族整治出来的，属宗族共有。村落的建筑文化或为宗族公有（如祠堂），或为宗族子弟所有。村落的精神文化是由宗族共同创造、享有、遵守、传承的，如族谱文化、祭祖文化、祠产文化、教育文化、族规文化等，所以，宗族文化的形成也就是村落文化的形成。

在古代和近代，无论是宗族文化还是村落文化，核心是精神文化，这是宗族的灵魂，也是村落的灵魂，即宗族的灵魂也就是村落的灵魂。当你走进古村落，漫步古村落，你能感受到的是维持中国乡村社会持续稳定发展的儒家文化，那些门楣上的匾额在无声地显示着儒家催人积极向上的科举文化，那些门窗上的雕花在无声地告诉你儒家劝人团结和谐的处世追求和原则，那些祠堂建筑则在无声地提醒你儒家教人尊祖敬宗的立身之本和光宗耀祖的价值追求。

在古代和近代，宗族是如何将儒家文化贯彻到基层，即如何构造村落灵魂的？

一是宗族将儒家文化具体化为族人的行为规范和约束条规，即以儒家文化为依据制订出族人们必须遵守的族规和祠规。族规明确规定了族人的行为准则，如若违规则要按规定惩罚；而祠规则规定了族人在祠堂的行为规则及宗族的运行规则，如若违规同样按规定受惩罚。以万载县东隅袁氏为例，其嘉庆十六年所修《万载（东隅）袁氏族谱》[1]中的家规如下：

> 汝南宗祠：为严饬家规以维风化事，从来国家以律例为重，宗族以家法为先。国无律例则下民之不卒者多，族无家法则子孙之放纵者众。我族忠厚传家，固多循谨笃实之人。近因风俗浇漓，不无犯法违条之辈，使无家法以约束之，则日趋日下放恣益甚，将有颓风莫挽者矣。爰立条规十二，俾族内咸昭法守，免罹法纲是幸。谨将条例罗列于左[2]：

---

① ［清］袁国奉等：《万载（东隅）袁氏族谱》，清嘉庆十六年汝南堂木活字本，江西省图书馆藏。
② 原稿为竖排，故为"左"。

一　重宗祠。祖堂乃祖先冯依之所，又为至公立法之处，故当亟宜兴修，难容急缓。我族祠宇荒废，公财匮乏，久未兴修，无惟安妥祖灵，关固人心，深可怨恫。我等族人务必善为设法，竭力重修，庶几上光祖宗，下裕子孙，急宜勉力，切勿迟延。

一　兴祭祀。尊祖敬宗、修祠固所，必先追远报本，祭祀岂容或缓？但必预为绸缪，方能公事有济。今当修谱之日，公众酌议进主配享，每名八千，祔享每名八百起，立祭祖会，俟祠宇初就，即刊刻木主，送祠享祀。族众各宜踊跃，切勿观望。

一　敦孝悌。孝悌为人根本，又为百行之原，所以圣贤教人，必以孝悌为先，盖以大本既立，百行自然和顺。尔等子孙，当思乳哺鞠育深恩，罔极则孝道自不容己。又思同胞其乳手足骨肉，则悌道安可不尽？嗣后族内子侄，如有不孝不悌者，轻则家法惩治，重则送官究处。

一　正名分。名分原有大小，昭穆必严尊卑，桨叶宗邦乃礼法之场，丝毫不容或紊，庶不失故家风范。尔等子孙，无论服内疏远，当思若为伯叔，若为公祖，诸凡称呼坐作，务必谨凛家规，不可稍有僭越。如有以少凌长，以小加大者，查出重惩，断不姑宽。

一　勤职业。士农工商各有常业，业精于勤，荒于嬉，故士勤则学业必精，农勤则仓箱有庆，工勤则技艺必巧，商勤则其利必倍，尔等子侄务须各安生业，勤力自强，自能发达成家。倘或怠弃，自甘游手游食，势必至业尽家空，饥寒莫免，尔等切宜发奋，无负训诫，违者家法惩治。

一　崇节俭。从来节俭二字乃居家之美德，所以，圣人有云：与其奢也，宁俭。《易》又曰：不节，若则嗟若，皆所以做人节俭做人节俭也。近世俗尚繁华，无论贫富，诸凡冠婚丧祭，必从丰厚，咸以为有体面，不知囊橐既空，仰面求人则又体面安在？尔等切宜戒之，不可竞尚末俗，致贻后悔。

一　慎交游。朋友固有相资之益，又有责善之道，则交道固不可少，第必忠厚诚实，道高德行之人与之朝夕相处，方能有益身心，所以圣人有云：毋友不如己者。近世竞言结纳无论花酒赌博之徒、狂荡轻浮之子，三五成群，常相亲密，鲜不至丧身败家，贻玷门户者矣。尔等切宜戒之，违者家法必治。

一　禁赌博。赌博乃破家之渐，又为贼盗根源。富者恃其有余则喝酒呼庐，钱如泥妙。贫者素惯留恋，废业荒工，及至赌输。富者家破产尽，贫者饥寒交迫，势必廉耻尽丧，鼠窃狗偷亦所不免。所以赌博一事，尔等切宜禁戒，如有故违，家法重惩。

一肃闺门。自古男位乎外，女位乎内，故内言不出，外言不入，授受不亲，此家教也。近有一种妇人，无论亲熟生疏，交谈接话、嬉笑自若，肩挑贸易，争相抢夺，此等恶俗，败坏门风，皆由丈夫家教不严，致兹闺门不肃，嗣后族内如有此等妇女，罪在本夫。

一重坟墓。祖宗坟墓乃子孙之根基，最宜尊重，不可轻抛。无论世代远近，俱要祭扫巡逻，庶免外人侵害，即令路途遥远，亦必频年挂扫，并托近处之人照顾。倘以远代之，坟连年轻弃，又以祖坟遥隔、祭扫不至，此等子孙殊属不孝，家法惩治，断难宽免。

一早输将。钱粮国家正供，报国先须完税，若不及早输将，难免公差临门，按期比追，钱粮分厘仍不可少，何如国赋早完，催科不至，优游盛世，何等快乐，倘藉抗粮为能，怠慢急公，皆非循良子姓，族共攻击。

一严禁会。倡兴祖庙，崇奉祖先，必先起立禁会。每遇喜庆事，宜自有公财公用，不致抖敛维艰。故凡有借族内禁银者，务必照依限期，本利送交会内，毋得迟延时刻。如有故违，除追清本利外，众共公罚。

以上各条均关禁议，尔等务要恪遵，勉为故家子弟凛之、慎之无违，特谕。

从上述 12 条家规可知，家规、族规或祠规奠定了宗族文化的核心，族人的行为规范、人生价值追求、处事原则、立身之道等都按儒家文化的要求在家规或族规中有所体现，而且必须强制执行，否则将受到惩罚。宗族的文化也就是村落的文化，所以，中国的古村落都有着儒家文化的灵魂。

二是典范引导。仅靠族规的引导和约束是不够的，实际上，明清时期宗族文化是多种力量共同作用而形成的，其中典范引导是重要组成部分。

所谓典范引导，就是族中的权力人士如族长、房长、以及族中的乡绅、斯文（读过书或在读书的人）等，通过自身行为、品德、善举、文化修养、名望等启迪与引导族中的后辈，一代引导一代，传续不断，这是宗族文化稳定传承的重要机制。

三是教育塑造。对族人思想观念、行为举止的规范，来自宗族的教育塑造；族人文化素养的获得，来自于宗族教育。因而，教育塑造是明清时期宗族构建宗族文化即村落文化的重要方式。

宗族对族人的教育塑造是多方面的。前述的典范引导是一种潜移默化的教育塑造，长辈的品格追求、人生价值追求、行为举止、道德观念等都在默默地影响后辈的思想、品德、行为、追求等。前述的族规、祠规同样是一种教育塑造，族规与祠规是按儒家思想的要求而立的。儒家的思想观念、品德要求、价值追求、行为要求等都是通过族规与祠规强压族人遵守、执行的；同时，集中族人学习族规与祠规，使这些要求深入族人思想观念深处。族规与祠规设立后，族长、房长往往会在朔望即初一与十五集中族人学习。

宗族对族人最重要的教育塑造还是系统的文化教育。初级的文化教育是请老师在家中教子弟，即所谓的"延师课子"；或者是请老师在家族创办的私塾或义塾中集中教学，所谓"古者家者有塾，党有庠，州有序，国有学。自公卿大夫与凡民子弟皆得入学其中，教之以圣贤之书，申之以孝弟之义，开之以功名之门，广教化，美风俗，育真才，端必由此"[1]。无论是初级的私塾、家塾或义塾，还是可算得上是中级教育的府州县学校或书院，所教授的都是正统的儒家经典，也即所谓"圣贤之书"，如万载县官办学校所教授的书籍有《御纂周易折中》《钦定书经传说汇纂》《钦定诗经传说汇纂》《钦定春秋传说汇纂》《御纂周易述义》《御纂春秋直解》《钦定三礼义疏》《御批资治通鉴纲目前编》《御批资治通鉴纲目三编》《钦定评鉴阐要》《钦定明史》《圣谕广训》《御纂日讲四书解义》《御制诗初集二集》《钦定四书文》《钦定学政全书》《钦定授时通考》《钦定清汉对音字式》。[2]

四是修谱、建祠、祭祖、共享族产等形成的构建与凝聚机制。

除了上述的约束与规范、典范引导、教育塑造外，宗族文化构建与形成的还有修谱、建祠、祭祖、置族产等，这既是外在文化也是内在文化的凝聚。宗族之所以成为一个有共同情感的群体，首先是因为同祖同血缘的关系才形成互相认同的亲情感，但这种亲情会随着分支越来越疏远，这就需要不断地凝聚、加固而

①　雍正《万载县志》卷五《义学》，《中国方志丛书·华中地方·870号》，第333页。
②　同治《万载县志》卷七《学校·书籍》，《中国方志丛书·华中地方·871号》，第294—296页。

使族人认同，其手段则是修谱、建祠、祭祖、共享族产等。

修谱是从文字上确认宗族的血缘关系，是宗族认同的一个过程，是产生向心力的重要手段。因为族人愿意按丁出钱上谱，就是认同了这个有血缘关系的群体，认同了这个群体的共同祖宗及族谱所列的世系，以及在这个世系中的排位，因而也就奠定了一个群体的情感基础。所以，通过修谱，万载辛氏族人达到了如辛御良在《嘉靖戊午五修谱序》中所说的"族谱之修，所以明世系，笃亲亲也"[①]。族人们通过世系的线与血缘亲情的线凝聚起来了。

建祠是在通过修谱奠定宗族共同情感之后，为强化与加固这种情感、经常进行情感联络以及建立宗族的活动场所而采取的重要凝聚手段之一。建祠过程的本身就是一个重要的凝聚过程，因为建祠首先需要族长聚集房长和族中长辈及其他有地位的族人共同商议，然后是族人们都认可，按丁出钱及族人捐钱，宗族的情感在这个过程中得到强化。

祭祖是凝聚族人的重要手段，有墓祭和祠祭（祠堂有寝室供有祖先牌位），前者在清明日，后者在冬至日。祭祖是为了表达对祖先的孝心。而实际上祭祖既是宗族认同的重要过程，也是强化宗族情感的过程。族人们带着对祖先崇敬的心情，按严格的程序行礼、致辞，然后分胙、举行宴会，族人们的宗族情感由此得到增进。同时，祭祖的过程还是教育与塑造族人的过程。祭祖是一次熏陶族人的过程，族人们在祭祖的氛围中受到尊祖敬宗的熏陶。其次在聆听诫词、箴词、初献诗、亚献诗、终献诗、嘏词、妥词、撤馔诗的过程中，族人不仅受到尊祖敬宗的教育，而且还受到儒家的家庭观念、伦理观念、处世原则、品格追求等的洗礼。这是一次受教育的过程，一次思想受强化的过程，一次思想与人格被塑造的过程。

族产也是宗族文化的组成部分，是凝聚族人的重要手段，只要是有能力的宗族都会设置族产。因为每年宗祠祭祀时的开支、贫穷族人的赈济、族中教育的创办、对族人参加科举的支持等都需用族产，所以族产是凝聚族人情感的重要方式。[②]

①　辛发庚：《万载辛氏族谱》卷首《原序》，江西省图书馆藏，1995 年版。

②　关于宗族文化的形成，可参见施由明：《明清时期的宗族、乡绅与基层社会——以万载县辛氏宗族为例》，《农业考古》2008 年第 4 期；及施由明：《试析清代江西宗族的自治机制——以万载县辛氏宗族为例》，《江西社会科学》2008 年 12 期。

村落文化就是在宗族文化的形成中形成的，其核心要义是孝悌、仁义、友善、和睦、勤劳、守法、端正、敦厚等。这是曾经的村落文化的核心，也是当今我们走进古村落或者传统村落所感受到的无形的、似乎无法言说的古村落之魂。

二、古村分布

从 2003 年至 2014 年，住房和城乡建设部与国家文物局联合组织了 6 批国家级历史文化名镇（村）评选，共评出 528 个村（镇）。其中江西有 30 村和 3 个镇名列其中，占总额的 6.25%。

从 2003 年至 2012 年，江西省建设厅（住建厅）和江西省文物局联合组织了 4 批江西省级历史文化名镇（村）评选，共评选出 83 个村（镇）。其中村 68 个、镇 15 个。

从 2012 年至 2016 年底，住建部、文化部、国家文物局及财政部联合组织了 4 批"中国传统村落"评选，全国共评选出 3305 个村。其中，江西有 175 个村，占总额的 5.3%。

从 2017 年至 2021 年，江西又有 168 个村落被评为国家级传统村落，即截至 2021 年赣鄱地域共有 50 个国家级历史文化名镇名村、66 个省级历史文化名镇名村、343 个中国传统村落、248 个省级传统村落。其中国家级历史文化名镇名村和中国传统村落数量分别列全国第 4 位和第 8 位。据统计，江西共有 2 万余处古建筑。

这些古村落或者传统村落，历史悠久、环境优美、建筑多样、地域文化多元，在赣鄱地域内呈聚集状态分布，即分布区域不均衡，集中分布在赣东北的上饶区域、赣中的抚州及吉安区域、赣南的赣州区域。根据文化的特点，这些古村落又可分为赣鄱文化村落、徽州文化村落和客家文化村落。赣东北村落受徽州文化影响较多，以婺源为代表，村落依山而建、错落有致。徽派建筑粉墙黛瓦、典雅素淡，体现徽州文化"儒、商"并行的鲜明特点。赣中村落在赣鄱农耕文化中，以抚州、吉安为典型，村庄依水而居、格局规整，村内宗祠较多，赣派建筑青砖灰瓦，以天井院民居为主，展现江右文化的严谨细致。赣南村落受客家文化影响，村民聚族而居，特色鲜明，或为四方形及圆形围屋，或为赣鄱的天井院式，显示客家文化的团结与开拓精神。

被列入国家级和省级历史文化名镇名村和中国传统村落名录的镇、村，即进入了被国家和省有关单位保护的视野。无论是国家级历史文化名镇名村还是江西省级历史文化名镇名村，都必须按照国务院及江西省颁布的法律法规进行保护。有关部门必须认真组织编制保护规划，制定严格的保护措施，同时深入挖掘历史文化资源，处理好保护与开发的关系，加大开发力度，促进历史文化名镇名村又好又快地发展。国家对于中国传统村落，不仅要求保护物质文化遗产，如古建筑等；还要求保护非物质文化遗产，包括村落的历史记忆、宗族的传衍历史、俚语方言、乡规乡约、生产方式等独特的精神内涵。

然而，被列入国家和省级历史文化名镇（村）名录和中国传统村落名录的只是现存古村落的一小部分，占江西古村落总数的 1/5 不到。大量古村落仍处在自生自灭的状态。

三、文化价值

传统村落有何价值？从现实功用角度来说，有发展旅游的价值，这已无需多说。从历史文化角度来说，传统村落具有深厚的历史文化价值，至少表现在下列三个方面：

图 9-1　宜丰天宝古村建筑上精美的雕刻

一是文物等物质遗产价值。传统村落中的房屋建筑、窗柱匾额等上的雕刻（如图 9-1），古桥（如图 9-2）、古路、古树等属于物质遗产，具有文物价值，受国家法律保护。

二是精神传承的价值。每个古村落都有一个历史较长的大宗族。在赣鄱地域一村一姓是常见的，特别是在

图 9-2　婺源境内的古桥

清代江西是全国宗族强盛之区。宗族通过编族谱、订族规、祠堂祭祖、设族产、乡绅引导、办学等将儒家的核心思想如孝悌、仁义、友善、和睦、勤劳、守法、端正、敦厚等贯彻到基层，塑造基层人民的国民性。宗族还用儒家思想塑造族人科举仕进、积极进取的价值观。所有这些构成了古村落的精神和灵魂，是中国乡村社会稳定传续和发展的核心所在，所以，古村落有精神传承的价值。当今社会仍然需要传承中国传统文化的思想精华，如积极进取、孝悌、仁义、友善、和睦、勤劳、守法、端正、敦厚等。

三是历史文化研究的价值。古村落对历史文化研究有着多方面的重要价值，这是不言而喻的。如人口的移动史、人口的增长史、乡村社会的发展史、中国建筑的变迁史、儒家思想在乡村社会的贯彻和基层教育史、中国的风水观念、建筑艺术史、乡绅与乡贤文化、民间信仰、方言、非遗文化等，既是历史研究的重要资料，也是中国传统文化研究的重要活态资料。所谓记住乡愁，就是记住我们的乡村历史、记住我们的祖宗、记住我们所赖以生存的精神文化和我们曾经的家园等。

四、保护开发

如何留得住乡愁即如何保护好古村落和村落文化，并让古村落在保护中得到开发和发展，是国家、各级政府和学界都一直在努力做的工作。2013 年 7 月习近平总书记在湖北考察时指出，建设美丽乡村，不能大拆大建，特别是古村落要保护好。2020 年 12 月，习近平总书记在中央农村工作会议上强调，要合理确定村庄布局分类，注重保护传统村落和乡村特色风貌，加强分类指导。

为贯彻落实习近平总书记的指示，江西省委、省政府在传统村落的保护方面做了大量工作和投入，也取得了很好的成效。

（一）国家和省级法规及财政大力支持

1. 国家和地方性法规支持

国家级和省级历史文化名镇名村评选和中国传统村落评选的目的就是逐步保护那些历史文化底蕴深厚的古村落。评选之后，国家和省有关单位相继制定了地方性法规及投入了大量资金去保护古村落。

以江西为例，2012 年全省评出了 84 个省级历史文化名镇名村，2013 年初江西省制定了《江西省历史文化名村名镇保护规划编制与实施暂行办法》，加大了对历史文化名镇名村保护规划编制的支持力度。

2016年江西又制定并于同年12月1日起正式颁布实施中国首部传统村落保护省级地方性法规——《江西省传统村落保护条例》。该法规对什么样的村落可申报中国传统村落、对如何保护传统村落，从法规上给予了明确指引，为规范、推动和促进传统村落保护工作提供了法治保障。

2021年，江西省住建厅又编制出台了《江西省传统村落整体保护规划》，着眼于挖掘传统村落特色文化和历史积淀，系统梳理了保护内容，制定了保护标准，为保留"乡村记忆"、促进传承与发展，提出以"婺源—浮梁""金溪—临川—资溪""吉安—吉水—泰和—安福"3个聚集核为核心，以"乐平""靖安—安义""丰城—高安—进贤""乐安""南城—南丰""井冈山""于都—赣县""瑞金""龙南—全南—定南"等9处传统村落聚集片区为支撑，以点状分布传统村落为基础的"三核—九片—多点"整体保护格局，对全省传统村落保护发展路径和模式等提出分类指引。

至2021年底，江西已公布的343个中国传统村落已基本完成保护发展规划的编制工作，并推动项目开发有序实施，乡村旅游因地制宜，农村产业兴旺发展，人居环境显著改善。

2. 国家和地方财政支持

2013年，江西省财政安排了200多万元专项经费补助保护规划的编制。[1]

2014年，江西省41个传统村落被列入国家保护名录，当年获中央资金1.23亿元。

2015年，中央财政支持江西48个村落按每村平均300万元的标准，统筹农村节能减排和农村综合改革转移支付资金共1.44亿元。[2]同年，江西省财政统筹整合专项资金2亿元，支持20个传统村落保护项目实施和适度旅游开发利用。

2016年，两批传统村落保护一事一议中央财政奖补资金下达江西省，全省共计36个传统村落申报成功，获奖补资金3900万元，重点用于改善传统村落基础设施和环境、保护修缮古树古建筑、完善消防安全设施等。[3]

① 转引自今视网，2013年3月26日。
② 转引自中国江西网，2015年5月19日。
③ 转引自中国江西网，2017年2月17日。

2014—2020 年，中央财政文物保护项目资金 1.9213 亿元支持江西省 22 个中国传统村落的相关文物保护工作和 0.4 亿元支持金溪县"拯救老屋行动"。

2015—2016 年，江西省财政统筹整合专项资金 2.0 亿元，支持 20 个传统村落保护项目实施和适度旅游开发利用。

2019 年，省住建厅从省级城市建设专项资金中下达 1300 多万元，用于全省传统建筑的挂牌保护。

2014—2019 年，江西 175 个中国传统村落被列入中央财政支持范围。

2020 年，抚州市作为全国传统村落集中连片保护利用示范市，获中央财政资金 1.5 亿元。[①]

由上可知，20 多年来国家和省级财政对古村落保护的支持力度是很大的。

除国家和省级财政的支持外，省及地方有关单位还通过吸引社会资金、安排传统村落奖补资金、保护发展基金、旅游收入反哺等，支持传统村落保护发展，逐步建立资金投入长效机制。

此外，10 多年来，江西省委宣传部通过省规划办，以发布省级课题"村史馆"的形式（每个课题 2 万元）对一个村的历史进行整理、记录并拍摄影像资料，以留住乡愁、留住历史的记忆对村庄未来的旅游开发作出规划，目前已对 100 多个村庄进行了这项工作。

（二）保护的难度

尽管国家和省级政府非常重视古村落的保护，且已取得了明显的效果，但由于古村落的数量多，且古村落保护投入的需求大，古村落的保护现状从总体上看仍不尽如人意，许多古村落被毁坏，文物被盗卖，传统村落的村民对古村保护的积极性不高或有心无力；加之许多村落地处偏僻，人口向城市流动，村落成为空心村，文物失窃或被盗卖的现象严重，还有执法不力等诸多问题。所以，古村落的保护存在很大难度，集中表现在以下方面：

首先是自然损毁增多。随着经济发展和城镇化进程，原住民迁移或搬迁，传统建筑空置和村落空心化，加快了古村落环境的劣化。特别是长期无人居住的老旧房屋，因保护意识淡薄或经济条件所限，受雨水、白蚁等侵蚀，自然老

---

① 上述数字来自有关江西省住建厅的有关文件。

图 9-3　破败的安义千年
古村建筑

图 9-4　日见腐朽的铅山
河口镇古建筑

化、损毁、倒塌现象日渐增多（如图 9-3、9-4）。村落的公共设施如古桥、沟渠等也少有人修缮，村落设施环境日益衰败。如高安贾家古村等传统村落因保护资金不足，存在部分传统建筑自然损毁和排水暗沟垮塌堵塞的情况。此外，村落风貌受损及村落格局被破坏。因居住环境不能满足部分村民对现代生活的需求，"原拆原建"或"拆旧建新"导致传统村落遭受"自主自建性破坏"。新村规划（大多未经规划）的村民住宅或过度开发的旅游设施，没有遵循传统村落原有历史肌理，给村落的山水生态格局和乡土景观造成破坏。从而，传统文化消失。村落无人居住或仅有极少老人"留守"，承载着千年农耕文明的生产生活方式和传统文化日益衰朽、逐渐消失。

　　二是一些关键领域缺少法律支持。如传统村落建设用地指标和规模，宅基地"一户一宅"、"拆旧建新"政策，古建筑保护以及传统建筑确权登记，古建筑的产权流转等，缺少上位法的明确支持。

三是资金缺口较大。传统村落的保护利用，需要大量的资金支撑，与发达省份相比，江西省各地财政资金有限，资金缺口较大。

四是人才匮乏。传统工匠队伍参差不齐，优秀工匠数量不足。同时传统村落人口流失量大，村内普遍是老人和儿童，难以支撑村庄发展。

五是群众保护意识不强。有的群众拆旧建新愿望较强，保护意识有待提高。

六是长效机制尚需完善。如村落保护的责任义务区分、支持鼓励村民参与村落保护利用的机制、建立村落档案和信息管理系统等方面有待完善。

（三）在保护中开发

正因为古村落的保护需要大量的资金投入，若能将古村落的保护与旅游开发结合起来，使古村落保护有持续不断的资金来源，将是一个保护古村落比较好的模式。然而，并不是所有的古村落都适合与旅游开发结合，因为许多古村落地理位置偏远，与旅游线路难以结合，这样的古村落的保护还是需要政府"买单"。对于能与区域旅游线路结合起来的古村落，可在保护中开发和在开发中保护，在江西已取得了一些成效，如婺源的许多古村落与"中国最美乡村"旅游结合（如图9-5）、景德镇的瑶里古村与古陶瓷遗址游结合（如图9-6）、赣南的客家建筑

图9-5　婺源县重要旅游点李坑村

图 9-6　景德镇市重要
旅游点瑶里古村

图 9-7　赣南重要旅游
点客家围屋

与客家风情游结合（如图 9-7）等。

　　虽然古村落在进行旅游开发之后会得到很多收益，为古村落的保护注入
了资金，也为地方政府增加了收入。但有些古村落在旅游开发之后，其历史
文化被改变，增加了许多新时代的文化，变得既古又不古。还有些古村落由
于旅游开发而遭受生态环境污染，如 2007 年前笔者的老师陈文华先生带领笔
者参观婺源县的李坑村，他指着李坑村穿村而过的溪水说："看看，原本清澈
的溪水，由于饮食业的发展，一层油污。"他告诉笔者，他坚决反对当地政府
开发他负责的婺源县上晓起村，他要求保持古貌。特别是进村的那条有 600
多年历史的石板路，他坚决反对修成马路。从而，婺源县上晓起村仍然保持

图9-8　笔者在中国传统村落——婺源县上晓起村

了原貌，至今是婺源县的旅游点，图9-8为笔者在婺源县上晓起村。

（四）在保护中创新

2020年按照住房和城乡建设部和财政部要求，江西省各地踊跃做好传统村落集中连片保护利用示范市申报工作。经过省住建厅组织专家评审，江西省择优推荐的抚州市成功入选。2020年，抚州市成为全国首批10个传统村落集中连片保护利用示范市之一，这进一步推动了江西省传统村落保护利用工作。省委、省政府对传统村落保护利用工作高度重视。有关省领导到抚州市专门调研传统村落试点工作，强调要厚植优势，彰显特色，让古村活起来；要坚持以古村为基点，进一步开发全域旅游，不断推动乡村休闲旅游向特色化、精品化方向发展；江西省住建厅要协调相关厅局启动调研，用好试点政策，破解难题，为保护和利用好传统村落出台相关政策。此后，江西省住建厅成立了调研组对金溪等地进行调研，积极推进各项工作落实。2022年2月江西省住建厅调研组再次深入金溪、婺源、全南、吉水等地，就传统村落保护活化利用情况开展专题调研，就试点中遇到的困难问题研究解决办法。江西省财政厅对传统村落保护工作十分支持，建立专项资金予以保障，江西省扶贫办在脱贫攻坚工作中给予传统村落保护利用长期支持。经过多部门持续努力，到2022年底抚州市已经取得初步成效，形成以金溪县、乐安县为中心并向周边辐射的传统村落保护格局，有些古村已成为差异化、高端化、可持续化保护利用和宜游宜居秀美乡村的典范。

图 9-9　金溪县竹桥古村

　　江西省始终坚持传统村落保护与传承并重，积极探索和创新保护与开发模式。金溪县按照"保护为主，抢救为先，传承为本，利用为要"的思路，坚持政府引导与公众参与并重，探索总结传统村落保护利用的"金溪样板"，留住了传统村落的"形"与"魂"，竹桥古村（如图 9-9）、红色后垄等一批传统村落得到社会广泛认同和赞誉。婺源县把江湾、篁岭、李坑等 13 个传统村落开发成景区，把传统建筑改造成民宿或者参观点，利用传统村落大力发展旅游业，打造"中国最美乡村"。全南县依托雅溪传统村落丰富的旅游资源，结合农村宅基地管理制度改革试点、农房一体确权发证等方面，盘活传统建筑使用。吉水县利用资源禀赋，将传统村落古建筑出租给第三方用于文化创意、特色餐饮、民宿等，以"农旅一体发展"为抓手，依托生态优势和文化底蕴培育"传统村落 + 农业观光 + 文化体验 + 山水风光"等业态。

　　总之，古村落的保护可谓"路漫漫其修远兮"，需要一代代人的努力。

【第十章】

绿色农业

农业是国家的基础产业，具有安天下、稳民心的重要作用。农业作为"第一产业"的基础地位一直得到党中央、国务院的高度重视。从中国历史来看，天灾歉收而天下乱，导致过多个王朝的灭亡。新中国成立之后，以农业反哺工业，国家建立了基本的工业体系，农业作出了巨大贡献。改革开放以来，家庭联产承包责任制极大地调动了农民的积极性，中国的农业取得了前所未有的巨大成就。

赣鄱地处长江中下游，雨量丰沛，光照充足，有宜于种稻的平原盆地，也有宜于种植经济作物和经济林木的山地丘陵，自古以来就是中国的重要产粮区和水果等经济作物及经济林木种植区。新中国成立以来，赣鄱地域一直是我国重要的农业生产区，粮食生产在全国具有举足轻重的重要地位。改革开放以来，赣鄱地域和全国各省区一样，农业发展进入了新阶段。进入 21 世纪后，赣鄱地域的农业呈现出明显的地域特色，这就是绿色生态，加上休闲农业、智慧农业、全国生态文明示范区，绿色成为赣鄱地域农业的主色调。

一、当代赣鄱农业现状

改革开放 40 多年来，赣鄱地域的农业稳定发展，粮食种植连年丰收，传统种养业规模化发展，特色产业逐步形成，农林牧渔结构不断优化，农业生产条件大幅度改善，农业发展方式不断转变，农业和农村经济结构调整取得成就，农民持续增收，新型城镇化和新农村建设不断加快，农业供给侧结构性改革正在推进，农业发展、农村社会建设和农民收入取得了巨大成就。截至 2021 年底，赣鄱农业的发展主要显现出以下特点：

（一）粮食生产继续稳定农业大省的地位

粮食生产是农业中的头等要务、重中之重。特别是对中国这样一个拥有 14 亿多人口的国家，粮食安全事关国家安全。而且随着我国人口的增加，每年对粮食的需求都在增加，国际市场上的粮食价格每年都在大幅度增长，到国际市场上去买粮是靠不住的，守住我国的 18 亿亩耕地底线，不断通过应用农业科技增加粮食产量和播种面积才是保证我国粮食供应的主要办法。

江西并不是全国面积最大的省份，也不是全国拥有最多耕地的省份，在全国有耕地的 24 个省份中江西耕地面积只排第 21 位。江西的耕地面积只占全国的 2.3%，人口只占全国的 3.3%，但生产的粮食占全国的 3.6%，每年向国家调出 100 亿斤商品粮，是全国从未间断向国家贡献粮食的两个省份之一（另一个是吉林省），仅凭这一点就可表明赣鄱地域的农业在全国农业中有重要地位。特别是在改革开放以来，由于快速城镇化及工业的发展，全国许多省的耕地减少，由原来的粮食调出省变成了粮食调入省，如福建、广东、浙江、江苏等省。而赣鄱地域仍然有这么多粮食调出，凸显出江西农业在全国的重要地位。

（二）传统的种养业规模与特色形成

种植业和养殖业是农业的重要组成部分，所谓农业就是通过动植物的生长获得产品，包括粮食种植和经济作物、经济林木等的种植，包括畜牧、水产等，即农、林、牧、副、渔五业。

改革开放以来，在市场经济的引导下，全国各省区的传统种植业和养殖业都得到很大发展，如传统水果的种植、畜牧和水产（生猪、鸡、鸭、鱼等）都得到了充分发展，使中国农副产品的市场供应得到了充分的保障。赣鄱地域传统的种植业和养殖业同样得到了很大发展，并和粮食生产一样，在全国占有重要地位。据有关统计，江西每年外调水果 100 万吨、生猪 1200 万头、水产品100 万吨以上，还有大量供港蔬菜等，是长三角、珠三角和闽三角等地重要的优质农产品供应基地，这凸显出赣鄱地域的种养业在中国国民经济中的重要作用。

改革开放以来，全国各省区都大力发展特色农业产业，并且以规模化和产业化布局。以种植业而言，广东和福建以地处沿海和热带的优势，发展了以荔枝、龙眼、香蕉为主的热带水果产业，浙江发展了以黄岩蜜橘和杨梅为特色的产业，安徽发展了以砀山酥梨为特色的产业等。于经济作物和经济林木的种植而言，全国各省区同样都发展了各具特色的产业，如广东有甘蔗、茶叶、桐籽、橡胶、胡椒、花生等，福建有茶叶、烟叶、茶籽等，湖南有棉花、麻类、茶叶、烟叶、药材、甘蔗等，湖北有茶叶、药材、花、桑等，浙江有茶叶等，安徽有甘蔗、花生、芝麻、甜菜等。于畜牧水产而言，也有各具特色的产业，如广东除了发展淡水养鱼、养虾外，还发展了海水养殖贝类等；福建利用沿海的优势，人力发展了鲍鱼等海产品的养殖。

江西在大力发展传统种养业的同时，同样是以规模化和产业化布局发展特色农业产业，如以赣南脐橙和南丰蜜橘为代表的水果产业，以茶叶和油茶为代表的经济作物和经济林木种植，以娃娃鱼、棘胸蛙、鲟鱼、胭脂鱼养殖为代表的特色水产业，以黑猪、黑兔、黑山羊和三黄鸡为代表的特色养殖业，都凸显出江西特色种养业的发展成就。

（三）农村土地流转和规模化经营步伐加快

规模化经营是现代农业的基本要求和基本特征。因为只有规模化经营，才能降低农业经营成本、提高产量、增加农民的收入、缩小城乡差别，才能有利于农业的机械化、科技化、水利化、产业化、专业化、商业化等，所以党的十八大报告提出要"四化同步"，即工业化、信息化、城镇化和农业现代化同步发展。

不可否认，赣鄱地域的农业和全国其他许多省区一样，经营规模小，人均占有耕地少，不利于农业现代化的发展。2013 年 11 月党的十八届三中全会召开，提出"建立城乡统一的建设用地市场"，正式开启了中国的农村土地流转。2013 年 12 月，继安徽之后，南昌宣布将于 2013 年底前正式启动南昌县、安义县两地的农村土地流转试点。2014 年和 2015 年，赣鄱地域已有许多县的乡镇建立了农村土地流转中心或交易中心，规模化经营快速发展。实际上，在党的十八届三中全会之前，江西已开启了农地流转，如煌上煌集团在南昌、九江周边县已拥有数百亩农地，正邦科技在南昌周边及吉安等地已有数千亩农地及林地。在 2013 年 10 月底，南昌市农村土地流转总面积已达 71.4 万亩，土地流转率已达 25.6%。即赣鄱地域的农地流转和规模化经营，在全国来说，是起步比较早和比较快的。截至 2015 年 11 月底，全省农民合作社达到 3.28 万家，家庭农场 1.67 万家，种养专业大户 4.08 万户。2016 年至 2021 年底，全省有序推进农村承包地"三权分置"、土地经营权抵押贷款"地押云贷"试点，农村土地流转率达 53.6%，累计发放"地押云贷"贷款 7380 万元，发展农民专业合作社 7.55 万家、家庭农场 9.3 万余家；并且着力巩固提升农村集体产权制度改革成果，推动发展壮大新型农村集体经济，村级集体股权证发放比例达 98%，村集体经济年经营性收入 10 万元以上的行政村达 99%；另外还开展了农村宅基地制度改革试点，累计摸排宅基地 39 万宗，退出宅基地 46244 宗，分类化解宅基地历史遗留问题 1095 个；制定了全省农村宅基地改革试点和规范管理三年行动方案，在全省 17 个县（市、区）开展农村宅基地规范管理示范先行创建行动。[①]

---

① 数据转引自《省农业农村厅 2021 年工作总结及 2022 年工作打算》，见江西省农业农村厅官网 2022 年 1 月 13 日。

（四）现代农业园区异军突起

现代农业科技示范园是用高科技和高资金投入，以农业设施工程为主体，具有多方面功能和综合效益，进行集约化生产和企业化经营的新型农业组织形式，是农业生产力发展到一定水平的必然产物，是我国由传统农业向现代农业转变的新的组织形式，是我国农村现代化建设新的生长点，对我国农村经济的进一步发展、促进农业高新技术的集成和转化、加速农业现代化进程有重要指导意义和实践意义。

赣鄱地域的现代农业示范园建设起于 2010—2011 年认定第一批省级现代农业示范园，此后，异军突起，快速发展，至 2021 年底全省创建国家级农业产业强镇 32 个、国家现代农业产业园 6 个、省级现代农业产业园 37 个。2021 年全省引进项目 580 个，实际进资 369.8 亿元，创历史新高。[①]

此外，互联网技术与农业生产结合已经起步及绿色有机生态农业发展"一枝独秀"，是赣鄱农业发展的特色（待后述）。

由上述可知，赣鄱地域农业的发展现状总体上就是由传统农业大省向现代农业强省转变，既保住了江西在全国是传统农业大省的地位；同时，江西省委、省政府又按照党的十八大报告的要求，致力于推进农业现代化，并且取得了一定的成就。

在由传统农业大省向现代农业强省转变的过程中，江西农业和全国农业一样，面临着的紧迫问题有生产成本快速上升、农产品成本上涨、农产品价格国际国内倒挂，对农业的支持保护措施不确定，农业科技体制机制不明确，农业面源污染的治理力度要加大，农业生产的组织化和市场化程度要提高，现代农业园区的管理体制机制要进一步科学化，提高农民收入的办法要探索，乡村振兴的路子要探求，等等。

赣鄱农业还面临这样一些问题和挑战：在城镇化和工业化快速推进的过程中，如何保持粮食生产的优势，使江西作为粮食生产大省的地位不变，以保持江西农业在全国的重要地位；如何在保持传统的种植业和养殖业规模的同时，使特色种植业和养殖业规模更大；如何进一步加快"互联网＋"现代农业的发展，使

智慧农业更遍布全省；如何发展更多更具规模的农业生产性服务业，以适应农业现代化的需要；如何提高农业科技在农业中的应用率和转化率；如何做大规模、做优品质和做强品牌；等等。

二、有机农业

绿色、有机、生态是现代农业的必然要求，是世界农业发展的大趋势。因为不使用有污染的人工合成的化学肥料和农药，采用有机生态种植和饲养技术，有利于农业环境和谐、生态循环、减少污染破坏，达到可持续发展，所以许多国家都在大力扶植绿色有机生态农业。21世纪以来，中国大力发展绿色有机生态农业。农业部（农业农村部）、环保局、国家认监委以及地方政府陆续出台有机食品相关法律法规、标准，为中国有机食品的发展提供了充分的保障。

赣鄱地域地处亚热带，有充足的雨量、光照，"六山一水二分田"，大都远离工业集中、污染较重的城市，许多农村的水源、土壤、空气等未受污染或受污染较少，适合发展有机农业。特别是长期以来，赣鄱地域的农村保持着不使用农药、化肥的传统耕作习惯，有利于推广有机农业。

早在1999年，江西已开始培植绿色有机农业，是全国发展有机农业起步较早的一个省。

进入21世纪，赣鄱加快了有机农业的发展步伐。

2016年，江西省被农业部列为首个全国绿色有机农产品示范基地试点省。江西已成为中国重要的绿色有机农业基地，是全国唯一被列入绿色有机农产品示范基地试点省。赣鄱民众得到鼓励。为加快打造全国知名的绿色有机农产品基地，江西省以绿色生态农业"十大行动"为抓手，加快转变农业发展方式，打造具有赣鄱特色的绿色生态农业样板。"十大行动"为绿色生态产业标准化建设行动、"三品一标"农产品推进行动、绿色生态品牌建设行动、化肥零增长行动、农药零增长行动、养殖污染防治行动、农田残膜污染治理行动、耕地重金属污染修复行动、秸秆综合利用行动、农业资源保护行动等。

2018年以来，赣鄱有关部门持续深化农产品质量安全监管专项整治行动，加大国家农产品质量安全县（市）和省级绿色有机农产品示范县创建力度，扩大农产品质量安全追溯覆盖面，着力提高生态富硒、绿色有机农产品比重，让绿色有机成为江西农产品代名词；同时，致力于绿色生产，打好农业面源污染攻坚战,深入实施农药化肥使用量"负增长"行动,严格落实畜禽养殖"三区"规划,加大畜禽养殖粪污治理力度,加大渔业"三网"养殖整治力度;因地制宜发展草腐类食用菌、猪沼果、林下经济等生态循环种养模式,大力推进测土配方施肥、农药精准科学施用和农业节水灌溉,提升农业可持续发展水平;加快建设一批高标准、高起点、规模大、竞争力强的"三品一标"产业基地,构建全程可追溯、互联共享的农产品质量和食品安全信息平台,确保农产品合格率稳定在98%以上;通过深入实施"生态鄱阳湖·绿色农产品"品牌战略,深入挖掘"老字号""贡字号"品牌,重点打造了麻姑米、奉新大米、宜春富硒大米、井冈山自然米等大米品牌,唱响婺源绿茶、浮梁茶等"四绿一红"茶叶品牌,打造江西地方鸡、南丰蜜橘、赣南脐橙、井冈蜜柚、马家柚等绿色有机品牌。

2020年,江西省培育各类农业产业化联合体3000多个,其中省级示范联合体300个。各类农业产业化联合体培育,为公众提供更多优质、安全的特色农产品。江西省农业部门还引导扶持各类农业产业化联合体,创建一批绿色有机示范基地,并加大绿色有机农产品示范基地创建力度,提升监管能力、标准化生产能力和生产者素质能力,使示范基地成为推动农业绿色发展、提质增效的样板区。省农业部门将鼓励各类农业产业化联合体制订农产品生产加工标准,加快形成以国家标准为引领、地方标准为重点、各类农业产业化联合体标准为补充的农业标准体系,推行"统一供种、统一生产技术、统一产品质量标准、统一品牌销售"等标准化制度,推动农产品质量不断优化;同时,引导扶持各类农业产业化联合体大力推进农产品质量安全追溯平台的推广应用,实现产品可追溯管理,不断加强产前、产中、产后全链条监管,保障农产品质量安全。

2021年,江西与粤港澳大湾区建立农产品检测结果互认制度,全域推进第三方检测,推进食用农产品承诺达标合格证制度,绿色有机地理标志农产品达到4413个,创建全国绿色食品原料标准化生产基地49个,居全国第6位,主要食用农产品监测合格率连续7年保持在98%以上;同时,为做响品牌,实施"赣鄱正品"品牌创建三年行动,成功注册"赣鄱正品"商标,认证两批共150个品牌;并深入实施"生态鄱阳湖·绿色农产品"品牌战略,有序推动江西优质农产品营销体系建设,持续发布"二十大区域公用品牌""企业产品品牌百强榜",连续5年在央视黄金时段开展宣传,赣南脐橙、南丰蜜橘、庐山云雾茶等

5个地理标志产品荣登全国百强榜。[①]

通过上述这些措施，赣鄱地域的绿色有机农业取得了良好成绩，主要表现在：

一是有机农产品数居全国第一。

早在2001年，江西省委、省政府就确立了"依托全省丰富的生态资源和良好的生态环境，重点抓好绿色农产品的开发生产和深度加工，大力发展生态农业"的思路，此后，围绕"三个基地，一个后花园"的战略构想，提出了"既要金山银山，更要绿水青山"的发展思路；党的十八大之后，江西省委着力于全省的生态文明建设，提出了"绿色崛起"的发展战略。生态成了江西的一张名片、一块"金字招牌"，绿色生态有机农业成了江西农业的显著特色，赣鄱地域的绿色有机食品数量连年增加，连续10多年位居全国第一。截至2014年，江西全省有机食品数量已超过750个，包括茶叶、茶油、鲜米、蔬菜、鱼、虾、猪肉、饮用水等。有机农产品远销欧美、日本等国家和地区。截至2019年，江西"三标一品"（无公害农产品、绿色产品、有机农产品和农产品地理标志产品）农产品数量达4712个，居全国第一。2021年，江西全省绿色有机农业产值突破千亿元大关，达到1002亿元。截至2022年3月底，江西省绿色有机地理标志农产品总计4641个，其中绿色食品1472个、有机农产品3064个、农产品地理标志105个，绿色有机农业企业达到1633家。[②]

二是绿色有机农业基地数居全国第一。

早在2006年，农业部公布的首批创建国家级绿色食品原料标准化生产基地名单中，江西有23个县的25个基地被列入创建计划，占全国基地总数的29.8%，位列全国第一。20多年来江西省委、省政府着力打造有机农业"江西样板"，截至2020年，江西绿色有机农产品基地面积占耕地面积比例的50%以上，为全国最多；创建国家农业绿色发展先行区3个、全国绿色食品原料标准化基地49个，全省绿色有机地理标志农产品从2012年的789个增加到2021年的4413个，全省农产品质量安检合格率连续8年稳定在98%以上。[③]

---

① 数据转引自《省农业农村厅2021年工作总结及2022年工作打算》，见江西省农业农村厅官网2022年1月13日。

② 转见中国新闻网2022年7月3日。

③ 参见2022年9月7日"江西这十年"系列主题新闻发布会（乡村振兴专题），见《江南都市报》2022年9月8日。

三是绿色有机农业形成了一些全国之最。

江西已形成全国有机绿茶生产基地、有机茶油基地、有机食品脐橙基地、有机淡水产品基地、有机矿泉水和纯净水生产基地等。

四是形成了绿色有机农业全国典型示范县。

经过自 2001 年至今 20 多年的绿色有机农业和农产品加工发展，江西已积累了有机农业发展的一些成功经验，形成了以万载县为代表的典型示范县。万载县现代生态农业示范区为农业部认定的 100 多个国家级现代农业示范区中唯一一个以绿色有机农业为特色的国家现代农业示范区。

绿色生态是赣鄱的底色，是赣鄱现代农业的标志。绿色兴农战略，正把全省的绿色生态优势转化为现代农业发展优势，撑起赣鄱地域的美好明天。

三、智慧农业

（一）智慧农业的概念

互联网技术是当代最重要的技术，与当代人的生产、生活息息相关。

2014 年 11 月，时任总理李克强在出席首届世界互联网大会时指出，互联网是大众创业、万众创新的新工具。

2015 年 3 月，在十二届全国人大三次会议上，李克强总理在政府工作报告中首次提出"互联网＋"行动计划，推动移动互联网、云计算、大数据、物联网等与现代制造业结合，促进电子商务、工业互联网和互联网金融健康发展．

2017 年，习近平总书记在党的十九大报告中提出："加快建设制造强国，加快发展先进制造业，推动互联网、大数据、人工智能和实体经济深度融合。"[①]

2022 年 10 月，习近平总书记在党的二十大报告中提出，要加快建设网络强国、数字中国。

所谓"互联网＋"，就是"互联网＋各个传统行业"，但不是简单的两者相加，而是利用信息通信技术及互联网平台，让互联网与传统行业深度融合，创造新的发展生态。

"互联网＋"现代农业就是互联网、移动互联网、大数据、云计算、物联网

---

① 习近平：《决胜全面建成小康社会 夺取新时代中国特色社会主义伟大胜利——在中国共产党第十九次全国代表大会上的报告》，人民出版社 2017 年版，第 30 页。

与农业融为一体，达到农业可远程指挥调度、可资讯服务，农产品质量安全可追溯监管，农产品可电子商务销售等。这是当代农业发展的新方向，是农业现代化的一个标志，这种农业被称为"智慧农业"。

（二）赣鄱智慧农业的起步

2015年，江西省农业厅通过市场运作，大胆探索"PPP"模式（公私混合制经营），引入北京农信通集团、中国联通江西分公司作为赣鄱智慧农业发展战略合作伙伴，分别投入4000万元、1000万元，聚合三大通信运营商、邮政、银行、淘宝、京东等多方力量，构建了"政府引导、企业运营、社会参与、服务农民"的全新智慧农业服务体系。

图10-1　12316资讯服务中心

赣鄱智慧农业服务体系在架构上定位为"123+N"，即建设"1个数据云"——江西农业数据云，2个中心"——农业指挥调度中心、12316资讯服务中心（如图10-1），"3个平台"——农业物联网平台、农产品质量安全监管追溯平台、农产品电子商务平台，"N个系统"——涉及种植业、养殖业及OA无纸化办公、农业综合执法、农业技术服务等子系统。

整个系统工程以实现农业生产智能化、经营电商化、管理高效化、服务便捷化为目标，旨在促进移动互联网、云计算、大数据、物联网等新一代信息技术与农业生产、经营、管理、服务全面融合发展。

在功能定位上，智慧农业建设力求实现"种得好、管得好、卖得好、服务好"。

所谓"种得好"，就是通过建设配方施肥、高产创建、农机调度等系统，实现"节本增效，高产生态"目的。"管得好"就是通过建设农产品追溯、移动执法、投入品监管、畜禽监管等系统，实现全过程监管。"卖得好"就是通过建设赣农宝电商平台，打造县级农产品运营中心、村级益农信息社。"服务好"就是通过建设 12316 资讯服务中心、农业大数据中心，让农民获取快捷、便利、高效的信息。

截至 2019 年，以"123+N"为总体框架的江西智慧农业建设已具备一定规模，"互联网 + 农业"的战略布局已基本实现。建成的农业数据云可以为 11 个地市、100 个县、1 万个村庄、10 万家新经营主体的信息化及电子商务提供强大的云计算服务支持。投入近 300 万元建设的以远程视频、应急指挥、电话会议为主的农业指挥调度中心，可实现对全省农业生产实景、灾（疫）情况以及作物长势等进行远程实时查看、会商、诊断，为农业部门掌握实况、科学决策、工作调度提供直观依据。

截至 2019 年，12316 资讯服务中心功能得到全面提升，并与"江西微农"平台达成数据共享，拥有涵盖气象、种植、植保、政策等各领域专家 300 余名，为全省农民提供专家在线服务，可实现"一码问专家"。"赣农宝"农产品电商平台正式上线，有 371 家企业入驻，累计实现 4000 余万元的交易额，带动全省农产品电子商务交易额增长 163%。农业物联网平台建设步伐不断加快，其中省级物联网云平台正式上线，可实现对全省物联网数据的采集存储和统一控制。农产品质量安全监管追溯平台上线试运行，"三品一标"农产品（如图 10-2）、省级以上农业龙头企业、省级以上农业合作社首批被纳入平台监管，并向社会公众开放查询窗口。平台实现对农产品生产全过程监管，保障生态环境安全、农资安全、农产品安全。

图 10-2　赣鄱"三品一标"农产品

（三）赣鄱智慧农业的发展

2019 年 5 月中共中央办公厅、国务院办公厅印发《数字乡村发展战略纲要》，明确指出，到 2020 年全国行政村 4G 覆盖率超过 98%，农村互联网普及率明显提升；建成一批特色乡村文化数字资源库，网络扶贫行动向纵深发展，信息化在美丽宜居乡村建设中的作用更加显著。为呼应中共中央办公厅、国务院办公厅的要求，2020年1月农业农村部、中央网信办印发《数字农业农村发展规划（2019—2025年）》。

为贯彻落实《中共中央国务院关于实施乡村振兴战略的意见》《乡村振兴战略规划（2018—2022年）》《数字乡村发展战略纲要》，2020年5月江西省委办公厅、省政府办公厅印发《江西省实施数字乡村发展战略的意见》，深入实施数字经济发展战略和数字乡村发展战略，切实把数字农业农村建设作为"数字江西"和数字经济"一号工程"的有力抓手，推动农业农村数字化转型，促进乡村全面振兴。2021年9月10日，经江西省政府同意，江西省委网信办、省农业农村厅联合印发了《江西省数字农业农村建设三年行动计划》，对2021—2023年数字农业农村建设工作做出了部署。该计划提出，到2023年，全省完成19个省级以上数字乡村试点县、100个数字乡村小镇和30个数字乡村示范项目建设；实现全省农业农村数字经济占农林牧渔增加值比重达到28%，规模达到700亿元以上，到2025年，规模达到1000亿元以上。该计划具体工作有升级数字乡村共享平台、推进乡村基础数据基本覆盖、加快乡村产业数字化发展、推动农产品品牌"一网运营"、健全农产品安全监管体系、畅通农产品流通渠道、推进乡村治理能力现代化、增强乡村社会化服务能力。

2021年12月，江西省农业农村厅在南昌举办了第三届"生态鄱阳湖·绿色农产品"博览会，在江西数字农业农村论坛上，时任副省长胡强指出，近年来，江西省大力实施"信息进村入户""赣服通""赣政通""互联网+"农产品出村进城等一系列民生工程，率先布局全省建设智慧农业，初步形成"123+N"的建设构架；实施"智慧农场"工程，推动智慧果蔬、大田、畜禽、水产等领域农业物联网综合示范，数字农业农村发展基础不断夯实。

2022年2月7日，江西省委、省政府高规格召开全省深化发展和改革双"一号工程"推进大会，大力推进实施数字经济"一号发展工程"和营商环境"一号改革工程"。这是江西省委、省政府立足江西发展新方位、新阶段，把握发展新态势、新趋势作出的重大决策部署。

2022年11月，在江西省农业农村厅和抚州市人民政府共同主办的江西省数字农业产业发展大会召开期间，与会人员参观了临川区唱凯镇高标准农田示范基地、唱凯镇江西12316专家服务驿站、"5G+智慧管田"高标准农田建设管护大数据平台、崇仁县力源蔬菜种植基地等。这些项目是赣鄱农业产业数字化成果的代表，显示了赣鄱智慧农业的最新成果。到此次会议召开之时，赣鄱县域农业农村信息化发展总体水平位列全国第六。

赣鄱农业正融合 5G、大数据、云计算、人工智能等新技术，以数字农业、数字乡村建设为突破口，悄然引领社会生产新变革，从井冈山的茨坪小镇益农服务社到都昌晨晖农场的中央厨房，从于都万亩智能化蔬菜基地到国家级田园综合体凤凰沟，一场聚焦新模式、新技术和新业态的农业现代化建设浪潮正席卷着整个赣鄱大地，智慧农业已为赣鄱实现农业强省目标插上了腾飞的翅膀。

四、休闲农业

休闲农业是指利用田园景观、自然生态及环境资源，结合农林渔牧生产、农业经营活动、农村文化及农家生活，以提供民众休闲、增进民众对农业及农村的生活体验为目的的农业形式。这种农业形式作为一种产业，兴起于 20 世纪三四十年代的意大利、奥地利等国，随后迅速在欧美国家发展起来，并在日本、韩国和我国台湾地区快速发展起来。

中国的休闲农业起步于 20 世纪 90 年代，经过 20 多年的发展，已成为中国的一大重要产业，截至 2016 年，中国具有一定规模的休闲农业园区已发展至 1.2 万多家，直接从业人员近 300 万人，年经营收入达 900 亿元左右。截至 2019 年，乡村旅游接待人数达 30.9 亿人次。2020 年受新冠疫情影响，全国乡村休闲旅游接待游客约 26 亿人次，营业收入 6000 亿元，吸纳就业 1100 万人，带动农户 800 多万。

赣鄱地域是一个风景优美、古村众多、历史文化底蕴深厚之区，绿色与古色交相辉映，现代与古韵融合并存，有良好的休闲农业发展基础和条件，但赣鄱地域的休闲农业起步较晚。

2012 年，江西省人民政府出台了《关于促进我省休闲农业发展的若干意见》，该意见对全省休闲农业的发展起了加速推动作用，省农业部门提出了发展休闲农业的思路、目标和措施等，从而使全区域的休闲农业发展形成了"政府引导、农民主体、社会参与"的态势。2012 年，赣鄱全省休闲农业企业超过 2200 家，规模经营的农家乐 1.2 万家，从事休闲农业企业的人数超过 40 万，年接待游客超过 1000 万人次。此后，休闲农业迅猛发展，到 2014 年赣鄱全省各类休闲

图 10-3　南昌市乡村休闲农业观光园　　　　图 10-4　大余县乡村休闲农业观光园

农业企业总数达 2800 家，规模经营的农家乐 1.5 万家，休闲农业从业人员超过 70 万，接待游客超 1800 万人次，休闲农业综合收入超百亿元。[①] 全省各地依托当地农业产业，举办各种休闲农业农事节庆活动 50 多项，如赣南国际脐橙节、南丰蜜橘节、婺源油菜节、广昌及石城白莲节、南昌樱花节、吉安横江葡萄节等节会，推出了摘蔬菜瓜果、尝农家美食、看民俗表演、品农耕文化、观节庆赛事等特色休闲农业系列活动，为游客提供了观光、体验、科教、娱乐、健身、养生等服务，提升了江西休闲农业的吸引力和影响力。

2016 年习近平总书记视察江西时提出的"让农村成为安居乐业的美丽家园"战略目标，江西省委、省政府把休闲农业作为建设现代农业强省和推动农业绿色崛起的重要抓手，多措并举，在完善扶持政策、设立专项资金、规范行业管理、开展示范创建、举办推介活动、培育知名品牌等方面做了大量的工作，休闲农业和乡村旅游产业发展呈现出"发展加快、布局优化、质量提升、领域拓展"的新格局。截至 2018 年 6 月，全省规模以上休闲农业企业 5000 家，农家乐经营户超 2.43 万户。（图 10-3、10-4、10-5 为江西省休闲农业观光园）休闲农业经营模式从单纯的观光采摘发展为目前的休闲观光园区美丽休闲乡村、农家乐、乡村民宿等多种模式，全省各类休闲农业经营主体占全国总数量的 9.3%。全省共创建全国休闲农业和乡村旅游示范县 16 个、中国美丽休闲乡村 19 个、全

① 数字来源于《农民日报》2014 年 9 月 22 日。

图 10-5　萍乡市武功山仙凤三宝休闲农业观光园

球重要农业文化遗产 2 处、中国重要农业文化遗产 4 处；认定了省级休闲农业示范县 29 个、示范点 286 个，江西省美丽休闲乡村 20 个，星级农家乐 53 家，十佳休闲农庄 10 家，休闲农业精品线路 10 条。全省休闲农业从业人员超过 110 万人，是 2012 年的近 3 倍，其中带动农民就业 96 万人，促进农民增收 200 多亿元，休闲农业和乡村旅游总产值达 810 亿元。[1] 2018 年，我省乡村旅游接待游客 3.6 亿人次，旅游总收入 3400 多亿元，全省拥有生态旅游示范乡镇 22 个、国家休闲农业和乡村旅游示范点 20 个、国家和省级美丽休闲乡村 64 个。[2]

2020 年至 2022 年底，由于新冠病毒肆虐，旅游业受到影响，休闲农业的发展和乡村旅游业的状况有所下降，但总的来说，还是保持了较好的韧性。

五、美丽中国"江西样板"

乡村建设是自 19 世纪二三十年代以来中国的文化精英、工商精英们一直苦苦探索和试验的课题。在那个年代，面对中国乡村的残破、中国农民的困苦，中

---

① 数字来源于南昌新闻网 2018 年 12 月 12 日。
② 数字来源于大律师网 2019 年 3 月 31 日。

国的文化精英们首先喊出了"拯救乡村""到乡村去""建设乡村"等口号，并切实到乡村开展了一些乡村建设试验，虽然他们都失败了，但是他们的口号、他们的行动提醒着国人，乡村建设是国家建设非常重要的工作。

自土地革命战争始，中国共产党就非常重视乡村的土地革命和乡村社会改造与建设，正是依靠农民、依托乡村取得了中国革命的胜利。

新中国成立后，国家非常重视乡村社会建设，修建了大批水利工程，推广现代农业科技等。只是新中国成立后的数十年，为了改变"一穷二白"的社会经济基础，以工业发展为重点，以农业支持工业的发展，没有财力用于改变农村的社会状况。所以，邓小平同志在分析 1978 年前的中国农村社会时指出："多数地区的农民还处在贫困状态"①，"生产力没有多大发展"②，"实际上处于停滞和徘徊的状态"③。

1978 年至 20 世纪 90 年代中期，中央政府先后在经济、政治等领域启动了一系列改革，废除了人民公社制，确立了统分结合的双层经营体制，即土地等基本生产资料仍然是公有制，但农户有生产经营自主权，这极大地调动了农民生产的积极性和创造性，农业生产力得到较大提高。

进入 21 世纪，在中国共产党领导下，中央政府启动了中国乡村建设的新思维和新战略即"建设社会主义新农村"，这是中国农村建设和发展的重大战略转变。2005 年 10 月，中国共产党第十六届五中全会提出了社会主义新农村的目标、内容和发展方向，"按照'生产发展，生活宽裕，乡风文明，村容整洁，管理民主'的要求，协调推进农村经济建设、政治建设、文化建设、社会建设和党的建设"④。2006 年 1 月 1 日起，逐步取消了农业税、牧业税、特产税，且不断加强支农惠农政策，全面实现农村义务教育，不断加强农村公共设施建设、社会保障和医疗卫生体系，改革集体林权制度。这一系列政府主导性改革措施，极大地调动了亿万农民的积极性，使农民生活得到较大改善，绝对贫困人口不断减少，农民

---

① 《邓小平文选》第 3 卷，人民出版社 1993 年版，第 138 页。
② 《邓小平文选》第 3 卷，人民出版社 1993 年版，第 115 页。
③ 《邓小平文选》第 3 卷，人民出版社 1993 年版，第 237 页。
④ 《中共中央关于制定"十一五"规划的建议（2005 年 10 月 11 日中国共产党第十六届中央委员会第五次全体会议通过）》，转引自"历届全国人民代表大会数据库"，载人民网（http：//cpc.people.com.cn/）。

的主体地位逐步得到尊重，城乡社会经济向一体化方向迈进。

从 20 世纪 20 年代至 2017 年，中国乡村建设的理论与实践走过了近百年，振兴乡村始终是中国人民的不懈追求，正是在中国人民的不懈努力下，中国乡村建设的理论不断走向完善，中国乡村建设不断取得新成就，中国乡村面貌发生了根本性变化；为实现"两个一百年"的奋斗目标和中华民族伟大复兴，习近平总书记接续了中国百年来乡村建设理论的思想脉络，站在新时代的高度，在 2017 年 10 月中国共产党第十九次全国代表大会报告中，提出了"乡村振兴战略"[①]，这是百年来中国乡村建设理论的新篇章，是继承前人、接续前人又全方位超越前人的宏伟篇章。其目标是"产业兴旺、生态宜居、乡风文明、治理有效、生活富裕"。

赣都地域的乡村建设与国家的乡村社会建设历程是同步的，新中国成立后，走过了土地所有制改革，走过了人民公社制和改革开放之后的农村土地承包经营制；进入 21 世纪后，进入了新农村建设时期，特别是又经历了原中央苏区振兴、生态文明示范区建设，这是赣都乡村所经历的特别发展历程。此后赣都地域与全国各省区一样，从脱贫攻坚到乡村振兴，乡村的社会变革大踏步迈进。

2015 年 3 月，在全国两会召开期间，习近平总书记在参加江西代表团审议时，给江西乡村的社会发展，绘制出美好蓝图。这就是打造美丽中国"江西样板"，让经济发展和生态文明相辅相成、相得益彰、治山理水、显山露水，乡村向着绿色美丽的方向发展。

（一）新农村建设

2005 年 10 月，中国共产党十六届五中全会提出要按照"生产发展、生活富裕、乡风文明、村容整洁、管理民主"的要求，扎实推进社会主义新农村建设。这是中国共产党根据中国社会经济发展已进入新阶段所作出的决策，因为中国的主导产业已由农业变成非农产业，经济增长的动力已主要来自非农产业，中国已如世界许多发达国家一样，在工业化达到一定水平之后，进入工业反哺农业、城市带动农村的阶段。2005 年 12 月，十届全国人大常委会第十九次会议通

---

① 习近平:《决胜全面建成小康社会　夺取新时代中国特色社会主义伟大胜利——在中国共产党第十九次全国代表大会上的报告（2017 年 10 月 18 日）》，人民出版社 2017 年版，第 27、32、15 页。

过决定，自 2006 年 1 月 1 日起全面免除农业税，废止《农业税条例》，这意味着在中国延续 2000 多年的农业税正式成为历史。

在 2006 年开启社会主义新农村建设之前，赣鄱地域的农村社会状况并不是很好，由于赣鄱地域属中部经济欠发达地区，广大农民的收入低。2003 年全省的贫困人口尚有 84.6 万人。大部分的农村没有通公路，交通不便，这影响了农村社会经济发展。大多数乡村社会环境存在着"脏、乱、差"的状况，人畜粪便、生活垃圾没有得到很好处理。乡村的产业很单一，以种粮为主，或"粮—猪"型为多，多种经营尚未发展起来；甚至土地资源被浪费，许多耕地被撂荒，很多房屋和村庄处于"空心"状态。

为落实国家的社会主义新农村建设战略，2006 年 2 月 27 日中共江西省委发布了《中共江西省委江西省人民政府关于推进社会主义新农村建设的实施意见》，开启了赣鄱地域的社会主义新农村建设。

一是发展乡村产业，实施"一村一品"发展方略及建立农民专业合作社组织，并引导农民多形式创业、多渠道就业。

二是始终坚持推进农村环境卫生整治，以"农村环境有明显改善"为目标，按照"清洁卫生、无害处理、简便实用、群众欢迎"的要求，整治农村垃圾污染问题。

三是以规划编制为先导，突出抓好"六改"即改路、改水、改厕、改栏、改房、改环境，"四普及"即普及沼气、有线电视、电话、太阳能，"三绿化"即农户庭院、村内道路、村庄四旁。

四是坚持机制创新，创建了"两统筹、三共建、七个一点"的资金筹集机制、"政府主导、农民主体、干部服务、社会参与"的工作推进机制等。

由此，新农村建设顺利走进千家万户，涌现出一大批村容整洁、生态优美的新型村落。

2013 年 12 月中央农业工作会议上，根据全面建设小康社会和中国梦的定位，提出了美丽乡村建设的构想，其重点在生态建设和文化建设，是社会主义新农村建设的升级。

2015 年 2 月 2 日中央一号文件提出让农村成为农民安居乐业的美丽家园："中国要美，农村必须美。繁荣农村，必须坚持不懈推进社会主义新农村建设。要强化规划引领作用，加快提升农村基础设施水平，推进城乡基本公共服务均等化，让农村成为农民安居乐业的美丽家园。"①这是中央对社会主义新农村建设提出的更明确目标。

江西省委、省政府按照中央的要求，牢记习近平总书记在2015年两会期间在江西代表团审议时的嘱托："环境就是民生，青山就是美丽，蓝天也是幸福"，"要像保护眼睛一样保护生态环境，像对待生命一样对待生态环境"。②按照"规划先行、连点成线、拓线成面、突出特色、整体推进、产村融合、建管同步"的建设模式，从持续推进村庄整治建设、梯次开展农户庭院整治、大力争创美丽宜居示范、全域开展村庄环境长效管护等4个方面，推进美丽乡村建设。

推进村庄整治建设，主要围绕村内道路、村内供水、户用厕所、公共照明、排水沟渠、村内河塘、搭靠"三房"整治建设、村庄环境日常管护等"七整一管护"内容，每年选定一批村庄开展整治建设。截至2021年底，全省76%的自然村庄完成整治建设，广大农村面貌焕然一新。2019年，在农业农村部组织的"千村万寨展新颜"中，江西省有159个村庄入选，入选数量列全国第一；2020年，在全国"美丽宜居村庄短视频擂台赛"中，江西省有6个村庄入选，占全国入选村庄总数的1/5。

梯次开展农户庭院整治，主要聚焦清除废品、清扫卫生，整治破乱、整齐摆放，美化环境等"两清两整一美化"任务，发动农户集中整治庭院内外、房前屋后环境。通过检查评比激励、部门合力共推、总结推广经验，江西全省累计创建300万个整洁庭院，广大农民群众居住品质得到显著提升。武宁县、婺源县、井冈山市、湘东区、上犹县、安义县、崇义县、瑞昌市、安福县、资溪县等10个县（市、区）先后入选全国村庄清洁行动先进县。

大力争创美丽宜居示范，主要按照精心规划、精致建设、精心管理、精美呈现的要求，统筹推进美丽宜居先行县、乡镇、村庄、庭院四联创。截至2021年底，江西全省累计创建了美丽宜居先行县39个、美丽宜居乡镇623个、美丽宜居村庄7027个、美丽宜居庭院81万个，打造了577条各美其美的美丽宜居示范带。横峰县、全南县、井冈山市、信丰县等4个县（市）的农村人居环境整治工作，先后获得国务院督查激励。

---

① 《经济参考报》2015年2月2日。
② 《江西日报》2015年3月7日。

全域开展村庄环境长效管护，主要为了破解乡村"重建轻管"问题。江西在全国首创"五定包干"长效管护机制，全域推行村庄环境长效管护工作，该做法被国家发改委列入《国家生态文明试验区改革举措和经验做法推广清单》。江西还在全省10个设区市和91个涉农县搭建"万村码上通"5G+长效管护平台，引导群众积极参与管护监督。截至2021年底，全省关注平台人数280万、受理群众投诉管护问题22万件，问题处理完结率、好评率均保持在95%以上，这个平台已成为江西省"三农"领域涉及面最广、关注量最多、解决问题最快的数字平台。

截至2021年底，江西全省农村卫生厕所普及率达75.96%，农村生活垃圾收运处置体系基本实现行政村全覆盖。82个县（市、区）采取第三方治理模式，累计建成村庄污水处理设施6285座。通过深入实施新农村建设"五大专项"提升行动，全省共打造美丽宜居乡镇623个、美丽宜居村庄7027个（如图10-6、10-7）、美丽宜居

图10-6　兴国县美丽乡村

图10-7　金溪县美丽乡村

庭院 81 万余个、美丽宜居示范带 577 条，创建全国休闲农业重点县 2 个、美丽休闲乡村 53 个。

在党的二十大召开前，赣鄱地域的新农村建设就已经取得了前所未有的成就。2022 年 10 月党的二十大报告提出将全面推进乡村振兴，建设和谐美丽中国。赣鄱地域的人民正充满干劲，为建设美丽中国"江西样板"而努力。

（二）原中央苏区振兴

中央苏区即土地革命战争时期（1927—1937）的中央革命根据地，由赣南和闽西两区域组成，是全国最大的革命根据地，是全国苏维埃运动的中心区域，以瑞金为中心，是中华苏维埃共和国党、政、军首脑机关所在地，所以赣南原中央苏区被称为"共和国的摇篮"。红军二万五千里长征从这里出发，南方三年艰苦卓绝的游击战争在这里展开，134 位开国将军从这里走出，伟大的苏区精神孕育于赣南原中央苏区。苏区时期，赣南有 33.1 万人参加红军、60 多万人支前参战、33.8 万人为革命牺牲，其中有名有姓的烈士达到 10.82 万人。赣南原中央苏区对中国革命和新中国的建立作出重大贡献。

赣南是江西省南部区域的地理简称，主要由地级赣州市下辖的 3 区 14 县和 1 县级市组成。全区总面积 3.94 万平方公里，2015 年户籍人口 960.63 万人。

"十一五"末（2010 年），赣州市全区人均主要经济指标只有全国平均水平的三到四成，有 11 个连片特困县、1419 个贫困村以及 215.46 万贫困人口，更有 69.5 万户近 300 万人居住在危矮破旧的土坯房中。

在习近平总书记的亲自推动下，2012 年国务院出台了《关于支持赣南等原中央苏区振兴发展的若干意见》，构建了苏区振兴发展的顶层设计，让革命老区的人民感到振奋：党中央、国务院高度重视那些对革命作出贡献和牺牲的革命老区！

《关于支持赣南等原中央苏区振兴发展的若干意见》指出当时赣南等原中央苏区的状况：经济发展仍然滞后，民生问题仍然突出，贫困落后面貌仍然没有得到根本改变；不少群众住在危旧土坯房里，喝不上干净水，不能正常用电，一些红军和革命烈士后代生活依然困窘；基础设施薄弱、产业结构单一、生态环境脆弱等制约当地经济社会发展的问题。

从 2012 年到 2022 年的 10 年间，中央各部委和江西省委从政策、项目、资金和人才等方面量身定制了扶持政策。国务院出台文件 21 个，部委出台政策

200 多项；63 个中央单位选派 312 名挂职干部扎根苏区、倾情奉献；省市县累计出台政策文件 300 多个；54 个苏区县（市、区）全部实现 GDP 翻番；每年近七成财政支出、近八成新增财力用于民生，239.8 万贫困人口全部脱贫摘帽。[1]

图 10-8　从赣州港开出的中亚班列

在国家政策扶持下，赣州市工业经济转型升级加快，重大平台建设快速推进、密集落地，开通了从赣州港开往俄罗斯的中欧班列和开往吉尔吉斯斯坦的中亚班列（如图 10-8）。依托赣州港，赣州市南康区成为我国进口木材和出口家具的重要集散地，南康家具产业也由此实现了"买全球、卖全球"。同时，重大平台建设快速推进并密集在赣州各区县落地。龙南、瑞金经开区及赣州高新区升级为国家级园区，赣州综合保税区、进境木材国检监管区建成运行，赣南承接产业转移示范区、全国加工贸易承接转移示范地、瑞（金）兴（国）于（都）经济振兴试验区加快实施等，赣州成为江西乃至全国拥有最多国家级平台的设区市之一。工业产业快速兴起，赣州市经开区产值超千亿元的新能源汽车产业逐步崛起，立德集团、同兴达集团等 90 多家国内外知名电子企业落户经开区电子信息产业园，52.2 平方公里的电子信产业园已初具规模。

正是在国家部委对口支援下，赣南农村电网改造升级、公路改造、安全饮水、危旧土坯房改造等基础设施建设和民生工程方面得到了大量的资金支持，"输血式"支援效果非常明显。山区群众告别了不通电或长期低电压，农村安全饮水问题得到解决，村村通公路得以实现。

为了增强革命老区的自我造血能力，除前述的发展工业和农业产业外，赣

---

① 参见 2022 年 9 月 7 日，"江西这十年"系列主题新闻发布会（乡村振兴专题），来源于凤凰网等有关网络。

南还立足苏区资源禀赋，加快旅游业转型升级。原国家旅游局配套出台了《关于支持赣南等原中央苏区旅游产业发展的实施意见》，从 10 个方面帮扶赣南苏区旅游发展。瑞金、井冈山成功创建成为国家 5A 级旅游景区，8 个苏区县被纳入国家全域旅游示范区。红色游与生态旅游、休闲旅游、历史文化旅游融合发展，实施"红色旅游+"，带动就业 18 万人，辐射受益贫困人口 35 万人，真正使贫困户成为旅游扶贫的参与者、受益者。

从 2012 年到 2022 年的 10 年间，是国家给予赣州、吉安、抚州帮扶支持最多的 10 年，也是经济社会发展最快、城乡面貌变化最大、老百姓受益最多的 10 年。其中，赣州市各区县的变化尤为让人瞩目。10 年间，赣州市综合经济实力从全国城市 108 位前进到 65 位，人均 GDP 与全国平均水平缩小了 13 个百分点，城镇化率从 39.34% 提高到 56.35%，中心城区建成区面积和人口分别突破 200 平方公里和 200 万人，均约为 10 年前的 1.5 倍。过去偏远落后的老区山区正在蝶变为工业强市、开放高地、创业之州、区域中心、文化名城。

通过 10 年间的原中央苏区振兴、新农村建设和脱贫攻坚、生态文明示范区建设及乡村振兴，原中央苏区各乡村已旧貌换新颜（如图 10-9）。

图 10-9 赣州美丽乡村

（三）生态文明试验区

2014 年 11 月，国家发改委、财政部、国土资源部、水利部、农业部、国家林业局正式批复《江西省生态文明先行示范区建设实施方案》，江西成为中国首批全境列入生态文明先行示范区建设的省份之一（另外 3 个为贵州、云南、青海）。该方案的获批，标志着江西省建设生态文明先行示范区上升为国家战略，成为江西省继鄱阳湖生态经济区规划（包含 38 个县、市、区）和赣南等原中央苏区振兴发展（包含 54 个县、市、区）后的第 3 个国家战略，也是江西省第 1 个全境列入的国家战略。其目标要求是以制度创新为核心任务，以可复制、可推广为基本要求，破解本地区生态文明建设的瓶颈制约，先行先试、大胆探索，释放政策活力，为全国生态文明建设积累有益经验。

为了开展与推进生态文明示范区建设，2015年2月，江西省委、省政府发布了《关于建设生态文明先行示范区的实施意见》，确定了6大体系、10大工程、60个项目包和208项建设任务，并分解落实到各地各部门，明确了责任分工和时间节点。

2016年8月12日，中共中央办公厅、国务院办公厅印发了《关于设立统一规范的国家生态文明试验区的意见》，福建、江西和贵州三省作为生态基础较好、资源环境承载能力较强的地区，被纳入首批统一规范的国家生态文明试验区，探索形成可在全国复制推广的成功经验。该意见提出，要设立若干试验区，形成生态文明体制改革的高级综合试验平台，通过试验探索，到2017年，推动生态文明体制改革总体方案中的重点改革任务取得重要进展，形成若干可操作、有效管用的生态文明制度成果；到2020年，江西生态文明试验区率先建成较为完善的生态文明制度体系，形成一批可在全国复制推广的重大制度成果，资源利用水平大幅提高，生态环境质量持续改善，发展质量和效益明显提升，实现经济社会发展和生态环境保护双赢，形成人与自然和谐共生的现代化建设新格局，为加快生态文明建设、实现绿色发展、建设美丽中国提供有力制度保障。

截至2020年6月，江西国家生态文明试验区38项重点改革任务已基本完成，并形成一批可复制、可推广的重大改革成果，如"净土""净空""净水"，使赣鄱地域的乡村变得更加美丽。

"净土""净水"行动主要有农村环境连片整治、畜禽养殖污染整治、重金属污染综合整治、河湖污染源治理等。至2021年底，建设农村污水处理设施6285座，使畜禽粪污综合利用率、秸秆综合利用率分别达96.8%、95.1%；完成全省3076套集中式农村生活污水设施现场排查，以及520个行政村农村环境综合整治，重点建设用地安全利用有效管控，受污染耕地安全利用率达90%。启动南昌、宜春等生活垃圾分类试点，开展生活垃圾处理收费改革试点。

实施农业面源污染防治工程，推进畜禽养殖场粪污治理专项行动，推进标准化养殖场创建工作，启动病死畜禽无害化集中处理体系建设。推进赣江源头、乐安河流域7个重点防控区重金属污染监测、治理与修复工程，至2021年底，完成146个工程项目，重点行业重金属污染物排放量连续三年下降。

"净空"主要是通过减少空气污染源而大力增加森林面积。截至 2021 年底，累计创建国家级"绿水青山就是金山银山"实践创新基地 6 个，列全国第 3 位；"国家生态文明建设示范市县" 20 个，列全国第 5 位。同时储备省级"绿水青山就是金山银山"实践创新基地 25 个，省级生态县（市、区）34 个，省级生态乡镇 872 个，省级生态村 937 个，市级生态村 7970 个。

通过"净空""净水"行动，江西省空气优良天数比例达 89.6%，国家考核断面水质优良率达 94.7%。[①]

农村人居环境整治工作获国务院肯定，江西成为中部地区首个通过国检验收的省份。

（四）脱贫攻坚

2021 年 2 月 25 日，习近平《在全国脱贫攻坚总结表彰大会上的讲话》中说：

> 2012 年年底，党的十八大召开后不久，党中央就突出强调，"小康不小康，关键看老乡，关键在贫困的老乡能不能脱贫"，承诺"决不能落下一个贫困地区、一个贫困群众"，拉开了新时代脱贫攻坚的序幕。2013 年，党中央提出精准扶贫理念，创新扶贫工作机制。2015 年，党中央召开扶贫开发工作会议，提出实现脱贫攻坚目标的总体要求，实行扶持对象、项目安排、资金使用、措施到户、因村派人、脱贫成效"六个精准"，实行发展生产、易地搬迁、生态补偿、发展教育、社会保障兜底"五个一批"，发出打赢脱贫攻坚战的总攻令。2017 年，党的十九大把精准脱贫作为三大攻坚战之一进行全面部署，锚定全面建成小康社会目标，聚力攻克深度贫困堡垒，决战决胜脱贫攻坚。2020 年，为有力应对新冠肺炎疫情和特大洪涝灾情带来的影响，党中央要求全党全国以更大的决心、更强的力度，做好"加试题"、打好收官战，信心百倍向着脱贫攻坚的最后胜利进军。[②]

习近平总书记的这篇讲话为中国 8 年的脱贫攻坚工作做了精要的总结。

江西是革命老区，是全国脱贫攻坚主战场之一。

赣鄱儿女牢记习近平总书记殷切嘱托，深入学习贯彻习近平总书记关于扶

---

① 参见郑荣林：《我省基本完成国家生态文明试验区重点改革任务》，《江西日报》2020 年 6 月 1 日。
② 习近平：《在全国脱贫攻坚总结表彰大会上的讲话（2021 年 2 月 25 日）》，见共产党员新闻网。

贫工作的重要论述，坚持把脱贫攻坚作为最大政治责任、首要民生工程，勠力同心，践行初心使命，尽锐出战答好时代答卷，截至 2020 年底完成了消除绝对贫困的艰巨任务。[①]

合力 8 年攻坚，江西如期完成了脱贫攻坚目标任务，25 个贫困县全部脱贫退出，"十二五" 3400 个贫困村和 "十三五" 3058 个贫困村全部退出，在现行标准下 346 万农村贫困人口全部脱贫，消除了绝对贫困和区域性整体贫困。截至 2020 年底，建档立卡贫困户 80.1 万户 281.6 万人稳定实现 "两不愁三保障" 和饮水安全全面覆盖，易地扶贫搬迁 13.47 万人全部入住，特困群体基本生活全面兜牢。[②]

在脱贫攻坚过程中，全省 1.2 万名第一书记、3.9 万名驻村工作队员、6336 个定点帮扶单位、30.2 万名结对帮扶干部在一线奋战（如图 10-10），取得了脱贫攻坚的成就。

通过脱贫攻坚，赣鄱地域的乡村整体呈现新面貌，美丽中国 "江西样板"达到新水平。全省贫困地区基础设施和公共服务得

图 10-10 笔者 2019 年在单位帮扶村扶贫

到明显改善，全面实现农村组组通水泥路，提前完成农村电网改造升级目标，提前实现行政村有线宽带和 4G 网络全覆盖。

（五）乡村振兴

乡村振兴，就是让乡村发展起来，具体而言，就是让农村产业强起来、让

① 参见刘奇：《弘扬脱贫攻坚精神 凝聚接续奋斗力量 乘势而上推进乡村全面振兴走在前列》，《赣南日报》2021 年 6 月 24 日。

② 参见陈化先：《历史性的跨越 新奋斗的起点——江西脱贫攻坚成就综述》，大江网 2021 年 6 月 10 日。

农民富起来、让农村环境美起来。这是 2017 年习近平总书记在党的十九大报告中提出的党和国家发展的"七大战略"（乡村振兴战略、科教兴国战略、人才强国战略、创新驱动发展战略、区域协调发展战略、可持续发展战略、军民融合发展战略）之一。

习近平总书记在党的十九大报告中提出的"乡村振兴战略"，科学系统地回答了在中国特色社会主义进入新时代、全面建成小康社会决胜期的新发展阶段背景下，国家如何全面有效更好地解决"三农"这个事关国计民生的根本性问题，顺应了亿万农民对美好生活的向往。

2018 年，中央农村工作会议确立了乡村振兴的 20 字总要求：产业兴旺、生态宜居、乡风文明、治理有效、生活富裕。与 2005 年中央提出的社会主义新农村建设"生产发展、生活宽裕、乡风文明、村容整洁、管理民主"20 字方针相比，乡村振兴战略提出的 20 字方针，进一步丰富了内涵、提升了层次。

脱贫攻坚只是乡村振兴的一个阶段，乡村振兴是一项长期战略，其目标是到 2030 年基本实现农业现代化，到 2050 年乡村全面振兴，"强""富""美"全面实现。脱贫攻坚为乡村振兴打下了坚实的基础，所以，党中央要求全国各地要做好脱贫攻坚与乡村振兴的有效衔接。

江西与全国一道，如期全面建成小康社会，历史性地解决了区域性整体贫困问题，全省农业农村取得历史性成就。全省农林牧渔业总产值从 2012 年的 2360 亿元，增加到 2021 年的 3998.1 亿元，增长 69.4%；农民人均可支配收入从 2012 年的 8103.4 元，提高到 2021 年的 18684 元，增长 130.6%。现行标准下 281 万贫困人口全部脱贫，3058 个贫困村全部退出，25 个贫困县全部摘帽。[①]

然而，脱贫摘帽只是为乡村振兴奠定基础，按中央要求，脱贫攻坚有效衔接乡村振兴。2021 年 5 月 26 日，江西省乡村振兴局正式挂牌成立，脱贫后设立 5 年过渡期，实现巩固拓展脱贫攻坚成果同乡村振兴有效衔接。全省把 100 个县（市、区）划为乡村振兴先行示范县、整体推进县、重点帮扶县"三类"，25 个重点帮扶县制定了实施方案，18 个先行示范县出台了示范规划，1841 个省定"十四五"乡村振兴重点帮扶村加快推进村庄规划编制和产业布局。江西省在全

---

① 参见 2022 年 9 月 7 日，"江西这十年"系列主题新闻发布会（乡村振兴专题），来源于凤凰网等有关网络。

国率先创新开发防返贫监测大数据平台，建立"农户自主申报、部门数据比对、干部常态摸排"三线预警机制，通过早发现、早干预、早帮扶，消除返贫致贫风险。全省各级扶贫办重组为乡村振兴局，全省选派 5593 个驻村工作队、17474 名驻村干部（含 6188 名第一书记）沉在基层一线、用心为民服务。[①]

从 2021 年始，赣鄱地域乡村振兴正按 2021 年 3 月 12 日江西省委一号文件《关于全面推进乡村振兴加快农业农村现代化的实施意见》推进，打造彰显产业兴旺之美、自然生态之美、文明淳朴之美、共建共享之美、和谐有序之美的新时代"五美"乡村，走出一条具有赣鄱特色的农业农村现代化道路。

从上述可知，进入 21 世纪以来，赣鄱地域的乡村建设经历了新农村建设、赣南等原中央苏区振兴、生态文明建设先行示范区与生态文明试验区建设、脱贫攻坚、乡村振兴，赣鄱乡村快速地发生了巨大变化。按习近平总书记的要求，美丽中国"江西样板"（如图 10-11）正在展开一幅幅美丽画卷。

图 10-11　美丽中国"江西样板"

① 参见《江西省：加快打造新时代乡村振兴样板之地　巩固发展脱贫攻坚成果》，经济网 2022 年 9 月 13 日。

【第十一章】

结语

赣鄱地域1万多年的农业发展，奠定了赣鄱地域经济社会文化发展的基础。正是伴随着农业生产水平的不断提高，伴随着粮食生产能力的不断增强，赣鄱地域养活的人口越来越多，推动着经济社会文化走向繁荣。

赣鄱地域在古代直至现当代都是中国的重要产粮区，粮食生产不仅使本地域的人民解决了温饱，对国家和周边省区的社会经济文化发展也作出了重要贡献。每年，国家要从赣鄱地域调走数量较大的粮食，特别是当别的省区发生重大自然灾害时，赣鄱地域成为国家重要的调粮区。明清时期，赣鄱地域周边地区如闽、粤、长三角，手工业和商业快速发展，这得益于赣鄱地域的粮食供应。

赣鄱地域在古代被称为"文章节义之邦"，文化名人和政府大员不断涌现，正是奠基于耕读传家的文化传承，其根基在农业生产，因为有耕才能有读。耕读传家对赣鄱地域的社会文化发展作出重要贡献。

赣鄱地域的人们在向土而生的长期农耕生活中形成了有明显特色的农业文化性格即优秀的农耕文化基因，在当代仍值得传承。

晚清和近代，赣鄱地域包括农业农村在内的社会经济衰落了，这有着诸多的原因。

当代随着数字化应用于农业发展，科技兴农正展现出农业发展的喜人远景。

一、粮食贡献

（一）从晋至明清赣鄱地域的粮食贡献

赣鄱地域因有相对优越的农业耕作环境，自晋代六朝以来，赣鄱地域的农业经济发展对全国社会经济的发展起着重要作用。

东晋南朝时期，赣鄱地域就是朝廷的粮食主要供应地之一。京城之外的大官仓2/3设在赣鄱境内，赣鄱境内大量粮食沿长江东运往南京。

唐代中期的"安史之乱"后，全国的经济文化中心南移，赣鄱逐渐成为全国财富来源的重要之区，赣鄱地域成为中国的重要产粮区。如唐人李正民在《吴运使启》中写道："江西诸郡，昔号富饶，庐陵小邦，尤称沃衍。一千里之壤地，粳稻连云；四十万之输将，舳舻蔽水，朝廷倚为根本，民物赖以繁昌。"[①]实际上，何止是赣中的庐陵，赣鄱地域的饶州、洪州、抚州等地都是重要的产

---

① ［唐］李正民：《大隐集》卷五《启》，《景印文渊阁四库全书》第1133册，第62—63页。

粮区。所以，唐文宗派大臣孟琯巡察米价，得到的回复是："其江西、湖南，地称沃壤，所出常倍他州，俾其通流，实资巡察。"[1]乾符二年（875），唐僖宗在《南郊赦》中称："湖南江西管内诸郡，出米至多，丰熟之时，价亦极贱"[2]。因此，赣鄱地域成为朝廷调运粮食的重要之区。朝廷不仅每年从赣鄱地域征收大量漕粮，每当有地域发生较大的水旱灾害，都要从赣鄱地域较大数量地调粮，少则30万石或70万石，多则100多万石，赣鄱地域的粮食生产对朝廷政权的稳定起了重要作用。

宋代，赣鄱地域的农业进一步发展，山区开发梯田种稻，农业耕作技术更加进步，赣鄱地域成为朝廷更加倚重的财赋重区，北宋抚州人曾巩于元丰二年（1079）写了《洪州东门记》一文，其中谈到洪州"其部所领八州，其境属于荆、闽、南粤，方数千里，其田宜粳稌，其赋粟输于京师，为天下最。在江湖之间，东南一都会也"[3]。曾巩所谈仅仅是洪州，赣鄱境域在宋代共有十三州军，因而，朝廷为稳定政权，从赣鄱境域调走数量巨大的粮食。据许怀林先生考证，北宋朝廷每年在赣鄱地域13州军征收漕粮约180万石，超过两浙路，为全国最多。[4]至于南宋时期朝廷在赣鄱地域的调粮，学者们常引用南宋吴曾在《能改斋漫录》卷十三《记事·唐宋运漕米数》中所说的"惟本朝东南岁漕米六百万石，以此知本朝取米东南者为多。然以今日计，诸路共六百万石，而江西居三分之一，则江西所出为尤多"[5]。实际上，这还不是江西全境的总漕运量，南宋时的饶州、信州、南康军仍隶属于江南东路，加上此三州上供的漕粮，那可就超过200万石了。

许怀林先生认为，事实证明，江西作为国家的粮食基地，至迟在900年前的北宋时期，已经具有突出的优势地位。[6]

明清时期赣鄱地域的粮食生产对全国社会经济发展起了重要作用，并作出了重要贡献。

---

① ［宋］王钦若、杨亿、孙奭等：《册府元龟》卷474《奏议》，《景印文渊阁四库全书》第910册，第307页。
② ［宋］宋敏求：《唐太诏令集》卷七十二《典礼·南郊》，中华书局2008年版，第403页。
③ 陈杏珍、晁继周：《曾巩集》上册卷十九《记》，中华书局1998年版，第313页
④ 钟起煌主编，许怀林著：《江西通史·北宋卷》，江西人民出版社2008年版，第87页。
⑤ ［宋］吴曾：《能改斋漫录》卷十三《记事·唐宋运漕米数》，商务印书馆1941年版，第345页。
⑥ 许怀林：《江西史稿》，江西高校出版社1993年版，第281页。

一是赣鄱地域的粮食生产对朝廷政权的稳定起了重要作用。

如上所述，唐宋时期赣鄱地域已成为朝廷重要的征粮区，明清时期的赣鄱地域仍然是全国的重要征粮区。

据万历《明会典》所记，洪武二十六年（1393），朝廷在江西征米 2585256石，在全国各区域（明清时期经济区域基本上是以省为单位）中排第 2 位；弘治十五年（1502），朝廷在江西征米 252870 石，排全国各区域第 1 位；万历六年（1578），朝廷在江西征米 2528270 石，在全国各区域仍然排第 2 位。[①] 这 3 个数据即已说明从明代初期到明代后期朝廷都在赣鄱地域征收大量粮食，赣鄱对朝廷政权的稳定和全国社会经济的发展都具有举足轻重的地位。

清朝，朝廷每年在赣鄱除征收大量的地丁银以外，还征粮 89 万石至 96 万石，赣鄱在全国各大经济区域中仍然排在前位。清代江西是仅次于湖广、湖南的重要产粮区，所以《清史稿·食货志》中说："天下财赋，惟江南、浙江、江西为重。"[②] 在咸丰四年（1854）以前，清政府还每年在江西额征漕粮 57 万石，仅次于江苏、浙江，在有漕八省中居第 3 位。

二是明清时期赣鄱地域的粮食外运对邻近省区社会经济的发展起了重要作用。

明清时期，赣鄱地域除完成税粮、漕粮和养活众多的人口外，还要运销大量的粮食到江、浙、闽、粤和皖五省。

明代中后期和清代，广东经济作物的种植发展极快，品类繁多，如果品类有甘蔗、荔枝、龙眼、柑橘、椰子、槟榔等，被服类有棉花、蚕桑、蕉、麻、葛等，油料类有花生、芝麻、桐、棕等，器用类有蒲葵、莞香、莞草、龙须草、藤草等，这致使广东严重缺粮。元初广东还有大米从广州出口，而明代中后期和清代则不得不从交趾、广西和赣鄱大量输入。

福建由于山多田少，特别是明清时期大量种植经济作物，更是缺粮，赣鄱地域成为福建粮食的供应地。

赣鄱地域的粮食运销福建和广东，主要经南部的南安、赣州、宁都、建昌等府与福建、广东二省交界之处贩运。据同治《赣县志》所记，赣鄱南部与福建、广东往来的是赣州府以南赣江上游的章、贡二水，所谓"赣为两粤门户，章

---

① ［明］申时行等：《明会典》卷二十五《会计·税粮》，中华书局 1988 年版，第 158、169 页。

② 《清史稿》卷一百二十一《食货二·赋役》，天津古籍出版社 2002 年版，第 1673 页。

贡二水商贾往来，舳舻日未尝绝"①，逆章、贡二水而达其端后改为陆运，而达广东、福建。明清时期赣鄱每年运往闽、粤二省的粮食不少于 100 万石。②

江浙两省的情况类似于闽、粤。由于明清经济作物的种植促进了棉纺织业和丝纺织业发展，城市人口大量增加，税粮漕粮负担严重，因此江浙严重缺粮，不得不依赖赣鄱和湖广供应粮食，所谓"广东之米取给于广西、江西、湖广，而江、浙之米皆取给于江西、湖广"③。明清时期赣鄱出鄱阳湖沿长江而下运往江浙的粮食有八九百万石之多。④

明清时期赣鄱的粮食还运销安徽省的徽州府。徽州是明清时期国内著名的缺粮区，"本地食粮仅供数月民食，每每仰给邻封江西、浙江等处贩运接济"⑤。

仅就粮食的供应而言，赣鄱地域在明清时期的国内区域经济中占有举足轻重的地位。大量的粮食供给朝廷，对维护朝廷的稳定起了重要作用，对维持社会经济的稳定和发展也起了重要作用。如清乾隆五十年（1785）湖北受灾而发生饥荒，江西在短期内逆流而上，接济大米数百万石，维护了社会的稳定。而赣鄱地域将大量粮食运销江、浙、闽、粤，使这四省的经济作物种植不断扩大，蚕桑丝织业和棉纺织业稳定发展，这不能不说有赣鄱的一份贡献。

明清时期赣鄱地域间接地为全国商品经济的发展和手工业乃至城镇的发展和繁荣作出了很大的贡献。

（二）从清末到抗战前赣鄱的粮食贡献

从清末至抗战前，中国社会动荡不安，时而战乱，赣鄱地域的农业农村在清末衰落了，但赣鄱地域的稻米仍然基本保持每年有输出（少数年份没有输出），1937 年江西《经济旬刊》第九卷中的文章说：

> 江西剩余之米，经商贩运输出口，除九江关轮运输出数量外，其他由帆运经九江及湖口而往长江上下游，经东北境陆运而入皖南，以东境陆运而入浙西，经梅岭陆运而入粤者，至少当倍于九江关之数。江西米经九江

① 同治《赣县志》卷十九《食货志·关榷》，《中国方志丛书·华中地方·282 号》，第 461 页。
② 陈支平：《清代江西的粮食运销》，《江西社会科学》1983 年 3 期。
③ 《世宗宪皇帝朱批谕旨》卷二十《朱批何天培奏折》，《景印文渊阁四库全书》第 417 册，第 285 页。
④ 陈支平：《清代江西的粮食运销》，《江西社会科学》1983 年 3 期。
⑤ 吴媛媛：《明清徽州粮食问题研究》，《安徽大学学报（哲学社会科学版）》2009 年第 6 期。

及湖口输出之主要地点：为上海，汉口，广州，天津。次要地点：沿江而下为芜湖，大通，南京，油头；沿江而上有武穴，黄石港，黄州。据江西省经济委员会在九江之调查，上海每年约纳江西米输出总额百分之七十，汉口约纳百分之二十，广州约纳百分之二，天津约纳百分之一，其他各处总共约纳百分之一。[①]

由上述可知，虽然清末和近代的江西农业农村衰落了，但赣鄱地域生产的粮食仍然不断往外输出，并且有明确的数量记载。据1936年江西《经济旬刊》第7卷的记载：

表11-1　江西省米出口数量表（1904—1932）

年份	数量（担）	数量（吨）
光绪三十年（1904）	20334	1016.7
三十一年（1905）	74764	3738.2
三十二年（1906）	30436	1521.8
三十三年（1907）	73949	3697.45
三十四年（1906）	1390	69.5
宣统元年（1909）	13450	672.5
二年（1910）	68121	3416.05
三年（1911）	27130	1356.5
民国元年（1912）		
二年（1913）		
三年（1914）		
四年（1915）		
五年（1916）		
六年（1917）		
七年（1918）	463862	23193.1
八年（1919）	1423461	71173.05

① 江西省社会科学院历史研究所、江西省图书馆：《江西近代贸易史资料》，江西人民出版社1987年版，第272页。

续表

年份	数量（担）	数量（吨）
九年（1920）	2101898	105094.9
十年（1921）	162929	8146.45
十一年（1922）	263916	13195.8
十二年（1923）	1247931	62396.55
十三年（1924）	2447831	122391.55
十四年（1925）	680935	34046.75
十五年（1926）	67154	3357.7
十六年（1927）	394816	19740.8
十七年（1928）	1396899	69844.95
十八年（1929）	1099290	54964.5
十九年（1930）	344846	17242.3
二十年（1931）	297979	14898.95
二十一年（1932）	128526	6426.3

资料来源：江西省社会科学院历史研究所、江西省图书馆选编的《江西近代贸易史资料》，江西人民出版社 1987 年版，第 276-277 页。原数量只有担，笔者又将担换算成了吨：1 担 =100 斤 =0.05 吨。

从上表可知，除 1912 至 1917 年江西没有粮食输出（也可能没有统计数据）外，输出量超过 10 万吨的年份也就只有 1920 年和 1924 年。可以说，在清末和民国，由于农业农村的衰落，江西每年的粮食输出量总体相差不大，但对全国社会经济的稳定还是起着一定作用。

（三）从抗战到新中国成立后的前 30 年赣鄱的粮食贡献

抗日战争时期，赣鄱地域的粮食生产对支持抗战起了重要作用，东南邻省驻有大量国军，但东南邻省缺粮较多，全赖赣鄱地域的粮食接济。据何友良先生研究，抗战时期，国民政府在江西"除征实征购外，尚有派募积谷、余粮收购、加罚等多种粮征项目。总计，江西每年谷物派额在 1000 万石左右"[①]。所以，民国

---

① 何友良：《抗战时期江西粮食征供情况考察》，《抗日战争研究》1993 年第 2 期。

时期吴宗慈在《江西通志稿》中说，江西战时粮食负担"确较一般省份为重"[1]。以 1 石等于 50 公斤计，江西每年谷物派额在 50000 万公斤，数量确实较大。这也是赣鄱对抗战的重要贡献。

新中国成立后，直到改革开放初期，赣鄱地域的粮食总体上是短缺的，但为了助力国民经济较快恢复发展，江西仍然按中央要求调出粮食。在江西调粮委员会的统一领导下，1950 年至 1952 年江西调出粮食（贸易粮）共 16.3 亿斤，其中调给上海、广州共 12.2 亿斤，对新中国成立初期的社会经济稳定作出了重要贡献。

1953 年，国家实行粮食统购统销政策，江西省根据国家的计划安排调出粮食。

1953 年至 1957 年"一五"计划期间，江西共调出粮食 50.6 亿斤，平均每年调出 10.1 亿斤，除去品种兑换外，净上调 47.7 亿斤，平均每年 9.3 亿斤。

1958 年至 1962 年"二五"计划期间，江西共调出粮食 49.3 亿斤，平均每年调出 9.8 亿斤，其中净上调 46.5 亿斤，平均每年上调 9.3 亿斤。其中 1959—1961 年三年困难时期，赣鄱地域的人民宁可节衣缩食，甚至饿肚子，也要完成国家的调粮任务。三年困难时期，江西累计调出粮食 43.5 亿斤，对稳定全国的粮食局势作出了重要贡献。[2]

原国家粮食部副部长赵发生在他的回忆录《我为共和国经管粮仓 24 年》[3] 中讲了这样一则故事：

1961 年 9 月 17 日，周恩来总理从庐山开完中央工作会议，带着一批省市委书记，由时任江西省委第一书记杨尚奎陪同来到南昌，在省委举行的招待便宴上大家纷纷向敬爱的总理敬酒。总理笑着说："要敬就敬三杯！但我有个条件，干一杯酒，要增加你们省外调粮食一亿斤，好不好？"

三杯酒就是三亿斤粮食。杨尚奎明白，总理不到万般无奈之时，也不会给江西压下这三亿斤的外调任务。

头年四五月间，他到北京开会时，周恩来总理就特地来到他的房间求助，说去年全国有好几个产粮省包括四川这样的粮食大省都遭了灾，估计今年生产形

① 吴宗慈：《江西通志稿》第 18 册，江西省博物馆 1982 年整理本，第 21 页。
② 关于新中国成立后江西调出的粮食数额，转见万强：《新中国成立以来江西的粮食状况研究及出路分析》，《党史文苑（学术版）2014 年第 2 期。
③ 赵发生：《我为共和国经营粮仓 24 年》，《炎黄春秋》2003 年 3 期。

势也很糟糕，所以中央在粮食问题上遇到了越来越大的困难。北京、天津、上海的粮食库已经空了，调进的粮食不够市场供应。如果不马上调一批粮食救急，这样的大城市一旦发生粮荒，后果是不堪设想的。

周恩来总理言辞恳切地说："江西已经调出了10亿斤粮食，作出了很大贡献，而且你们自己也有困难。但是，和别的省比起来，你还是好的。所以今天我特来和你商量，能不能再增调2亿斤，支援中央，救救燃眉之急？"

杨尚奎向周恩来总理汇报了江西的情况，说："灾情严重的地方，已经出现大批浮肿病人，个别县出现了饿死人的现象。公共食堂煮的'饭'基本上是红薯叶子呀！"杨尚奎又流着眼泪说："在猪肉、食油、禽、蛋之类都少到几乎没有的时候，一餐吃一斤米，就像吃一根冰棒一样。干部直喊饿，我们不让喊，不让发牢骚。他们嘴一闭，牙一咬，挺下去。"可是，杨尚奎看到周恩来总理心事重重，眉宇间深藏着忧郁，答应回去统一一下认识，再一次勒紧裤带支援中央吧！

周恩来总理高兴地笑了："我就知道老表的风格高！谢谢你，尚奎同志，我代表中央和人民谢谢你！"

1961年，江西人民克服困难，仍外调了15亿斤粮食。

这则故事说明的是江西的粮食生产对国家的巨大贡献。

1962年，台湾海峡局势紧张，毛泽东主席到江西视察，江西省委向毛主席表态："主席，您放心，您在福建前线用兵百万，军粮我们江西包了。1人600斤，100万人，6亿斤，没问题！"[①]江西省委随后突击调粮2464万斤，运往福建前线。毛主席非常满意，多次在其他省负责同志面前表扬江西，说江西同志顾全大局。

1966年至1970年"三五"计划期间，时值"文化大革命"，但赣鄱地域的人民排除干扰，致力于粮食生产，保证粮食按计划调出。

1963年至1970年，8年间江西共调出粮食110.8亿斤，平均每年13.85亿斤。其中净上调96亿斤，平均每年调出12亿斤，比"二五"期间分别增加48%、30%。

1971年至1980年"四五""五五"期间，江西顺利完成国家下派的粮食调出任务，10年总计调出142亿斤，平均每年调出粮食14.2亿斤。其中净上调81.54亿斤，平均每年调出8.15亿斤。

---

① 李国强、李希文：《邵式平传》，江西人民出版社1992年版，第286页。

据有关统计，1950 年至 1980，国家从赣鄱地域共调粮 367.78 亿斤，其中净上调 286.92 亿斤。[①] 赣鄱地域的粮食生产对国家社会稳定和经济发展，作出了巨大贡献。原国家粮食部副部长赵发生对赣鄱地域对国家的粮食贡献给予了高度评价：在新中国成立后"国家粮食比较紧张的头 30 年中，江西、江苏、湖南、湖北、四川等省都为全国的粮食调拨作出过巨大贡献，其中以江西作出的贡献最为突出"；江西每年至少向国家调拨 8 亿至 10 亿斤粮食，包括三年困难时期，"别的省粮食是有进有出，唯有江西是只出不进"，"只有江西是个'不倒翁'"；江西坚持调出粮食救助全国，"对于新生的共和国来说是了不起的贡献！"[②] 因而，1992 年，邓小平视察南方途经江西时动情地说："在粮食问题上，江西是作了贡献的。"[③] 这是邓小平同志对赣鄱地域粮食生产的高度评价。

（四）改革开放后赣鄱的粮食贡献

改革开放以后，江西粮食供应由原来的普遍短缺发展到供求平衡、粮食丰富阶段。但是，江西省委、省政府对粮食工作仍然高度重视，即使是进入 21 世纪以后在推进城镇化、工业化过程中仍将粮食生产放在第一位。江西省委、省政府明确提出"江西粮食主产区、粮食调出省的地位不能动摇，江西对国家粮食安全的贡献不能动摇"的农业方针，通过实施严守耕地底线、高标准农田建设、粮食安全省长责任制等一系列举措，继续为保障国家粮食安全发挥重要作用。从而，江西长期以来以占全国 3.3% 的人口、2.3% 的耕地面积，生产了占全国 3.6% 左右的粮食。

1981 年至 1985 年"六五"规划期间，国家实行粮食双轨经营，即平价粮调拨运输，议价粮自由运输。这 5 年间，从赣鄱地域调出粮食 119.2 亿斤，平均每年调出 23.84 亿斤，大米调出量居全国之首，其中，净上调 48 亿斤，平均每年调出 9.6 亿斤。

从 1987 年起，中央核减粮食定购计划，江西省首次出现平价粮购销逆差，无净上调任务，但米谷调出量并未减少。

1989 年至 1990 年，全国粮食增产、收购增多。江西部分地方出现"卖粮

① 　江西省粮食志编纂委员会：《江西省粮食志》，中共中央党校出版社 1993 年版，第 103 页。
② 　赵发生：《我为共和国经营粮仓 24 年》，《炎黄春秋》2003 年 3 期。
③ 　危仁晟：《邓小平在江西》，中共党史出版社 1994 年版，第 170 页

难"。两年全省共调出粮食 51.9 亿斤，平均每年调出 25.95 亿斤，仍保持了较高调出水平。

1992 年党的十四大以后，工业化、城市化、城镇化快速推进，全国各大产粮区普遍出现生产滑坡、外调萎缩的情况。但江西省委、省政府对粮食工作没有放松，大力发展粮食生产，继续为保障国家粮食安全作贡献。

1994 年至 1995 年，全国粮食市场价格大幅上涨，为平抑粮食市场价格，江西调出了近 80 亿斤粮食。

1997 年至 1998 年初，饲料价格上涨，江西调出约 50 亿斤稻米。[1]

改革开放后的 30 年，赣鄱地域共调出粮食 1100 亿斤，每年调出稻谷从改革开放初的 20 亿斤，到进入 21 世纪后每年 100 亿斤以上，对中国社会经济文化的发展作出了巨大贡献。新时代，赣鄱地域粮食进入丰富阶段，如图 11-1 为粮食丰收景象。

图 11-1 江西粮食丰收景象

---

[1] 上述粮食调出数字参见江西省粮食志编纂委员会：《江西省粮食志》，中共中央党校出版社 1993 年版，第 87-103 页；参见万强：《新中国成立以来江西的粮食状况研究及出路分析》，《党史文苑（学术版）》2014 年第 2 期。

2018 年，习近平总书记在黑龙江省考察时指出："中国人要把饭碗端在自己手里，而且要装自己的粮食。"赣鄱地域的粮食生产从新中国成立以来，不仅做到了如习近平总书记所说，装自己的粮，端牢自己的饭碗，并且大量调出，对国家社会经济的稳定和发展作出了重要的贡献。

二、耕读传家的贡献

（一）耕读传家内涵

耕，指的是以农业耕作为核心的一切生产活动，包括耕猎、打鱼、畜牧、樵、织布、采集等。

读，指的是以读书为核心的一切学习活动，包括读启蒙书、圣贤书学习道德礼仪、伦理规范等。

耕读传家是一种在中国乡村社会中能得到尊重的生活方式，通过辛勤的耕耘和农事劳动，解决温饱并成家立业、繁衍后代而得到乡人尊重；在解决温饱的基础上，逐渐积累财富，让子孙得以学习文化和参加科举，从而使家庭、家族更有社会地位和社会影响力。所谓"荣耀祖宗，显扬父母，全在读书。若家有读书之人，则理义有人讲究，纲纪有人扶持，忠孝节义从此而生，公卿将相由此而出。读书二字关系如此，田地钱财有来有去，书中有受用无穷无尽"[①]。所谓"要勤读：凡族间富者固贵以读书为尚，贫亦须以读书为要，勉教子弟专心致志熟习深求，一朝发达，联探芹操之香，骈折桂枝之秀，郁郁彬彬，光宗耀祖，庶增一族之门庭，一举成名天下知"。又"勤：耕者勤而衣食足，读者勤而功名成，治家勤而家兴旺，治国勤而国大乎！"[②]两千多年来，中国基层的人民正是在耕读传家的生活范式下传续发展。

耕读传家是中国农家所追求的一种生活图景。中国传统的农家都致力在耕的基础上解决温饱，并积累一些财富让子弟去读书，如"延师课子"或让子弟上私塾，甚至办家庭私塾或家族书院。然而，对于租佃土地的贫苦农户来说，能解决温饱即能生存下去，那已经是很不容易的事了；让子弟读书、参加科举以改

① 《万载辛氏族谱》之《族规》，1995 年版，江西省图书馆藏本。
② ［清］李福祥：《（万载）李氏族谱》卷一《合族十议》及《宗祠十则》，清道光二十三年陇西堂木活字本，江西省图书馆藏本。

变命运，只能是一种愿景、一种追求、一种美好的向往。只有经济收入较为稳定或较富裕的小康农家及地主之家，才有能力在耕的基础上让子弟读书、参加科举等。

耕读传家是中国传统农家世代为之奋斗的精神动力。中国传统农家都希望通过"耕"让子弟"读"，因为只有"读"才能改变命运、才能跳出农家而走上仕途。特别是宋代开始的科举取士制度，为农家子弟打开了一条仕进之路。所谓"朝为田舍郎，暮登天子堂"①，这是中国传统农家都无比向往的一幕。但"读"又必须奠基于"耕"，农家必须在解决温饱的基础上才有余力让子弟去"读"，所以中国传统农家世代为之奋斗的精神动力就是耕读传家。

耕读传家还是中国传统文人士大夫的一种生存方式。通过读书而走上仕途，仕途受挫则回家耕田而谋生，这种思想由来已久。早在战国时期，孟子就为中国的士人设计好了生存之道，这就是《孟子·尽心上》所说："得志，泽加于民；不得志，修身见于世。穷则独善其身，达则兼善天下。"②所谓"穷则独善其身"，就是归隐田园，以农耕为生，又以读书吟诗作文为乐。最典型的是晋代陶渊明，不为五斗米折腰，而"种豆南山下"，以悠然见南山及吟诗赋文而自乐，这便是中国文人士大夫传统的生存方式。更多的是没有走上仕途的文人，因为仕途之路实在是竞争激烈，如千军万马过独木桥，那就继续农耕或为塾师或为良医等，从而培养子弟读书以继续仕进，这也是中国传统文人的生存方式。

由上可知，耕读传家是中国重要的传统人文底蕴。

（二）赣鄱农家重耕读传家

赣鄱的农家自唐代开科取士以来，就非常重视通过耕作解决温饱，并在积累财富的基础上，让家族子弟学文化、努力科举以改变个人命运和家族地位。特别是唐代中期的"安史之乱"后，北方移民进入赣鄱地域生存传续，以及唐后期的战乱和北宋末及南宋时的战乱，北方移民大量进入赣鄱地域生存传续，他们传承了中原地区耕读传家的传统，非常重视家庭、家族与宗族子弟的教育。加之赣鄱地域是宜于农耕之区即宜于生存传续之区，人们在辛勤耕作的同时，培养子弟

---

① ［明］罗玘：《圭峰集》卷十七《墓志铭·故封南京礼部尚书朴庵先生柴公墓志铭》，《景印文渊阁四库全书》第 1259 册，第 235 页。

② 杨伯峻：《孟子》，中华书局 2018 年版，第 337 页。

学文化，从而使赣鄱地域自唐后期以来形成了耕读传家的理想生存模式。

宋元明清时代的赣鄱文人文集中的"行状""墓志铭"篇，记载了很多这种耕读传家的文化人物和普通人物。他们从小在家庭、家族的培养下，学文化，努力科举，或成功，或受挫，如果受挫，回家耕作，解决温饱的同时，继续培养子弟学文化与科举，代代传承，即所谓"耕读传家"。明清赣鄱方志中的"人物传"和清代赣鄱族谱中的"人物传"，也记载了大量这类普通的人物。之所以记入文人文集和地方志及族谱中，是因为这些人物虽无官位，却是基层社会普通人中的典范人物，是基层社会中值得称道的人物。这种耕读传家的生存方式既有利于家庭、家族的发展，也有利于基层社会的稳定。他们在基层社会中践行儒家伦理道德思想，维护良好的社会风尚，使乡村社会和谐有序。

以文人文集中的记载为例，明代吉安文人杨士奇在《东里集》卷二中有一篇《樵雪斋记》，谈到他的家乡有位同乡王伯彰，藏书之所名"樵雪斋"。之所以取名"樵雪斋"，实乃言志，他本人是这样说的：

> 人之生皆有所业，农业于耕，将厚获丰敛，裕于身而足于家；士业于学，将德修才达，声誉流而爵位显；推于其他业，无不各极其所得也。然耕稼或有水旱之虞，富贵或有忧患之干。夫为民之业，随其力所至，无大得亦无不得。早而作，夕而休，无虞乎水旱忧患，超然而独乐者，其惟樵乎？故樵，吾所乐为也。

杨士奇以非常欣赏的笔触记载了这位以耕樵为业、以读书为乐的同乡。实际上，这正是中国古代文人都非常喜爱的一种生存方式，放下科举之后，以耕为业，以读书研史为乐，保持超然的胸襟。

杨士奇在《刘仲良墓表》中同样记述了一位家乡的普通人物刘仲良耕读传家的事迹：

> 仲良所居故在泰和邑市中，乃之邑南澄江之阴十数里买田筑室，率少子往就耕，所耕足岁计，外有余，间酿酒独酌，赋诗为乐，泊然无他营，或时与田夫野老分席相嬉娱。盖乡之人如不知其家有仕宦也。此岂流俗，人所可同日语哉！

在宋元明清时代，江西文人文集中有许多这样的以耕读为乐的生存方式的记载。

杨士奇在《石冈书院记》中，记载了吉安一带非常重视读书，即使是家庭经济比较困难者，往往都在耕作之余读书，耕读之风在赣中吉安一带非常浓厚：

> 吾郡之俗，所为可重，非他郡所及者，其民务义修礼、尚气节，虽至贫不肯弃《诗》《书》不习；至贱者能诵《孝经》《论语》，晓知其大义，凡城郭、间巷、山溪、林谷之中无不有学。富贵者遇逢掖士，必敬礼之，不敢慢易，而尤重世族，苟其世贱，后虽贵盛，人固不愿与齿，而彼亦不敢以其贵盛加人，吾乡之俗如此，吾何以知其可重也。①

作为成功的文人，杨士奇为家乡有这样的耕读之风感到非常骄傲。

以明清江西地方志书的记载为例，《（万历）新修南昌府志》卷十八《人物》记载了这样一位由耕读而成功入仕的人物：

> 熊暄，南昌人，家贫躬耕志学，大历中，擢进士第，授秘书省校书郎，后为水城县丞，著《文选颖悟》并集五卷。②

这种由耕读而成功入仕者，在赣鄱古代史中有不少。清代的族谱中有大量的人物事迹记载，不仅有由耕读而成功入仕者，更多的是以耕读为快乐的生存者。

清代《宜春北关五甲杨氏支谱》中的《邑庠生杨公柱石先生墓志铭》记载其宗族在明成化年间的族人杨镇邦：

> 先生姓杨氏，讳锡铖，字镇邦，柱石其号也。邑庠生，世居郡城北关，先大人始徙居化北乡大江边之庄，累世书香勿坠，名在庠序……两试棘闱不售，辄辍志科名，移志于田园。时兄弟析㸑，遂迁信义乡之江东里居焉。常读陶渊明诗，旷怀高寄，往往执蒲葵、戴接罗，遨游于阡陌间，虽盛暑

---

① 明代文人杨士奇这三段文字叙述，分别见《东里集》卷二《记·樵雪斋记》、卷十六《墓表·刘仲良墓表》、卷二《记·石冈书院记》，《景印文渊阁四库全书》第 1238 册，第 22、21、185 页。
② 《（万历）新修南昌府志》卷十八《人物》，《日本藏罕见中国方志丛刊》本，书目文献出版社1991 年版，第 368 页。

弗惮，归而啜茗一碗，即把卷哦吟，穆然见古人于泉石烟霞之外，当以为此中人语，不可为外人道也。为人慷慨敢言，无嫌疑芥蒂，乡里有争就先生质焉，人咸服之。①

民国年间《万载南田王氏族谱》中记载了其家族明代人物伯瑛公：

赋质椎鲁，笃志举业，见兄游泮，越加刻励，有发愤忘食之勤，自是淹博经史，应童子试，屡拔不遇，乃幡然曰："是吾命也"。遂不再试，优游里闬，督耕课子以卒。生平易箦之日，口不言私，惟以孝友清白遗其子孙，年三十九而终焉。②

清代赣鄱族谱中几乎每个宗族或家族的"人物传"中都有很多这类人物的记载。之所以被记入族谱，是因为他们作为家族或宗族中的典型人物值得后辈族人学习。他们对人生的追求、他们的品德、他们的情怀，是值得后辈族人效仿和追随的。

同样，记入文人士大夫文集和方志中的这些耕读成功入仕或不入仕而以耕读为生存方式的人物是传统社会认可的典范人物，值得社会各界推崇和效仿。

清代族谱中的族规条或家训、家戒条中，基本会有"勤职业"或"勤耕作"、"重读书"或"重教养"等，这是将耕读传家以家规戒律的方式强制地传续下去。

《万载南田王氏族谱》中的《家规》有这两条：

一 传家以读书为贵，绅衿士子理宜崇重。今科举虽废，学堂聿兴，所有各校毕业以及出仕锦旋者，花红彩乐迎至宗堂，拜谒祖先，以彰盛事。

一 勤力为成家之本，骄奢为覆败之基。人而不勤，无以自谋其身，其渐固将至于放僻邪侈，无不为矣。然勤而不俭，则所入不胜其所出，即终岁营营，度支仍有弗继之忧，所以，古诗有云：男勤于耕，女勤于织，不负寸阴，丰衣足食。又曰：度其所入，量其所出，若不节用，府仰何益？凡我

---

① ［清］杨淑田修，杨树声纂：《宜春北关五甲杨氏支谱》，江西省图书馆藏本。
② 《万载南田王氏族谱》，民国九年三槐堂木活字本，江西省图书馆藏本。

子姓，省浪费以崇朴，实可也。①

民国十三年刊本《萍乡王氏续修支谱》中的《家规》有这样两条：

　　一　重教养。教养人材，国家所首重，故诗书之泽，宜世世相继，所以教养子弟，务宜隆师重道，督课维勤，预养其德性，则致用于国，丕振乎家，养不达亦可私淑乎！平身，心仪，型于家室。古人云：父兄之教不先，子弟之率不谨，义方之训当在父兄。

　　一　务正业。谚云：家教耕读为本，工商次之。业儒者期希贤希圣，业农者务余九余三，或工或商总宜各司其业。《书》曰：精于勤而荒于嬉。明训昭垂，尚其念诸。②

　　这两个宗族族规反映的是明清时代耕读传家的风尚在赣鄱地域的家庭、家族、宗族中更加牢固，被更加推崇地传承着，是中国传统社会高度认可的一种生存方式。

　　耕读传家奠定了唐宋元明清时期赣鄱地域"文章节义之邦""敦本积学之区""清雅崇儒之尚""好勤尚俭之地"等人文底蕴。

　　唐宋以来，赣中的吉安儒学之风为赣鄱地域最盛，是学而优则入仕者最多之区。万历《吉安府志》中说："家有诗书，以数万户之井廛，人多儒雅，此州之君子皆颜鲁公之流风遗俗也。"因为大儒颜真卿、欧阳修、王阳明先后治理过吉安，使吉安成为理学节义之邦，所谓"自唐颜真卿从事吉州，铿訇大节，诵慕无穷，至欧阳修一代大儒，开宋三百年文章之盛，士相继起者必以通经学古为高，以救时行道为贤，以犯颜敢谏为忠，家诵诗书，人怀慷慨"。又，"正嘉之际，新建伯王守仁倡明理学，一时游其门者数十余人，王氏之学独传于吉安，至今称盛"。到清代，"吉安人文甲天下，为江西望郡"③。

　　赣东北的上饶地区，乾隆《广信府志》中说："信自永嘉东迁，衣冠避地，风气渐开，历唐而宋，文学之士间出，而南渡以后，遂为要区，人知敦本积学，

337

第十一章　结语

---

① 《万载南田王氏族谱》卷一《家规》，民国九年三槐堂木活字本，江西省图书馆藏本。
② ［民国］王兴珪等修，王喜岚等纂：《萍乡王氏续修支谱》卷一《家规》，民国十三年庆源堂木活字本，江西省图书馆藏本。
③ 光绪《吉安府志》卷一《地理志·风土》，《中国方志丛书·华中地方·251号》。第88页。

日趋于盛。入明二百余年，艺文学术蔚为东南望郡，下逮田野小民生理才足，皆知以课子孙读书为事。"①

赣东北的广信府由于距南宋朝廷所在地杭州较近，成为南宋朝廷的大后方，因而，"宋南渡，人文蔚起，舟车辐辏甲南国。自元迄明风景不殊，士矜廉节不诬讼，不聚诽渎私，虽甚悍黠，然以礼诫谕服化也"②。

赣西的宜春地区尽管境内多山，却也"儒风之盛甲于江右"。唐代大文学家韩愈治理过袁州，对儒学推动很大，"袁据江右上游，山水之奇秀，风俗之淳朴，英贤之炳蔚，诗文之超绝，忠义贞烈之翩翩趾美洵，称文献之邦，雅重于寰区者"③。

赣东的抚州、建昌二府也是文教兴盛之区。宋代产生了大文豪王安石、曾巩，所谓"抚郡山川风俗之美，名儒巨公彬彬辈出"，"风俗淳厚，务农者多而最朴，士则惟知诗书"④。

地处赣鄱地域南部的赣州、南安二府，是山岭重叠之区，也是通往岭南的重要通道，在我国南北交通中处于重要地位。自唐代张九龄开凿大庾岭以来，赣州、南安二府也成为文人过化之区，如大文豪苏轼两度游历赣南。所谓"盖自五季以来，东南之枢纽系于豫章，赣则豫章之门户，其地抚闽粤之背，扼章贡之吭，层峦叠嶂，气势磅礴。"⑤ "迄于隋唐，疆圉日辟，声教浸远，人皆抗志励节"⑥。南安府"俗尚朴淳，事简民怙，先贤过化之邦，有中州清淑之气，盖其风近古矣，况复勤于生业，俭于衣食"⑦。

其他各州也都有重诗书、重教育的风尚。如南康府，"民习耕桑，士习诗礼，好勤谨，尚俭，素称为周朱过化之地"⑧；九江府，"濂溪与二程诸君子讲学其地，直溯洙泗之源而文教之所渐摩，其流风阅千百世而常存也"及"俗尚朴

① 乾隆《广信府志》卷一《地理·风俗》，《中国方志丛书·华中地方·919号》，第239页。
② 乾隆《广信府志》卷一《地理·风俗》，《中国方志丛书·华中地方·919号》，第243页。
③ 同治《袁州府志》卷首《原序》，《中国方志丛书·华中地方·845号》，第83页。
④ 光绪《抚州府志》卷二《风土》，《中国方志丛书·华中地方·253号》，第211页。
⑤ 同治《赣州府志》卷首《序》，《中国方志丛书·华中地方·100号》，第6页。
⑥ 同治《赣州府志》卷二十《舆地志·风俗》，《中国方志丛书·华中地方·100号》，第416页。
⑦ 同治《南安府志》卷二《疆域·土俗》，《中国方志丛书·华中地方·268号》，第144页。
⑧ 同治《南康府志》卷四《地理·风俗》，《中国方志丛书·华中地方·98号》，第84页。

实，崇兴礼让，士习诗书，勤稼穑"[1]；饶州府"江之东西，冠带诗书，甲于天下，而饶人喜儒又甲于江南"[2]；"南昌为江西会府……尚清雅，植蒲兰竹石，妆古琴名画，崇儒好客，至于闾阎村落细民皆勤于稼穑，敏于役作，秉尊上孝悌之心，然尚气太过，不能忍小忿，辄至斗讼"[3]。

总之，耕读传家千余年的传承形成了赣鄱地域传续不断的人文底蕴。

三、农耕文化特质

赣鄱地域的地理特点是东、南、西三面环山，东有武夷山脉与福建交界，南有南岭山脉与广东阻断，西有罗霄山山脉与湖南相隔，只有北部为向长江倾斜的鄱阳湖平原，这就注定了赣鄱地域的人们只能向土而生。而广东、福建、浙江、江苏等省与江西则不同，除了土地所出，还可以向海而生，发展海洋经济。虽然赣鄱地域亦有连通长江的鄱阳湖及境内 2400 多条大小河流，可以发展渔业，但是内陆河湖的这点渔业不能成为主业，解决不了温饱问题，只能作为副业，即生业的辅助业态，以平原、盆地、丘陵和山地为主要生存资源的赣鄱人民注定只能向土而生。

向土而生的赣鄱人民自上古以来驯化了野生稻，逐步发展了高水平的稻作农业，培育了水果蔬菜，发展了畜牧业和河湖渔业，明清时期又引进了杂粮种植与经济作物和经济林木种植。向土而生的赣鄱人民除了吃苦耐劳、辛勤耕作之外，似乎也没有更好的生存手段，虽然在中国历史上也有过一定知名度的所谓的"江右商帮"。一些江西商人走南闯北，贸易货物，获取利润，发家致富，但毕竟只是一小部分人以此为生业，商业始终不是主流大众的生业。赣鄱境内还有闻名中外的景德镇制瓷业，但也只是赣鄱境内不多的人以此为业。赣鄱地域大多数人仍是向土而生，依赖土地生存。

向土而生的赣鄱人民形成三大农耕文化特质，或者说是农耕文化基因。

（一）勤耕作，吃苦耐劳

赣鄱人民向土而生，面朝黄土背朝天，长期的耕作塑造了赣鄱人民如泥土

---

① 同治《九江府志》卷八《风俗》，《中国方志丛书·华中地方·267 号》，第 114 页。

② 同治《饶州府志》卷三《舆地志·风俗》，《中国方志丛书·华中地方·255 号》，第 497 页。

③ 万历《南昌府志》卷三《舆地类·风俗》，《日本藏罕见中国方志丛刊》本，书目文献出版社1991 年版，第 70 页。

般温柔敦厚的性格。他们特别能吃苦，特别勤劳，所以"勤耕作，吃苦耐劳"成为赣鄱农耕文化的主要特质，或者说是赣鄱农耕文化的主要基因。翻开现存的明清江西方志，府县志的风俗篇中都有勤奋劳作的民风记载，如嘉靖《南安府志》卷十《地理·风俗》记载南安府之民"勤于生业，市无乞丐"[①]。这说明在赣鄱境内，只要勤劳，就不至于无法生存，土地可以提供基本的生活资料。在清代赣鄱方志的风俗篇开篇，常引用《隋书·地理志》中一句话来描述赣鄱地域的民风："君子善居室，小人勤耕稼。"[②]即读书人勤于读书，普通民众勤于耕稼。既然清代赣鄱方志中普遍用这句话来描述民风，就表明这是赣鄱民众的基本素质，是中华文化所认同的一种优良品质。这种优良品质被国家认可并推重，同样也被社会民众认同并推重，因而化作了宗族、家族及家庭对族人、家人的要求。翻开现存清代和民国年间的江西族谱，在族规、家规、家训、家诫中都有要求族人们勤劳的条规，即所谓"勤生业"的条规。以清道光十二年（1832 年）的《乐安郭氏宗谱》卷一《家规》的规定为例，其中有"务勤动"的规定：

> 昔韩文公有言："业精于勤，荒于嬉；行成于思，毁于随。"故天行健，君子以自强不息。苟习于游惰，势必至于放浪形骸，畏正人而狎小人，喜为无益而害有益矣！故人劳则思，思则善。心生逸则淫，淫则忘善，忘善则恶心生。是以古之圣君贤相，犹且宵衣旰食、日昃不遑。皋陶谟曰："无教，逸欲。"太甲曰："无时，豫怠。"君陈曰："无敢逸豫，即元圣之时施四事。陶公之日运百甓，兢兢业业，无怠无荒。"矧吾人生逢盛世，安居乐业，其敢以自暇自逸者宽其责备乎？故上而为士，好古敏求，乃有获也。次而为农，服田力穑，乃有秋也。即下而技艺、经纪，皆当努力，为资生计，所谓瘠土之民莫不向义者，劳也！精神既奋，疾病亦除，《吕览》云："流水不腐，户枢不蠹。"以其动也。[③]

这段族规条文不仅仅是一条强制性规定，为了让族人心甘情愿地执行，还

① 嘉靖《南安府志》卷十《地理·风俗》，《天一阁藏明代方志选刊续编四四》，上海书店 1990 年版，第 435 页。
② 同治《临江府志》卷二《疆域志上·风俗》，《中国方志丛书·华中地方·108 号》，第 46 页。
③ 清道光壬午年《乐安郭氏宗谱》卷一《家规》，上海图书馆藏本。

对人为什么要勤奋作了引经据典的理论阐述，这说明了赣鄱人民对人必须具备勤奋的素质有着极为深刻的认识。

（二）重文化，耕读传家

勤奋劳作即"服田力穑"，也只能解决温饱，或者还有盈余，有财富积累，但是家庭、家族或宗族要兴旺即成为地方社会旺族，那就必须培养子弟科举入仕。从隋代开始的科举制度，为普通民众提供了出人头地的科举之路。所谓"书中自有黄金屋，书中自有颜如玉"，1000 多年来激励了无数普通民众的子弟奋发读书、奋力科举，同样也成就了众多地方旺族。所以，"重文化，耕读传家"成为赣鄱农耕文化的又一重要特质，或者说是赣鄱农耕文化的重要基因。

正因为向土而生的赣鄱人民"重文化，耕读传家"（详见上节论述），所以赣鄱地域自宋至清皆为中国的文化名区。据光绪七年刻本《江西通志》卷二十一《选举表》统计，唐代江西共产生进士 65 人，占全国进士总人数的比重还不大。[①]但到宋代时江西科举人才辈出、文化精英群体涌现：北宋有进士 1745 人，南宋有进士 3697 人，两宋进士共 5442 人，约占两宋进士总额的 1/6，在全国各区域排名第二。并且在"重文化，耕读传家"的作用下，宋代江西的文化名人以家族或宗族前后群体涌现。如庐陵欧阳修家族，自其祖父欧阳偓以"儒学名当世"，到其父辈 4 人"以进士登于科"[②]，到欧阳修一代大儒名满天下，再到其子辈、孙辈等，登进士者不绝，有成就者不断。临川王安石家族自其祖父辈至其子辈，上下 4 代登进士者 8 人，虽以王安石声名最著，但都皆有文名。南丰曾巩家族从太平兴国八年至宝祐元年（983—1253）的 271 年间，登进士者 55 人，解试 41 人，还有荐辟 19 人，以曾致尧、曾易占、曾巩、曾布、曾肇文名最著[③]。双井黄庭坚家族自其伯祖黄茂宗在大中祥符八年（1015）中进士后，分宁双井黄氏族人在宋代共有 50 人中进士，除以黄庭坚文名最著（一代诗坛大师）之外，还有诸多人都有文名，如黄庠、黄庶、黄大临、黄叔达、黄次山、黄莘等。金溪陆九渊家族，陆九渊兄弟 6 人，陆九绍、陆九龄、陆九渊皆以儒学名当世，被称为"三陆

---

① 光绪《江西通志》卷二十一《选举》，《中国地方志集成·省志辑·江西》，凤凰出版社 2006 年版，第 457–478 页。

② ［唐］欧阳修：《文忠集》卷七十一《谱》，《景印文渊阁四库全书》第 1102 册，第 559 页。

③ 李才栋、曹涛：《中国文化世家·江右卷》，湖北教育出版社 2004 年版，第 105 页。

之学";陆九渊之子陆持之主持东湖书院,使东湖书院成为传播陆学(心学)的中心之一。此外,宋代江西还有众多文化名人的出现都是以家族或宗族群体为特点,如清江刘氏墨庄(刘敞、刘敛)、临川晏氏(晏殊、晏几道)、高安刘恕家族、德兴汪藻家族、鄱阳四洪(洪皓、洪适、洪迈、洪遵)、临江三孔(孔文仲、孔武仲、孔平仲)、德兴董氏(董洙等)、余干赵氏(赵汝愚等)、都昌曹彦约家族、庐陵王庭珪家族、吉水杨万里家族等。

重文化与耕读传家成就了宋代赣鄱地域的辉煌文化,即赣鄱地域不仅是中国的重要农耕之区,至宋代时,同样也是中国的文化重要之区。元明清时期,赣鄱地域传续着重文化与耕读传家的文化基因,除产生了一批批文化名家和政府大员外,分别产生进士 207 人、3114 人、2279 人。[①] 从中国近代至现当代,赣鄱地域的人们仍然传续着重文化与耕读传家的文化基因,自 1977 年恢复高等学校入学考试以来,一批批赣鄱学子走向全国、走向世界。

(三)保环境,生态智慧

向土而生的赣鄱人民自古以来就非常重视保护自己的生存环境,努力做到可持续发展。从前述第三章"生态智慧"可知,赣鄱人民不仅懂得以耕作制度保护生态,即多熟种植与间作套种;还懂得生态施肥,以保护赖以生存的土地;更懂得用智慧去巧用水力和开辟梯田,充分利用有限的土地;此外,还有很重要的一点,就是用乡规民约去保护生态。

乡规民约是社会基层组织成员共同制定并遵守的行为规范。因为其对基层社会治理有正能量的作用,因而乡规民约历史悠久、传续不断。从《周礼》可知,早在 2000 多年前周代的乡里就有敬老、睦邻的乡规约定。在中国 2000 多年历史长河中,乡规民约在基层社会虽有过一些负面作用,但一直以正面作用为主,如对儒家伦理思想的普及,基层社会矛盾的化解,山林、水源等乡村生态的保护等,都起过一定的良好作用。

从现存赣鄱地域的方志和族谱等文献资料可知,赣鄱人民特别重视用乡规民约去保护自身的生存环境。宗族制定通俗易懂的乡规民约之后,通过宗族活动时的宣讲,以及立石碑和竖木牌于村头、田头,抄写于宗族祠堂墙上,挂牌于宗族祠堂上等方式,使乡民们耳濡目染。宗族直接而明确地以允许性、禁止性、惩

---

① 据光绪《江西通志》及《明清进士题名碑录索引》统计。

戒性和奖励性条款告知乡民什么可以做、什么应当做、什么不可以做、什么行为会受到惩戒、什么行为会得到奖励。如传统乡规民约中的劝善性规范，直接明了地告知乡民要德业相劝、过失相规、礼俗相交、患难相恤，要忠君、敬老、孝悌、睦邻等，这对引导乡民相帮相助、遵礼向善起到重要作用。再如乡规民约中的惩戒性规范，禁止并惩罚赌博、乱伦、奢靡、兴讼、斗殴、私宰耕牛、邪教、烟害、抢孀等社会恶俗，这对引导乡民价值观念和淳美社会风俗起到重要作用。再如对环境的保护，传统的乡规民约中大多都会有禁止并惩罚伐坟山、乱砍滥伐树木、纵火山林等条规，并特别重视水源的保护。因为在赣鄱乡民的观念中，水为村落的生气，必须净化环境和清洁水源，所以乡规民约中往往会规定定期清理沟渠、禁止日出前在沟里洗衣、禁止渠内放养鹅鸭、禁止挖断蓄水堤坝等。传统的乡规民约还重视保护动物，特别是保护耕牛，禁止盗牵耕牛到别处私宰、禁止有病猪牛入村以防止疫病、禁止偷盗家禽家畜和塘鱼、禁止药鱼等。传统的乡规民约还重视对土壤的保护。清代，人口的增加和对山区的过度垦殖开发造成水土流失和生态灾难。一些宗族通过族规家法保护自然资源，如道路两旁禁止开种以免沙土流泻壅塞、种植苗木以保护山场水土资源、严禁毁林垦种等。

"保环境，生态智慧"成为赣鄱农耕文化的重要特质。同样是传续不断的赣鄱农耕文化基因，在当代美丽中国"江西样板"建设过程中，赣鄱人民正通过生态智慧去保护环境，并日见成效，赣鄱地域成为当代中国生态保护的样板。

上述赣鄱农耕文化的三大特质或者说是三大文化基因，产生于以农耕为主要生业的古代和近代。虽然现当代已是工业化时代，人们的生存方式多种多样，但这三大文化基因仍然有传承的价值。无论农业还是工业都仍然需要人们勤劳、重文化与重读书以及用生态智慧保护环境，社会才能变得越来越美好。

四、清后期农业农村衰落的原因

清后期是指从咸丰到宣统的 60 多年间，即从 1851 年至 1911 年间。这一时期赣鄱地域饱受战争带来的苦难，太平军与清军在赣鄱地域反复拉锯，赣鄱人民被杀，田地荒芜，村落变为废墟。清军为解决粮饷，在赣鄱地域征收重赋和重税。赣鄱地域的厘卡税始于 1855 年，是严重阻碍赣鄱社会发展的一种税收，始于曾国藩为解决军费，但战后不但没有废除且不断加重，直到 20 世纪 30 年代。1861 年九江开埠通商后，洋货大量涌入，赣鄱农村社会经济被严重摧残。

而 1860 年长江通轮船后，赣鄱地域失去在南北交通中的重要地位，赣江水系沿岸和大庾岭商道的货物集散和转运贸易急剧衰落，赣鄱地域的城镇工商业急剧衰落。加之在向近代化转进的过程中，赣鄱地域裹足不前，种种原因使江西在近代落后了。

（一）战争破坏赣鄱农村社会经济

1851 年洪秀全领导的太平天国起义如暴风骤雨，很快席卷了大半个中国。1853 年 2 月太平军进入赣鄱地域，占领了九江、湖口、彭泽，随后围攻南昌。1855 年 11 月石达开统率大军从湖北突入赣鄱地域，"江西八府五十余县皆陷"[①]，实际上太平军只占领八府四十二县。[②]1856 年 3 月底石达开率部队回援天京，太平军占领的城市陆续被清军攻占，到 1858 年 9 月吉安最后失守。其间（1857 年 10 月）石达开自皖入赣，经景德镇南下，沿乐平、万年、安仁直入抚州，而后再由进贤南进，驰援吉安，曾三次进攻，但为湘军所败，只好于 1858 年 2 月率大军自抚州、进贤、东乡，分头经金溪、鹰潭、贵溪、弋阳、铅山、信丰、玉山，东进入浙。1861 年 1 月，忠王李秀成又率部转战江西，再度攻克樟树镇、景德镇及吉安、瑞州、奉新、靖安、进贤等府县，同年 10 月李秀成军退出江西转战浙江。1864 年 2 月，太平军四路大军先后进入江西征粮，定于 9 月回救天京，但 7 月天京沦陷，四路征粮大军在清军的剿杀下，或被灭，或投降，到 9 月只剩康王汪海洋、祥王黄隆芳及天将丁太阳一路留赣南。天京陷落后，干王洪仁玕等护卫幼主转入浙江，10 月转入江西后被俘，并在 11 月被杀。留在赣南的太平军在赣粤闽边境转战一年多，最后在 1865 年 11 月离开赣南，没有再进入江西。

江西成为太平军与清军反复拉锯、争夺的区域，这 10 多年间赣鄱地域各府县几乎都受到战争的破坏。

战争特别是反复拉锯战，首先使人民的生活和生产无法正常进行。尽管太平军纪律严明，实行"均贫富"，打击地主阶级，但由于平民百姓的不了解，军队到来时同样引起百姓惶恐、逃散躲藏。如咸丰三年（1853）春正月十三日，太

---

① 王定安：《湘军记》之《援守江西上篇》，转见杜德凤：《太平军在江西史料》，江西人民出版社 1988 年版，第 376 页。

② 参见杜德凤：《太平军经略江西的胜利》，转见《罗尔纲与太平天国史》，四川省社会科学院出版社 1987 年版，第 315 页。

平军进入湖口县城后，"讹言贼兵下乡，各村纷纷逃走"①。又如宋家蒸在《述闻斋诗草》记载奉新："癸丑七月初六夜，虚传寇从瑞郡来，初更男女纷纷出城，二更雨骤至，困苦之状，有不忍言者。盖自壬子以来，闻寇皆惊惶迁徙也。"但太平军主要打击地主阶级，"惟以仇视官绅，苛勒殷富，以售其黠"②；而对于百姓则较爱护，纪律严明，石达开在攻下吉安之后，"达开不戮一人，有掳民间一草一木者，立斩以徇，盖将以要结民心也"③。因而，在石达开经营江西期间，江西百姓还是比较拥护他的。石达开征粮征税"均有定规"，"不事横征暴敛"，"民遂有相向之意"，"其征收税率比曩在清朝治下为轻"④。但在太平天国后期，如李秀成在江西期间和四路大军在江西征粮期间，对财物粮米征调的怨言则比石达开在江西期间更多，烧杀也更多。同治《瑞州府志》记载："踞郡邑城将二年。民不堪蹂躏，然而淫掠焚杀犹未甚也。至辛酉，逆首李秀成至，而祸斯极矣。盖此次复陷郡城，分扰各属，放手焚杀，恣意焚掠。各乡男妇死者不下数千百人，所过成焦土，丁壮老弱被虏者，不可胜计，甚至有一村余丁一、二十者。"⑤

由于战争频仍，必然使城被毁，人被杀，田地荒芜，正常的社会经济发展被打断。太平军尽管是以打击地主阶级为主，但也"焚各官衙署"⑥，"毁其诗书，焚其庙宇"⑦。这对于社会也是一种破坏，特别是太平天国后期，李秀成军在江西期间，纪律没那么严明，对社会经济的破坏更大。同治《高安县志》记载："初，癸丑贼至，住七日，所扰惟典铺、大家为甚。乙卯再至，盘踞虽久，惟以仇视官绅，苛勒殷富，以售其黠。至此，愈放手淫掠，妇女死者无算，丁壮老弱被掳去者，以数万计，盗贼之形穷益甚矣。"⑧

---

① 张宿煌：《备志纪年》自序，转见杜德风：《太平军在江西史料》，江西人民出版社1988年版（后省略出版社），第541页。

② 同治《高安县志》卷九《兵事》，转见杜德风：《太平军在江西史料》，第58页。

③ 方玉润：《星历日记》，转见杜德风：《太平军在江西史料》，第587页。

④ 参见杜德风：《太平军经略江西的胜利》，转见杜德风：《罗尔纲与太平天国史》，四川省社会科学院出版社1987年版，第315页。

⑤ 同治《瑞州府志》卷六《武备·武事》，转见杜德风：《太平军在江西史料》，第57页。

⑥ 同治《万载县志》卷七之二《武事》，转见杜德风：《太平军在江西史料》，第79页。

⑦ 晏家瑞：《江西战垒纪闻》，转见杜德风：《太平军在江西史料》，第533页。

⑧ 同治《高安县志》卷九《兵事》，转见杜德风：《太平军在江西史料》，第58页。

在战争期间，对社会经济破坏最大的是清军。石达开在江西期间以纪律严明著称，"而清军则反其道，肆行强暴宰杀农民耕牛，强掳人民妻女，勒索人家财物"[1]。清人邹树荣以其所见写成的《蔼青诗草》记录了当时的状况。其《纪平江勇事》一诗记载了曾国藩的平江练勇在南昌的作为：

> 曾公国藩礼侍郎，籍贯湖南县湘乡，办贼江右赐关防。（礼部侍郎曾国藩请旨团练，奉旨命在江西剿贼，赐钦差大臣关防。）平江练勇私未忘，（在江西驻扎二年，所用练勇皆岳州平江县人，有中军左护军右护军等名。）战功未必在疆场，实实受害惟南昌。二月梅姓扎营房。伐树拆屋摧门墙，妇女逃窜毁容妆，太史第宅成芜荒。相近数里各村庄，用器食物皆夺攘，并门闭户天昏黄。或有畸零小地方，夜深公然上妇床。三月扎营梧桐冈，抢夺民物持刀枪，秆堆竹木皆精光，车犁锄耙亦丧亡……传闻贼首称翼王，（名石达开，号翼王）仁慈义勇头发长，所到之处迎壶浆，耕市不惊民如常，贼至犹可民则殃。[2]

清人宋家蒸在《述闻斋诗草》一书中记述了在当时南昌、奉新一带的情况："贼至望官军，军来无纪律。掳掠甚于贼，见贼气疲恭。但知檄财粟，不闻出战伐。"[3]由此可知当时的清军如土匪一样，烧杀抢掠。

在南昌、九江、抚州等地，府县城附近的房屋在太平军没到达前即被清军所烧，以防被太平军利用。这对百姓而言，无疑是灾难。清人毛隆保在《风闻杂记》中记述清咸丰三年（1853）南昌一带的情况："官兵烧屋俱用火伞，一重屋只须一把靠门壁，有药线一发即冲上，顷刻屋即灰烬。贼来时官兵放火烧房，有湖南兵持火伞，至伊村欲放火，嗣因伊系夏廷樾本家获免，亦幸也。各洲上民房焚烧净尽，否则为贼据，惟伊村独存。十七、十八日，官兵烧民房，烟迷数十里，伊家俱对面不见人云"。[4]又，《述闻斋诗草》记载南昌附近，"附郭十万家，

---

① 《华北先驱》，第 323 号，1856 年 10 月 4 日，转见简又文：《太平天国典制通考》，猛进书屋1958 年版，第 406 页。

② 邹树荣：《蔼青诗草》，转见杜德风：《太平军在江西的史料》，第 478-479 页。

③ 宋家蒸：《述闻斋诗草》之《纪辛丑之乱》，转见杜德风：《太平军在江西的史料》，第 552 页。

④ 毛隆保：《风闻杂记》之《九月见闻记》，转见杜德风：《太平军在江西的史料》，第 497 页。

焚尽无留楹。岂不惜民力？惧为狐鼠乘"[1]。

如前所述，在1853年至1865年太平军与清军在江西的战争期间，对社会经济破坏最严重的就是清军。清军抢财，烧民居，杀人，无恶不作。而清政府在江西所组织的练勇，更是一些无赖之徒，"应募皆属无赖徒，见敌则怯见民勇，直视乡愚如隶奴。小民出入城门者，见之几欲街衢鸣；酒坊茶店娼家宿，可惜水衡之水太仓粟"[2]。

清军杀人更是残暴。如1853年8月清军攻占吉安后，"杀戮甚夥，太河浮下无头男女尸千余，皆官兵所戮乱民，亦可惨也"。而在抚州，"贼初至，抚军出杀贼赏格，兵丁报杀贼领赏者甚多，乃杀乡民发稍长者，长发者即系妇人首。嗣抚军觉察，下令报首级者，须有贼腰牌方得领赏，于是寂然无复有领赏者矣"[3]。

太平天国战争之后，江西各地满目疮痍，"满目荒凉瓦砾墟，烽烟才息未清除"[4]，"自咸丰癸丑以来，郡县之遭蹂躏者，所在皆是"[5]。

战争打断了赣鄱地域社会经济的正常发展，更严重的是赣鄱地域社会经济被严重破坏，村被烧，田被荒，人被杀。据光绪《江西通志》记载，清咸丰元年（1851）江西有户457万、丁2387万，而到清同治八年（1869）江西有户456万、丁2385万。[6] 在这19年间江西人口没有增长，并且还未达到太平天国前的水平，就是这10多年的拉锯战使赣鄱地域人口大量受损。

（二）苛重的赋税摧残赣鄱农业经济

1. 地丁银和漕粮浮收

清政府所征收的赋税主要是地丁银和漕粮。其中漕粮只在江西、江苏、浙江、湖南、湖北、河南、安徽和山东八省征收，经京杭大运河输往北京，用以北京的官俸、军饷和宫廷靡费。

从清雍正五年（1727）江西实行"摊丁入亩"以后，朝廷在江西征收的地丁

---

① 宋家蒸：《述闻斋诗草》之《章门行》，转见杜德风：《太平军在江西的史料》，第548页。

② 邹树荣：《蔼青诗草》之《练民兵》，转见杜德风：《太平军在江西的史料》，第476页。

③ 毛隆保：《见闻杂志》之《八月见闻记》及《九月见闻记》，转见杜德风：《太平军在江西的史料》，第494、503页。

④ 冯询：《南昌守城诗钞》之《贼退后城望书感》，转见杜德风：《太平军在江西的史料》，第540页。

⑤ 民国《南昌县志》卷五十四《兵革》，转见杜德风：《太平军在江西的史料》，第29页。

⑥ 《中国地方志集成·省志辑·江西④》，凤凰出版社2009年版，第240页。

银一般在 190 万两左右，而漕粮则在 70 万至 90 万石，但各年数字不等。

表 11-2　清政府在江西各年征收地丁银和漕粮情况表

时间	银（两）	粮（石）
雍正二年	1179476	127452（全部为米）
乾隆十八年	1879810	899836（运京 770310，存留本省 129526，占 86%）
乾隆三十一年	1979126	899836（运京 770310，存留本省 129526，占 86%）
乾隆四十九年	1901917	770266
嘉庆二十五年	1920182.21 1749703.98	962886.51 770266.37
道光二十九年	2163282	
同治四年	1553000	767000
光绪二十九年	1949478	700000 两银（由粮折银）

资料来源：梁方仲《中国历代户口、田地、田赋统计》，中华书局 2008 年版。

　　对百姓而言，清政府规定的标准已经很沉重，并且难以完成。因为清初政府在制定赋税标准时，对明后期一条鞭法的各种额外加派私征作了肯定，因而，清朝的田赋是历代最高的。除了清朝廷规定的征收定额外，各级官吏还要层层加码，省、府、县的各种开支都要从田赋中扣除，加上各级官吏的私派，平民百姓已是困苦不堪。清同治四年（1865）江西巡抚孙长绂在"奏议"中谈到江西征收地丁银和漕粮的情况："又有各属尚有拖欠钱漕，议立加价限期。原为设法催科，第漫无限制，不免任意递加，此民生之困由于征收丁漕浮数太甚也。查州县岁额捐摊，内除奏明派摊各款外，有由各上司派捐应用者，有各属自行详府分年捐摊归款者，每县每年或需银万余两，或需银数千两，此外尚有各项馈赠陋习规，又有刁衿劣监包揽完漕名曰包户。"结果是江西的丁漕浮收非常严重，地丁银一两，实际收银一两五钱至一两八钱，或收钱二千四百至三千二百文；漕粮折本色，每米一石，实收一石四斗至一石八斗不等；征折色，每米一石，收银二两至五两，或收钱三千至七千文不等。而米的正常年份价格往往是一石米卖银一两左右，故"浮收数倍于正额"。[①]

---

①《中国地方志集成·省志辑·江西⑤》，凤凰出版社 2009 年版，第 332、335 页。

由于地丁银和漕粮浮收，在太平军进入江西之前，江西各地已经常爆发抗漕斗争。如1850年，吉安府庐陵县农民联合起来，抗纳漕粮，并"拆毁乡征粮局"[①]；1852年，"江西泰和县棍徒，于该县开征漕粮时聚众滋事"[②]。1853年太平军进入江西后，清政府地方胥吏征收丁漕则更猖狂。邹树荣在《蔼青诗草》中记载1853年南昌府征收漕粮：

> 南昌漕米政本苛，一石浮收两石多，漕米茶米分外索，开仓旋闭勒折横习讹。（开仓二三日即封，有米未屯者，勒折以钱，或米一石折钱五六千缗）。……今年岁事更觉差，天灾人祸相交加，秋收之日大霖雨，洪水泛涨民咨嗟。低田禾没没，高田谷生芽……官差四出催完纳，星火之急风雷狂。低者呈状缓征告，黠者冒渎来公堂，买灾卖灾相蒙蔽，丁差胥吏饱橐囊。……开仓进米更比往年酷，百般讹索肆鱼肉，顷刻风波有万重，一家哭变一路哭，吁嗟乎！[③]

1853年，由于太平军切断了经大运河北上的漕运通道，清政府不得不改变政策；除江浙两省以外的其他有漕省份，按漕粮每石折征银一两三钱，改征折色，即由征收实物改为折征货币解运京城或就地拨充军饷。而江西的漕粮折色银两不仅成为维持清军在江西境内外镇压太平军所需军费开支的一大来源，连安徽、江苏境内清军的粮饷也很大程度上取自江西漕折款项。太平天国被镇压后，江西巡抚刘坤一曾奏称："伏查江西省同治三年以前，屡次被扰，民间困苦流离，四年以后，协济各省军饷日巨，捐征并行，间阎输将力竭。"[④]

战争不仅打断了社会经济的正常发展，而且严重破坏了社会经济。在战争中房屋被烧，人被杀，正常的生产无法进行，但赋税仍然被催逼，除额定的钱漕外，还有可怕的浮收，这是自清乾隆年间以来的陋习。而在镇压太平天国起义的过程中，为了应付军费开支，江南各省在征收漕粮时，更是加倍乃至数倍浮收，

---

① 《文宗显皇帝实录》卷六，咸丰元年三月壬子，《清实录》第40册，中华书局1978年版，第122页。

② 《文宗显皇帝实录》卷八十，咸丰二年十二月丙申，《清实录》第40册，中华书局1978年版，第105页。

③ 邹树荣：《蔼青诗草》，转见杜德风：《太平军在江西的史料》，第477—478页。

④ ［清］刘坤一撰，陈代湘等校点：《刘坤一奏疏（一）》，岳麓书社2013年版，第318页。

最终导致民不聊生。清同治四年（1865）曾国藩在《丁漕改章前后部议》的奏折中谈到当时的情况：

> 江西每年额征起运地丁银一百五十五万三千余两，漕米七十六万七千余石，向来地丁则银钱并收，漕米则本折兼纳，要皆浮收繁多，习为固然。揆其积弊之由，盖以州县捐摊公费以及馈赠陋规，为数浩繁，不得不藉丁漕浮收以应支销，沿袭多年，官民交困。①

江西巡抚刘坤一在同治五年三月十八的奏议《本年新漕仍难起运本色片》中向朝廷奏报当时刚平定太平天国起义后江西的社会状况：

> 惟江西自咸丰三年以来，无岁不遭寇扰，当冲之处，焚掠无遗，附近地方，亦复苍黄迁避，困苦颠连，疲敝实甚。直至上年腊月，粤省股匪悉灭，江民虽得安忱，而凋残过甚，复元甚难。加以连岁水旱不时，粮价昂贵，农民终岁辛勤，尚不足以自赡……若复旧章，征收本色，完纳之数将多于折色过半，甚或加倍，积困疲氓，委实力有未逮。②

江西的漕粮改征折色一直持续至清政府垮台，且严重的浮收也直至清末，这使战后的江西社会经济恢复得很慢。

2. 练饷

在太平天国战争期间，除被催征田赋之外，有些县的百姓还要承担练饷，即太平军进入江西后，有些府县官员和乡绅各自筹办团练，招募兵勇，作为地方武装。其粮饷或来自绅民捐输，或来自按亩摊派：

武宁县，咸丰四年起团练局，"论户解米摊费钱三千文，以资勇粮"③。

宜春县，自咸丰三年至十一年，办团练所费口粮器械银共计十六万两余，"俱系各乡绅民自行捐输"④。

① 光绪《江西通志》卷八十五《经政略·漕运》，《中国地方志集成·省志辑·江西⑤》，凤凰出版社2009年版，第332页。
② ［清］刘坤一撰，陈代湘等校点：《刘坤一奏疏（一）》，岳麓书社2012年版，第99页。
③ 同治《武宁县志》卷十九《武事》，转见杜德风：《太平军在江西的史料》，第42页。
④ 同治《宜春县志》卷五《武事》，转见杜德风：《太平军在江西的史料》，第72页。

新喻县，咸丰三年始办团练，城乡内外及东西南北四乡，凡 15 岁以上，60 岁以下，俱科为壮丁，概行入册，作为团丁。经费按照田亩派捐，"每正粮一两，派捐制钱三百文"①。

德安县，东西南三乡，乡分十团，自咸丰三年至十一年止，"制办军装支应口粮等项，共用去银一十三万一千七百一十九两三钱五分六厘，均系出自捐输"②。

湖口县，咸丰八年办团练，画地为五团，按户派费，"除捐楚军凯右营军饷二万，本地练费实用捐银七万二千八百二十两有奇"③。

建昌县（今永修），咸丰九年"团练告成，共报销十三万余金"④。

安远县，"自咸丰四年以来，各坊堡团练乡勇及请潮勇、三标勇，或战或守，所费军需口粮数十万，始则富户捐输，继则按亩抽谷，继又自备口粮。十余年贫富交困，民不聊生"⑤。

田赋已使百姓不堪重负，练饷则是雪上加霜。邹树荣在《蔼青诗草》中记述南昌地区催逼练饷："其后奉命写军饷，藉官勒索孰敢抗，急如星火疾如雷，吾亦助银三十两。时命练勇往各乡，意思强悍言语狂，专持传票字一张，逼之至局索输将，否则治罪押班房，更甚县令征漕粮。"⑥

3. 厘金

除榨干依赖于田土的百姓之外，曾国藩还把目标转向商人——向行商和坐商抽税。这就是整个近代阻碍江西社会经济发展的厘税，或称厘卡税，或称厘金制度。

厘金原是清政府为解决镇压太平天国的军饷而特设的税收。"厘金一项，原非正供，因军饷浩繁，始行举办"，"始行于扬州仙女庙，达之数省，且资其用，

① 同治《新喻县志》卷六《武事·团练事宜附》，转见杜德风：《太平军在江西的史料》，第 107 页。
② 同治《德安县志》卷七《武备志·武事》，转见杜德风：《太平军在江西的史料》，第 236 页。
③ 同治《湖口县志》卷五《武备志·团练附》，转见杜德风：《太平军在江西的史料》，第 248 页。
④ 同治《建昌县志》卷五《武备志·纪咸丰年间团练附》，转见杜德风：《太平军在江西的史料》，第 294 页。
⑤ 同治《安远县志》卷五之二《武事》，转见杜德风：《太平军在江西的史料》，第 341 页。
⑥ 邹树荣：《蔼青诗草》之《梓溪局》，转见杜德风：《太平军在江西的史料》，第 477 页。

以至今日虽非常法，亦未可略而不书也"。[1]咸丰三年（1853）首先行于江苏江都县，按货物价值的 1% 抽税，称 1 厘，故而这种税收称"厘金"。

咸丰四年（1854）曾国藩率军到江西后即谋划征收厘税："（咸丰）四年（甲寅）秋，曾国藩督师至江西，虑客兵不敷调遣，饷亦不继，与巡抚陈启迈谋就近募兵筹饷之法，划河抽取厘金。"[2]清咸丰五年（1855），"时户部奏请通行各省，按货抽厘，以助军饷。爰于南康涂家埠，广信河口镇设卡试办。六年，乃设总局"[3]。实际上，同年曾国藩还怂恿其部将在九江、湖口等地自行设卡抽厘，名曰"因地资源"。自咸丰六年（1856）后，江西各地遍设厘卡，凡商货过往较多的地方都设有厘卡，达 70 多处。

在清咸丰十年（1860）以前，江西厘卡的税率开始为 2%，后增为 5%，"凡货值银一两，捐二分；值钱千，捐二十。逢卡抽收，不立定限。坐贾则有门厘"；后来"更定抽分法，改首卡捐三，次卡捐二而止。凡捐厘五，以一养军，四助饷行之数年，道路称便"[4]。而到清咸丰十年，曾国藩"奏以江西厘金全数给军，改总局为牙厘总局"，并且把税率提高为 9%，"时军饷大绌，遂定首卡三分，次卡二分，三四卡同之。两起两验后，他卡免捐"。[5]

江西的厘金、地丁银和漕粮是曾国藩镇压太平军的主要饷源。在封建统治被维护的同时，江西的社会经济被严重摧残，依附于土地的农民的血汗被榨干，带动社会经济发展的商业被破坏。不但社会经济发展所需要的财富得不到积累，而且原有的社会建设也被战火毁坏。曾国藩在战争期间每年在江西仅榨取厘金就达"百数十万"，如果这些财富用于社会发展，那么近代江西肯定会更加繁荣。

同治四年（1865）江西境内的太平军被镇压后，江西巡抚刘坤一"议减厘

① 光绪《江西通志》卷八十七《经政略·榷税·捐厘始末》，《中国地方志集成·省志辑·江西⑤》，第 364、363 页。

② 民国《南昌县志》卷五十四《民革》，《中国方志丛书·华东地方·103 号》，第 1619 页。

③ 光绪《江西通志》卷八十七《经政略·榷税·捐厘始末》，《中国地方志集成·省志辑·江西⑤》，第 363 页。

④ 光绪《江西通志》卷八十七《经政略·榷税·捐厘始末》，《中国地方志集成·省志辑·江西⑤》，第 363 页。

⑤ 光绪《江西通志》卷八十七《经政略·榷税·捐厘始末》，《中国地方志集成·省志辑·江西⑤》，第 363 页。

捐，于是停免坐贾，省并分卡，并撤东西河诸卡。……至是删除几九十万两"。但由于湖南、湖北、安徽、江西、江苏、浙江、福建"亦同时奏裁"，因此户部要求各省"毋得裁减"，只要求整顿，认为当时兵灾刚过，朝廷的元气未复，而地丁和漕粮收入也只有以前的十分之五六，"而各省筹办善后有费，练兵设防有费，豢养勇丁有费，河工、塘工有费，陕甘云贵战事方殷更难预计……应请饬令各直省督抚于厘金一项，实力整顿毋博虚誉率行减免"[①]。于是，太平天国战后，厘金制度没有被废除，江西遍地仍厘卡林立。虽然光绪六年（1880）曾实行大裁减，但全省仍然有大卡64处、小卡94处，为全国之最。直至光绪二十年（1894），"各省现设总局、分卡仍复不少，就江西一省而论，多至七十余处，商货来往，各卡分成扣收，已不无藉端抑勒之弊，而多一局即多一处之开销，多一差即多一人之克削，以小民有限之脂膏、国家有定之帑项，顾令虚糜滥耗，徒饱官吏之私囊，究于国课毫无增益，果何取乎法？积久则弊生，大利所在胥吏"[②]。

　　光绪二十九年（1903），江西的地方政府对厘金的征收又作了些调整，对某些大宗货物实行"统捐"即一次收税："吉赣抚建两河之木植，抚州、建昌、袁州、广信、瑞州、宁都各府属之夏布，乐平、余干、彭泽三县之土靛，景德镇之瓷器，信丰县之萝卜条，各处土产及外省运来之麻，福建所产之烟丝，一律次第改收统捐。"[③]

　　不管是统捐还是厘金，清政府就是要征收更多的银两，既要用于朝廷和各级政府的开支，还要支付大量的赔款。直到1931年，厘金征收才停止。

　　厘金制是一项竭泽而渔的制度，使江西百货滞销、百业凋敝、日益衰落。赣鄱地域农业、瓷器业、茶业、货运业等都因"厘金关税过重"而衰败，整个社会经济也因此衰败。

（三）洋货涌入摧残赣鄱农村社会经济

　　咸丰八年（1858），第二次鸦片战争以中国失败而告终。英、法、美、俄

---

① 光绪《江西通志》卷八十七《经政略·榷税·捐厘始末》，《中国地方志集成·省志辑·江西⑤》，第363页。

② ［清］朱寿朋：《东华续录》，《续修四库全书》第384册，上海古籍出版社2002年影印，第536页。

③ 转引自江西省社会科学院历史研究所、江西省图书馆：《江西近代贸易史资料》，江西人民出版社1988年版，第344页。

等资本主义侵略者强迫清政府签订了《天津条约》和《北京条约》。除夺占中国领土和攫取了一系列特权外，他们还强迫清政府开放了牛庄（营口）、登州（烟台）、台湾（台南）、淡水、潮州（汕头）、琼州、汉口、九江、镇江为通商口岸。咸丰十一年（1861），英国侵略者与江西当局订立了《九江租地约》，设立了英租界。随后，美、法、俄、德、日等10多个国家也在九江设租界，九江成为列强侵略江西的桥头堡。

第一次鸦片战争后，资本主义列强夺占中国的领土，攫取在中国的特权，强迫清政府赔款，目的就是要把中国变成倾销商品和掠夺原料的基地。咸丰十一年，列强的势力侵入江西后，凭借所攫取的领事裁判权、协定关税权、内河航行权、内地传教权等，向江西大量倾销商品和掠取江西的农产品等原料，而江西进行了顽强的抵抗。在19世纪六七十年代，资本主义国家的洋货在赣鄱地域的销量还不大。在对外贸易中，江西还是处于出超的地位。在19世纪七八十年代，资本主义国家的洋货逐步打开江西市场，洋货在江西的销量日渐增多。而到19世纪80年代后，赣鄱地域的市场被完全打开，洋货在赣鄱地域的销量大增，这对赣鄱地域的社会经济造成了严重的破坏，江西传统手工业走向衰落，农村社会经济进一步萎缩，农民生活进一步贫困化。

资本主义列强向江西倾销的商品中，除鸦片外，销量最大的是洋布和洋纱。同治六年（1867），江西才有更多人使用洋布："实际上，洋布没有土布耐用，但比较柔软美观。洋布在中国已日益广泛使用了。1867年洋布售价的低落，就是九江开埠以来从未着用洋布的人们开始着用洋布的原因。"[①] 到1874年，洋布的销量已大增："棉织品方面，南昌府仍然为江西省最大的内地市场。本年运往南昌的洋布为114979匹，而1873年仅20806匹；1874年运往的毛织品为16455匹，1873年则为13926匹。"而到1888年，"洋布由于价钱便宜，似乎在这一地区正在顶替土布。进口总额达270627镑，这一年增长了16%以上。近5年来数字在稳步增加，目前差不多比1884年增长了一倍"[②]。1877年洋纱的输入比1876年猛增30%，然后逐年稳步上升，到1883年又有一个大的增长："过去五年中继续增

① 转引自江西省社会科学院历史研究所、江西省图书馆：《江西近代贸易史资料》，江西人民出版社1988年版，第118页。

② 转引自江西省社会科学院历史研究所、江西省图书馆：《江西近代贸易史资料》，江西人民出版社1988年版，第119页。

加的棉纱进口，到本年又有一更重大的进展。南昌府对棉纱的需要最大，本年进口（14890 担）的 2/3 是用子口税单运往该地。棉纱在南昌府织成布匹，其中最大部分运往广东及江西的南部。"[1]

除洋纱、洋布外，其他如洋油、洋糖等也是在 19 世纪的八九十年代大量输入江西的。如洋油，"十年前这种（石油）贸易是俄国人垄断的。1980 年以来，俄国人的地位被美国、婆罗州和苏门答腊石油所取代。现在最贫困的农家也用上了煤油灯，十年前都用菜油灯，味大光小"[2]。再如糖，"我国糖产在光绪十六年间，出口值为 2664864 关两，减去出口，仍出超 1589190 关两，运销欧美各地。甲午战后，台湾割让日本，糖业大受打击，自光绪二十一年之后，永远居于入超地位。江西糖业居全国之第三位，以南康，东乡等地最盛，但洋糖之输入江西者亦多……夫以产糖居全国第三位之江西，反有洋糖输入，糖产之不振，已可概见"[3]。而"本埠输入的洋伞，差不多比 1887 年增多 5000 把，窗玻璃增加 30000 平方尺，但海参却从 67930 磅减少到 2010 磅，原因不详，炼乳，或肥皂（大部分来自日本），以及杀虫药片的销路正在扩大，107000 瓶的五色洋颜料也纳税进口了。用于系束裤子和儿童上衣及其他用途的羽毛带的供应，似乎已经差不多赶上需要了"[4]。

洋货大量涌入的结果是江西的自然经济逐渐解体，代价是痛苦的。在 19 世纪末，江西的农村经济濒临破产，传统手工业衰落，人民生活更加贫困。

纺织业本是江西农民主要的家庭副业，是农民除种田外的重要谋生手段。但在洋布大量输入后，江西的纺织业衰落，农民谋生更趋艰难。民国《南昌县志》记载："布俗日箝布……乡村百里无不纺纱织布之家，勤者男女更代而织，鸡鸣始止，旬日可得布十匹，赢利足两贯余，耕之所获不逮于织。耕以足食，织以致余，农家未有不勤织而富者，寡妇以织养舅姑、抚儿女者多有。光绪中岁以后，箝布之业寖微，妇女愁叹坐食，机杼不闻。间有织者以洋纱为经，棉纱

---

① 转引自江西省社会科学院历史研究所、江西省图书馆：《江西近代贸易史资料》，江西人民出版社 1988 年版，第 124-125 页。

② 转引自江西省社会科学院历史研究所、江西省图书馆：《江西近代贸易史资料》，江西人民出版社 1988 年版，第 135 页。

③ 江西省社会科学院历史研究所、江西省图书馆：《江西近代贸易史资料》，江西人民出版 1988 年版，第 139 页。

④ 姚贤镐：《中国近代贸易史资料》第 3 册，中华书局 1962 年版，第 1104 页。

为纬，或经纬皆用洋纱，求昔之箝布无有矣。"①再如抚州地区，"同治间（1862—1874）棉布价高，一匹值钱二千。贫家妇女恒持纺织以自活。自洋纱盛行，棉布之价遂日落。近日洋纱一称，可成布五匹，匹价不及七百钱。妇女手工出纱，不如机器出者之匀细。上等布仅高二百钱，低者或不及之，往往不能偿其本，故相率罢织。十年前（1892—1893）郡门一灯荧然，机声彻晓，今无之矣"②。

茶业是江西经济的重要行业，江西产茶之县较多，为我国重要产茶区域；植茶面积百余万亩，散布于50余县，如德兴、玉山之绿茶，修水、河口、浮梁之红茶，其他如万载、安远、吉水、寻乌、铜鼓、武宁等县，产量亦巨。

赣鄱地域很多农民靠种茶而谋生，商人靠运销茶叶而获利，但在19世纪八九十年代江西茶业开始走向衰落：

> 全国茶叶衰败，赣省之衰败程度尤甚。究其衰败原因，复杂繁赜，乃整个经济落后而凋敝之一问题，择其主要者言之，销路锐减与茶业落后，实为一切因果之核心。二者相成，内外交攻，茶产殆矣，江西茶产，以红茶为大宗，红茶之销路概为国外，国际市场之变动与赣茶之兴衰乃有直接之因果，自一八八七年以后，国外新起之印度，锡兰，日本各产茶地，广植茶园，科学制造，加以政府之保护与奖助，竞争力极大，我国茶叶遂受压迫，赣茶地位日渐凌替。③

即19世纪80年代后，在国际茶叶市场上和中国竞争的有日本、印度和菲律宾等亚洲国家，且他们都"系用机器制作居多，是以货色得归一律，价廉而功倍"。而我国的茶叶仍保持手工制作，"拣摘不净"，"制作不能一律"，且"税捐繁琐"。④

所谓"税捐繁琐"，主要指江西的茶叶从产地到九江口岸既要交厘金税又要

---

① 民国《南昌县志》卷五十六《风土志》，《中国方志丛书·华中地方·103号》，第1699页。

② 转引自江西省社会科学院历史研究所、江西省图书馆：《江西近代贸易史资料》，江西人民出版社1988年版，第350页。

③ 转引自江西省社会科学院历史研究所、江西省图书馆：《江西近代贸易史资料》，江西人民出版社1988年版，第357页。

④ 转引自江西省社会科学院历史研究所、江西省图书馆：《江西近代贸易史资料》，江西人民出版社1988年版，第354页。

交出口关税，大致茶叶售价的 25% 用于交税，税捐确实太重。

至清光绪十九年（1893），"溯自华洋通商以来垂数十余载矣，贸易之大，无过于茶。其近年来销行之不如曩者畅旺，年逊一年者，是虽由泰西各国近多产茶之处，亦由茶业诸商不得制作之精。查西国机器制茶，工省费轻，其颜色之鲜明，气味之纯美，几驾中国之上，非特价值不昂，而且运装亦便，外洋人士自乐得而争相购办。近年中产价值既贵，货色亦低，故洋商贩运，每多裹足不前"[1]。而最后的结果则是给农民生活带来苦难："业茶者富实降为穷户，而农民依茶为活，遂苦不可支"[2]。

纸业也是明清江西社会经济的一大支柱产业。"盖江西气候温和，竹林苍翠，产竹之盛为全国冠，而竹为造纸之绝好原料，故其纸业之发达，天然之势也。"江西全省有 81 县，产纸的县占半数以上，全省产纸额约占全国的 1/5，江西是全国的重要产纸区。纸业也是很多农民除种田之外的重要副业。但到 19 世纪 90 年代，洋纸大量输入中国后，江西纸的销量大减，"近来洋纸盛行，销场已滞，而价值仅日见增昂，愈难抵制。若不设法改良，利权恐将尽失"[3]。由于江西的纸品一直是手工制作，没有机器制造的洋纸光亮且价廉，"以致江西素来产纸有名之区，多有作槽因此辍业者"，"以故土纸畅销，渐为所夺"。[4]

瓷器业本为江西独特且重要的产业，数百年来长盛不衰。景德镇的瓷器以品质精良、价值名贵，不仅在国内首屈一指，而且流传海外，名满全球，"有清乾隆一代，瓷业盛况，已臻极峰，后渐减逊"。而至 19 世纪末，景德镇的制瓷业已经衰败，"降及光绪季年，明清御窑，已久废圮，全镇虽有民窑一百一十余只，坯房红店工艺皆不惊人，所赖以保全国粹者，仅恃名画工数人，每年所制仿古器，尤日形退化，盖以销数少，不求精也"[5]。瓷器业的衰败，主要是由于税收太重和成本高，加之洋瓷盛行导致行销不畅。从景德镇运瓷至上海，"须完纳厘金

第十一章 结语

① 彭泽益：《中国近代手工业史资料》第 2 卷，中华书局 1962 年版，第 186 页。
② 转引自江西省社会科学院历史研究所、江西省图书馆：《江西近代贸易史资料》，江西人民出版社 1988 年版，第 356 页。
③ 彭泽益：《中国近代手工业史资料》第 2 卷，中华书局 1962 年版，第 165 页。
④ 彭泽益：《中国近代手工业史资料》第 2 卷，中华书局 1962 年版，第 165 页。
⑤ 转引自江西省社会科学院历史研究所、江西省图书馆：《江西近代贸易史资料》，江西人民出版社 1988 年版，第 368 页。

十八道之多，且有种种苛税，横生阻碍，致吾国瓷业有每况愈下之势"[1]，税占成本的 60%，瓷器业也就不可能不衰败。

此外，制糖、制油等传统的手工业在洋货的挤压下，到 19 世纪 80 年代也走向衰落。清光绪十五年（1889）江西巡抚德馨上奏说："近来洋糖洋油盛行内地，致（江西）糖油各行诸多亏本歇业，植蔗田亩纷纷改种杂粮，糖油二宗因此大为减色。"[2]

在资本主义列强向中国输出大量洋货和鸦片的同时，也大量地攫取中国的农产品等原材料。但洋行操纵使中国的农产品价格低廉，使中国的农村经济得不到刺激和发展，因此中国的农村经济走向衰落，人民生活贫困化。光绪十九年（1893）的情况："由于外国棉织品的输入，许多贫苦的男女都被迫放弃了纺织，而洋扣、洋伞、煤油、大呢和洋船影响了其他行业，轮船运输使成千上万的船夫和岸上的伙伴都失了业，沿长江的许多旧式帆船码头都不需要了，还有大多数从前承运政府漕粮的船户也发觉他们的生计被轮船夺走，为少数人发财致富了。"[3]

早在光绪七年（1881），由英国人的商业报告所描写的中国农村已可知中国农村经济濒临破产："一个普通的农民的生产工具不过是一头水牛、一具木犁、一把耙和几把鹤嘴锄和锄而已，总共也许值三四镑钱，全都是很粗糙的东西。他和他的家庭成员就用这些东西耕种一英亩或半英亩的土地。他们就靠这些东西过生活，没有其他。他们几乎没有见过银元。年关节余时，就购买一点很可怜的奢侈品——一点猪肉、一点海带或咸鱼作为下饭的珍品，这就是他们最大的奢望了。他们当中有许多人自己栽种棉花，家庭里的妇女们把棉花纺织成布。他们的衣服要穿到破烂为止，而这种农织的布又非常耐穿：一件衣服，经过补缀，可以穿上三至四年。"[4]

人民生活的贫困化伴随着整个中国的近现代。

（四）交通优势的失去加速了城镇和农业经济的衰落

从隋唐直到第一次鸦片战争前，江西在我国南北交通中都占有重要地位，

---

[1] 转引自江西省社会科学院历史研究所、江西省图书馆：《江西近代贸易史资料》，江西人民出版社 1988 年版，第 347 页。

[2] ［清］傅春官：《江西农工商矿纪略·清江县》，光绪三十四年石印本，江西省图书馆藏本。

[3] ［清］傅春官：《江西农工商矿纪略·铅山县》，光绪三十四年石印本，江西省图书馆藏本。

[4] 转引自江西省社会科学院历史研究所、江西省图书馆：《江西近代贸易史资料》，江西人民出版社 1988 年版，第 349 页。

"运河—长江—赣江—珠江"这条通道是我国南北贸易的重要通道。特别是在清乾隆二十四年（1759），清政府规定广州一港通商，这条通道成了我国对外贸易的唯一通道。这条通道的 1/3 在江西，使江西在从隋唐到第一次鸦片战争前的近千年中有着优越的交通优势。"鄱阳湖—赣江—大庾岭"商路上，商人穿梭频繁，长距离运输不断。优越的交通、频繁的货物转运也带动了江西各地商品经济的发展。"鄱阳湖—赣江—大庾岭"商路上的城镇，如九江、南昌、吴城镇、樟树镇、赣州、大庾等的商业在明清时期由于货物集散的带动，得到繁荣发展，城镇建设也得到发展。同时，赣江水系上的城镇商业经济也得到带动，如河口镇及赣中地区各县城。

1842 年第一次鸦片战争后，英、美、法等资本主义列强强迫清政府签订了《南京条约》《望厦条约》《黄浦条约》等不平等条约，中国的海禁被迫解除，广州、上海、福州、厦门、宁波被迫开放为通商口岸，中国的商路也就随之发生变化。由于上海地处中国腹地，又有长江连接中部各大城市，而长江又适合于轮船运输，又连接出海口，海运方便，因而上海备受外商青睐，很快就发展成为中外贸易中心，进出口商品量在短时间内超过了广州。而这也使得连接中国南北的赣江、大庾岭商道走向衰落，赣江水系和大庾岭商道的城镇商业也走向衰落。

1860 年第二次鸦片战争后，英、美、法、俄等资本主义列强又强迫清政府签订了一系列不平等条约，九江被迫开放为商埠，赣江大庾岭商道进一步衰落，赣江水系和大庾商道的各城镇商业也进一步衰落。

樟树镇和吴城镇是赣江大庾岭商道上的重要集镇，转运贸易盛极一时。但在长江通轮船后，这两个镇的货物集散量锐减："江省各处市镇，除景德镇外，以该县所属之樟树镇为最盛，昔时，江轮之未兴，凡本省及汴鄂各省，贩买洋货者，均仰给于广东，其输出输入之道，多取径江西，故内销之货，以樟树为中心点，外销之货，以吴城为极点，自江轮通行，洋货之由粤入江，由江复出口者，悉由上海径运内地，江省输出输入之货减，樟树吴城最盛之埠，商业亦十减八九，樟树距临江府城三千里，自吉安以下至省，以此镇市面为大，其贸易品以药材为多，岁额数十万元，产瓜子岁值二十余万元，三十三年（1907），始有设立商会之战。"[①]

① ［清］傅春官：《江西农工商矿纪略·清江县》，光绪三十四年石印本，江西省图书馆藏本。

大庾岭商道上的大庾县在明清时期"四方贸迁络绎",明末意大利传教士利玛窦在大庾县城所看到的繁荣景象在第二次鸦片战争后已不复存在。光绪三十二年（1906）大庾县的商务主要是板鸭的加工和贸易，如"该县向有腌鸭铺户，于每年秋闲赴邻近州县收买肥鸭回县，再加喂养至十月中，宰杀腌晒，制成板鸭，味极香美，每岁约十余万只，每只价洋四五角及八九角不等，合计售价在七、八万左右，多由商贩运至广东香港等处销售"[1]。

铅山县的河口镇曾以纸茶集散和加工而闻名全国，并带动了铅山、玉山等县的经济发展。但到19世纪90年代，由于洋纸涌入，茶叶贸易被洋行操纵，九江茶市兴起，以及印度、日本等国家机器制茶的竞争，河口镇的纸茶集散和贸易急剧衰落，市镇经济也随之凋敝。如清光绪三十年（1904），"梁令树棠表称，纸张一项，昔年可售银四五十万两，近年洋纸盛行，售价不满十万之数。至茶叶向为大宗出产，从前河口镇开设茶庄四十八家，可售价四五十万元。近年一蹶不振，刻下河口仅止茶庄一家，曾集河口绅商，询其弊之所在，金谓日本、印度，出茶多而价廉，华茶是以滞销等语"[2]。

大的集市如景德镇、樟树、吴城和河口都是区域市场网络的中心，各县级市场也是区域贸易的中心，城镇经济的衰落必然加速全省经济的滑坡。

（五）在向近代化转进中赣鄱农业经济落后于邻省

近代化指的是17世纪下半叶至20世纪上半叶世界历史发展的总趋势，是以资本主义化和工业化为特征的发展趋势。英、法、德三国在19世纪三四十年代完成了这一进程，美、俄、日等国在19世纪下半叶完成了这一进程，这些国家成为世界上早期的资本主义强国。

1840年，资本主义列强用坚船利炮打开了中国的大门，中国在殖民侵略中开始了近代化的进程。这一进程不是以制度的根本变革为标志，而是以经济上的一些变化为表现，这就是自给自足的自然经济走向解体（但又顽强地延续着，解体不彻底），资本主义性质的工业经济艰难地成长。

中国境内最早的工业企业是外国资本主义列强为在中国境内倾销商品和掠夺原料而建立的船舶修造厂和各种出口加工工厂，如缫丝、制糖、制蛋粉、制

---

① ［清］傅春官：《江西农工商矿纪略·大庾县》，光绪三十四年石印本，江西省图书馆藏本。
② ［清］傅春官：《江西农工商矿纪略·铅山县》，光绪三十四年石印本，江西省图书馆藏本。

茶、打包等类的工厂，此外还有火柴、肥皂、制药、玻璃、造纸、铁器等工厂。19世纪40年代，资本主义列强还未在中国取得建厂特权。至19世纪90年代中期，这些企业共有103家。这些企业并没有促进中国的近代化，而是成为资本主义各国对中国进行经济侵略的重要机构，加深了中国的半殖民地化程度。

中国的近代化始于清政府中的洋务派创办近代机器业。第二次鸦片战争后，曾国藩、李鸿章、左宗棠等在勾结外国侵略者镇压太平天国的过程中，看到了西方坚船利炮的重大作用，认识到要保持清朝的统治必须在军事上和工业技术等方面向西方资本主义学习，创办新式军事工业。清政府中以恭亲王奕䜣和军机大臣桂良、文祥及曾国藩、李鸿章、左宗棠和张之洞等地方总督、巡抚为主的洋务派，从1861年至1895年共创办了大小军事工业21个，其中规模较大的有江南制造总局、金陵机器局、福州船政局和天津机器局等。这些军事工业分布在华东各省的有14个^①，但江西直到清朝灭亡也没有一个这样的企业。这些企业尽管具有突出的封建性和浓厚的买办性，但具有一定的资本主义色彩，对引进资本主义先进技术和培养产业工人起了一定的历史作用，是中国近代化的开始。江西在中国近代化的起始阶段即已经落后。

洋务派为了供应军用工业需要的原料、燃料，并受到外货倾销和外资优厚利润的刺激，于19世纪70至90年代先后创办了20多个民用企业，有官办、官督商办和官商合办，主要形式是官督商办，即在官府监督下，招徕社会上的私人资金，创办民用企业，以解决清廷财政拮据问题，但难以筹拨企业所需的巨额资金。这些民用企业中，规模较大的有轮船招商局、开平矿务局、电报总局、汉阳铁厂、上海机器织布局、湖北织布局等。这些民用企业尽管有浓厚的封建性及对外国资本主义的依赖性，但对建立和发展中国的近代企业、促进社会生产力的发展，并在一定程度上抵制外国资本主义对中国近代企业的垄断和压迫有积极作用。洋务派所办的这些民用企业也没有一家在江西，江西的近代化进程得不到启动。

在洋务派创办近代企业的同时，中国民族资本主义企业也开始出现，一部分官员、地主、买办、商人投资创办或由原来的手工工场、作坊采用机器生产转化而成近代民族资本主义企业。从19世纪70年代至1894年，民族资本主义

---

① 参见徐卫东、梁茜：《江西近代工业述略》，《江西教育学院学报（社会科学）》1998年第4期。

共创办了 136 个大小不等的企业，创办资本 500 多万两，雇佣工人约 30000 个。[①]
但江西也没一家，江西的官员、地主、商人仍然固守在传统的农业自然经济中顽强生存，江西的近代化进程仍然得不到启动。

1894 年中日甲午战争以后，资本主义列强掀起了在中国划分势力范围和争夺路矿权的狂潮，对华投资也迅速增长，不仅垄断了中国的经济命脉，而且从金融和财政上扼住中国的咽喉，使中国社会进一步半殖民地半封建化。资产阶级维新派和爱国士大夫痛恨封建专制制度的腐败，对帝国主义的侵略极为愤懑，他们酝酿和发动了一次维新变法运动。在 1898 年 6 月 11 日至 1898 年 9 月 21 日的 103 天变法期间，光绪皇帝接受维新派的建议，接连下了 100 多道新政的诏令，涉及政治、经济、财政、军事、文教、社会生活等方面。这些措施有利于民族资本主义经济的发展和资产阶级思想文化的传播。虽然变法失败了，但是维新运动产生的思想解放潮流不可遏制，近代资产阶级改良思想和民主革命思想深入人心。

随着"新政"的推行，江西相继成立了农工商矿总局和商务总会，颁布实业章程，派员赴日奔沪考察，并对开办实业的府县官实行奖励。在 1895 年至 1911 年间，江西资本主义经济终于逐渐产生，近代化的进程终于启动。在这期间，全省兴起资本万元以上的企业 27 家，数十元、数百元和数千元的企业有 1678 家。

在 1895 年至 1911 年期间，江西虽然办了许多企业，但都是些小企业，无一家使用机器动力，仍然是手工业，虽然对推进江西的近代化这些企业起了一定作用，但是作用不大。

1840 年后，资本主义列强在向中国大量倾销产品的同时，也大量掠夺中国的农产品和原料，中国的农村经济也走向半殖民地化，中国社会的自然经济逐渐解体，农产品日益商品化，农村中资本主义因素也在滋长，主要表现在富农经济的滋长、经营地主的增加和农村手工业中资本主义关系的滋长。

中国的富农经济分旧式富农与新式富农两种，前者是中国农村资本主义经济的主要形式。旧式富农一般占有土地不多，二三十亩至五六十亩不等。其特点是自己参加劳动，同时雇用长工耕种，一般雇工两三人或四五人，农忙时还雇用一些短工。至于新式富农，主要指佃富农，即租用地主土地而雇工耕种，类似西

---

① 参见徐卫东、梁茜：《江西近代工业述略》，《江西教育学院学报（社会科学）》1998 年第 4 期。

方租地农场主。其封建性比旧式富农少，资本主义性质较为明显。不过，中国这种佃农租地的规模不大，一般租用十余亩、数十亩，租用百亩以上土地者较少，多是手工劳动，很少机器生产，对雇工剥削上的封建性与旧式富农没什么差别。

19世纪末20世纪初，江西的富农主要还是旧式富农，且旧式富农也不多，拥有的土地也少，98%的富农拥有的土地在30亩以下，雇工人数也少。而新式富农即从地主那里租来土地进行大规模生产的则极少。

经营地主是中国农村经济中带有一定资本主义性质的经营形式，即地主以一部分土地进行雇工经营，其与旧式富农的主要区别是本人不参加生产劳动，由管家代为经营，过着剥削工人的生活，出租的土地及土地所在农村的规模也比富农大，故其封建性比旧式富农强。鸦片战争后，随着自然经济的解体，农产品商品化，为经营地主经营农业生产提供了更为廉价的劳动力和农产品销售市场，经营地主不断增加，在山东、河北等地比较常见。而清后期江西的地主仍然固守租佃制，地主把土地分散成小块租给农民耕种，收取高额的地租。

从富农和地主的状况看，清后期直至20世纪初，江西的农村完整地保留了封建土地所有制，封建土地制度没有丝毫改变，资本主义因素也没有滋长。

在自然经济解体过程中，农村手工业也日益商品化，在全国各地形成了一些著名的手工业区，如河北、江南一带的棉织业（土布生产），河南的卷烟业，东北的榨油业，以及其他各地的焙茶、梳麻、夏布、纺绳、织草帽等手工业。在这些手工业中，一些资金雄厚的商人（特别在棉织业中）雇工经营，资本主义生产关系得到发展。而在清后期江西农村手工业不断走向衰落，资本主义生产关系没有得到发展。

江西的工业和农业在向近代化转进的过程中落后于邻近省区及全国其他许多地区。同样，江西的近代教育也远远落后于邻近省区和全国的许多地区。

清后期，中国新式学堂的开办经历了三个阶段：第一阶段，洋务派在洋务运动时创办了一批洋务学堂。第二阶段，维新运动期间又创办了一批学堂。清光绪二十七年（1901），光绪帝诏谕各省督抚将本省所存书院于省城改为大学堂，各省及直隶州改设中学堂，并多设蒙学堂，一时学堂越办越多。第三阶段，在19世纪80年代，各省都办了一两所闻名全国的新式学堂，如福建船政学堂等。戊戌变法期间各省又设立了新式学堂达19所，而江西仍没有一所。

江西第一所新式学堂江西蚕桑学堂到1896年才建立。此时，江西的教育和邻省的湖南、湖北相比已远远落后，而与沿海省份相比则更落后。近代江西的教育无论从学校数还是培养的学生数来看都远远落后于他省。因而，近代的江西保守落后的封建思想一直占主导地位，严重阻碍了江西向近代化转型。

五、科技兴农远景

对农业的发展状态和发展阶段的分析，学术界有一种新的分析法，就是从1.0到4.0分析法。所谓农业1.0，就是以个体劳动为主的农业，如改革开放以来中国的家庭联产承包责任制。所谓农业2.0，就是机械化程度较高并相对较大的规模经营。所谓农业3.0，就是高度自动化、机械化的精确生产。农业4.0就是融合互联网的高度智能化模式。

从赣鄱地域情况看，农业的发展不可能纯粹地固定在一个阶段，而是各阶段的因素都在发展。就进入21世纪后的赣鄱农业而言，农业1.0、2.0、3.0、4.0同时并存，即以个体劳动为主的农业大量存在，机械化和适度规模化的农业达到一定程度，高度自动化、机械化的农业生产不多，融合互联网的高度智能化模式正在起步发展。

以上述理论为视角，江西农业的发展在经济新常态和供给侧结构性改革的背景下，正呈现下列趋势：

（一）粮食综合生产能力进一步增强

无论农业处于哪一个阶段，粮食生产都是农业的第一要务。水稻种植是江西农业自古至今的优势，是赣鄱在中国国民经济占有重要地位的基础。保持水稻种植面积，不断强化农业科学技术应用，提高单位面积产量，同时不断减少化学合成肥料和农药的使用量，保持循环生态，保持可持续发展，进一步增强粮食综合生产能力，为国家粮食安全持续作出更多贡献，这应当是赣鄱农业的永恒方向和不变之路。

（二）特色种养业进一步发展

按照供给侧结构性改革的要求，农业不仅要保证粮食生产，还要发展经济作物等种植业和水产与畜牧等养殖业，包括农产品加工以及产供销一条龙等，让农民有更多的增收渠道。所以，进一步发展特色种养业是农业供给侧结构性改革的需要，也是农民拓展增收渠道的要求。

赣鄱地域有种植经济作物、经济林木的广大丘陵山地和发展水产业的广阔湖面河流。坚持发展传统的种植业和畜牧水产业的同时，以规模化和产业化布局发展特色产业，形成规模化的具有江西特色的经济作物和经济林木等种植业和畜牧水产业，使地尽其用和水尽其利，农民多渠道增收，这同样是赣鄱坚持不变的农业战略。

（三）"互联网＋"现代农业将带动农业全产业链发展

"互联网＋"现代农业是迄今为止农业阶段中最高阶段的农业，即所谓农业4.0。农业1.0、2.0、3.0、4.0融合发展，这将是江西农业在很长的时间内的状态。大力发展农业4.0，可带动发展农业2.0、3.0，即通过"互联网＋"现代农业可达到推动农业全产业链的发展。江西正在建设的农业"123+N"工程，正是通过农业4.0的发展，带动农业2.0和农业3.0及全产业链发展，一种先进的与世界接轨的智慧农业体系将在2025年前后建成并遍布全省，赣鄱农业将呈现出革命性的全新面貌。

（四）农业科技进一步普及应用

党的十八大以来，中国农业取得了举世瞩目的成就，这与农业科技的应用是分不开的。当前中国农业正步入一场科技革命，生物农业、精准农业、装备农业正在成为现代农业的重要组成部分。中国农业过去30年经历了化学农业的阶段，目前已开始从化学农业向生物农业转型，未来生物技术将广泛应用于农业。同时，由全球定位系统、农田信息采集系统、农田遥感监测系统、农田地理信息系统、农业专家系统、智能化农机管理系统、环境监测系统、系统集成、网络化管理系统和培训系统构成的精准农业也会快速覆盖整个现代农业；由机械、小飞机等装备的农业生产也正在快速发展，并成为现代农业的重要组成部分。

就赣鄱而言，农业新科技如生物技术、精准种植与生产、现代装备等的应用还不多、不广泛、不深入，仍然以传统的耕作和种植养殖技术为主。要推进传统农业向农业现代化发展，必须不断推广农业实用科技的应用，不断通过培训以提高农民对农业科技的接受能力，不断推动农业实用技术的转化，培育和扶持农业龙头企业对生物技术、精准种植与生产、现代装备等的应用。这是现代农业的必然要求，是江西向现代农业迈进将要推进的工作。

（五）农业生产性服务体系专业化、精细化

种类较齐全而高效的农业服务业是农业现代化的必然要求，因为现代农业是农业劳动生产率较高的农业。而要提高农业劳动生产率，就必须大力发展农业

服务业，包括农业产前生产性服务，如良种供应、现代化农业机械、优质化肥、农药、饲料等农用物资的生产供应；农业产中生产性服务，如农业新技术推广和应用及信息咨询等方面；农业产后生产性服务，如农产品供求信息、质量检测、存储、加工、包装、售卖等方面。农业4.0尤其需要更多和更具规模的生产性服务企业。就赣鄱而言，农业服务体系还很薄弱，越来越多推进农业专业化和精细化服务的公司建立，农业服务体系逐步完善，这是赣鄱农业迈向现代化的必然趋势。

（六）公司化规模农业持续推进

公司化规模经营是现代农业的必然要求。因为经营规模太小，所以农业经营成本难以降低、产量难以增加，从而导致农民的收入水平难以提高，城乡收入差别越来越大。同时，经营规模太小不利于农业机械化、科技化、水利化、产业化、专业化、商业化，从而导致农业现代化难以实现，工业化与农业现代化不同步。另外，由于小农经济力量单薄，难以承担大规模的基础设施建设，因此新农村建设和小城镇建设缓慢，城镇化进程受到阻碍。小规模经营使农民没有能力也没有意愿利用互联网捕捉市场信息，不利于农村信息化的实现，也不利于土地合理规划，造成耕地资源大量浪费。土地分割的细小化和碎片化使田间道路和地埂密集，不仅不利于机械操作和水利设施系统的建设，还导致耕地的大量损失。因而，公司化经营，做大规模，包括粮食生产、传统种养业和特色产业、农业加工企业和生产性服务业、农业合作社等的规模是农业现代化的必由之路。所以，赣鄱必须加快引导土地资源适度集聚，加强农业龙头企业的扶持和培育，鼓励和引导农业合作社的发展，构建"龙头企业带动，合作社衔接，家庭农场参与，社会化服务跟进"的现代农业产业体系，这是传统农业向现代农业转化的必然趋势。

（七）生态农业丰富多彩

绿色、生态、有机是现代农业的农产品的目标追求，是农业4.0的要求，是世界农业的发展趋势，是国家政策大力扶持的，有着巨大的市场潜力。同时，绿色生态有机农业使土地循环生态、保持可持续发展，是农业未来转型发展的需要。赣鄱有发展绿色生态有机农业的良好基础，并已得到农业农村部的大力支持。进一步加大农业面源污染的治理，推进绿色生态有机农业的发展，让绿色、生态、有机成为江西农业产品的代名词、"金字招牌"，赣鄱绿色生态有机农业将更加丰富多彩色。

（八）品牌农业成为主流

品牌是市场和消费者认可度高的产品，标志着质量好、知名度高、忠诚度和美誉度高。品牌是一份契约、一份承诺、一面旗帜、一种身份，品牌能给拥有者带来巨大的溢价。工业产品需要打造品牌，农业产品同样需要打造品牌。

截至 2022 年，赣鄱的农业知名品牌并不多，屈指可数，有万年贡米、赣南脐橙、赣南甜柚、南丰蜜橘、军山湖大闸蟹、煌上煌卤菜及"四绿一红"茶叶等。赣鄱的农业品牌与丰富的农业资源不相称，因此要将农业品牌的发展与"互联网+"现代农业结合起来，通过物联网、可溯源管理、电商平台等打造出更多的农业品牌，使品牌农业将成为江西农业的主流。

（九）多业态农业融合发展

多业态是指一种产业呈现出多种经营形式。农业的多业态指的是除传统的种植业和养殖业之外，农产品加工业、观光与休闲旅游农业等同时发展。改革开放以来，中国的农业一直朝着多业态方向发展，无论是农产品加工业还是观光与休闲旅游农业，全国各省区都得到发展。

赣鄱和全国其他许多省区一样，改革开放以来，既发展了种植业和养殖业，也发展了农产品加工业和观光与休闲旅游农业等。特别是近年来农产品加工业强劲发展，形成了以大米深加工、生猪屠宰加工、水产品加工转化和蔬菜果品采后商品处理为主的加工业，形成了正邦集团、双胞胎集团、煌上煌集团等大型现代农业产品加工企业。同样，江西观光与休闲旅游农业从数量上说，也达到了较大规模，观光与旅游休闲农业企业已超过 15000 家，并仍在发展。

在从传统农业向现代农业转变的过程中，毫无疑问，赣鄱农业仍将保持多业态融合发展，从传统种植业、养殖业到特色种养业，从生物农业到精准农业、装备农业，从绿色生态有机农业到"互联网+"现代农业，从农产品加工业到观光与休闲旅游农业等，多业态融合将不断提升档次和做大规模，这是发展的必然。

【参考文献】

一、史料类

袁珂:《山海经校注》，北京联合出版公司 2014 年版。

黄寿祺、张善文:《周易译注》，上海古籍出版社 2018 年版。

崔高维:《周礼》，辽宁教育出版社 1997 年版。

《诗经》，北京出版社 2006 年版。

汤炳正、李大明、李诚等:《楚辞今注》，上海古籍出版社 2017 年版。

朱海雷:《尸子译注》，上海古籍出版社 2006 年。

陈鼓应:《庄子今译今注》，中华书局 2016 年版。

杨柏峻:《孟子译注》，中华书局 2016 年版。

陈广忠:《淮南子》，中华书局 2012 年版。

陈桐生:《国语》，中华书局 2013 年版。

缪文远、缪伟、罗永莲:《战国策》，中华书局 2012 年版。

胡平生、张萌:《礼记》，中华书局 2017 年版。

刘琳、刁忠民、舒大刚等:《宋会要辑稿》，上海古籍出版社 2014 年版。

傅璇琮等:《全宋诗》，北京大学出版社 1998 年版。

陈杏珍、晁继周:《曾巩集》，中华书局 1998 年版。

何锡光：《陆龟蒙全集校注》，凤凰出版社 2015 年版

［汉］司马迁：《史记》，中华书局 1999 年版。

［汉］班固：《汉书》，中华书局 1999 年版。

［汉］王充著，张宗祥校注，郑绍昌标点：《论衡》，上海古籍出版社 2010 年版。

［魏］王弼注，楼宇烈校释：《老子道德经注校释》，中华书局 2016 年版。

［晋］陶渊明撰，袁行霈注：《陶渊明集笺注》，中华书局 2011 年版。

［后晋］刘昫等：《旧唐书》，中华书局 1999 年版。

［南朝］范晔撰，［唐］李贤等注：《后汉书》，中华书局 1999 年版。

［北齐］魏收：《魏书》，中华书局 1999 年版。

［唐］魏徵：《隋书》，中华书局 1999 年版。

［南朝］萧子显：《南齐书》，中华书局 1999 年版。

［晋］陈寿撰，［宋］裴松之注：《三国志》，中华书局 1999 年版。

［唐］李吉甫撰，贺次君点校：《元和郡县志》，中华书局 1983 年版。

［唐］李肇、［唐］赵璘：《国史补·因话录》，古典文学出版社 1957 年版

［唐］杨晔：《膳夫经手录》，《续修四库全书》本，上海古籍出版社 2012 年版。

［宋］李昉等：《太平广记》，中华书局 1986 年版。

［宋］江少虞：《宋朝事实类苑》，上海古籍出版社 1981 年版。

［宋］欧阳修等撰，韩谷等点校：《归田录》，上海古籍出版社 2012 年版。

［宋］欧阳修撰，李安逸点校：《欧阳修全集》，中华书局 2001 年版。

［宋］曾巩撰，陈杏珍、晁继周点校：《曾巩集》，中华书局 1984 年版。

［宋］普济辑，蒋宗福、李海霞主译：《五灯会元》，西南师范大学出版社
1997 年版。

［宋］刘过：《龙洲集》，上海古籍出版社 1978 年版。

［宋］范成大撰，方健整理：《骖鸾录》，大象出版社 2012 年版。

［宋］陆游著，钱仲联点校：《剑南诗稿》，岳麓书社 1998 年版。

［宋］李心传撰，徐规点校：《建炎以来朝野杂记》，中华书局 2006 年版。

［宋］朱彧撰，李国围、高克勤点校：《萍州可谈》，上海古籍出版社 2012 年版。

［宋］陆游著，钱仲联点校：《陆放翁全集》，中国书店 1995 年版。

［宋］黄庭坚著，黄宝华点校：《山谷诗集注》，上海古籍出版社 2003 年版。

［宋］吴曾：《改斋漫录》，商务印书馆 1941 年版。

［宋］王溥：《唐会要》，中华书局 1955 年版。

［宋］蒲积中：《岁时杂咏》，上海古籍出版社 1993 年版。

［宋］施宿等撰，［南宋］张淏撰，李能成点校：《会稽志》，安徽文艺出版社 2012 年版。

［元］脱脱：《宋史》，中华书局 1999 年版。

［元］叶子奇：《草木子》，中华书局 1997 年版。

［明］宋濂：《元史》，中华书局 1999 年版。

［明］宋应星：《天工开物》，中国画报出版社 2013 年版。

［明］申时行等：《明会典》，中华书局 1988 年版。

《清史稿》，天津古籍出版社 2002 年版。

［清］彭定求等：《全唐诗》，三秦出版社 2008 年版。

［清］董诰等：《全唐文》，上海古籍出版社 1990 年版。

［清］袁枚著，陈伟明译注：《随园食单》，中华书局 2010 年版。

［清］刘应棠著，王毓瑚校注：《梭山农谱》，农业出版社 1960 年版。

［清］傅春官辑，吴启琳点校：《江西物产总汇》，江西人民出版社 2018 年版。

《清续文献通考》，商务印书馆 1955 年版。

吴宗慈：《江西通志稿》，江西省博物馆 1982 年整理本。

朱自振：《中国茶叶历史资料续辑》，东南大学出版社 1991 年版。

朱自振、沈冬梅、增勤：《中国古代茶书集成》，上海文化出版社 2010 年版。

曾子鲁：《怀玉山志》，江西人民出版社 2002 年版。

姚贤镐：《中国近代对外贸易史料》，中华书局 1962 年版。

陈荣华、何友良：《九江通商口岸史略》，江西教育出版社 1985 版

九江市政协文史资料研究委员会：《九江近现代经济史料》，1990 年内刊。

《江西地方志农产资料汇编》编辑委员会：《江西地方志农产资料汇编》，江西人民出版社 1964 年版。

杜德风：《太平军在江西的史料》，江西人民出版社 1988 年版。

江西省省志编辑室：《江西方志风俗志文辑录》，1987 年印［内刊］。

［汉］郑氏注，［唐］贾公彦疏：《周礼注疏》，《景印文渊阁四库全书》本。

［晋］杜预注，［唐］孔颖达疏：《春秋左氏传注疏》，《景印文渊阁四库全书》本。

［唐］白居易：《白氏长庆集》，《影印文渊阁四库全书》本。

［唐］李正民：《大隐集》，《景印文渊阁四库全书》本。

［宋］王钦若、杨亿、孙奭等：《册府元龟》，《景印文渊阁四库全书》本

［宋］陈起：《江湖后集》，《景印文渊阁四库全书》本。

［宋］周必大：《文忠集》，《景印文渊阁四库全书》本。

［宋］苏辙：《栾城集》，《景印文渊阁四库全书》本。

［宋］杨万里：《诚斋集》，《景印文渊阁四库全书》本。

［宋］黄庶：《伐檀集》，《景印文渊阁四库全书》本。

［宋］欧阳守道：《巽斋文集》，《景印文渊阁四库全书》本。

［宋］陈祥道：《礼书》，《景印文渊阁四库全书》本。

［宋］方夔：《富山遗稿》，《景印文渊阁四库全书》本。

［宋］李若水：《忠愍集》，《景印文渊阁四库全书》本。

［宋］李昉等：《太平广记》，《景印文渊阁四库全书》本。

［元］苏天爵：《元文类》，《景印文渊阁四库全书》本。

《御选元诗》，《景印文渊阁四库全书》本。

［元］孙存吾：《元风雅》，《景印文渊阁四库全书》

［元］马端临：《文献通考》，《景印文渊阁四库全书》本。

［元］王祯：《农书》，《景印文渊阁四库全书》本。

［明］刘辰：《国初事迹》，《四库全书存目丛书》本。

［明］桑乔：《庐山纪事》，《四库全书存目丛书》本。

［明］王阳明：《王文成全书》，《景印文渊阁四库全书》本。

［明］茅坤：《唐宋八大家文钞》，《景印文渊阁四库全书》本。

［明］黄佐：《泰泉乡礼》，《景印文渊阁四库全书》。

《御选明诗》，《景印文渊阁四库全书》本。

正德《明会典》，《景印文渊阁四库全书》本。

［明］罗玘：《圭峰集》，《景印文渊阁四库全书》本。

《世宗宪皇帝朱批谕旨》，《景印文渊阁四库全书》本。

［清］朱彝尊：《明诗综》，《景印文渊阁四库全书》本。

《皇清文颖》，《景印文渊阁四库全书》本。

［清］毛德琦：《庐山志》，《四库全书存目丛书》本。

〔清〕曾燠：《江西诗征》，《续修四库全书》本。

〔清〕万鄂：《宋诗纪事》，《景印文渊阁四库全书》本。

《大清一统志》，《景印文渊阁四库全书》本。

〔清〕曹庭栋：《宋百家诗存》，《景印文渊阁四库全书》本。

〔清〕朱寿朋：《东华续录》，《续修四库全书》本。

〔清〕袁国奉等：《万载〔东隅〕袁氏族谱》，江西省图书馆藏本。

〔清〕李福祥：《〔万载〕李氏族谱》，江西省图书馆藏本。

〔清〕杨淑田修，杨树声纂：《宜春北关五甲杨氏支谱》，江西省图书馆藏本。

〔民国〕王兴珪等修，王喜岚等纂：《萍乡王氏续修支谱》，江西省图书馆藏本。

〔清〕傅春官：《江西农工商矿纪略》，光绪三十四年石印本，江西省图书馆藏本。

《万载南田王氏族谱》，江西省图书馆藏。

《万载辛氏族谱》，1995年版，江西省图书馆藏。

正德《建昌府志》，上海古籍书店1964年据宁波天一阁藏本影印。

正德《袁州府志》，上海古籍书店1963年据天一阁藏本影印。

正德《南康府志》，上海古籍书店1963年据天一阁藏本影印。

嘉靖《九江府志》，台北成文出版有限公司版《中国方志丛书》。

嘉靖《赣州府志》，上海古籍书店1964年据天一阁藏本影印。

嘉靖《广信府志》，《四库全书存目丛书》本。

嘉靖《南安府志》，上海书店1991年据宁波天一阁藏本影印。

嘉靖《东乡县志》，上海古籍书店1963年据宁波天一阁藏本影印。

隆庆《临江府志》，上海古籍书店1962年据天一阁藏本影印。

《（万历）新修南昌府志》，书目文献出版社1991年版。

康熙《石城县志》，江西省图书馆藏本。

康熙《赣州府志》，国家图书馆藏本。

康熙《雩都县志》，台北成文出版有限公司版《中国方志丛书》。

康熙《南康县志》，中国方志数据库扫描本。

雍正《江西通志》，台北成文出版有限公司版《中国方志丛书》。

雍正《万载县志》，台北成文出版有限公司版《中国方志丛书》。

乾隆《广信府志》，台北成文出版有限公司版《中国方志丛书》。

乾隆《南城县志》，江西省图书馆藏本。

乾隆《瑞金县志》，国家图书馆藏本。

乾隆《袁州府志》，台北成文出版有限公司版《中国方志丛书》。

乾隆《萍乡县志》，江西省图书馆藏本。

乾隆《瑞金县志》，中国方志数据库扫描本。

乾隆《安远县志》，台北成文出版有限公司版《中国方志丛书》。

乾隆《会昌县志》，台北成文出版有限公司版《中国方志丛书》。

乾隆《兴国县志》，台北成文出版有限公司版《中国方志丛书》。

乾隆《赣州府志》，台北成文出版有限公司版《中国方志丛书》。

乾隆《武宁县志》，中国方志数据库扫描本。

乾隆《浮梁县志》，国家图书馆藏本。

乾隆《铅山县志》，台北成文出版有限公司版《中国方志丛书》。

道光《雩都县志》，台北成文出版有限公司版《中国方志丛书》。

道光《万载县土著志》，江西省图书馆藏本。

道光《奉新县志》，中国方志数据库扫描本。

道光《兴国县志》，台北成文出版有限公司版《中国方志丛书》。

道光《上饶县志》，台北成文出版有限公司版《中国方志丛书》。

道光《玉山县志》，台北成文出版有限公司版《中国方志丛书》。

道光《龙南县志》，台北成文出版有限公司版《中国方志丛书》。

道光《义宁州志》，国家图书馆藏本。

道光《靖安县志》，江西省图书馆藏本。

道光《安远县志》，台北成文出版有限公司版《中国方志丛书》。

道光《宁都直隶州志》，台北成文出版有限公司版《中国方志丛书》。

同治《丰城县志》，台北成文出版有限公司版《中国方志丛书》。

同治《新建县志》，台北成文出版有限公司版《中国方志丛书》。

同治《九江府志》，台北成文出版有限公司版《中国方志丛书》。

同治《义宁州志》，台北成文出版有限公司版《中国方志丛书》。

同治《广信府志》，台北成文出版有限公司版《中国方志丛书》。

同治《赣州府志》，台北成文出版有限公司版《中国方志丛书》。

同治《赣县志》，台北成文出版有限公司版《中国方志丛书》。

同治《南安府志》，台北成文出版有限公司版《中国方志丛书》。

同治《雩都县志》，台北成文出版有限公司版《中国方志丛书》。

同治《会昌县志》，台北成文出版有限公司版《中国方志丛书》。

同治《安远县志》，台北成文出版有限公司版《中国方志丛书》。

同治《安义县志》，台北成文出版有限公司版《中国方志丛书》。

同治《南康府志》，台北成文出版有限公司版《中国方志丛书》。

同治《瑞州府志》，台北成文出版有限公司版《中国方志丛书》。

同治《玉山县志》，台北成文出版有限公司版《中国方志丛书》

同治《永丰县志》，台北成文出版有限公司版《中国方志丛书》。

同治《永新县志》，台北成文出版有限公司版《中国方志丛书》。

同治《武宁县志》，台北成文出版有限公司版《中国方志丛书》。

同治《湖口县志》，台北成文出版有限公司版《中国方志丛书》

同治《萍乡县志》，台北成文出版有限公司版《中国方志丛书》

同治《铅山县志》，台北成文出版有限公司版《中国方志丛书》。

同治《东乡县志》，台北成文出版有限公司版《中国方志丛书》。

同治《广丰县志》，台北成文出版有限公司版《中国方志丛书》。

同治《兴安县志》，台北成文出版有限公司版《中国方志丛书》

同治《德化县志》，台北成文出版有限公司版《中国方志丛书》。

同治《新城县志》，台北成文出版有限公司版《中国方志丛书》。

同治《余干县志》，台北成文出版有限公司版《中国方志丛书》。

同治《新城县志》，台北成文出版有限公司版《中国方志丛书》。

同治《万载县志》，台北成文出版有限公司版《中国方志丛书》。

同治《饶州府志》，台北成文出版有限公司版《中国方志丛书》。

光绪《抚州府志》，台北成文出版有限公司版《中国方志丛书》。

光绪《上犹县志》，台北成文出版有限公司版《中国方志丛书》。

光绪《瑞金县志》，台北成文出版有限公司版《中国方志丛书》。

光绪《吉安府志》，台北成文出版有限公司版《中国方志丛书》。

光绪《龙泉县志》，中国方志数据库扫描本。

《中国地方志集成·省志辑·江西》，凤凰出版社 2009 年版。

民国《南昌县志》，台北成文出版有限公司版《中国方志丛书》。

民国《分宜县志》，台北成文出版有限公司版《中国方志丛书》。

二、论著类

《马克思恩格斯选集》第4卷，人民出版社1972年版。

《邓小平文选》第3卷，人民出版社1993年版。

习近平：《决胜全面建成小康社会 夺取新时代中国特色社会主义伟大胜利——在中国共产党第十九次全国代表大会上的报告》，人民出版社2017年版。

安义县志编纂领导小组：《安义县志》，南海出版社1995年版。

安义县地名志办公室：《安义县地名志》，1985年版内刊。

江西省政协文史和学习委员会、万年县政协：《人类陶冶与稻作文明起源地——世界级考古洞穴万年仙人洞与吊桶环》，江西美术出版社2010年版。

《江西省情汇要（1949—1983）》，江西人民出版社1985年版。

《江西统计年鉴》，中国统计出版社2011—2014年版。

《2020年江西年鉴》，线装书局2020年版。

江西省粮食志编纂委员会：《江西粮食志》，中共中央党校出版社1993年版。

葛剑雄：《中国移民史》，福建人民出版社2004年版。

李国强、李希文：《邵式平传》，江西人民出版社1992年版。

李克：《中国舞蹈志·江西卷》，学林出版社2001年版。

钱贵成：《江西艺术史》，文化艺术出版社2008年版。

梁方仲：《中国历代户口、田地、田赋统计》，中华书局2008年版。

施由明：《赣鄱宗族文化研究》，中国书籍出版社2017年版。

施由明：《明清江西乡绅与县域社会治理》，中国社会科学出版社2018年版

永新县地名志办公室：《永新县地名志统计》，1983年内刊。

危仁晟：《邓小平在江西》，中共党史出版社1994年版。

许怀林：《江西史稿》，江西高校出版社1993年版。

许道夫：《中国近代农业生产及贸易统计资料》，上海人民出版社1983年版。

钟起煌主编，许怀林著：《江西通史·北宋卷》，江西人民出版社2008年版。

［美］威廉·乌克斯著，依佳、刘涛、姜海蒂译：《茶叶全书》，东方出版社2010年版。

三、期刊类

曹树基：《〈禾谱〉及其作者研究》，《中国农史》1981 年第 3 期。

曹树基：《明清时期的流民与赣南山区的开发》，《中国农史》1981 年第 3 期。

陈文华、陈柏泉：《南昌市郊东汉墓清理》，《考古》1965 年第 2 期。

陈文华、胡义慈：《新干县发现战国粮仓遗址》，《文物工作资料》1976 年第 2 期。

陈支平：《清代江西的粮食运销》，《江西社会科学》1983 年 3 期。

陈化先：《历史性的跨越　新奋斗的起点——江西脱贫攻坚成就综述》，江西日报 2021 年 6 年 10 日。

陈柏泉：《记江西出土的古代茶具》，《农业考古》1992 年第 2 期。

郝二旭：《敦煌曲辕犁新考》，《敦煌研究》2010 年第 2 期。

胡振鹏：《人与自然顽强抗争的史诗——千金陂》，《江西水利科技》2019 年第 2 期。

黄展岳：《关于中国开始冶铁和使用铁器的问题》，《文物》1976 年第 8 期。

黄积安：《近百余年江西的茶业（1886—1990 年）》，《农业考古》1995 年 4 期。

《汉阳陵出土世界最古老茶叶距今 2150 年》，《西部大开发》2016 年 7 期。

何友良：《抗战时期江西粮食征供情况考察》，《抗日战争研究》1993 年第 2 期。

冯骥才：《文化遗产日的意义》，《光明日报》2006 年 6 月 15 日第 6 版。

方键：《唐茶产地和产量考》，《中国经济史》1993 年第 2 期。

江西省博物馆：《江西南昌东汉、东吴墓》，《考古》1978 年第 3 期。

李家和、刘诗中：《清江樊城堆遗址发掘简报》，《江西历史文物》1985 年第 2 期。

李家和、刘诗中、曹珂平：《九江神墩遗址发掘简报》，《江西历史文物》1987 年第 2 期。

刘琳、李家和：《永丰县尹家坪遗址试掘简报》，《江西历史文物》1986 年第 2 期。

刘奇：《弘扬脱贫攻坚精神　凝聚接续奋斗力量　乘势而上推进乡村全面振兴走在前列》，《赣南日报》2021 年 6 月 24 日。

李章根、曾永强、肖志良：《狗牯脑茶》，《蚕桑茶叶通讯》2014年第5期。

郭长生：《狗牯脑茶发展简史》，《茶叶》1994年第3期。

李科友：《试论江西的原始农业》，《农业考古》1993年1期。

李增高：《康熙御稻的育成与推广》，《古今农业》2005年第1期。

林永昌：《东周时期铁器技术与工业地域差异》，《南方文物》2017年第3期。

马艳芹、钱晨晨、孙丹平等：《崇义客家梯田传统农耕知识、技术调查与研究》，《中国农学通报》2017第8期。

彭适凡、刘林、詹开逊：《江西新干大洋洲商墓发掘简报》，《文物》1991年第10期。

施由明：《自唐至清南昌地区的水利述论》，《农业考古》1994年第2期。

施由明：《宋代宗族观念庶民化与宗族的形成——以江西地域宗族为例》，《南昌大学学报（人文社会科学版）》2022年第4期。

施由明：《明清时期的宗族、乡绅与基层社会——以万载县辛氏宗族为例》，《农业考古》2008年第4期。

施由明：《试析清代江西宗族的自治机制》，《江西社会科学》2008年12期。

施由明：《论中原文化在赣鄱区域的早期传播与影响》，《黄河科技大学学报》2010年第4期。

诗中、家和：《江西新余拾年山遗址原始农业遗存》，《农业考古》1989年第2期。

邵九华：《河姆渡遗址主要考古成果》，《浙江学刊》1994年第4期。

王星光：《试论犁耕的推广与曲辕犁的使用》，《郑州大学学报》（哲学社会科学版）1989年4期。

吴铭生：《湖州发现东汉晚期贮茶瓮》，《中国文物报》1990年8月2日。

吴海霞等：《从化学氮肥看中国近代肥料科技的发展》，《农业考古》2016年第6期。

吴媛媛：《明清徽州粮食问题研究》，《安徽大学学报（哲学社会科学版）》2009年第3期。

万强：《新中国成立以来江西的粮食状况研究及出路分析》，《党史文苑（学术版）》2014年第2期。

徐卫东：梁茜《江西近代工业述略》，《江西教育学院学报（社会科学）》

1998 年第 4 期。

肖凤娟、任瑞波：《河姆渡遗址稻作遗存的研究、回顾和展望》，《农业考古》2014 年第 6 期。

萧用桁：《千年槎滩陂与周矩其人》，《农业考古》1998 年第 3 期。

游修龄：《〈天工开物〉的农学体系和技术特色》，《农业考古》1987 年第 1 期。

游修龄：《神农氏与茶叶起源的再思考》，《茶叶》2004 年第 2 期。

杨赤宇：《江西湖口县文昌洑原始农业遗存》，《农业考古》1988 年第 1 期。

袁进：《江西六朝畜牧业经济的发展及背景》，《农业考古》1990 年第 1 期。

谢玮：《唐代曲辕犁形制演化与即时社会生产方式研究》，《装饰》2017 年第 2 期。

周波、李云鹏、谭徐明等：《千金陂灌溉工程遗产构成及特征研究》，《水利发展研究》2020 年第 12 期。

周红兵：《赣南客家源流考》，《赣南师范学院学报》1992 年增刊。

郑荣林：《我省基本完成国家生态文明试验区重点改革任务》，《江西日报》2020 年 6 月 1 日。

宗德生：《〈天工开物〉是研究我国古代农业的科技全书》，《农业考古》1987 年第 1 期。

赵发生：《我为共和国经营粮仓 24 年》，《炎黄春秋》2003 年第 3 期。

【后记】

2020年江西省委宣传部组织省内专家编写《江西文化符号》丛书第一辑，共12本，本人有幸参与撰写其中《农耕文化》。该书图文并茂，通俗易读，共10万字、300多幅图片。2022年江西省社会科学院启动"赣鄱文化丛书"第二辑，院科研处建议我在江西文化符号丛书《农耕文化》的基础上，撰写学术版《赣鄱农耕文化》。本人在接受了院科研处交办的任务后，通过补充文献资料和一些内容之后，按学术著作的规范完成了本书的写作。感谢院科研处资助本书的写作和出版，感谢审读专家的意见及编辑的辛勤编校。

2023年6月11日于青山湖畔